8° Lf 34 42

Paris
1866

Clément, Pierre

La Police sous Louis XIV

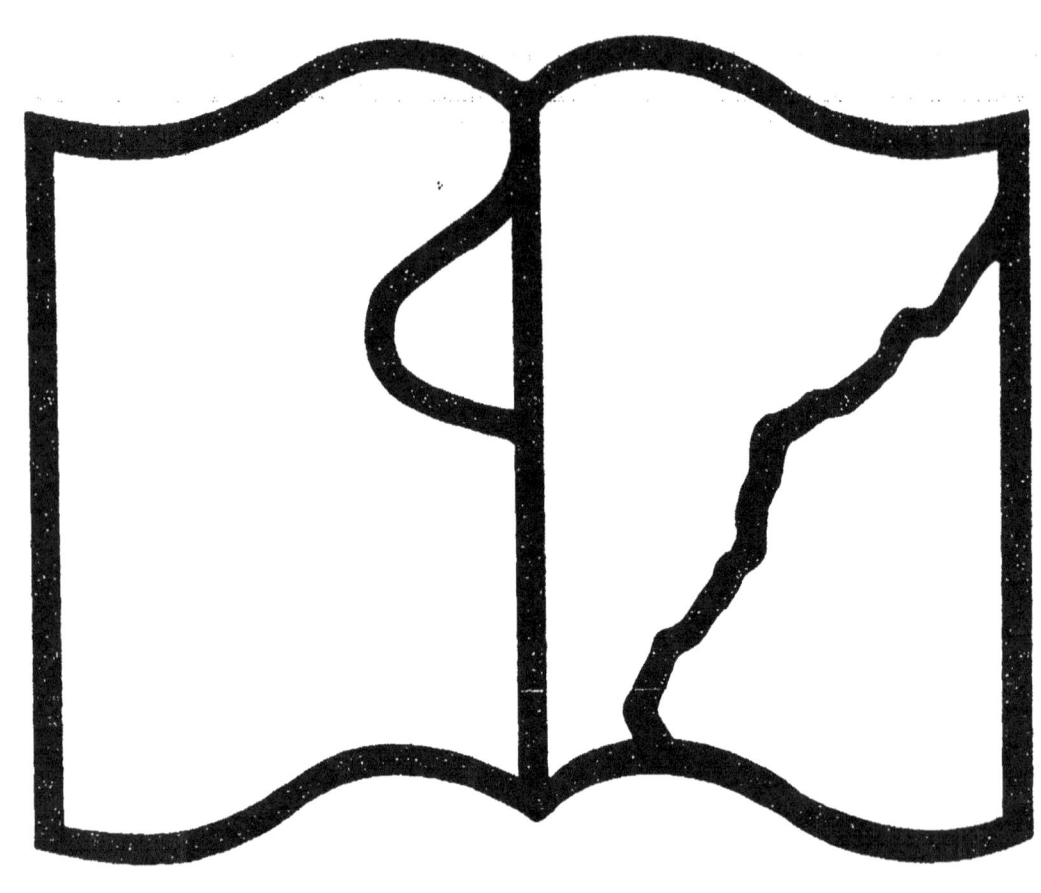

Symbole applicable
pour tout, ou partie
des documents microfilmés

Texte détérioré — reliure défectueuse

NF Z 43-120-11

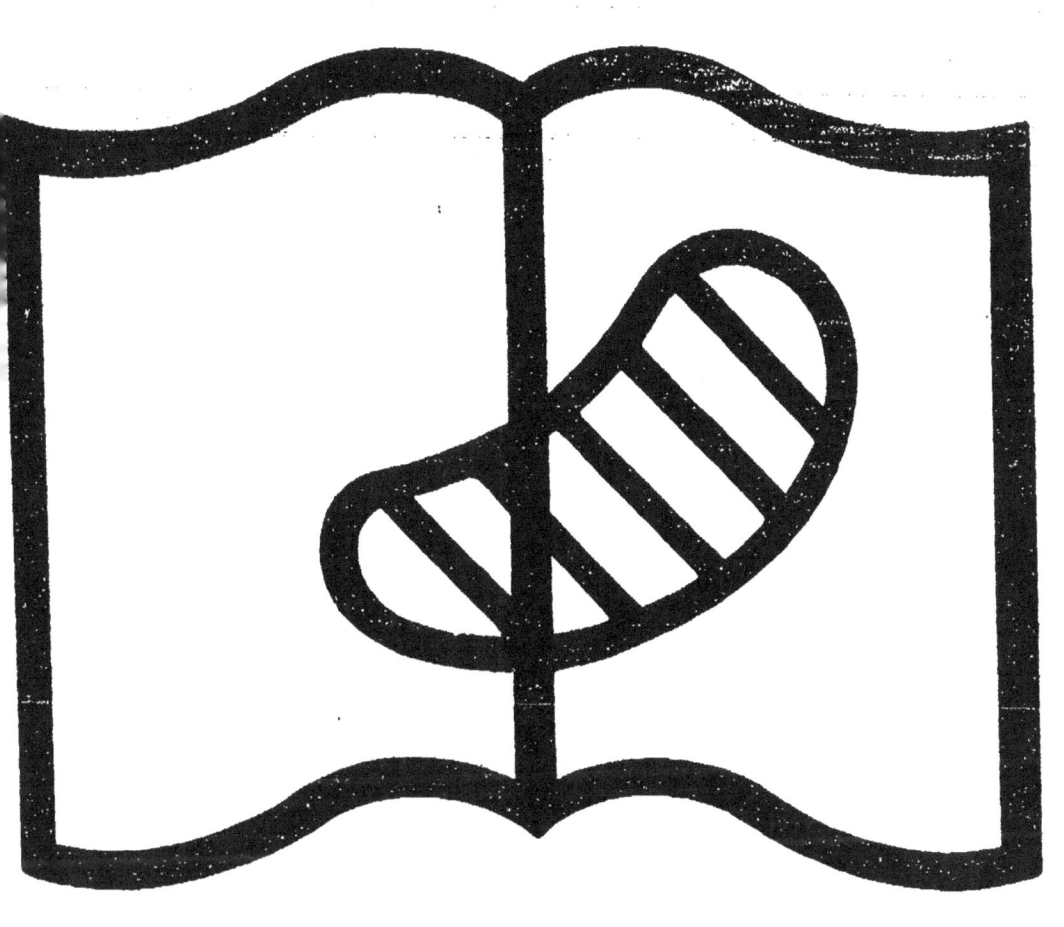

Symbole applicable
pour tout, ou partie
des documents microfilmés

Original illisible

NF Z 43-120-10

LA POLICE

SOUS

LOUIS XIV

PAR

PIERRE CLÉMENT

DE L'INSTITUT

PARIS
LIBRAIRIE ACADÉMIQUE
DIDIER ET Cⁱᵉ, LIBRAIRES-ÉDITEURS
35, QUAI DES GRANDS-AUGUSTINS

LA POLICE

sous

LOUIS XIV

AUTRES OUVRAGES DU MÊME AUTEUR

HISTOIRE DE LA VIE ET DE L'ADMINISTRATION DE COLBERT, précédée d'une *Notice sur le surintendant Fouquet*. (Ouvrage couronné par l'Académie française.) 1 fort vol. in-8. (Épuisé.)..........

LE GOUVERNEMENT DE LOUIS XIV, ou l'administration, les finances et le commerce, de 1683 à 1689; faisant suite à l'*Histoire de Colbert*. (Ouvrage couronné par l'Académie des Inscriptions et Belles-Lettres.) 1 vol. in-8. (Épuisé.)..........

JACQUES CŒUR ET CHARLES VII, ou *la France au quinzième siècle*; Étude historique précédée d'un *Essai sur la valeur comparative des anciennes monnaies françaises*, et suivie de pièces justificatives et de documents inédits, avec portrait et gravures, d'après les dessins du temps. 1 fort vol. in-8, 2ᵉ édit., revue et corrigée.... 8 fr.
LE MÊME, un vol. in-12. .... 3 fr. 50
(Ouvrage couronné par l'Académie française.)

HISTOIRE DU SYSTÈME PROTECTEUR EN FRANCE, depuis le ministère de Colbert jusqu'à la révolution de 1848; suivie de pièces justificatives. 1 vol. in-8.. 6 fr.

PORTRAITS HISTORIQUES : Suger, Sully, le président de Novion, le comte de Grignan, le garde des sceaux d'Argenson, Jean Law, Machault d'Arnouville, les frères Paris, l'abbé Terray, le duc de Gaëte, le comte Mollien. 1 vol. in-8........................... 7 fr.
LE MÊME, 1 vol. in-12.. 3 fr. 50

TROIS DRAMES HISTORIQUES : Enguerrand de Marigny, Semblançay, le chevalier de Rohan; suivis de pièces justificatives et de documents inédits. 1 vol. in-8............................ 7 fr.
LE MÊME, 1 vol. in-12.. 3 fr. 50

ÉTUDES FINANCIÈRES ET D'ÉCONOMIE SOCIALE, contenant : Montaigne administrateur et citoyen; un intendant de province sous Louis XIV; l'abbé de Saint-Pierre; le marquis de Turbilly et la situation des campagnes en France au dix-huitième siècle; la France de 1787 à 1789, les assignats et le cours forcé du papier-monnaie, etc., 1 fort vol. in-8............................ 7 fr.
LE MÊME, 1 vol. in-12.. 3 fr. 50

RÉFLEXIONS SUR LA MISÉRICORDE DE DIEU et lettres de la duchesse de La Vallière; nouvelle édition, précédée d'une notice biographique et suivie de pièces rares ou inédites. 2 vol. in-12, avec portrait.. 8 fr.

LETTRES, INSTRUCTIONS ET MÉMOIRES DE COLBERT, publiés par ordre de l'Empereur. 3 vol. en 5 tomes, grand in-8.......... 45 fr.
(L'ouvrage complet formera six volumes.)

EN PRÉPARATION

LES SUCCESSEURS DE COLBERT : *Le Peletier, Pontchartrain, Chamillart, Desmaretz* (1683-1715). 1 vol. in-8..............

LA POLICE

SOUS

LOUIS XIV

PAR

PIERRE CLÉMENT

DE L'INSTITUT

PARIS
LIBRAIRIE ACADÉMIQUE
DIDIER ET Cⁱᵉ, LIBRAIRES-ÉDITEURS
35, QUAI DES GRANDS-AUGUSTINS
—
1866
Tous droits réservés.

PRÉFACE

On a déjà beaucoup écrit sur Louis XIV et les événements de son règne, sans que le sujet soit épuisé. Les correspondances officielles, les lettres particulières et les mémoires privés, les archives diplomatiques tant françaises qu'étrangères, trésors à peine entrevus, auront depuis longtemps dit leur dernier mot, qu'on dissertera encore sur Retz et Mazarin, Colbert et Louvois, Bossuet et Fénelon, sur l'assemblée de 1682 et la révocation de l'édit de Nantes, sur madame de Maintenon et son influence. Les sciences naturelles, nous en avons la preuve par les progrès qu'elles font tous les jours, ont des attraits irrésistibles, et les problèmes qu'elles posent à l'intelligence passionnent justement des milliers d'esprits. Quoi d'étonnant que l'homme s'intéresse plus vivement encore à la connaissance approfondie de ses semblables, soit que la Provi-

dence les ait marqués du sceau du génie, soit
que, chefs d'empire, leur nom personnifie un
système de gouvernement resté célèbre! Sous ce
dernier rapport, aucun souverain de l'ancien
régime n'a, mieux que Louis XIV, façonné son
époque et n'y a laissé une plus forte empreinte
de sa personnalité. Les scandales de la Régence
et de Louis XV, les philosophes et les encyclo-
pédistes, sont-ils, avec le déficit des finances, les
causes uniques de la révolution de 1789? L'orage
ne venait-il pas de plus loin? S'accumulant depuis
des siècles, grâce à l'inégalité des charges publiques, entretenu par l'opposition systématique des
diverses classes (noblesse, clergé, parlements, pays
d'États, jurandes) à toute sorte d'améliorations, il
était devenu inévitable, et rien ne pouvait plus le
conjurer après la réaction absolutiste, les excès de
la réglementation et les altérations du vieux régime municipal, œuvre fiscale de Louis XIV et de
ses conseils. Le régent et Louis XV eussent-ils possédé toutes les vertus qui leur manquaient, la catastrophe eût été à peine retardée. Qu'on se reporte en
effet au premier manifeste de la Fronde, et l'on
verra ce que les esprits sérieux, les clairvoyants du
temps, pensaient déjà de l'organisation des pou-

voirs. N'est-ce pas madame de Motteville, une fidèle amie de la régente, qui raconte que «*les marchands eux-mêmes étoient infectés de l'amour du bien public qu'ils estimoient plus que leur avantage particulier !* » La folle ambition des princes du sang, les intrigues de quelques aventurières illustres, firent par malheur avorter un mouvement généreux qui aurait pu devenir le point de départ d'une constitution équitable et libérale, aussi nécessaire pour le moins à la royauté qu'au peuple. Quant à Louis XIV, l'esprit troublé par les événements qui se passaient en Angleterre et par le fantôme de Charles I*er*, il usa les forces de la France à soutenir une dynastie caduque, condamnée; il rétrograda vers le passé par horreur de la révolution anglaise, et aggrava, sans préoccupation du lendemain, cette sagesse suprême des grands hommes, une situation déjà pleine de périls.

Soyons justes pourtant. Rien n'était plus de nature à lui faire illusion que le calme inusité dont jouit Paris après les sanglantes commotions de la guerre civile. Si, dans les esprits, ce calme se fit lentement, il n'y parut pas au dehors. A partir de 1653 et pendant toute la durée du règne, à peine, aux plus mauvais temps des disettes, quelques grondements se firent entendre. Le maître et ses ministres, qui n'avaient pas oublié la turbulence des années de la minorité, n'aimaient pas le bruit, et, aux premiers tumultes de la rue, des mesures sévères rétablissaient l'ordre un moment troublé. Souvent même, des explosions nationales et qui n'avaient rien d'agressif étaient étouffées à l'origine. C'est ce qui eut lieu quand le bruit de la mort du prince d'Orange fit allumer des feux de joie, et à l'occasion de cris proférés contre la princesse de Carignan, en haine de la maison de Savoie. Invité à prévenir ces manifestations jugées inconvenantes, le lieutenant général de police se le tint pour dit. Lors de la révocation de l'édit de Nantes, la populace de Paris (nul n'excite impunément les mauvaises passions) ayant insulté, au lit de mort, des protestants qui refusaient d'abjurer, la police fut encore obligée d'intervenir. Enfin, à l'époque des grandes disettes de 1692 et de 1709, des troubles éclatèrent, et il fallut sévir, principalement contre les soldats. Mais ces désordres, purement accidentels, n'avaient aucun caractère d'opposition, et l'on peut affirmer que, pendant plus d'un demi-siècle, l'exercice de l'autorité la plus despo-

tique ne rencontra pas le moindre obstacle
chez les Parisiens. Indépendamment du lieutenant de police et de sa justice sommaire, les
gardes du roi et les mousquetaires de toutes couleurs tenaient en respect la grande ville et ses
faubourgs.

L'un des agents qui secondèrent le mieux
Louis XIV dans ce système d'apaisement et de
pacification, fut La Reynie. Chargé en 1667 du
soin de la police, il eut, trente ans après, un successeur habile, énergique, Marc-René d'Argenson,
dont le rôle fut un moment capital sous la Régence, et à qui le fameux lit de justice de 1718
a valu quelques-unes des plus belles pages de
Saint-Simon. Si je ne me trompe, La Reynie
et d'Argenson n'ont guère été connus jusqu'à
présent que par la tradition et ce qu'on pourrait
appeler la publique renommée. Le volume qu'on
va lire les montrera aux prises avec les événements, et permettra de les juger sur leur propre
correspondance, dont l'Appendice surtout contient de nombreux extraits, triste et fidèle
écho des désordres du temps. Outre ces informations précieuses, les lettres de Colbert et de
Louvois, qui interviennent derrière la toile dans

toutes les grandes affaires, comme celles de Fouquet, du chevalier de Rohan, de la marquise de Brinvilliers et de la Voisin, d'autres correspondances officielles et les journaux mêmes de l'époque, quand ils sortent de leur mutisme significatif, sont les sources où nous avons puisé de préférence. Toutefois, l'abondance des matériaux manuscrits ne devait pas nous faire négliger les Mémoires, notamment ceux de Saint-Simon où nous croyons, avec le maître de la critique moderne[1], qu'il faudra toujours, malgré la passion qui souvent emporte l'auteur et contre laquelle il est d'ailleurs facile de se tenir en garde, chercher l'appréciation, parfois sévère

[1] M. Sainte-Beuve, *Constitutionnel* du 2 novembre 1865. — L'auteur d'un curieux mémoire sur *Le testament de Charles II et l'avénement de Philippe V*, d'après des documents inédits appartenant à la famille d'Harcourt, M. Hippeau, fait la remarque suivante au sujet des nombreux détails donnés par Saint-Simon sur ces événements et ceux qui en furent la suite : « Les correspondances officielles que nous avons sous les yeux prouvent que, sur tous ces points, l'incomparable annaliste était bien informé. » (*Mémoires lus à la Sorbonne en 1865 dans les séances extraordinaires du comité impérial des travaux historiques et des sociétés savantes.* 1 vol. in-8°, page 818.) Que d'autres circonstances on pourrait signaler où les assertions de Saint-Simon sont conformes à la vérité! C'est le style qui est passionné, mais presque toujours les faits sont exacts.

si l'on veut, mais vraie et impartiale, de la plupart de ses contemporains. Enfin, dans le huitième chapitre (*Intrigues de cour*), les lettres, si connues qu'elles soient, de mesdames de Sévigné[1] et de Maintenon[2] nous ont fourni des indications cu-

[1] Tout ce qui se rapporte à madame de Sévigné a de l'intérêt. Je consigne ici un fait tiré des *Registres de l'hôtel de ville de Draguignan* et établissant d'une manière officielle que, de son vivant même et dès 1672, son *mérite* était particulièrement apprécié par les Provençaux.

« *Août* 1672. — On écrit d'Aix aux consuls de Draguignan que madame de Sévigné, belle-mère de monseigneur le comte de Grignan, lieutenant général et commandant pour Sa Majesté en Provence, vient d'arriver à Grignan. Aussitôt on réunit, au son de la cloche, le conseil communal, lequel, « parce que ladite dame est d'un mérite et d'une qualité très-éminente, » pense qu'il « seroit sans doute à propos de députer vers elle et lui faire témoigner la joie que les habitans de cette ville ont eue d'apprendre son arrivée en cette province, la suppliant de vouloir bien honorer cette ville de sa protection et de recommander les intérêts d'icelle à mondit seigneur de Grignan. »

« Les consuls et un des notables de la cité, noble d'Authier du Coullet, sont désignés pour porter à l'illustre dame les hommages de la ville de Draguignan. » (*Écho du Var*, du 13 août 1865. — *Éphémérides*.) — Il n'est pas sans intérêt de faire remarquer qu'il y a près de soixante-dix lieues de Draguignan à Grignan.

[2] Depuis que cet ouvrage est imprimé, M. Lavallée a fait paraître les deux premiers volumes de la Correspondance générale de madame de Maintenon. Il en résulte que les lettres à mesdames de Saint-Géran et de Montespan, publiées par La Beaumelle, sont absolument fausses. D'autres lettres, à d'Au-

rieuses à l'aide desquelles nous avons pu éclairer d'un demi-jour étrange une époque intéressante de la vie privée de Louis XIV.

L'avocat général Talon avait dit devant ce prince, peu après la bataille de Lens (1647), à l'occasion de nouveaux impôts que le parlement refusait d'approuver : « Il y a des provinces entières où l'on ne se nourrit que d'un peu de pain d'avoine et de son. Les victoires ne diminuent rien de la misère des peuples... Toutes les provinces sont appauvries et épuisées... » Plus tard, les victoires, puis les désastres se succèdent, et la misère augmente encore. Un témoin irrécusable, le lieutenant général de Lesdiguières, écrivait en 1675 que, dans le Dauphiné, les paysans n'avaient d'autre nourriture que *l'herbe des prés et l'écorce des arbres*. On pourrait invoquer encore, outre cent lettres des intendants et des évêques, les passages célèbres de La Bruyère et de Vauban, les critiques de Fénelon, de Racine, les factums de Boisguilbert ; mais à quoi bon ? La seule

---

bigné, ont été indignement altérées par l'éditeur. Il faut donc attendre la publication complète de cette intéressante correspondance et ajourner toutes les inductions qu'on aurait pu tirer de l'édition donnée par La Beaumelle.

remarque à faire, en terminant, c'est ce contraste de gloire publique et de calamités privées, de grands événements, de villes conquises, d'agrandissement du territoire, de palais de marbre, de chefs-d'œuvre de toute sorte enfin s'épanouissant par enchantement à la voix d'un homme, tandis qu'au-dessous de lui d'autres hommes, mais ceux-là par millions, concourent, sans gloire et sans profit, par leurs sueurs, leurs souffrances et leur mort, au but poursuivi par un seul. Ce but, je me hâte de le reconnaître, était patriotique, et la France moderne aurait mauvaise grâce à le dénigrer; mais qui donc fixera la mesure des sacrifices que le présent doit à l'avenir? On ne comprendrait plus, dans l'état actuel des esprits, un progrès, si grand qu'il fût, conquis au prix de la détresse générale, d'impôts écrasants et ruineux, des larmes et du sang de plusieurs générations. Et pourtant ce règne, avec ses écrivains de génie, ses hommes d'État justement renommés, ses grands capitaines, ses triomphes mêlés de défaites, ses splendeurs et ses misères, ses vices éclatants et ses conversions retentissantes, captive et séduit. Cette séduction, ni les charmants récits de Voltaire, ni les narrations éloquentes et les vivants portraits de Saint-Simon ne l'ont créée; elle est dans cet ensemble de caractères et de talents originaux, fruit des dernières guerres civiles; dans ce cortége unique d'hommes éminents et de femmes aussi aimables par leurs défauts que par leurs qualités; dans cette comédie de la cour où tant de personnages fameux ont figuré à la fois sur un théâtre dont la magnificence n'a jamais été égalée. Telle qu'elle est enfin, l'époque qui nous occupe est assurément digne de tous les travaux dont elle est l'objet, et si le raisonnement et la stricte justice empêchent de l'aimer, on comprend qu'elle ait encore, malgré des réserves infinies, des admirateurs passionnés.

LA POLICE SOUS LOUIS XIV

CHAPITRE Ier.

PROCÈS DE FOUQUET.

Culpabilité de l'accusé; ménagements commandés par la mémoire de Mazarin. — Papiers secrets; correspondance scandaleuse. — Anciennes relations avec Colbert; mémoire de celui-ci à Mazarin; rivalité, réconciliation apparente. — Mémoire de Fouquet à la reine pour gagner son appui; imprudences de toutes sortes; arrestation; formation d'une chambre de justice. — Surprise et plaintes de Fouquet; principaux chefs de l'accusation; texte du plan de révolte et des engagements découverts à Saint-Mandé. — Ardeur et fautes de la poursuite; l'accusé en profite et lutte contre l'évidence des preuves. — Lenteurs de la procédure; impatience et menaces de la cour. — Les dévots cabalent, l'opinion publique tourne et la chambre se partage. — Conclusions du procureur général; interrogatoire et défense de Fouquet; rapports d'Olivier d'Ormesson et de Sainte-Hélène; votes motivés. — Sentence de bannissement aggravée par le roi; juges disgraciés; dissolution de la chambre de justice.

L'histoire de la police sous le règne de Louis XIV ne serait pas complète sans le procès de Fouquet. On peut même dire qu'il en fut un des principaux épisodes, quoiqu'il ait précédé de quelques années la réorganisation de cette branche importante de l'administration publique. Si grand qu'ait été le retentissement du crédit et de la fastueuse existence du surintendant, on se représente difficilement la commotion que causa sa chute. Dans nos idées actuelles, nous dirions que son arrestation fut un véritable coup d'État. Bien qu'elle rentrât, par sa nature, dans les attributions du président du parlement ou du lieutenant civil, ce modeste précurseur du lieutenant général de police, elle fut l'œuvre de Louis XIV, de Colbert, et du cauteleux Le Tellier. Pendant plusieurs mois, ils furent surtout occupés à combiner, dans le secret le plus absolu, les mesures qui devaient assurer la réussite de cette grande affaire. Vingt notes manuscrites de Colbert, retrouvées d'hier[1], modifiaient chaque jour le plan de la veille, preuve irrécusable de l'ardeur avec laquelle il servait tout à la fois l'intérêt public, ses rancunes personnelles et celles non moins vives du jeune roi. Un voyage de la cour à Nantes fut même jugé nécessaire, et ce n'est qu'au moment où l'on s'emparait de Belle-Ile et de quelques autres places gardées par des agents vendus au surintendant, qu'on osa enfin frapper le grand coup.

Indépendamment de ce procès, trois affaires criminelles, celles du chevalier de Rohan, de la marquise de Brinvilliers et de la Voisin préoccupèrent sous Louis XIV, non-seulement la France, mais l'Europe entière, et sont restées des événements historiques. Elles auront leur place dans le récit à mesure que les faits se dérouleront. Le premier en date et en im-

[1] J'en ai trouvé les minutes au château de Dampierre, parmi les précieux manuscrits que M. le duc de Luynes a bien voulu mettre à ma disposition pour la publication des *Lettres de Colbert*.

portance, le procès de Fouquet mérite un cadre à part. Malgré les passions de toute sorte qui s'y mêlèrent, il eut un caractère essentiellement politique, et il en fut de même au surplus, mais à un moindre degré, de celui du chevalier de Rohan, dont La Reynie dirigea les débats. Grâce à quelques sympathies illustres, on a longtemps considéré le surintendant comme la victime d'une intrigue de cour, et l'opinion que, chez Louis XIV, l'amant froissé était derrière le roi, résiste encore à l'évidence des faits. Que Fouquet eût été un effronté concussionnaire; qu'il eût puisé sans compter dans les coffres de l'État, entraîné par la passion des constructions et par ses ruineux caprices pour les belles dames de la cour et les filles d'honneur de la reine; qu'il se fût audacieusement joué de Louis XIV dont le premier mouvement avait été, en prenant possession de la royauté, de lui pardonner ses dilapidations passées; qu'antérieurement enfin il eût formé le dessein d'armer ses amis et de se mettre en rébellion ouverte dans le cas où le cardinal Mazarin l'aurait fait arrêter, rien n'est plus certain, plus avéré. Sa condamnation à la peine de mort eût donc été une condamnation sévère et cruelle, si l'on veut, mais légale, et la vérité est qu'elle eût paru toute naturelle, dans les commencements. Plus tard, la politique et l'opposition se mettant de la partie, l'opinion changea si bien que les vœux pour un complet acquittement furent unanimes, et que, de tous côtés, on fit des sollicitations, des prières, et jusqu'à des neuvaines pour l'accusé.

Si l'on se reporte au début de ce procès célèbre, on voit la société parisienne livrée à des inquiétudes, à des anxiétés, dont rien aujourd'hui ne saurait donner une idée. L'éclat de la catastrophe durait encore quand deux incidents d'une gravité singulière vinrent ajouter à l'émotion du public. Peu de jours après l'arrestation du surintendant, le bruit se répandit qu'on avait trouvé derrière une glace, dans sa maison de Saint-Mandé, un écrit de sa main, corrigé à plusieurs reprises. Toutes les personnes sur le dévouement desquelles il croyait pouvoir compter, soit parce qu'il leur payait une pension, soit pour leur avoir donné de l'argent ou rendu quelque service considérable, y étaient, disait-on, nominativement désignées, et il y détaillait ce qu'elles auraient à faire, s'il était jamais privé de sa liberté. On découvrit, en outre, une cassette pleine de la correspondance la plus mystérieuse avec les femmes dont il avait acheté les faveurs ou qui lui servaient tantôt d'intermédiaires, tantôt d'espions à la cour ; et cette cassette, que les commissaires chargés de l'inventaire des papiers n'avaient fouillée qu'en tremblant, à cause des révélations de toutes sortes qu'elle contenait, venait d'être envoyée au roi. Les imputations les plus scandaleuses défrayèrent à cette occasion la malignité publique. Un grand nombre des lettres trouvées dans la cassette furent remises par le roi à Colbert qui, pour suprême vengeance, les conserva dans ses papiers, et elles fournissent aujourd'hui une ample pâture aux curieux[1]. Quelques-unes d'entre elles, imparfaitement reproduites, mais dont le fond était vrai, coururent les salons. Les désœuvrés en fabriquèrent d'autres, très-grossières, qu'ils donnèrent

---

[1] La Bibliothèque impériale possède ces lettres, reliées en deux volumes in-4°, de 246 et 334 pages. Elles font partie du fonds Baluze. M. Chéruel en a donné le sommaire et des extraits dans l'Appendice du tome second de ses curieux *Mémoires sur la vie publique et privée de Fouquet*.

pour authentiques, et que les collectionneurs du temps ont recueillies. Un des rapporteurs de la chambre de justice qui jugea le surintendant constate que le chancelier Séguier crut devoir, dans l'intérêt de l'accusé, prévenir la chambre, « qu'il s'étoit plaint avec raison des lettres infâmes qui avoient couru lors de sa capture, qu'elles étoient supposées, et que l'on n'en avoit publié aucune, *le roi n'ayant pas voulu commettre la réputation de dames de qualité* [1]. » Beaucoup de ces lettres furent brûlées par égard pour d'illustres familles. On sait que madame de Sévigné avait été en correspondance avec le spirituel surintendant, au sujet de qui elle écrivait, le 19 juillet 1655, à Bussy-Rabutin : « J'ai toujours avec lui les mêmes précautions et les mêmes craintes, de sorte que cela retarde notablement les progrès qu'il voudroit faire. Je crois qu'il se lassera de vouloir recommencer toujours inutilement la même chose. » Effectivement, l'amoureux s'était lassé et avait fini sans doute par se résigner au rôle d'ami. Madame de Sévigné n'en éprouva pas moins un vif chagrin en apprenant que ses lettres avaient été trouvées dans la terrible cassette. Elle passa avec mesdames du Plessis-Bellière, Scarron, de Valentinois, d'Huxelles, la marquise de La Baume et tant d'autres, pour en avoir écrit de très-compromettantes, et le soin, malheureux pour elle, qu'on prit de les détruire, nuit aujourd'hui à sa justification [2].

[1] *Journal d'Olivier d'Ormesson*, publié par M. Chéruel dans la collection des Documents inédits sur l'Histoire de France; t. II, p. 240. — Le procès-verbal officiel de la chambre de justice confirme cette assertion.
[2] Une seule des lettres conservées paraît contenir une allusion à madame de Sévigné; elle est écrite par une femme. En voici quelques extraits : « ... La dame que vous vîtes l'autre jour m'a paru fort satisfaite de vous; elle vouloit retourner demain vous parler de son affaire; mais

Si étrangères qu'elles soient au procès de Fouquet, les lettres trouvées dans la célèbre cassette ont acquis une importance historique ; nous en reproduirons fidèlement quelques extraits, moins l'orthographe. Rien ne vaut ces témoignages originaux pour faire connaître l'homme et son temps. Livrées ainsi à elles-mêmes et prises sur le fait de leurs emportements, les passions humaines ont des enseignements que l'histoire ne doit pas négliger. Une des filles d'honneur de la reine-mère, mademoiselle de Menneville, à laquelle le surintendant avait fait une promesse de cinquante mille écus, et dont on a maintes lettres, lui écrivait un jour :

« Vous ne pouvez pas douter de mon amitié sans m'offenser furieusement, après les marques que je vous en ai données. Je trouve le temps aussi long que vous de ne vous point voir, et, si j'avois pu apporter quelque remède, je n'y aurois pas manqué. Je n'ose pas essayer jusques à cette heure. Si je voulois croire le bruit du monde, je serois persuadée que vous y avez moins de peine que moi. Je fais tout ce qui se peut pour n'en rien croire. Cela seroit fort vilain à vous de n'agir pas d'aussi bonne foi que moi. L'on vous dira les moyens que je cherche pour vous voir. Adieu, je suis à vous sans réserve. »

Et une autre fois :

« Je pars à la fin, demain, assez incommodée, mais ne sen-

---

je lui ai fait conseiller d'en donner la commission à quelqu'un de ses amis, ne croyant pas que des visites si fréquentes vous plussent fort, par les conséquences qu'on en pourroit tirer. Elle donnera cet emploi à Pomponne ou à d'Hacqueville ; ni l'un ni l'autre ne savent que j'ai l'honneur de vous écrire.. Brûlez ce billet, s'il vous plaît, et croyez que je ne vous demanderai jamais de précaution (que) quand cela sera bon à quelque chose. » (M. Chéruel, *Mémoires sur la vie de Fouquet*, t. II, 291.) — On connaît la vive amitié de madame de Sévigné pour Pomponne et pour d'Hacqueville. Ne serait-ce pas d'elle qu'il s'agit ici ? Quant à l'affaire mentionnée dans cette lettre, madame de Sévigné a expliqué que sa correspondance avec Fouquet avait pour objet une grâce qu'elle sollicitait pour M. de La Trousse, son parent.

tant point mon mal dans la joie que j'ai à la pensée de vous voir bientôt ; je vous en prie, que le jour de mon arrivée j'aie cette satisfaction. Je ne vous puis exprimer l'impatience où j'en suis, et moi-même je ne la puis pas trop bien comprendre, mais je sens qu'il ne seroit pas bon que je vous visse la première fois en cérémonie, parce que ma joie seroit trop visible. Adieu, mon cher, je t'aime plus que ma vie. »

Une autre fille d'honneur de la reine, mademoiselle Bénigne du Fouilloux (elle épousa plus tard le marquis d'Alluye, et Saint-Simon nous apprend qu'elle fit grande figure jusqu'à la fin de ses jours), était aussi la maîtresse de Fouquet à qui elle écrivait fréquemment. Mais une de ses correspondantes les plus actives était une dame Laloy, tout à la fois femme d'affaires, espion, entremetteuse, en relations suivies avec les filles d'honneur de la reine, et qui le tenait au courant des bruits de la ville et de la cour.

« La personne que vous savez, écrit-elle, me vient d'envoyer prier, au nom de Dieu, de lui envoyer tout présentement deux cents pistoles ou cent, si je n'en pouvois trouver davantage, outre les cinquante que je lui donnai. Comme j'ai vu cela, je lui ai dit que je n'en avois pas tant, et je me suis contentée de lui en envoyer quatre-vingts. C'est pour donner à cet homme[1]. Vous pouvez voir déjà combien en voilà que je lui donne ; et, de plus, je suis assurée qu'elle a une bague et une table de bracelet, qui vont à quatre-vingts pistoles, dont je ne recevrai jamais un sou. Elle est prompte furieusement. Je lui dis que vous lui conseilliez de dire à la reine l'argent qu'elle lui prêtoit ; elle me dit tout franc qu'elle ne le pourroit faire. Assurément cet homme-là se moque d'elle. Pour moi, je suis au désespoir de toutes ces choses. »

[1] Il s'agit probablement de mademoiselle de Menneville et du duc de Damville qui, en attendant de réaliser la promesse qu'il lui avait faite de l'épouser, en tirait tout l'argent qu'il pouvait. Grâce à la chute de Fouquet, le duc de Damville eut un prétexte honnête de ne pas épouser mademoiselle de Menneville, qui s'enferma dans un couvent.

— (2 avril 1661).— « Je n'ai rien su du cordelier depuis ma dernière lettre ; mais j'appris hier au soir, de la personne qui connoît le père Annat[1], que la reine mère et la reine l'avoient envoyé chercher pour tâcher à détourner le roi de l'inclination qu'il a pour mademoiselle Marie Mancini, comme d'une chose mauvaise ; qu'il en a parlé au roi, qui promit de suivre son conseil, et qui, depuis, à ce qu'on m'a assuré, n'avoit pas paru si ardent pour elle ; car, sur plusieurs petites grâces qu'elle lui avoit demandées, il avoit remis à lui répondre dans quelques jours ; ce qui fit paroître que, n'ayant osé la refuser tout à fait, il a pris un milieu, et a été, du moins apparemment, retenu par ce qui lui en avoit été dit. »

— « Un valet de chambre du duc de Bournonville, lequel veut quitter son maître, m'a dit qu'il entroit valet de chambre de M. Colbert, et m'a promis de me dire tout ce qui s'y passera. C'est un M. du May[2], commis de Colbert, qui le fait entrer, et lui a dit qu'il falloit préférer la condition de M. Colbert à quelle condition que ce soit, parce que, présentement, il étoit assuré d'être surintendant des finances, conjointement avec vous, Monseigneur, et peut-être qu'il sera surintendant tout seul. Ce sont les discours dudit du May au valet de chambre. »

— « J'envoie savoir si je pourrai sur les trois heures vous porter plusieurs papiers qu'il est bon que vous voyiez avant que l'on soit obligé de les rendre. Je serois bien aise aussi de profiter de cette occasion pour vous dire un mot d'une autre affaire qui regarde le marc d'or et vous assurer que je suis entièrement à vous[3]. »

— « Mademoiselle de Fouilloux se mit à me parler de mademoiselle de La Vallière, et, pour vous dire le vrai, je vis fort qu'elle enrageoit de n'être point en sa confidence. Elle croit que le roi ne fait rien que causer avec Madame[4], et que lui-même est le premier à en faire des plaisanteries. Je vous dirai pourtant que bien d'autres, qui disent bien le savoir, en par-

---

[1] Jésuite ; confesseur de la reine-mère.
[2] On voit, plus tard, un sieur du Metz, garde du trésor royal ; c'est sans doute le même.
[3] *Mémoires sur la vie de Fouquet*, t. II.
[4] Henriette d'Angleterre.

lent d'une autre manière. Elle déclama fort contre mademoiselle de La Vallière, disant que ce n'étoit pas ici son coup d'essai, et qu'elle en avoit fait bien d'autres, et par tout ce qu'elle me dit, je vis bien qu'elle en vouloit faire dire quelque méchant discours au roi, afin que cela l'en dégoûte. Elle ne me dit pas cela clairement, mais elle m'en dit assez pour la comprendre. Elle dit qu'il n'y avoit rien qu'elle n'eût mis en pratique pour que le roi en fût amoureux, et que si d'autres avoient voulu faire la moitié des avances, elle ne l'auroit pas eu. L'on ne sait ce qu'elle entend par là, mais pourtant elle me dit toujours que le roi n'en étoit point amoureux, qu'elle croyoit bien que s'il en pouvoit faire quelque chose, il le feroit comme bien d'autres. »

— « J'ai vu mademoiselle de Fouilloux qui m'a dit que mardi le roi s'enferma avec Madame, madame la comtesse (de Soissons), madame de Valentinois et les filles de Madame, et ne voulut qu'aucun homme ni d'autres personnes y fussent. Elle dit qu'ils firent cent folies, jusqu'à se jeter du vin les uns aux autres, que le roi lui parla fort et lui témoigna mille bontés; elle vous assure que ce n'est rien que La Vallière et que tout le tendre va à Madame... »

— « Madame d'Apremont a dit qu'elle vous a vu ce matin à la messe du roi et que vous aviez fait cent agrémens à mademoiselle de La Vallière... Mademoiselle de Fouilloux m'a voulu faire connoître que madame la comtesse et même Madame seroient fâchées si elles s'apercevoient que vous faites tant d'amitiés à mademoiselle de La Vallière; mais elle m'a dit de ne vous rien dire encore... »

Enfin, un correspondant anonyme, mieux informé qu'il ne croyait, écrivait au surintendant :

« Madame de Chevreuse a été ici, et l'on m'a promis de m'apprendre des choses qui vous sont de la dernière conséquence sur cela, sur le voyage de Bretagne, sur certaines résolutions très-secrètes du roi, et sur des mesures prises contre vous[1]... »

[1] J'emprunte ces dernières citations à la biographie de la duchesse de

Les relations de Colbert avec Fouquet dataient de loin et avaient été longtemps des plus intimes[1]. Comment avaient-elles fait place à une haine irréconciliable? Rien ne l'indique, mais on peut croire que la jalousie fut la cause principale de leur inimitié. Dès le mois d'août 1659, Colbert écrivait à Mazarin qu'il avait eu beaucoup d'amitié pour Fouquet, tant qu'il l'avait cru honnête et dévoué au bien de l'État, mais que s'étant aperçu de ses dissipations qui dépassaient toute croyance, et désespérant d'exercer aucun empire sur ses passions, il ne voulait plus avoir de commerce avec lui que sur les ordres exprès qu'il en recevrait. De son côté, Fouquet reconnaissait que Colbert lui avait donné dans le temps d'excellents avis qu'il s'était empressé de suivre; il ne demandait pas mieux que de continuer et de bien vivre avec lui; mais, au fond, il était persuadé que Colbert et ses amis voulaient le renverser à tout prix, et qu'il avait en lui un détracteur acharné, d'autant plus à craindre qu'il jouissait, à n'en pouvoir douter, de la confiance absolue de Mazarin.

Les choses en étaient là quand, le 1ᵉʳ octobre 1659, Colbert adressa au cardinal un long mémoire dans lequel il exposait que les peuples payaient 90 millions d'impôt, dont le roi ne touchait pas la moitié, les rentes et les traitements absorbant le surplus. Les

---

La Vallière, précédant la nouvelle édition que j'ai donnée de ses *Réflexions sur la miséricorde de Dieu*. (Paris, Techener, 1860.)

[1] En recommandant, le 9 août 1650, à Le Tellier, secrétaire d'État de la guerre « le conseiller Fouquet, homme de naissance, de mérite et en état d'entrer un jour dans quelque charge considérable, » Colbert ajoutait : « Je ne croirois pas pouvoir payer en meilleure monnoie une partie de tout ce que je vous dois qu'en vous acquérant une centaine d'amis de cette sorte, si j'étois assez honnête homme pour cela. »

frais de contrainte et diverses concussions enlevaient encore 12 à 15 millions aux contribuables. D'un autre côté, le trésorier de l'Épargne s'entendait avec les receveurs qui lui avançaient, en billets souscrits par eux, une année ou deux des impositions; mais ces billets étant payés très-irrégulièrement, il arrivait que des dépenses privilégiées et urgentes étaient assignées sur des fonds imaginaires. En dédommagement de ces prétendues avances, les receveurs stipulaient qu'on leur laisserait en réserve ou non-valeurs un sixième des impositions; on permettait même qu'ils employassent ce fonds au payement de vieux billets de l'Épargne rachetés à vil prix. C'est ainsi, disait Colbert, qu'on avait fait revivre et admettre dans les ordonnances de comptant, soustraites, comme on sait, aux vérifications de la chambre des comptes, toutes les vieilles quittances de l'Épargne depuis 1620, et même de plus anciennes achetées à 3 et 4 pour cent de la somme mise à la charge du Trésor. « Ce sont là, disait-il, les moyens par lesquels on est parvenu à l'entière dissipation des finances du roi. Pour ce qui est des avantages, c'est une chose publique et connue de tout le monde, que non-seulement le surintendant a fait de grands établissements pour lui, pour ses frères, pour tous ses parents et amis, pour tous les commis qui l'ont approché, mais encore pour toutes les personnes de qualité du royaume qu'il a voulu acquérir, soit pour se conserver, soit pour s'agrandir, et beaucoup de personnes croient que le seul Delorme [1] a fait pour plus de quatre millions de gratifications en argent ou revenus de pareille va-

---

[1] Commis de Fouquet, renvoyé par lui avant sa disgrâce.

leur, pendant dix-huit ou vingt mois qu'il a été commis du surintendant. L'on ne parle pas des gains épouvantables que les gens d'affaires ont faits et de leur insolence qui est montée à un tel point qu'elle seroit incroyable si on ne la voyoit tous les jours. » Résumant les ordonnances de Charles VIII, Louis XII, François Ier et Henri II pour empêcher la déprédation des finances, Colbert ajoutait : « La minorité de Louis XIII, les guerres civiles qui ont duré pendant son règne, le peu d'application que M. le cardinal de Richelieu a eu en cette nature d'affaires, son esprit étant occupé de plus grandes et de plus importantes pour la gloire du roi et de son État, la minorité du roi à présent régnant et les guerres civiles et étrangères ont non-seulement empêché jusqu'à présent l'exécution de ces ordonnances, mais même ont été cause, particulièrement depuis trente à quarante ans, que ceux qui ont manié les finances du roi ont établi pour maxime indubitable que cet État ne pouvoit subsister que dans la confusion, qu'il étoit inutile de penser à l'avenir, qu'il falloit seulement aller au prêt, et qu'à force de faire des recettes et dépenses de toute nature et de plusieurs années, la recette s'augmentoit et donnoit aussi moyen d'augmenter la dépense; qu'il falloit donner à gagner gros aux gens d'affaires, afin d'établir un grand crédit parmi eux et que l'on pût trouver moyen de tirer d'eux huit ou dix millions de livres en peu de jours; que ce grand crédit étoit la sûreté de l'État et ce qui établissoit sa réputation dans les pays étrangers, et, après tout, que s'ils gagnoient de grands biens, l'on trouveroit toujours moyen de faire des taxes sur eux pour leur en faire rendre une bonne partie ; en un mot, que la seule et véritable manière d'administrer les finances étoit *de faire et défaire incessamment.* »

Pour couper court à ces abus, Colbert proposait d'établir une chambre de justice composée d'honnêtes gens, et il conseillait avant toutes choses de mettre le roi en possession directe de ses revenus, ce qui augmenterait immédiatement, en France et à l'étranger, « *la terreur et le respect de son nom et de celui de son grand ministre.* » Suivant lui, le malaise des peuples venait principalement du grand nombre de nouveaux anoblis et officiers de finances qui étaient exempts des tailles, de l'exagération des frais de contrainte, de la partialité des rôles que les seigneurs faisaient faire en leur présence, déchargeant les riches qui leur donnaient et surchargeant les pauvres, enfin des gentilshommes et principaux ecclésiastiques qui ne pensaient qu'à soulager les paroisses leur appartenant ou à les empêcher de payer. Toutes ces questions, disait Colbert, devraient être examinées dans le conseil du roi « où il seroit absolument nécessaire que Son Éminence eût une ou deux personnes de confiance » pour procéder aux réformes devenues indispensables. Il insistait sur la nécessité de mettre un terme aux remises ordinaires et extraordinaires et de supprimer successivement, malgré l'opposition qu'y apporteraient grands seigneurs, cours souveraines et bourgeois, les rentes aliénées sur l'hôtel de ville de Paris depuis 1630, en remboursant aux acquéreurs *ce qu'elles leur avoient réellement coûté*, plus l'intérêt à 5 1/2 pour cent jusqu'au jour du remboursement, déduction faite des arrérages touchés.

« Le crédit prétendu, disait Colbert en terminant, est absolument faux. Ce qui s'appelle crédit n'est autre chose que facilité à trouver de l'argent en donnant peu d'intérêt; et celui qui donne moins d'intérêt est celui qui a plus de crédit...

Je ne prétends pas que l'on fasse banqueroute, quoiqu'il n'y eût pas un grand inconvénient; mais, pendant cet hiver et jusqu'au retour de Son Éminence, le surintendant pourroit facilement pourvoir aux dépenses, en lui ordonnant de traiter avec les gens d'affaires, lui permettant de faire quelques affaires extraordinaires du nombre de celles qu'il proposera, et le caressant fort, ce qui l'obligera de s'engager en son nom pour toutes les dépenses qui seront à faire, au cas que les fonds ci-dessus ne suffisent pas... Surtout, si le surintendant soutient d'avoir fait de grandes avances, il faut, par toutes sortes de moyens et de caresses, l'obliger d'attendre jusqu'au retour de Son Éminence, parce que ce sera un moyen de retenir son esprit naturellement actif, inquiet et intrigant. Par tout ce discours, je prétends prouver que le roi aura, dès la première année 1660, plus de 40 millions de livres de revenus, qu'il augmentera de plus de 10 millions en 1661, et que, les deux autres années suivantes, il augmentera encore de 10 millions de livres, en faisant justice à tout le monde, et qu'en ce faisant, Son Éminence remettra chaque chose dans l'état qu'elle doit être. Les intrigues et les cabales de cour, qui ont pour principes les grâces reçues ou espérées sans la participation du roi, cesseront; l'on ne verra plus les grandes fortunes des personnes de finance et partisans qui donnent de l'envie et de la jalousie à tout le monde, et qui sont cause d'une prodigieuse augmentation de luxe. Les gens de justice reprendront leur première modestie, faute d'avoir de quoi soutenir leur insolente vanité, par le retranchement d'une infinité de droits sur le roi, dont ils se sont gorgés; l'on ne reconnoîtra de grâces, de gratifications et de fortunes que celles qui viendront de la main du roi, par l'entremise de Son Éminence. De plus, Son Éminence étant maîtresse d'un grand revenu, pourra, avec beaucoup de facilité, par son économie, entretenir un grand nombre de troupes, de grandes garnisons dans toutes les places avancées, en Allemagne, Flandre, Italie, Espagne, revêtir toutes ces places et les bien fortifier, rétablir la gloire et l'honneur du royaume sur la mer aussi bien que sur la terre, en remettant en mer un nombre considérable de galères et de vaisseaux, afin de porter la gloire et la terreur de son nom jusque dans l'Asie, après l'avoir si fortement et si puissamment établi dans toutes les contrées de l'Europe. Et, outre toutes ces dépenses, je ne doute point que Son Éminence ne puisse encore mettre en réserve une somme considérable tous les ans.

« Après avoir exécuté toutes ces grandes choses, il n'en resteroit plus que deux à faire, qui ne seroient pas moins glorieuses pour Son Éminence : l'une, d'établir le commerce dans le royaume et les voyages de long cours; et l'autre, de travailler au retranchement de la multiplicité des officiers des justices souveraines et subalternes, des abus qui se commettent en la justice, et de la faire rendre aux peuples plus promptement et à moins de frais, étant certain que les officiers de justice tirent des peuples du royaume tous les ans, par une infinité de moyens, plus de 20 millions de livres, dont il y auroit beaucoup de justice d'en retrancher plus des trois quarts, ce qui rendroit les peuples plus accommodés et leur laisseroit plus de moyens de fournir aux dépenses de l'État. Et davantage, y ayant plus de 30,000 hommes qui vivent de la justice dans toute l'étendue du royaume, si elle étoit réduite au point où elle doit être, sept ou huit mille au plus suffiroient, et le reste seroit obligé de s'employer au trafic, à l'agriculture ou à la guerre, et travailleroit par conséquent à l'avantage et au bien du royaume, au lieu qu'ils ne travaillent qu'à sa destruction...

« J'espère que Votre Éminence, avec sa bonté ordinaire, verra ces mémoires pour les rejeter entièrement, ou telle partie qu'il lui plaira, et qu'elle les recevra, s'il lui plait, comme une marque de l'ardent désir que j'ai de pouvoir contribuer en quelque chose à sa gloire et à sa satisfaction, et de lui donner des marques éternelles de ma reconnoissance de ses bienfaits [1]. »

Si fondés que fussent les griefs développés par Colbert, la dénonciation n'en était pas moins formelle. La lutte, une lutte à outrance, était donc engagée. Un incident singulier, qui peint à merveille un côté des mœurs du temps, en marqua les débuts.

[1] Bibl. imp. Mss. *Mélanges Colbert*, t. XXXII. — Copie fort ancienne et probablement de l'époque. Le mémoire original a échappé, si d'ailleurs il existe encore, à toutes mes recherches.

Fouquet avait des espions et des intelligences partout. Le surintendant des postes, un M. de Nouveau, était notamment au nombre de ses créatures et lui rendait des services payés sans doute fort cher. Le mémoire à Mazarin fut arrêté à la poste de Paris, copié par les agents de M. de Nouveau, et envoyé à Fouquet par le même ordinaire qui portait la lettre de Colbert. Allant droit au but, Fouquet osa se plaindre à Mazarin, que tant d'audace étonna. Engagé en ce moment dans les négociations relatives à la paix des Pyrénées, le cardinal ne voulait à aucun prix compliquer ses embarras d'une modification ministérielle; il donna le change à Fouquet et crut avoir obtenu un point important en lui faisant promettre de l'informer, même en son absence, des plus petits détails. L'orage semblait donc conjuré. Le 21 octobre 1659, le cardinal avait écrit à Colbert, après avoir lu son mémoire : « J'ai été bien aise des lumières que j'en ai tirées, et j'en profiterai autant que la constitution des affaires présentes le peut permettre. » Le lendemain, il lui écrivit encore : « Je vous prie de voir le surintendant lorsqu'il arrivera à Paris et de faire ce qui pourra dépendre de vous afin qu'il connoisse que rien n'est capable de vous empêcher de vivre avec lui avec une sincère amitié, puisque, outre l'estime que vous faites de lui, vous savez que je le désire ainsi et que j'ai toute confiance en sa personne. Je vous prie de vous bien acquitter de tout ceci, car il importe au service, et vous me ferez plaisir. » Deux lettres de Fouquet du mois de janvier 1660 prouvent que Colbert se conforma à cet ordre. Après avoir prévenu le cardinal que ce dernier l'était venu voir, il ajoutait : « Je lui ai dit que j'avois cru devoir être obligé de me défendre auprès de Votre Éminence de beaucoup de choses que j'avois connoissance qu'il m'imputoit, et que je suis assuré qu'à ma place il n'auroit pas moins pu faire... Il m'a parlé fort amicalement, et j'espère que Votre Éminence sera satisfaite de ma conduite. » Dans une lettre du 19 janvier, il disait au sujet d'une autre visite de Colbert: « M. Colbert est parti content de moi. J'ose supplier Votre Éminence, puisqu'il y va de son service, de ne lui rien renouveler des petites plaintes passées qui puisse altérer ce sentiment [1]. »

Le surintendant se faisait-il réellement illusion et croyait-il à la sincérité de Colbert? Qu'il y crût ou non, il ne négligea rien pour se créer de nouveaux appuis capables de contrecarrer les menées de ses ennemis. Il avait mis dans ses intérêts, grâce à ses largesses inépuisables, le fastueux et prodigue de Lionne, et il croyait également pouvoir disposer du marquis de Charost, son gendre, du marquis de Créqui, du maréchal Fabert, du comte d'Estrades, du marquis de Feuquières, du duc de Bournonville, du président de Lamoignon lui-même et d'un grand nombre de courtisans des plus en faveur. Ce n'était pas encore assez; il chercha à se faire une protectrice de la reine mère. Les preuves de ses tentatives à cet égard ont été retrouvées écrites de sa main, dans ses papiers. Une première fois, il avait conjuré Anne d'Autriche de lui accorder sa confiance et de lui indiquer les affaires qu'elle voudrait faire réussir. En même temps, il signalait l'ambition du prince de Condé, exprimait la crainte que le cardinal ne se laissât prendre à ses flatteries, et recommandait le secret pour tout le monde

---

[1] *Lettres de Colbert*, t. I, *Appendice*, p. 514 et suivantes.

sans exception. Il finissait en décochant un trait à Le Tellier, vivant fort honnêtement en apparence, mais jaloux et pouvant craindre que la faveur n'allât d'un autre côté. « Si la reine trouve bon qu'on lui rende compte de ce qu'on apprend, ajoutait Fouquet, ou s'il y a quelque chose dont elle désire savoir la vérité, en s'ouvrant un peu, on tâchera de la satisfaire[1]. » Anne d'Autriche exprima-t-elle ce désir? Il est certain qu'elle reçut bientôt après les offres de service les plus explicites.

Dans un mémoire qu'il dut lui remettre directement, le surintendant exposa tout ce qu'il avait fait pour relever les finances depuis son retour des Pyrénées (derniers jours de décembre 1659). La situation était en effet des plus critiques, par suite, disait-il, du discrédit où ses ennemis avaient fait croire qu'il était tombé; mais, le cardinal lui ayant donné publiquement quelques marques de confiance, il avait bientôt relevé les affaires. « J'ai fait gagner plus de six millions au roi en un jour, dans un renouvellement des fermes, en quoi je puis dire sans vanité qu'il a fallu de l'audace et de la vigueur. Son Éminence ne s'attendoit qu'à deux millions. J'eusse pu y profiter beaucoup de millions pour moi, mais je ne l'ai pas voulu, et hors les 100,000 écus que j'ai envoyés en argent comptant à Son Éminence pour en donner au roi, à la reine, à Monsieur, ou en disposer comme il lui plairoit, et 100,000 francs que j'ai ménagés pour d'autres dépenses nécessaires, je n'ai pas voulu recevoir un sol, pour fermer la bouche à tout le monde et ne point donner prise à ceux qui en voudroient avoir. » Fort de son

---

[1] *Journal d'Olivier Lefèvre d'Ormesson*, t. II, Introduction, p. LIII.

expérience, il assurait la reine qu'il était sûr de réussir dans tout ce qu'on voudrait tenter, à la condition pourtant d'être appuyé. Mais les envieux, ceux dont il repoussait les exigences, lui suscitaient des ennemis contre lesquels il était obligé de se défendre et qui absorbaient son temps. « Toute médisance, disait-il, toute plainte est accueillie, et dès qu'il arrive la moindre émotion, on sacrifie celui qui devroit être soutenu, ce qui cause que chacun est plus hardi à entreprendre; au lieu qu'aucun n'oseroit avoir parlé, ni pensé à mal faire, s'il étoit bien persuadé que chaque grande affaire est celle du roi, qu'elle a été entreprise et sera soutenue par son autorité, laquelle y sera employée tout entière. » Arrivant à une opération nouvelle, qu'il projetait et qui fut depuis réalisée par Colbert, il prétendait être en mesure d'économiser trois millions par le retranchement des rentes, des gages et autres droits aliénés pendant la guerre et la minorité. Le cardinal, à qui il s'en était ouvert, l'avait approuvé; mais l'ayant, par malheur, ébruitée, tous ceux qu'elle devait léser, notamment les membres du parlement, s'étaient déchaînés contre une mesure devenue nécessaire.

« Quoique M. le cardinal, poursuivait Fouquet, ne parle pas publiquement contre moi, néanmoins il craint que l'envie ne retombe sur lui, et, dans l'appréhension de l'événement de cette affaire, qui paroit plus grande qu'elle n'est, il dit tant de choses aux personnes qui l'approchent, lesquelles en écrivent ici à leurs parents et amis, que bientôt tout est publié, au lieu qu'en disant en peu de mots : « *Le roi le veut et se fera obéir,* » tout seroit fait.

« Ce qui cause de l'embarras dans ma conduite, est ce que je viens d'expliquer. Si je choque bien du monde, on se plaint, et Son Éminence me blâme aussitôt de lui attirer des affaires. Si j'évite le bruit et que je ne veuille pas choquer tout le monde, Son Éminence dit que je veux tout ménager; d'où il arrive qu'on n'agit pas avec toute la vigueur et la force dont on seroit capable, parce qu'on n'a pas l'assurance et la protection qu'on devroit avoir.

« Je ferai néanmoins, avec le plus de prudence qu'il me sera possible, quelques efforts pour rendre au roi un service aussi important que celui-là, et je pourrois répondre d'en venir à bout, même de choses plus considérables, si je n'avois peur de déplaire à ce qui est au-dessus de moi, n'en ayant point de tout ce qui est au-dessous.

« Je fais ce que je puis pour ramener Colbert à moi. Je lui ai rendu des services en son particulier très-importants; il a toujours eu de l'estime et de l'inclination pour moi; il m'a confié de grands secrets, il a reçu des bienfaits de moi; mais, après tout, s'il a dessein sur mon emploi et que son but soit de me déposséder pour faire les finances de son chef ou sous les ordres de Son Éminence, je ne puis le regagner ni le radoucir.

« M. Le Tellier aime mieux que je sois dans les finances qu'il n'y aimeroit Colbert. Il a témoigné aussi de l'estime pour moi et s'y accommode fort bien, mais de temps en temps me rend de mauvais offices, soit pour flatter les sentiments de Son Éminence quand elle n'est pas satisfaite, soit pour empêcher que Son Éminence ne prenne plus de confiance en moi que ledit sieur Le Tellier ne voudroit, et que je ne m'élève trop au-dessus de lui, comme il m'a paru mille fois.

« M. de Lionne voudroit peut-être bien ma place, mais il n'oseroit jamais me pousser ouvertement, ni me désobliger. Il est timide et ne s'exposera pas au juste ressentiment que j'aurois de son ingratitude et aux reproches que je lui pourrois faire.

« M. de Fréjus [1] m'est tout à fait contraire, et comme il est intéressé et fort avide de biens, il croit que si Son Éminence prenoit l'administration des finances et m'avoit éloigné, il auroit quelque fonction et que les gens d'affaires s'adressant à lui, pour ce que les accès ne seroient pas faciles, il en profiteroit notablement. »

[1] Giuseppe Zongo Ondedei, l'un des confidents et des agents les plus actifs de Mazarin. Nommé en 1654 à l'évêché de Fréjus, il résida à la cour jusqu'à la mort du cardinal. Il mourut le 23 juillet 1674.

Après avoir constaté que son frère l'abbé, et Delorme, son ancien commis, étaient devenus ses plus dangereux ennemis, Fouquet prévient la reine, avec une franchise audacieuse, qu'ayant avancé plusieurs choses à son propre avantage, il veut aussi avouer ses défauts et faire *sa confession tout entière*.

« Il est vrai que mon esprit est porté aux choses grandes et au-dessus de ma condition plutôt qu'aux médiocres. Je suis ravi de faire plaisir aux personnes d'un mérite extraordinaire, de me les acquérir pour amis, à quoi je ne réussis pas mal parce que naturellement je suis libéral, et que j'aime à faire de bonne grâce ce que je veux faire. Je fais un peu trop de dépenses, et quoique j'en aie beaucoup retranché de table, de jeu et d'autres choses semblables, il est pourtant véritable que le bâtiment et les jardins de Vaux ont coûté et que j'eusse fait plus sagement de ne m'y pas engager. J'ai offert à M. le cardinal de lui en faire un présent et j'aurais eu une extrême joie qu'il l'eût accepté, parce que donner une chose de cette nature est une action plus grande et plus extraordinaire que de l'avoir faite.

« Je sais bien que Vaux et Belle-Ile sont de trop grand éclat pour moi ; mais, en vérité, après de longs services, travaillant comme je fais sans relâche et hasardant avec plaisir, dans toutes les grandes occasions, mon bien et celui de mes amis pour servir le roi ; m'étant vu, depuis trois mois, réduit en un état que je n'ai jamais moins dû de cinq à six millions, il faut bien pouvoir un peu se distinguer des autres hommes. Car, de mettre de l'argent à profit et entasser inutilement des sommes dans des coffres, ce seroit pour moi une condition assez misérable et peu conforme à mon humeur qui a toujours été égale, ayant vécu libéralement et avec dépense dans tous mes emplois avant d'être surintendant...

« J'ai eu du bien de mon chef ; j'en ai eu davantage de ma femme. Les revenus ont produit de quoi faire de la dépense, avec ce que la surintendance fournit, outre que le grand maniement d'argent fait que l'on n'est pas si réservé. Il est donc vrai que dans la position incertaine où je suis, et qui peut m'être ôtée d'heure à autre, pour m'y être fait des ennemis, j'ai été bien aise de me voir une retraite, avec espérance, si je me trouve hors d'emploi, d'y aller finir mes jours en assurance et y servir Dieu, éloigné de tout le monde, avec d'autant plus de satisfaction que c'est dans le gouvernement de la reine, à laquelle on pourroit rendre par égards quelques petits services et en recevoir une agréable et puissante protection.

« Il faut bien toucher deux mots de M. le Prince, lequel a des desseins sans doute qui pourroient éclore en leur temps, quelque soumission qu'il fasse paroître auprès de Son Éminence...

« Je ne puis m'empêcher de répéter encore une fois que j'aurois bien de la joie de rendre quelques services importants à la personne qui verra ce mémoire, à laquelle je demande très-humblement pardon de ma témérité ; mais je ne puis mieux exprimer mon dévouement qu'en rendant un compte exact de ma conduite pour y réformer tout ce qui y déplaira et me mettre en un état qui puisse être agréable, si on me fait la grâce de me le faire savoir[1]. »

Certes, la proposition était assez claire et le projet de marché on ne peut mieux indiqué. La somme seule restait à fixer. Si la reine mère n'avait vu Fouquet à l'œuvre depuis dix ans, ce mémoire lui aurait appris à le connaître. On assure qu'elle lui promit sa protection, moyennant une pension annuelle de 500,000 livres. Le pacte, cependant, ne dura guère, et bientôt la duchesse de Chevreuse, gagnée par Colbert, détacha la reine des intérêts du surintendant. Quant au cardinal, depuis son retour des Pyrénées, il semblait l'abandonner et ne le ménageait plus. Un des espions de Fouquet auprès d'Anne d'Autriche, car il en avait même auprès de ses amis, lui écrivait, à une date inconnue, mais probablement vers la fin de 1660 : « La reine mère dit dimanche dernier sur vous, que M. le

---

[1] Bibl. Imp. Mss. *Fonds de l'Oratoire*, 98, pièce 36. J'ai publié cette curieuse pièce en entier dans l'introduction du tome II des *Lettres de Colbert*.

cardinal avoit dit au roi que si l'on pouvoit vous ôter les bâtimens et les femmes de la tête, vous seriez capable des [plus] grandes choses ; mais que surtout il falloit prendre garde à votre ambition, et c'est par là qu'on prétend vous nuire [1]. »

La fête de Vaux fit voir jusqu'où pouvaient aller les imprudences de Fouquet. Le 17 août 1661, des milliers de carrosses armoriés encombraient la route de Paris à Melun. Situé à une faible distance de cette ville, Vaux-le-Vicomte appartenait depuis quelques années au surintendant qui y avait dépensé, disait-on, neuf millions. Six mille invitations avaient été distribuées, non-seulement dans la France entière, mais en Europe, et l'on s'y était rendu avec un empressement qu'expliquaient et justifiaient la magnificence bien connue de Fouquet, les merveilles de Vaux, et le bruit partout répandu que le roi devait assister à cette fête, honneur insigne où l'on voyait le gage de la nomination du surintendant au poste de premier ministre. A aucune époque, en France, la passion pour les constructions monumentales n'a été poussée aussi loin qu'au dix-septième siècle, et cette passion dont Louis XIV emprunta le goût à Fouquet, celui-ci en était possédé à un degré qui, chez un particulier, touchait à la folie. Trois villages démolis et rasés pour arrondir le domaine et le rendre digne des bâtiments de Le Vau, des jardins de Le Nôtre, des peintures de Le Brun, disent assez quelle devait être son importance. Pendant que les palais royaux étaient à peine meublés et qu'il n'y avait

---

[1] Bibl. Imp. Mss. Fonds Baluze, *Lettres adressées à Fouquet.* — C'est la lettre originale. Elle est citée par M. Chéruel.

pas même alors, d'après le témoignage de Colbert¹, une paire de chenets d'argent dans la chambre du roi, le surintendant étala, outre cent merveilles en bronze, en marbre, en tableaux, sans parler de la beauté des jardins et des bâtiments, trente-six douzaines d'assiettes d'or massif, et un service également en or. On juge de l'effet que dut produire sur le roi ce faste insolent. Cédant à de perfides conseils, Fouquet venait de vendre 1,400,000 livres à Achille de Harlay, sa charge de procureur général au parlement, et il avait fait porter à Vincennes, pour les dépenses secrètes du roi, un million payé comptant². Espérait-il, comme l'a dit Colbert, que Louis XIV le nommerait chancelier, ce qui était impossible tant qu'il conserverait sa charge? Quoi qu'il en soit, inquiet, préoccupé des dispositions du roi, recevant de tous côtés des avis sur le danger qu'il courait d'être arrêté, il crut désarmer les mauvais vouloirs par cet acte de confiance et de générosité. Ce fut le contraire. Peu de jours après, le 5 septembre 1661, il était arrêté à Nantes, où Louis XIV avait désiré tenir les États de Bretagne, pour se trouver plus près de Belle-Ile et de sa citadelle, qui ne fit d'ailleurs aucune résistance. Au même instant, des instructions partaient pour Paris, avec ordre de faire mettre les scellés à toutes ses maisons.

Cette arrestation présentait-elle des difficultés qui nous échappent, ou bien les adversaires de Fouquet avaient-ils exagéré à dessein pour le faire croire plus

---

¹ *Mémoires pour servir à l'histoire des finances.* (*Lettres de Colbert.* t. II, p. 65.)

² L'abbé de Choisy prétend que c'est Colbert qui avait suggéré à Fouquet l'idée de vendre sa charge et d'en offrir le prix au roi.

dangereux? Ce fut, nous l'avons dit, un véritable coup d'État, et rien ne le prouve mieux que les précautions prises dans la crainte que le secret ne fût pas assez bien gardé. Les notes autographes dont nous avons parlé témoignent de l'inquiétude de Colbert. Celle qui suit concernait Belle-Ile : « L'on suppose que, quelques jours auparavant, sous prétexte d'une promenade sur l'eau, on aura donné ordre d'avoir des vaisseaux qui seront disposés à mesure. Il sera bon d'examiner sur les lieux s'il ne seroit pas à propos de faire venir le sieur Du Quesne pour disposer lui-même toutes choses et prendre le soin du trajet. » Une autre, également de la main de Colbert, intitulée : *Pour l'exécution*, contenait les propositions suivantes :

« Le jour qui sera choisi, sous prétexte de la chasse, il faut donner ordre que les mousquetaires soient à cheval et les carrosses prêts. — Il faut prendre l'un des jours qu'il a accoutumé de venir. — Les après-dîners, afin que cela se fasse plus naturellement et plus facilement. — (D'une autre écriture, en marge : *Le matin, au sortir du contrôle.*) — Dans le temps qu'il parlera, le roi, sous prétexte de dire quelque chose à d'Artagnan, le peut faire venir dans le lieu le plus proche de celui où il travaillera, et lui donnera l'ordre verbal et en même temps deux ordres par écrit : l'un pour arrêter et conduire au château d'Angoulême avec cent mousquetaires et deux officiers des plus fidèles, et de le garder dans le château jusqu'à nouvel ordre ; l'autre ordre à M. le marquis de Montausier ou à celui qui commande en son absence dans ledit château, de le remettre entre les mains dudit sieur d'Artagnan et d'en faire sortir toute la garnison. — Il faudra aviser quel valet on lui enverra pour le servir. — Il faudra envoyer aussi les habits et le linge qui seront nécessaires... — Ordre à six mousquetaires, commandés par un fidèle, de s'en aller à dix ou douze lieues sur la route de la Loire occuper trois ou quatre postes et empêcher qu'aucune personne ne passe sans un ordre exprès du roi... — Ordre à M. d'Artagnan de ne déclarer sa marche ni le lieu où il va à qui que ce soit. — De ne pas loger dans les grandes villes... — Il faudra marquer le lieu où il ira coucher en partant. — Il sera nécessaire que le roi ait ces deux ordres dans sa pochette, avec une instruction de tout ce que ledit sieur d'Artagnan aura à faire, pour lui donner, en même temps qu'il lui donnera l'ordre verbal.—L'ordre verbal sera d'arrêter lorsqu'il sera descendu dans la cour du château, de le mettre dans le carrosse du roi, qui sera préparé dans ladite cour; et de le mener en un tel lieu qui sera le premier logement, qu'il se fasse suivre par cent mousquetaires et deux officiers, et qu'il laisse le surplus... — (D'une autre écriture, en marge : *Penser à une voiture pour le bagage.*)—Lui envoyer mille pistoles pour les dépenses du voyage, et lui donner l'ordre de donner à manger... — Établir un exempt avec quatre gardes du corps pour empêcher toutes visites et toutes conférences; joindre à cet exempt un maître des requêtes pour sceller les cassettes et les mettre en sûreté, comme aussi faire recherche exacte de tous les papiers qui se trouveront dans la maison pour les saisir... —Tous ces ordres étant donnés et exécutés, il faut travailler à dépêcher les courriers. »

Telles étaient les mesures longuement préméditées et mûries. Si quelques modifications y furent apportées dans l'exécution, elles n'avaient pas d'importance. On se borna à substituer au château d'Angoulême celui d'Angers, à cause de sa proximité de Nantes. Le rôle de Louis XIV était, on vient de le voir, noté dans les moindres détails. Il devait feindre jusqu'au bout.

Le projet d'organiser une chambre de justice qui fît rendre gorge aux financiers, germait depuis longtemps chez Colbert. Sa première pensée, après l'arrestation du surintendant, fut de le réaliser. Instituée par un édit du mois de décembre 1661, la chambre fut composée du chancelier Pierre Séguier, du premier président de Lamoignon, et de vingt-six membres choisis soit dans le conseil d'État, soit parmi les maîtres des requêtes, soit dans les divers parlements du royaume, d'après les notes secrètes des présidents[1]. C'est cette chambre, formée des hommes dont la capacité et le dévouement inspiraient le plus de confiance, qui se montra depuis si indépendante. Le président de Lamoignon, qui en fit l'ouverture, constata la déplorable situation à laquelle les traitants et partisans avaient réduit le royaume. Deux jours avant l'arrestation de Fouquet, Guy Patin écrivait: « On minute de nouveaux impôts; les pauvres gens meurent par toute la France de maladie, de misère, d'oppression, de pauvreté et de désespoir. » Ce tableau n'était point trop chargé, et représentait l'état général du pays. Dans la plupart des provinces en effet, les paysans mouraient littéralement de faim, et, sur beaucoup de points, les champs restaient en friche, les travaux étaient interrompus, *à cause des grandes impositions* aggravées par deux mauvaises récoltes. Le président de Lamoignon n'eut donc pas besoin d'exagérer pour émouvoir. « Les peuples, dit-il, gémissoient dans toutes les provinces sous la main de l'exacteur, et il sembloit que toute leur substance et leur propre sang même ne pouvoient suffire à la soif ardente des partisans. La misère de ces pauvres gens est presque dans la dernière extrémité, tant par la continuation des maux qu'ils ont soufferts depuis si longtemps que par la cherté et la disette presque inouïes des deux dernières années[2]. »

---

[1] Les rapports sur le personnel de ces compagnies figurent dans la *Correspondance administrative sous le règne de Louis XIV*, publiée par Depping, t. II, 33.

[2] *Journal d'Olivier d'Ormesson*, II, Introduction, p. LIX et suiv. — Dans un livre plein d'intérêt : *La misère au temps de la Fronde*, M. Feillet a tracé récemment, d'après des documents contemporains inédits ou peu connus, un tableau animé de la détresse des provinces dans ces temps malheureux.

Persuadé que ses amis auraient pu soustraire aux recherches de la justice une partie de ses papiers et croyant avoir brûlé lui-même les plus dangereux, Fouquet, bien que son arrestation l'eût d'abord jeté dans un grand trouble, n'avait pas tardé à reprendre courage. A peine arrivé à Angers, où il avait été conduit en toute hâte à travers des populations difficiles à contenir, tant l'animosité contre lui était vive et générale, il avait écrit à Le Tellier, qu'il croyait bienveillant à son égard, pour le supplier, à cause de sa mauvaise santé et sujet comme il l'était à des fièvres quartes dont les accès duraient soixante-douze heures, de lui faire accorder un confesseur. « Je ne puis, disait-il, avoir l'esprit en repos que je n'aie fait ce que j'aurai pu pour me mettre bien avec Dieu. Et comme j'ai de grands comptes à lui rendre, que j'ai eu plusieurs affaires délicates et de grandes administrations pendant des temps fâcheux, j'ai besoin d'un homme très-capable avec lequel j'ai beaucoup de consultations à faire et de questions à résoudre. » Il ne voulait, ajoutait-il, ni un ignorant, ni un janséniste, mais un prêtre au courant des affaires du monde, et il indiquait M. Joly, curé de Saint-Nicolas-des-Champs, qui avait assisté Mazarin.

Cette première lettre à Le Tellier étant restée sans effet, Fouquet lui en adressa bientôt une nouvelle. L'aveuglement qui, malgré tous les avis, l'avait perdu, le berçait encore, au fond même de sa prison, des plus étranges illusions. Après avoir exprimé son étonnement de ce que tant de gens qu'il avait eu à combattre pendant la Fronde étaient au comble des honneurs et les premiers de l'État, il rappelait qu'en 1654, au moment où tout allait manquer faute d'argent et de crédit, il avait rétabli les affaires en obtenant des avances importantes sur sa garantie et celle de ses amis. Ayant gouverné la barque seul dans la tempête, que n'aurait-il pas fait au milieu d'une paix profonde, si l'on n'avait profité de ce temps pour le renverser? Sans doute, il avait commis des fautes, mais était-il besoin de s'en excuser, puisqu'elles avaient été indispensables pour soutenir les affaires? D'un autre côté, le cardinal ne donnait jamais d'ordre précis; il commençait par blâmer; puis, quand on l'avait convaincu de l'impossibilité de faire autrement, il approuvait tout. On ne pouvait donc avoir avec lui ni principes, ni règles. Enfin, après la mort de Mazarin, Fouquet avait dit au roi que si sa conduite lui avait déplu, quoiqu'il l'eût toujours bien servi, il le suppliait de lui pardonner. Voilà que, malgré la parole donnée, il était emprisonné, poursuivi, et non-seulement on l'avait arrêté malade, mais on lui avait, la veille encore, pris son argent [1]. — « Je ne puis pas bien comprendre, ajoutait-il, pourquoi, les affaires allant si bien, ce changement étoit nécessaire. J'ose même dire que ma passion de plaire m'avoit fait méditer des choses grandes et avantageuses, et que mon expérience eût pu servir. Je n'affectois pas de demeurer surintendant; au moindre mot que j'eusse pu comprendre, j'eusse remis tout sans qu'il eût été besoin des extrémités où l'on m'a mis. » — Craignait-on qu'il ne s'opposât aux nouveaux établissements en matière de finances, et que ses amis, reprenant espoir, ne fissent des cabales? S'il en

---

[1] Fouquet faisait-il allusion au million provenant de sa charge et déposé à Vincennes, sur l'insinuation de Colbert, ou bien à une somme de 30,000 écus pour la marine que Louis XIV voulut tirer de lui avant son arrestation? (Lettre du roi à la reine mère, du 5 septembre 1661.)

était ainsi, il avait, au fond de la Bretagne, *une méchante chaumière* dont il devait encore le prix. Qu'on l'y exilât, après lui avoir fait signer un écrit où il s'engagerait, sous peine de la vie, de ne se mêler que de ses affaires domestiques, de sa santé, de sa conscience. N'était-ce pas assez, si le roi le croyait coupable, de l'avoir dépouillé de la surintendance et de sa charge de procureur général, éloigné de la cour, de Paris, de ses maisons, de ses parents et amis, ruiné enfin sans espérance de ressource ? — « Je supplie encore une fois M. Le Tellier, disait Fouquet en terminant, de vouloir me faire la grâce de lire, à une heure de loisir, tout ce gros volume au roi (l'affaire est plus importante que beaucoup d'autres où il donne plus de temps), de faire faire réflexion à Sa Majesté sur plusieurs choses qui y sont considérables, et de lui dire que je la conjure de me faire la même miséricorde qu'elle désire que Dieu lui fasse un jour [1]. »

Parmi les qualités qui distinguaient le secrétaire d'État de la guerre, la prudence avait toujours tenu la première place, et il était bien connu pour n'avoir de sa vie risqué une démarche compromettante par dévouement à qui que ce fût. Fouquet d'ailleurs, c'est lui-même qui va se charger d'en fournir la preuve, n'avait jamais été de ses amis. Jugea-t-il à propos de mettre sous les yeux du roi sa supplique si imprudente et si présomptueuse ? Il est permis d'en douter. Dans tous les cas, la volonté de Louis XIV n'en fut pas ébranlée, car l'exécution de l'édit du mois de décembre 1661 instituant une chambre de justice ne souffrit

[1] *Causeries d'un curieux*, par M. Feuillet de Conches, t. II, 532 ; d'après la pièce originale.

aucun délai, et l'affaire dont elle s'occupa tout d'abord fut celle du surintendant.

Œuvre manifeste de Colbert, le préambule de l'édit est plein des passions du moment dont on croirait entendre, en le lisant, le frémissement lointain. « Les abus dans l'administration des finances, y était-il dit, avoient été poussés si loin que le roi s'étoit décidé à prendre personnellement connoissance du détail de toutes les recettes et dépenses du royaume, afin d'empêcher quelques particuliers d'élever subitement, par des voies illégitimes, des fortunes prodigieuses, et de donner le scandaleux exemple d'un luxe capable de corrompre les mœurs et toutes les maximes de l'honnêteté publique. » Peu de jours après, un avertissement ou *monitoire* fut lu dans toutes les églises du royaume pour provoquer des dénonciations contre les financiers, et un arrêt de la chambre défendit à tous trésoriers, receveurs, traitants, partisans ou intéressés dans les finances du roi, de sortir sans autorisation de la ville où ils se trouvaient, sous peine d'être déclarés convaincus du crime de péculat. Et, d'après les lois du temps, le péculat était puni de mort.

Les accusations contre Fouquet, d'abord vagues et indécises, finirent par prendre corps et formèrent un ensemble de griefs sous lequel il paraissait devoir être écrasé.

On lui imputait :

1° D'avoir tracé de sa main un véritable plan de guerre civile pour le cas, disait-il, où on voudrait l'opprimer, et de s'être fait donner par diverses personnes des engagements de se dévouer aveuglément à ses intérêts, de préférence à tout autre, sans en excepter personne au monde;

2° D'avoir fait au roi des prêts supposés, afin de se créer un titre apparent à des intérêts qui ne lui étaient pas dus;

3° D'avoir confondu les deniers du roi avec les siens propres et de les avoir employés avec une profusion insolente à ses affaires domestiques;

4° De s'être fait donner par les traitants des pensions évaluées à 362,000 livres, à condition de fermer les yeux sur leurs exactions;

5° D'avoir pris pour lui-même, sous d'autres noms, la ferme de divers impôts;

6° D'avoir fait revivre des billets surannés, achetés à vil prix, et de les avoir employés pour leur somme totale dans des ordonnances de comptant.

Il est impossible aujourd'hui de nier la vérité de ces accusations. Le plan de guerre civile follement préparé par Fouquet existe; il fut distribué à tous les juges, avec ses ratures et corrections indiquant qu'il y avait travaillé à plusieurs reprises, et que ce n'était pas l'œuvre d'un moment d'aberration. Fouquet prétendit se disculper en disant (et ses amis l'ont répété après lui) que c'était là un projet informe, qu'il n'avait pas même reçu un commencement d'exécution, n'ayant été écrit que dans la prévision où l'on aurait voulu lui faire injustement son procès. Mais il faut voir cette pièce capitale[1], témoignage insigne de la présomption, de la vanité, de l'inqualifiable légèreté, et enfin de l'audace extraordinaire de l'homme que le président de

---

[1] Je l'ai publiée le premier, il y a longtemps, presque intégralement, dans la notice sur Fouquet placée en tête de mon *Histoire de Colbert*. Je n'en reproduis ici que les passages principaux. On la trouvera en entier dans l'introduction du tome II des *Lettres de Colbert*.

Lamoignon appelait « le plus vigoureux acteur qui fût à la cour[1]. »

« L'esprit de Son Éminence, disait Fouquet en commençant, susceptible naturellement de toute mauvaise impression contre qui que ce soit, et particulièrement contre ceux qui sont en un poste considérable et en quelque estime dans le monde, son naturel défiant et jaloux, les dissensions et inimitiés qu'il a semées avec un soin et un artifice incroyables dans l'esprit de tous ceux qui ont quelque part dans les affaires de l'État, et le peu de reconnoissance qu'il a des services reçus quand il ne croit plus avoir besoin de ceux qui les lui ont rendus, donne lieu à chacun de l'appréhender. A quoi ont donné plus de lieu en mon particulier, et le plaisir qu'il témoigne trop souvent et trop ouvertement prendre à écouter ceux qui lui ont parlé contre moi, auxquels il donne tout accès et toute créance, sans considérer la qualité des gens, l'intérêt qui les pousse et le tort qu'il se fait à lui-même, de décréditer un surintendant qui a toujours une infinité d'ennemis que lui attire inévitablement un emploi, lequel ne consiste qu'à prendre le bien des particuliers pour le service du roi, outre la haine et l'envie qui suivent ordinairement les finances.

« Ces choses, dis-je, et les connoissances particulières qu'il a données à un grand nombre de personnes de sa mauvaise volonté, m'en faisant craindre avec raison les effets, puisque le pouvoir absolu qu'il a sur le roi et la reine lui rendent facile tout ce qu'il veut entreprendre ; et considérant que la timidité naturelle qui prédomine en lui ne lui permettra jamais d'entreprendre de m'éloigner simplement, ce qu'il auroit exécuté déjà s'il n'avoit pas été retenu par l'appréhension de quelque vigueur en mon frère l'abbé[2] et en moi, un bon nombre d'amis que l'on a servis en toutes occasions, quelque intelligence que l'expérience m'a donnée dans les affaires, une charge considérable dans le parlement, des places fortes, oc-

---

[1] Arrêtés de M. le président de Lamoignon, t. I; Vie de M. de Lamoignon, par Gaillard.

[2] Quelques modifications avaient été faites à ce projet postérieurement à la rédaction première. Je les ai indiquées dans la reproduction complète.

cupées par nous ou nos proches, et des alliances assez avantageuses, outre la dignité de mes deux frères dans l'Église. Ces considérations qui paroissent fortes d'un côté à me retenir dans le poste où je suis, d'un autre ne peuvent permettre que j'en sorte sans que l'on tente tout d'un coup de nous accabler et de nous perdre ; parce que, par la connoissance que j'ai de ses pensées et dont je l'ai ouï parler en d'autres occasions, il ne se résoudra jamais de nous pousser s'il peut croire que nous en reviendrons et qu'il pourroit être exposé au ressentiment de gens qu'il estime hardis et courageux.

« Il faut donc craindre tout et le prévoir, afin que si je me trouvois hors de la liberté de m'en pouvoir expliquer, on eût recours à ce papier pour y chercher les remèdes qu'on ne pourroit trouver ailleurs, et que ceux de mes amis qui auront été avertis d'y avoir recours sachent qui sont ceux auxquels ils peuvent prendre confiance.

« Premièrement, si j'étois mis en prison et que mon frère l'abbé n'y fût pas, il faudroit suivre son avis et le laisser faire, s'il étoit en état d'agir et qu'il conservât pour moi l'amitié qu'il est obligé, et dont je ne puis douter[1]. Si nous étions tous deux prisonniers, et que l'on eût la liberté de nous parler, nous donnerons encore les ordres de là[2], tels qu'il les faudroit suivre, et ainsi cette instruction demeureroit inutile, et ne pourroit servir qu'en cas que je fusse resserré, et ne pusse avoir commerce avec mes véritables amis.

« La première chose donc qu'il faudroit tenter seroit que ma mère, ma femme, ceux de mes frères qui seroient en liberté, le marquis de Charost (*son gendre*) et mes autres parents proches, fissent par prières et sollicitations tout ce qu'ils pourroient, premièrement pour me faire avoir un valet avec moi, et ce valet, s'ils en avoient le choix, seroit Vatel ; si on

---

[1] Phrase remplacée par celle-ci : « Et que mon frère l'abbé, qui s'est divisé dans les derniers temps d'avec moy mal à propos, n'y fust pas et qu'on le laissast en liberté, il faudroit douter (*redouter*) qu'il eust esté gagné contre moy, et il seroit plus à craindre en cela qu'aucun autre. C'est pourquoy le premier ordre seroit d'en avertir un chacun, estre sur ses gardes et observer sa conduite. »

[2] Cette phrase a été remplacée par la suivante : « Si j'estois prisonnier et que l'on eust la liberté de me parler, je donneray les ordres de là, etc. »

ne pouvoit l'obtenir, on tenteroit pour Longchamps, sinon pour Courtois ou La Vallée.

« Quelques jours après l'avoir obtenu, on feroit instances pour mon cuisinier, et on laisseroit entendre que je ne mange pas, et que l'on ne doit pas refuser cette satisfaction à moins d'avoir quelque mauvais dessein.

« Ensuite on demanderoit des livres, permission de me parler de mes affaires domestiques qui dépériroient, et dont j'ai seul connoissance. On tâcheroit de m'envoyer Bruant (*un de ses commis*). Peu de temps après, on diroit que je suis malade, et on tâcheroit d'obtenir que Pecquet, mon médecin ordinaire, vint demeurer avec moi et s'enfermer dans la prison.

« On feroit tous les efforts d'avoir commerce par le moyen des autres prisonniers, s'il y en avoit au même lieu, ou en gagnant les gardes; ce qui se fait toujours avec un peu de temps, d'argent et d'application.

« Il faudroit laisser passer deux ou trois mois dans ces premières poursuites, sans qu'il parût autre chose que des sollicitations de parents proches, et sans qu'aucun autre de nos amis fît paroître de mécontentement qui pût avoir des suites, si on se contentoit de nous tenir resserrés, sans faire autre persécution.

« Cependant, il faudroit voir tous ceux que l'alliance, l'amitié et la reconnoissance obligent d'être dans nos intérêts, pour s'en assurer et les engager de plus en plus et savoir d'eux jusqu'où ils voudroient aller.

« Madame du Plessis-Bellière, à qui je me fie de tout, et pour qui je n'ai jamais eu aucun secret ni aucune réserve, seroit celle qu'il faudroit consulter sur toutes choses, et suivre ses ordres si elle étoit en liberté, et même la prier de se mettre en lieu sûr.

« Elle connoît mes véritables amis, et peut-être qu'il y en a qui auroient honte de manquer aux choses qui seroient proposées pour moi de sa part.

« Quand on auroit bien pris ses mesures, qu'il se fût passé environ ce temps de trois mois à obtenir de petits soulagements dans ma prison, le premier pas seroit de faire que M. le comte de Charost allât à Calais ; qu'il mît sa garnison en bon état ; qu'il fît travailler à réparer sa place et s'y tînt sans en partir pour quoi que ce fût. Si le marquis de Charost n'étoit point en quartier de sa charge de capitaine des gardes, il se retireroit aussi à Calais avec M. son père, et y mèneroit ma fille, laquelle il faudroit que madame du Plessis fît souvenir en cette occasion de toutes les obligations qu'elle m'a, de l'honneur qu'elle peut acquérir en tenant par ses caresses, par ses prières et sa conduite son beau-père et son mari dans mes intérêts, sans qu'ils entrassent en aucun tempérament là-dessus.

« Si M. de Bar, qui est homme de grand mérite, qui a beaucoup d'honneur et de fidélité, qui a eu la même protection autrefois que nous et qui m'a donné des paroles formelles de son amitié, vouloit aussi se tenir dans la citadelle d'Amiens, et y mettre un peu de monde extraordinaire et de munitions, sans rien faire néanmoins que de confirmer M. le comte de Charost et s'assurer encore de ses amis et du crédit qu'il m'a dit avoir sur M. de Bellebrune, gouverneur de Hesdin et sur M. de Mondejeu, gouverneur d'Arras !...

« M. le marquis de Créquy pourroit faire souvenir M. de Fabert des paroles formelles qu'il m'a données et à lui par écrit d'être dans mes intérêts, et la marque qu'il faudroit lui en demander, s'il persistoit en cette volonté, seroit que lui et M. de Fabert écrivissent à Son Éminence en ma faveur fort pressamment pour obtenir ma liberté, qu'il promit d'être ma caution de ne rien entreprendre, et, s'il ne pouvoit rien obtenir, qu'il insinuât que tous les gouverneurs ci-dessus nommés donneroient aussi leur parole pour moi. Et en cas que M. de Fabert ne voulût pas pousser l'affaire et s'engager si avant, M. le marquis de Créquy pourroit agir et faire des efforts en son nom et de tous lesdits gouverneurs, par lettres et se tenant dans leurs places...

« Je n'ai point dit ci-dessus la première chose de toutes par où il faudroit commencer, mais fort secrètement, qui seroit d'envoyer, au moment de notre détention, les gentilshommes de nos amis et qui sont assurés, comme du Fresne, La Garde, Devaut, Bellegarde et ceux dont ils voudroient répondre, pour se jeter sans éclat dans Ham.

« M. le chevalier de Maupeou pourroit donner des sergents assurés et y faire filer quelques soldats tant de sa compagnie que de celles de ses amis.

« Et comme il y a grande apparence que le premier effort

seroit contre Ham, que l'on tâcheroit de surprendre, et que M. le marquis d'Hocquincourt même, qui est voisin, pourroit observer ce qui s'y passe pour en donner avis à la cour, il faudroit dès les premiers moments que M. le marquis de Créquy envoyât des hommes le plus qu'il pourroit, sans faire néanmoins rien mal à propos.

« Que Devaux y mît des cavaliers, et en un mot que la place fût munie de tout.

« Il faudroit pour cet effet envoyer un homme en diligence à Concarneau trouver Deslandes [1], dont je connois le cœur, l'expérience et la fidélité, pour lui donner avis de mon emprisonnement et ordre de ne rien faire d'éclat en sa province, ne point parler et se tenir en repos, crainte que d'en user autrement ne donnât occasion de nous faire notre procès et nous pousser; mais il pourroit, sans dire mot, fortifier sa place d'hommes, de munitions de toutes sortes, retirer les vaisseaux qu'il auroit à la mer, et tenir toutes les affaires en bon état, acheter des chevaux et autres choses, pour s'en servir quand il seroit temps...

« Prendre garde surtout à ne point écrire aucune chose importante par la poste, mais envoyer partout des hommes exprès, soit cavaliers ou gens de pied, ou religieux.

« Le père de Champneuf n'a pas tout le secret et toute la discrétion nécessaire, mais je suis tout à fait certain de son affection, et il pourroit être employé à quelque chose de ce commerce de lettres par des jésuites, de maison en maison.

« Ceux du conseil desquels il se faudroit servir sur tous les autres, ce seroient MM. de Brancas, de Langlade et de Gourville, lesquels assurément m'ayant beaucoup d'obligation, et ayant éprouvé leur conduite et leur fidélité en divers rencontres, et leur ayant confié le secret de toutes mes affaires, sont plus capables d'agir que d'autres, et de s'assurer des amis qu'ils connoissent obligés à ne me pas abandonner.

« J'ai beaucoup de confiance en M. le duc de La Rochefoucauld et en sa capacité; il m'a donné des paroles si précises d'être dans mes intérêts en bonne ou mauvaise fortune, envers et contre tous, que comme il est homme d'honneur et reconnoissant la manière dont j'ai vécu avec lui et les

---

[1] Voir page 41, son engagement.

services que j'ai eu l'intention de lui rendre, je suis persuadé que lui et M. de Marsillac ne me manqueroient jamais...

« Je ne serois pas d'avis néanmoins que le parlement s'assemblât pour me redemander avec trop de chaleur, mais tout au plus une fois ou deux par bienséance, pour dire qu'il en faut supplier le roi; et il seroit très-important que de cela mes amis en fussent avertis au plus tôt, particulièrement M. de Harlay, que j'estime un des plus fidèles et des meilleurs amis que j'aie, et MM. de Maupeou, Miron et Jannart, de crainte que l'on ne prît le parti de dire que le roi veut me faire mon procès, et que cela ne mit l'affaire en pires termes...

« Une des choses les plus nécessaires à observer est que M. Langlade et M. de Gourville sortent de Paris, se mettent en sûreté, fassent savoir de leurs nouvelles à madame du Plessis, au marquis de Créquy, à M. de Brancas et autres, et qu'ils laissent à Paris quelque homme de leur connoissance capable d'exécuter quelque entreprise considérable, s'il en étoit besoin. »

ADDITIONS FAITES EN 1658, APRÈS L'ACQUISITION DE BELLE-ILE.

« Il est bon que mes amis soient avertis que M. le commandeur de Neuchèse me doit le rétablissement de sa fortune, que sa charge de vice-amiral a été payée des deniers que je lui ai donnés par les mains de madame du Plessis, et que jamais un homme n'a donné des paroles plus formelles que lui d'être dans mes intérêts en tout temps, sans distinction et sans réserve, envers et contre tous...

« M. d'Agde [1], par sous-main, conduira de grandes négociations dans le parlement, sur d'autres sujets que le mien, et même par mes amis assurés dans les autres parlements, où on ne manque jamais de matière, à l'occasion des levées (impôts), de donner des arrêts et troubler les recettes; ce qui fait que l'on n'est pas si hardi dans ces temps-là à pousser une violence, et on ne veut pas tant d'affaires à la fois.

« Le clergé peut encore par son moyen, et de M. de Narbonne [2],

---

[1] Louis Fouquet, son frère, alors coadjuteur de l'évêque d'Agde, était en même temps conseiller du parlement de Paris.

[2] François Fouquet, coadjuteur de l'archevêque de Narbonne.

fournir des occasions d'affaires en si grand nombre que l'on voudra, en demandant les États généraux avec la noblesse, ou des conciles nationaux, qu'ils pourroient convoquer d'eux-mêmes en lieux éloignés des troupes et y proposer mille matières délicates...

« Voilà l'état où il faudroit mettre les choses, sans faire d'autres pas, si on se contentoit de me tenir prisonnier; mais si on passoit outre et que l'on voulût faire mon procès, il faudroit faire d'autres pas. Et après que tous les gouverneurs auroient écrit à Son Éminence pour demander ma liberté, avec termes pressants comme mes amis, s'ils n'obtenoient promptement l'effet de leur demande et que l'on continuât à faire la moindre procédure, il faudroit en ce cas montrer leur bonne volonté et commencer tout d'un coup, sous divers prétextes de ce qui leur seroit dû, à arrêter tous les deniers des recettes, non-seulement de leurs places, mais des lieux où leurs garnisons pourroient courre, faire faire nouveau serment à tous leurs officiers et soldats, mettre dehors tous les habitants ou soldats suspects peu à peu, et publier un manifeste contre l'oppression et la violence du gouvernement...

« Il est impossible, ces choses étant bien conduites, se joignant à tous les malcontents par d'autres intérêts, que l'on ne fît une affaire assez forte pour tenir les choses longtemps en balance et en venir à une bonne composition, d'autant plus qu'on ne demanderoit que la liberté d'un homme qui donneroit des cautions de ne faire aucun mal.

« Je ne dis point qu'il faudroit ôter tous mes papiers, mon argent, ma vaisselle et les meubles plus considérables de mes maisons de Paris, de Saint-Mandé, de chez M. Bruant, et les mettre dès le premier jour à couvert dans une ou plusieurs maisons religieuses, et s'assurer d'un procureur au parlement, fidèle et zélé, qui pourroit être donné par M. de Meaupou, le président de la première...

« Une chose qu'il ne faudroit pas manquer de tenter seroit d'enlever des plus considérables hommes du conseil, au même moment de la rupture, comme M. Le Tellier ou quelques autres de nos ennemis plus considérables, et bien faire sa partie pour la retraite; ce qui n'est pas impossible.

« Si on avoit des gens dans Paris assez hardis pour un coup considérable et quelqu'un de tête à les conduire, si les choses venoient à l'extrémité et que le procès fût bien avancé, ce seroit un coup embarrassant de prendre de force le rapporteur et les papiers; ce que M. Jannart[1] ou autre de cette qualité pourroit bien indiquer, par le moyen de petits greffiers que l'on peut gagner; et c'est une chose qui a pu être pratiquée au procès de M. de Chenailles le plus aisément du monde, où, si les minutes eussent été prises, il n'y avoit plus de preuves de rien.

« M. Pellisson est un homme d'esprit et de fidélité auquel on pourroit prendre créance et qui pourroit servir utilement à composer les manifestes et autres ouvrages dont on auroit besoin, et porter des paroles secrètes des uns aux autres.

« Pour cet effet encore, mettre des imprimeurs en lieu sûr; il y en aura un à Belle-Ile.

« M. le premier président de Lamoignon, qui m'a l'obligation tout entière du poste qu'il occupe, auquel il ne seroit jamais parvenu, quelque mérite qu'il ait, si je ne lui en avois donné le dessein, si je ne l'avois cultivé et pris la conduite de tout avec des soins et applications incroyables, m'a donné tant de paroles de reconnoissance et de mérite, répétées si souvent à M. Chanut, à M. de Langlade et à madame du Plessis-Guénégaud et autres, que je ne puis douter qu'il ne fît les derniers efforts pour moi; ce qu'il peut faire en plusieurs façons, en demandant lui-même personnellement ma liberté, en se rendant caution, en faisant connoître qu'il ne cessera point d'en parler tous les jours qu'il ne l'ait obtenue; que c'est son affaire; qu'il quitteroit plutôt sa charge que se départir de cette sollicitation; et faisant avec amitié et avec courage tout ce qu'il faut. Il est assuré qu'il n'y a rien de si facile à lui que d'en venir à bout, pourvu qu'il ne se rebute pas, et que l'on puisse être persuadé qu'il aura le dernier mécontentement si on le refuse, qu'il parle tous les jours sans relâche, et qu'il agisse comme je ferois pour un de mes amis en pareille occasion et dans une place aussi importante et aussi assurée[2]... »

---

[1] Substitut du procureur général au parlement. « Un des plus agissans et capables hommes que je connoisse en affaires de palais, » disait Fouquet.

[2] À la suite de la transcription du projet, sur le *Procès-verbal offi-*

Tel était ce plan de guerre civile que Fouquet croyait avoir brûlé, et dont la découverte consterna ses amis. Malheureusement pour lui, tout n'était pas là. On trouva aussi dans ses papiers deux engagements plus que singuliers, dont les signataires, le capitaine Deslandes, mentionné dans le projet, et un président au parlement de Bretagne, du nom de Maridor, juraient de lui être fidèles et d'exécuter ses ordres, de préférence à ceux de qui que ce fût, *sans réserve ni distinction*. Ces engagements, dont les temps féodaux offrent de fréquents exemples [1], étaient caractéristiques. Voici d'abord celui du capitaine Deslandes :

« Je promets et donne ma foi à Monseigneur le procureur général, surintendant des finances et ministre d'État, de n'être jamais à autre personne qu'à lui, auquel je me donne et m'attache du dernier attachement que je puis avoir, et je lui promets de le servir généralement contre toute personne sans exception, et de n'obéir à personne qu'à lui, ni même d'avoir aucun commerce avec ceux qu'il me défendra, et de lui remettre la place de Concarneau qu'il m'a confiée toutes les fois qu'il l'ordonnera. Je lui promets de sacrifier ma vie contre tous ceux qu'il lui plaira, de quelque qualité et condition qu'ils puissent être, sans en excepter dans le monde un seul. Pour assurance de quoi, je donne le présent billet écrit et signé de ma main, de ma propre volonté, sans qu'il l'ait même

ciel de la chambre de justice de 1661, *Procès de Fouquet* (Bibl. imp. Mss), on lit :

« Et aurions interpellé le répondant de déclarer si lesdites six dernières feuilles et demie sont écrites entièrement de sa main, même les ratures et corrections étant en icelles ; à quoi le répondant, après avoir vu, lu et tenu à loisir chacune desdites six feuilles et demie et tout autant que bon lui a semblé, a dit et déclaré l'écriture étant en icelles, même les ratures et corrections étant pareillement sur icelles, être entièrement de sa main et les avoir écrites de l'écriture dont il se sert ordinairement. »

[1] J'en ai cité plusieurs dans *Jacques Cœur et Charles VII*, chap. IV.

désire, ayant la bonté de se fier à ma parole qui lui est assurée, comme le doit un bon serviteur à son maître.

« Fait à Paris, le 2 juin 1658.

« DESLANDES. »

L'engagement du président Maridor était conçu dans les termes suivants :

« Je promets à Monseigneur le procureur général, quoi qu'il puisse arriver, de demeurer en tout temps parfaitement attaché à ses intérêts, sans aucune réserve ni distinction de personne, de quelque qualité et condition qu'elles puissent être, étant dans la résolution d'exécuter aveuglément ses ordres dans toutes les affaires qui se présenteront et le concerneront personnellement.

« Fait ce vingtième octobre 1658.

« MARIDOR. »

A la nouvelle du projet de guerre civile et des deux engagements qu'on vient de lire, les amis de Fouquet le crurent perdu, et il l'était en effet si l'accusation avait su se borner. On sait le mot de Turenne : « Ses ennemis, aurait-il dit, avoient fait la corde si grosse, qu'elle le fut trop pour l'étrangler. » Un agent de Colbert, nommé Berryer[1], qui avait une grande part dans la direction du procès, lui donna par bonheur, pour accroître sa propre importance, un développement excessif, sauvant ainsi le surintendant d'une mort certaine. Multipliés sans mesure, les griefs de péculat

---

[1] Louis Berryer, d'abord secrétaire du conseil, puis des commandements de Marie-Thérèse, procureur syndic perpétuel des secrétaires du roi, etc., devait sa fortune à Colbert, dont il fut jusqu'à la fin l'agent le plus dévoué. Peu ménagé par madame de Sévigné, dans ses lettres sur le procès de Fouquet. A la mort de Colbert, on le dénonça comme concussionnaire. Une commission avait été nommée pour vérifier ses comptes, quand sa mort fit cesser les poursuites commencées.

occasionnèrent des vérifications de pièces et de registres qui furent suivies de discussions interminables. Pendant ce temps, l'opposition s'était formée et comptée. Si, d'un côté, l'avocat général Talon, qui avait de longue date voué à Fouquet une haine violente, stigmatisait sa vie et ses opérations dans d'éloquents réquisitoires, celui-ci, adroit à susciter des délais sans cesse renaissants, composait ses défenses plus éloquentes encore, et sa famille les faisait imprimer clandestinement en volumes dont le petit format favorisait la distribution. Une chose frappe surtout d'étonnement en lisant ces remarquables plaidoiries, c'est de voir que Fouquet a réponse à tout et ne passe jamais condamnation. A l'entendre, le cardinal Mazarin s'était enrichi de cinquante millions ; Colbert, « son domestique, qui avait sa bourse et son cœur, » Berryer et Foucault, créatures de Colbert, ne s'étaient pas oubliés et possédaient de grands biens. Seul, il n'avait pas abusé de sa charge, ni pour son compte, ni pour ses amis, pas même en faveur de Gourville, dans les Mémoires duquel on lit pourtant, au sujet de certaines opérations financières du surintendant «qu'ayant sous les yeux des exemples de beaucoup de personnes qui étoient devenues extrêmement riches, il avoit beaucoup profité. » Sans doute, il avait quelquefois négligé les formalités ; mais fallait-il compromettre le succès des armes royales ? Ces irrégularités, d'ailleurs, étaient depuis longtemps connues du roi qui les lui avait pardonnées. On n'était donc plus en droit de les lui opposer. Vainement Talon, précisant les faits, lui objectait qu'il avait donné en dix mois à Vatel, son maître d'hôtel, 336,000 livres, et que la dépense de son domestique s'était élevée, pour 1660 seulement, à 374,000 livres[1]. Il répondait que les appointements de sa charge, le bien de sa femme, ses dettes présentes, qui n'étaient pas moindres de 12 millions, expliquaient sa dépense, fort exagérée par ses accusateurs. Il était beaucoup plus embarrassé pour répondre aux griefs tirés du projet de guerre civile et de ses propres lettres concernant les constructions de Vaux, dont les frais avaient atteint un tel chiffre, qu'une de ses préoccupations, dans les derniers temps, était d'en dérober la connaissance à Louis XIV, à Mazarin, à Colbert. On a vu le projet et les engagements; les lettres n'étaient ni moins précises, ni moins accablantes.

— « Le roi doit aller dans peu à Fontainebleau, écrivait-il le 8 juin 1659 à un de ses serviteurs; j'aurai grande compagnie à Vaux, mais il n'en faut point parler, et débarrasser pendant ce temps toutes choses, pour qu'il y paroisse le moins qu'il se pourra d'ouvrages à faire. »

Du 21 novembre 1660. — « J'ai appris que le roi doit aller, et toute la cour, à Fontainebleau, dès le printemps, et comme dans ce temps-là le grand nombre d'ouvriers et les gros ouvrages du transport des terres ne peuvent pas paroître sans me faire bien de la peine, je veux maintenant les finir. Je vous prie, en cette saison que peu de gens vont à Vaux, de doubler le nombre de vos ouvriers. Je vous enverrai autant d'argent qu'il en faudra. »

Enfin, Vatel écrivait un jour à un agent de Fouquet :

« J'oubliois à vous mander que Monseigneur a témoigné qu'il seroit bien aise de savoir quand M. Colbert a été à Vaux,

[1] Le chancelier Séguier alla plus loin et lui reprocha d'avoir porté cette dépense à 400,000 livres par mois, à quoi Fouquet répondit « qu'on faisoit monter les dépenses à des sommes fortes, d'autant qu'elles étoient comptées deux et trois fois. » (Bibl. imp. Mss. *Procès-verbal de la chambre de justice*, t. X, fol. 128.)

qui fut un jour ou deux après qu'il en fut parti, en quels endroits il a été et qui l'a accompagné et entretenu pendant sa promenade, et même ce qu'il a dit; ce qu'il faut tâcher de savoir sans affectation, et même les personnes à qui il a parlé [1]. »

La chambre de justice avait tenu sa première séance le 16 décembre 1661. On pense bien que tous les yeux étaient fixés sur elle. Le président de Lamoignon raconte qu'étant allé à Fontainebleau quelque temps auparavant, à l'occasion de la naissance du dauphin, pour complimenter le roi, il l'avait trouvé tout préoccupé de Fouquet. « Il vouloit se faire duc de Bretagne et roi des îles adjacentes, disait Louis XIV; il gagnoit tout le monde par ses profusions; je n'avois plus personne en qui je pusse prendre confiance [2]. » Malgré le soin mis à la composer, la chambre de justice éleva bientôt des difficultés inattendues qui obligèrent le roi et ses ministres, c'est Colbert lui-même qui nous l'apprend, à agir fortement pour dissiper ce qu'il appelle *la cabale des dévots*, à la tête de laquelle il met Lamoignon, « mécontent de n'avoir aucune part aux affaires. » Pour le même motif, Turenne, qui aurait désiré jouer un grand rôle dans le conseil, et Boucherat, plus tard chancelier, qui convoitait déjà cette haute position, firent, dit-il, cause commune avec les dévots que la mère de Fouquet, sainte et digne femme, depuis longtemps désireuse de sa conversion, même au prix d'une disgrâce, avait trouvé le moyen d'in-

---

[1] Bibl. imp. Mss. S. F. 3,181. — Le manuscrit est intitulé : « *Procès-verbal de la levée du scellé apposé... sur un coffre trouvé dans la maison de Vaux...* » C'est le procès-verbal original.

[2] *Arrêtés*, etc., t. I. *Vie de M. de Lamoignon.*

téresser à sa cause[1]. Et cet aveu n'est pas isolé dans la correspondance du ministre; plusieurs lettres montrent la part beaucoup trop active qu'il prit à la direction du procès. Un conseiller au parlement, Le Camus, lui écrivait au mois d'août 1663 : « On a su dans la Compagnie que j'avois eu l'honneur de voir le roi. Je n'ai pas pu m'empêcher de dire à quelques-uns de ces Messieurs la manière dont le roi m'avoit parlé et le mécontentement qu'il m'avoit témoigné de la conduite de la Compagnie; que je l'avois justifiée autant qu'il m'avoit été possible, mais qu'il étoit important d'ôter au roi les mauvaises impressions dont je l'avois trouvé prévenu. Cela a touché, et j'espère que Sa Majesté, dans la suite, n'aura pas sujet de se plaindre. »

Le conseiller Le Camus se trompait, et la *Compagnie* continua de donner au roi et à Colbert de vifs sujets de mécontentement. Il y avait deux ans passés que le procès durait, et le résultat en devenait de plus en plus incertain. Parmi les commissaires que le public croyait favorables à l'accusé, parce que, se préoccupant extrêmement des formes de la procédure, ils résistaient avec fermeté aux impatiences de la cour, figurait en première ligne Olivier Lefèvre d'Ormesson, l'un des deux rapporteurs, ami de Lamoignon, qui l'avait fait entrer dans la chambre de justice, et auteur d'un précieux journal contenant sur les affaires du temps, notamment sur le procès de Fouquet, d'intéressants détails. On essaya d'abord de le gagner par son père, mais toutes les avances furent infructueuses. Il était intendant du Soissonnais et de la Picardie; Col-

---

[1] *Lettres de Colbert*, t. II, p. 54 et suiv. *Mémoires de Colbert pour servir à l'histoire des finances.*

bert le destitua et lui fit dire que, s'il ne changeait pas de conduite, il n'aurait jamais plus d'emploi. D'Ormesson restant inébranlable, le ministre alla, de la part du roi, se plaindre à son père de ce qu'il éternisait le procès. « La chambre de justice, aurait-il dit, ruine toutes les affaires, et il est fort extraordinaire qu'un grand roi, craint de toute l'Europe, ne puisse pas faire achever le procès d'un de ses sujets. » Cette démarche fut encore sans résultat ; elle nuisit même à Colbert, contre lequel l'opinion était en ce moment très-surexcitée, à cause de ses opérations sur les rentes. De son côté, Le Tellier intervint auprès de plusieurs juges. Enfin, le 8 juillet 1664, le roi lui-même manda les deux rapporteurs, qu'il entretint longtemps en présence de Colbert et de Lionne, l'ancien ami du surintendant. « Lorsque je trouvai bon, leur dit Louis XIV, que Fouquet eût un conseil libre, j'ai cru que son procès dureroit peu de temps ; mais il y a deux ans qu'il est commencé [1], et je souhaite ardemment qu'il finisse. Il y va de ma réputation. Ce n'est pas que ce soit une affaire de grande conséquence ; au contraire, je la considère comme une affaire de rien. Mais, dans les pays étrangers, où j'ai intérêt que ma puissance soit bien établie, l'on croiroit qu'elle n'est pas grande si je ne pouvois venir à bout de faire terminer une affaire de cette qualité contre un misérable. Je ne veux néanmoins que la justice ; mais je souhaite voir la fin de cette affaire, de quelque manière que ce soit [2]... » Une pareille animosité contre un accusé, si coupable qu'il fût, était-elle digne d'un souverain parlant à

---

[1] Il y avait alors plus de trente mois que la chambre de justice siégeait.

[2] *Journal d'Olivier d'Ormesson*, t. II, p. 174.

des juges? Il y eut cependant encore d'autres démarches. Quinze jours après, le 24 juillet, le greffier de la chambre de justice, Joseph Foucault, adressait au chancelier Séguier, qui la présidait, la lettre suivante, preuve authentique des manœuvres de la cour.

« Monseigneur, votre prévoyance est immanquable ; M. Poncet (c'était un des juges qui votèrent la mort de Fouquet) a trouvé si peu de vraisemblance dans tout ce que lui a dit ce malheureux, qu'après l'avoir examiné tout le jour avec toute l'application et l'habileté dont vous savez qu'il est capable, il a jugé qu'il étoit plus à propos de n'en rien rédiger par écrit, que de donner matière à de nouvelles longueurs si préjudiciables aux affaires. L'on vous rendra, Monseigneur, compte de tout, et si la conduite qu'on a tenue n'est pas de votre approbation, les choses sont encore entières et en état d'être réglées par vos ordres [1]... »

Les nombreux incidents suscités par Fouquet menaçaient de se succéder sans fin. Sachant que l'opinion publique lui devenait chaque jour plus propice, comptant sur elle pour contre-balancer l'influence des ministres et forcer la main à ses juges, il ne cherchait qu'à gagner du temps. Il avait demandé et obtenu communication des pièces du procès, et, d'après un des rapporteurs, il y en avait plus de soixante mille. Il voulut ensuite récuser le procureur général Talon et deux commissaires, dont l'un, le conseiller d'État Pussort, était oncle de Colbert, qu'il appelait obstinément *sa partie;* mais la récusation ne fut pas admise. C'est ce Pussort dont le président de Lamoignon disait que « c'étoit un homme de beaucoup d'intégrité et de capacité, mais féroce, d'un naturel peu

[1] Bibl. imp. Mss. S. G. F. 709 *Papiers de Séguier*, vol. 39, fol. 13; lettre originale.

sociable, emporté dans ses préventions, éloigné de l'honnêteté et de la déférence qu'on doit avoir dans une Compagnie, prévenu d'ailleurs de son bon sens et persuadé qu'il n'y avoit que lui seul qui eût bonne intention[1]. » Plus tard enfin, Pussort fut censuré par la chambre de justice elle-même pour avoir signé un procès-verbal dressé par Berryer et contenant, contre l'accusé, des faits qui furent reconnus faux.

Ces diverses circonstances étaient habilement exploitées par la famille et les amis de Fouquet, et par tous ceux qu'atteignaient les réductions de gages et de traitements, les remboursements et réductions de rentes, et les autres réformes opérées ou projetées par le contrôleur général. Peu à peu, le procès du surintendant était devenu un prétexte d'opposition contre le gouvernement; la preuve en est dans l'appui que donnait alors à l'accusé cette *cabale des dévots* et des amis du cardinal de Retz, dont les intrigues avaient, même après la Fronde, exercé la patience de Mazarin. « Les dévots, disait Olivier d'Ormesson, sont pour M. Fouquet[2]. » Tandis que le curé de Saint-Nicolas-

---

[1] *Arrêtés*, etc. De son côté, Saint-Simon a fait de Pussort le portrait suivant : « Il étoit frère de la mère de M. Colbert, et fut toute sa vie le dictateur, l'arbitre et le maître de toute cette famille si unie... Fort riche et fort avare, chagrin, difficile, glorieux, avec une mine de chat fâché qui annonçoit tout ce qu'il étoit et dont l'austérité faisoit peur et souvent beaucoup de mal, avec une malignité qui lui étoit naturelle. Parmi tout cela, beaucoup de probité, une grande capacité, extrêmement laborieux et toujours à la tête de toutes les grandes commissions du conseil et de toutes les affaires importantes. C'étoit un grand homme sec, d'aucune société, de dur et difficile accès, un fagot d'épines, sans amusement et sans délassement aucun, qui vouloit être maître partout, et qui l'étoit parce qu'il se faisoit craindre; qui étoit dangereux, insolent, et qui fut fort peu regretté.. » (*Mémoires*, II, 258.)

[2] *Journal*, t. II, 117.

des-Champs sollicitait pour lui, les religieuses de la Visitation [1] cherchaient à influencer le chancelier Séguier, qui, malgré sa piété, resta inflexible. Claude Joly et ces religieuses n'avaient nulle sympathie pour l'accusé; mais on parlait en ce moment de supprimer un certain nombre de fêtes que Colbert jugeait inutiles, de reculer l'âge des vœux et d'empêcher les religieuses de recevoir des dots ou des pensions [2]. Il n'en fallait pas tant pour motiver l'opposition de la cabale. Ajoutons que, grâce à la complicité chaque jour plus irrésistible de l'opinion, les émouvantes plaidoiries de Pellisson pénétraient dans toutes les maisons, étaient dans toutes les mains, touchaient tous les cœurs. Éludant adroitement les points vulnérables, Pellisson exagérait les services rendus par Fouquet, attribuait les fautes aux nécessités du temps, et persuadait de son entière innocence ceux-là mêmes qui, après son arrestation, l'auraient sans pitié envoyé au gibet.

D'incidents en incidents, on était arrivé au mois de juillet 1664, c'est-à-dire que le procès durait depuis deux ans et demi, et l'accusé n'avait pas encore comparu devant la chambre de justice. Cette chambre eut, vers la même époque, une recrudescence de sévérité qui jeta la consternation parmi les amis de Fouquet. Dans l'espace de quelques mois, plusieurs sergents des tailles furent envoyés aux galères ou bannis, et leurs charges confisquées; deux autres furent pendus. Un financier, nommé Dumont, en faveur de qui on

---

[1] Leur couvent, dit de Sainte-Marie-du-Faubourg, était situé rue Saint-Antoine; il avait été fondé en 1628 par madame de Chantal.

[2] *Mémoire de Colbert sur la réforme de la justice.* (*Revue rétrospective*, 2ᵉ série, t. IV, 258.)

s'était beaucoup agité, fut condamné à mort pour cause de péculat, et exécuté. De son côté, Gourville avait été condamné à la même peine par contumace « pour crime d'abus, malversations et vols par lui commis ès finances du roi ; sans compter, disait l'arrêt, les violentes présomptions de lèse-majesté, pour sa participation à cet écrit fameux qui contient un projet de moyens pour rallumer la sédition dans le royaume. » Sur ces entrefaites, le président de Lamoignon, que la cour ne croyait plus assez dévoué parce qu'il paraissait incliner à la clémence, avait été invité à cesser de s'occuper du procès de Fouquet, que le chancelier Séguier dirigea depuis lors exclusivement; et Denis Talon, si zélé au début, mais dont l'ardeur ne s'était pas soutenue, avait fait place, comme procureur général, à M. de Chamillart[1].

Enfin, le 14 novembre 1664, la chambre de justice, réunie à l'Arsenal, entendit les conclusions du nouveau procureur général. Elles étaient prévues et portaient ce qui suit : « Je requiers pour le Roi, Nicolas Fouquet, être déclaré atteint et convaincu du crime de péculat et autres cas mentionnés au procès, et, pour réparation, condamné à être pendu et étranglé jusqu'à ce que mort s'ensuive, en une potence qui, pour cet effet, sera dressée en la cour du palais, et à rendre et restituer au profit du Seigneur Roi toutes les sommes qui se trouveroient avoir été diverties par ledit Fouquet ou par ses commis, pendant le temps de son administration. » Le procureur général requérait en outre la confiscation de tous les biens de l'ac-

---

[1] Père de celui qui fut dans la suite tout à la fois contrôleur général et secrétaire d'État de la guerre.

cusé, prélèvement fait de la somme de 80,000 livres parisis d'amende envers le roi.

Appelé, le même jour, à comparaître devant la chambre de justice, Fouquet débuta par décliner la compétence de ses juges ; mais le président lui ayant déclaré qu'on lui ferait son procès *comme à un muet*, il consentit à répondre, tout en renouvelant ses protestations à chaque séance.

Nous n'entrerons pas dans les détails très-confus du procès de péculat ; il importe cependant de rappeler quel était à cette époque le mécanisme administratif du trésor royal. Le surintendant des finances n'était pas, comme on pourrait le supposer, un fonctionnaire comptable recevant et dépensant les deniers de l'État ; il était seulement agent ordonnateur pour la recette et la dépense. Celles-ci se faisaient chez les trésoriers de l'Épargne, seuls agents comptables, seuls justiciables de la chambre des comptes. Le surintendant n'était justiciable que du roi. C'est ce que Fouquet rappelle souvent dans ses défenses, citant à ce sujet ses lettres de nomination où il est dit textuellement « qu'il ne sera tenu de rendre raison en la chambre des comptes, ni ailleurs qu'à la personne du roi, dont celui-ci l'a de sa grâce spéciale, pleine puissance et autorité royale, relevé et dispensé. » Les finances du royaume et la gestion du surintendant n'étaient pas au surplus exemptes de contrôle. D'abord, aucune somme ne pouvait être reçue ou payée sans être ordonnancée par le surintendant et portée sur les registres de l'Épargne. En même temps, le trésorier en exercice (il y en avait trois exerçant à tour de rôle) tenait un autre registre, dit *registre des fonds*, sur lequel étaient inscrites jour par jour toutes les sommes versées à l'Épargne ou payées par elle, avec l'origine et les motifs de la recette et de la dépense, et les noms des parties. Le registre des fonds n'était pas produit à la chambre des comptes ; il demeurait secret entre le surintendant et le roi. Ajoutons que l'agent qui le tenait et les trésoriers de l'Épargne, étant nommés par le roi, étaient tout à fait indépendants du surintendant.

Cette organisation, qui semblait de nature à prévenir tous les abus, en couvrait pourtant de monstrueux. Les ordonnances de payement délivrées par le surintendant devaient indiquer le fonds spécial destiné à les acquitter, et le trésorier de l'Épargne ne pouvait payer qu'autant qu'il avait des valeurs appartenant à ce fonds. N'en ayant presque jamais, vu la pénurie ordinaire du trésor, il donnait en échange un billet dit de l'Épargne sur le fermier de l'impôt désigné dans l'ordonnance de payement. Or il y avait des fonds excellents, et d'autres plus que douteux. De là des différences considérables dans la valeur des billets de l'Épargne. Fouquet et Pellisson conviennent, en outre, qu'on délivrait souvent, par erreur ou sciemment, des ordonnances trois ou quatre fois supérieures au fonds qui devait les acquitter. On faisait alors ce qui s'appelait une réassignation, c'est-à-dire un nouvel ordre de payement sur un autre fonds, et quelquefois sur un autre exercice. La même opération se pratiquait pour tous les billets d'une date un peu ancienne qui n'avaient pu être payés sur les fonds primitivement désignés; car plus un billet était vieux, plus il était difficile d'en obtenir le payement, et il y en avait qui étaient ainsi réassignés cinq à six fois, sur de mauvais fonds. Il va sans dire que les personnages en faveur trouvaient toujours le secret de se les faire payer. De leur côté, les traitants, les partisans, les fermiers, ceux qui pouvaient faire de grandes avances, stipulaient que leurs anciens billets seraient réassignés sur de bons fonds, et l'on acceptait même au pair, dans leurs versements, des quantités considérables de ces billets qu'ils s'étaient procurés à vil prix.

Un autre abus, plus grave encore, fut signalé dans le procès de Fouquet. Les lois du royaume ne permettant pas d'emprunter au-dessus du denier 18 (5,55 pour 100), la chambre des comptes ne pouvait admettre ostensiblement un intérêt plus élevé. Cependant, des emprunts avaient été faits fréquemment au taux énorme de 15 à 18 pour 100, souvent davantage. Il fallait alors, pour légaliser l'opération, augmenter artificiellement le chiffre de l'émission et délivrer, sous des noms en blanc, des ordonnances de remboursement *qui ne devaient pas être payées*. Or il fut constaté qu'une ordonnance de payement pour un prêt de 6 millions, qui en définitive n'avait pas eu lieu, le prêt ayant été annulé, fut payée comme si l'État en avait reçu les fonds. Un trait de l'époque, c'est que les financiers voulaient bien avancer de l'argent à Fouquet, mais non à Mazarin, au gouvernement. L'homme privé inspirait plus de confiance que le premier ministre, que l'État. Que faisait dans ce cas le surintendant? Il prêtait à l'État des sommes empruntées par lui aux particuliers, et on lui fit un grief, dans son procès, d'avoir retiré de ces prêts qu'il avouait, dont il se glorifiait, des intérêts usuraires. Il se délivrait ensuite des ordonnances de remboursement qui étaient payées au moyen de billets de l'Épargne, au fur et à mesure de la rentrée des impôts. Il avait même imaginé, pour simplifier ses opérations et éviter les retards, de faire verser le produit des impôts dans sa caisse, de sorte que l'*Épargne se faisoit chez lui*. Ainsi, les deniers de l'État étaient confondus avec ses propres deniers, et il était tout à la fois ordonnateur, receveur et payeur.

Sommé de s'expliquer sur trois pensions : le cent dix, cent vingt et cent quarante mille livres qu'il recevait des fermiers, Fouquet ne put nier, et se contenta de se justifier, tantôt par le motif que le cardinal Mazarin y avait consenti pour le rembourser de ses avances, tantôt par des subtilités débitées d'une manière insinuante et avec une faconde imperturbable qui étonnait ses juges. Une seule fois il s'emporta, mais ses amis l'en ayant blâmé, il se ravisa le lendemain. Heureusement pour lui, le chancelier ne connaissait pas les questions de finances, et, loin de le pousser sur ce point, il était lui-même souvent embarrassé. Le conseiller Pussort venait alors à son aide avec une violence qui servait l'accusé. Vive, colorée, intarissable, la parole de celui-ci fatiguait le chancelier, qui cherchait vainement à l'arrêter dans ses explications. « Monsieur, lui dit-il un jour, je vous supplie de me donner le loisir de répondre. Vous m'interrogez, et il semble que vous ne vouliez pas écouter ma réponse. Il m'est important que je parle : il y a plusieurs articles qu'il faut que j'éclaircisse, et il est juste que je réponde sur tous ceux qui sont dans mon procès. »

L'interrogatoire relatif au projet de révolte dans le cas où il aurait été arrêté, présenta un intérêt particulier. Visiblement confus et embarrassé d'être obligé de subir la lecture de cet écrit, Fouquet s'excusa en disant que ce n'était qu'une pensée extravagante, ridicule, qu'il avait depuis complétement oubliée, et qui ne pouvait constituer un chef d'accusation sérieux. Sur ce point essentiel, la situation du chancelier Séguier était particulièrement délicate. Son rôle, pendant la Fronde, avait été plus qu'équivoque, et le duc de Sully, son gendre, avait, en 1652, livré le pont de Mantes à l'armée espagnole. Quel que fût son embarras, il ne pouvait s'empêcher de qualifier de crime d'État le projet de Fouquet. Celui-ci, qui semblait l'attendre à ce mot, répliqua avec feu « que ceux-là étoient coupables de crime d'État qui, remplissant des fonctions considérables et connoissant les secrets du prince, passoient tout à coup avec leur famille du côté de ses ennemis et introduisoient une armée étrangère dans le royaume. Quant à lui, son projet, dont il ne pouvoit d'ailleurs que rougir, étoit une extravagance et rien de plus. » Troublé, déconcerté, le chancelier Séguier laissa parler Fouquet sur ce ton tant qu'il voulut, au grand mécontentement de Pussort. On ne s'entretint le lendemain dans Paris que de cette scène de la chambre de justice et de la pauvre figure qu'y avait faite le chancelier.

Les rapporteurs du procès prirent enfin la parole. Les amis de Fouquet avaient placé toutes leurs espérances dans Olivier d'Ormesson. Il parla le premier, pendant cinq jours, et conclut au bannissement et à la confiscation de tous les biens. « On fut satisfait de moi, et j'en remercie Dieu, écrivait-il le soir même dans son journal. Jamais il ne s'est fait tant de prières que pour cette affaire. *La conjoncture des rentes* et autres affaires publiques où tout le monde s'est trouvé blessé, fait qu'il n'y a personne qui ne souhaite le salut de M. Fouquet, autant par haine pour ses ennemis que par amitié pour lui. » Parmi les prières dont parle d'Ormesson, celles de madame de Sévigné, sa parente, du président de Lamoignon, de Turenne, ne durent pas nuire à Fouquet. Le second rapporteur, Le Cormier de Sainte-Hélène, du parlement de Rouen, parla *languidement* et sans effet, dit d'Ormesson, et conclut à la peine de mort. Après eux, chacun des juges dut motiver son opinion. Quoique bien connue d'avance, celle du conseiller Pussort était impatiemment attendue, parce que, derrière lui, le public s'obstinait à voir Colbert. Comme le rapporteur Sainte-Hélène, il vota la mort, après un discours véhément qui dura cinq heures. Seulement, par égard pour les charges que l'accusé avait exercées, et bien qu'il eût mérité la corde et le gibet, Pussort conclut à la décapitation. On reconnut là ce naturel *féroce* que lui reprochait Lamoignon; et madame de Sévigné de dire, non sans raison : « Je saute aux nues, quand je pense à cette infamie. » Un juge nommé Massenau, du parlement de Toulouse, succéda à Pussort et donna un spectacle différent. Il s'était fait transporter à la chambre de justice, malgré l'avis des médecins. Surpris par d'atroces douleurs, il sortit un instant, rendit deux pierres « d'une grosseur si considérable, observe madame de Sévigné, qu'en vérité cela pourroit passer pour un miracle, » et revint voter comme d'Ormesson, en disant : « Il faut mourir ici. » Le président de Pontchartrain, qui avait résisté aux tentations de places et d'argent les plus séduisantes, vota de même et brisa sa carrière. Commencé le 13 décembre, le vote ne finit que le 20. On se figure l'impatience, les terreurs, les vœux et les souhaits des uns et des autres, pendant ces longues journées. Quand vint, après tous les autres, le tour du chancelier, il vota pour la mort, bien que treize voix sur vingt-deux eussent déjà assuré la vie de Fouquet.

Répandue immédiatement dans Paris, cette nouvelle y causa, raconte d'Ormesson, une joie extrême, même chez les plus petites gens. « Chacun, ajoute-t-il, avec une passion d'ailleurs évidente, donnoit mille bénédictions à mon nom sans me connoître. Ainsi, M. Fouquet qui avoit été en horreur lors de son emprisonnement, et que tout Paris eût vu exécuter avec joie incontinent après son procès commencé, est devenu le sujet de la douleur et de la commisération publique par la haine que tout le monde a dans le cœur contre le gouvernement présent, et c'est la véritable cause de l'applaudissement général pour mon avis... Les fautes importantes dans les inventaires, les coups de haine et d'autorité, les faussetés de Berryer, et le mauvais traitement que tout le monde et même les juges recevoient dans leur fortune particulière, ont été de grands motifs pour sauver M. Fouquet de la peine capitale[1]. »

On a, dans ces aveux naïfs, l'explication de la douceur avec laquelle la chambre de justice traita Fouquet. Au moment où la sentence fut rendue, l'accusé avait en quelque sorte disparu, et il ne s'agissait plus, pour la majorité des juges, que de donner une leçon au gouvernement, ou plutôt à Colbert. Tel fut, au début de son ministère, l'effet des réformes qu'il exécutait avec un empressement généreux et qui ont rendu son nom immortel. On sait les sollicitations ardentes de quelques amis illustres et dévoués. Le tort de Colbert fut

[1] *Journal*, t. II, p. 220 et suiv.

d'opposer l'intrigue à l'intrigue, en y ajoutant, ce que ne pouvaient faire ses adversaires, le poids des promesses et des menaces du pouvoir le plus absolu qui fut jamais. Sans ces manœuvres, qu'on ne saurait trop réprouver et qui allèrent contre le but tant souhaité, la chambre de justice, prenant un moyen terme entre l'arrêt qui fut adopté et les désirs de la cour, aurait probablement condamné Fouquet à la détention perpétuelle et à la confiscation. Louis XIV avait annoncé, quelques jours avant l'arrêt, son intention de le laisser exécuter dans toute sa rigueur s'il portait la peine de mort[1]. Heureusement, la chambre de justice épargna cette tache à son règne. C'est trop déjà pour sa mémoire que, modifiant arbitrairement un jugement rendu par des commissaires qu'il avait lui-même choisis, il ait remplacé le bannissement par la prison perpétuelle. On a dit, pour sa justification et pour celle de Colbert, que cette aggravation de peine était commandée par la raison d'État. Fouquet connaissait-il d'importants secrets qu'on aurait craint de lui voir divulguer? Savait-il, entre autres, celui du *Masque de fer*, en admettant que l'homme au masque de fer ait réellement existé? Autant d'énigmes historiques dont on n'aura sans doute jamais le mot.

Outré de ce qui lui semblait, dans les juges de Fouquet, un excès de partialité ou une connivence coupable avec les ennemis de l'État, irrité des marques d'intérêt qu'ils recevaient du public, le gouvernement ou plutôt Colbert (car la faveur dont il jouissait était alors sans contre-poids) perdit toute mesure. On a vu d'Ormesson dépouillé de son intendance; il était encore

[1] Racine, *Fragments historiques*.

conseiller d'État, on le destitua. Un conseiller du parlement de Provence, nommé Roquesante, qui avait voté le bannissement et que, vingt ans après, madame de Sévigné appelait encore *le divin Roquesante*, fut relégué à Quimper-Corentin, pour avoir, disait-on, sollicité des fermiers des gabelles une pension destinée à une dame; mais le public vit là un acte de colère, et Guy Patin écrivit : « Un commissaire exilé ! voilà ce qui ne s'est jamais vu. » Un avocat général au Grand Conseil fut aussi banni pour avoir dit à l'un des juges qu'il se déshonorerait s'il suivait l'exemple de Chamillart et de Pussort. On sait enfin que le président de Pontchartrain, l'un des juges de Fouquet, et son fils[1], payèrent d'une longue disgrâce leur bienveillance pour le surintendant et le respect gardé pour les formes au détriment de la stricte justice.

Quoi qu'il en soit, cette affaire à jamais célèbre, qui avait failli compromettre la fortune de Colbert, et qui, à deux siècles de distance, divise et passionne encore les historiens, était terminée. Cependant la chambre de justice ne fut dissoute qu'en 1669; mais, à cette époque, elle avait fini ses opérations depuis plusieurs années. On calcula, quand elles furent définitivement closes, que les amendes, restitutions et confiscations prononcées ne s'étaient pas élevées à moins de cent dix millions et avaient frappé plus de cinq cents individus, dont quelques-uns eurent à payer jusqu'à deux et trois millions. Sans parler de plusieurs condamnations à mort, la réaction contre les traitants

---

[1] Celui-ci, déjà conseiller au parlement lors du procès, avait menacé son père de quitter la robe s'il votait la mort de Fouquet. Il fut plus tard contrôleur général, secrétaire d'État de la marine, et enfin chancelier.

et les financiers avait, comme toujours, dépassé le but. Pouvait-il en être autrement après le récent scandale de certaines fortunes contrastant avec la longue détresse du trésor royal et les besoins de chaque jour pour une multitude d'œuvres glorieuses ou utiles? Les financiers furent donc largement mis à contribution, et la chambre de justice les traita sans pitié. Ce que la France y gagna de plus clair, ce fut la certitude que le temps des dilapidations et des lâches connivences était passé, et que les finances allaient, par les soins de Colbert, être régénérées.

Il n'avait pas attendu la condamnation de Fouquet pour se mettre à l'œuvre. Emporté, dès le début de sa carrière, par cette passion des réformes, besoin de sa nature, il s'y était livré d'abord avec une ardeur compromettante. L'obstacle des premiers temps une fois franchi, l'adversaire enfin vaincu et abattu de manière à ne plus se relever, Colbert, libre désormais de toute préoccupation et jouissant de l'entière faveur du roi, mais mûri aux affaires et rendu plus prudent par l'expérience, porta son esprit investigateur sur les diverses parties de l'administration publique, imprima à tous ses rouages une activité féconde et fit aux abus de toute sorte une guerre incessante, qui, à défaut des services rendus comme contrôleur général et comme ministre de la marine, devrait protéger son nom contre les attaques passionnées que les détracteurs systématiques d'un passé souvent glorieux ne lui épargnent pas.

CHAPITRE II.

PREMIERS TEMPS DE LA REYNIE.

La police et les rues de Paris avant 1667. — Nicolas de La Reynie est nommé lieutenant général de police. — Son portrait. — Ses débuts dans l'administration. — Rôle qu'il joue pendant la Fronde. — Devient intendant du duc d'Épernon. — Achète une charge de maître des requêtes. — Ses premières mesures concernant la police de Paris. — Cherche à y établir l'ordre et la règle. — Absence de documents sur l'organisation ancienne. — Insolence et violence des laquais réprimées. — Pamphlets et libelles — Détails à ce sujet. — Des libellistes, des libraires, des relieurs et des colporteurs sont condamnés par La Reynie aux galères ou à la peine de mort. — Sévérité générale de la législation à cette époque. — La Reynie protége l'imprimerie.

On connaît les vers pleins de mouvement et de verve où Boileau décrit les bruits, les embarras et les dangers des rues de Paris en 1660, à l'aurore de ce règne qui devait, par ses grandeurs comme par ses fautes, mais surtout grâce à sa phalange d'incomparables écrivains, prendre une si large part dans l'histoire. Expression vive et juste des aspirations d'une société désireuse d'ordre, de paix intérieure, de sécurité, ce cri d'alarme du jeune poëte ne fut perdu ni pour Louis XIV, ni pour Colbert, et en 1667 Nicolas de La Reynie était nommé lieutenant de police. La création de cette charge, qui répondait à un besoin public et qui était confiée dès l'origine à des mains si habiles, fut pour la capitale du royaume, on peut le dire sans exagération, le point de départ d'une ère nouvelle. Un an auparavant, Colbert avait voulu remédier au défaut de sûreté et à l'insalubrité des rues ; mais ses réformes n'obtinrent pas l'assentiment général, et, comme il arrive souvent, ceux-là crièrent le plus qui devaient en profiter davantage. Après avoir constaté, à la date du 26 septembre 1666, qu'on tenait des conseils pour la police de Paris chez le chancelier, et que l'oncle de Colbert, le sévère Pussort, y avait la haute main, Olivier d'Ormesson exprimait la crainte que ce ne fût pour mettre Pussort en possession de la charge de lieutenant civil. Il ajoutait que « des conseillers d'État faisoient nettoyer les rues, ôter toutes les pierres anciennes, ce qui faisoit murmurer le petit peuple. » Olivier d'Ormesson, alors dans les mécontents pour la rancune qu'avait suscitée contre lui son indépendance dans le procès de Fouquet, n'ose pas convenir que le petit peuple avait bien tort de murmurer, les mesures dont il se plaignait ayant précisément pour but d'assainir les rues au milieu desquelles se passait sa vie. Il se trompait d'ailleurs en croyant que Colbert ménageait la place de lieutenant civil à son oncle. La rigidité, la dureté de Pussort auraient bientôt rendu odieux aux Parisiens le régulateur bourru, despotique, quoique très-droit et très-éclairé, du conseil d'État.

Dans une ville comptant déjà plus de cinq cent mille habitants, où les moyens de surveillance étaient encore si bornés, où s'élevaient chaque jour d'importantes questions de justice et de voirie, les attributions administratives et judiciaires du lieutenant civil du prévôt paraissaient excéder désormais la capacité et les forces d'un seul homme. Après l'empoisonnement du sieur Daubray par la marquise de Brinvilliers, sa fille, un édit du 15 mars 1667 dédoubla sa charge; celle de lieutenant civil fut conservée, mais restreinte à un pouvoir uniquement judiciaire, et confiée à Antoine Daubray, qui devait avoir, trois ans après, le triste sort de son père. On créa en même temps un lieutenant pour la police, qui devint, quelques années plus tard, ce lieutenant général de police dont les attributions ont été maintenues à peu près intactes jusqu'en 1789. Plus considérables que celles du lieutenant civil, qui avait cependant la préséance sur lui, mais sans commandement, elles représenteraient assez bien celles dont le préfet de police était encore investi il y a quelques années, si le lieutenant général de police n'avait eu en outre le droit de juger sommairement les cas de flagrant délit n'entraînant aucune peine afflictive.

Au début d'une organisation dont le succès intéressait à un si haut point le gouvernement, il importait de confier les nouvelles fonctions à un homme doué de l'intelligence nécessaire pour en bien marquer les limites et d'une grande fermeté pour les faire respecter. Le corps des maîtres des requêtes de l'hôtel, distinct du conseil d'État, était en possession de fournir les intendants et les administrateurs pour les postes difficiles. Chargés de juger les procès des officiers de la couronne et des maisons royales, employés dans les bureaux de la chancellerie, rapporteurs des affaires sur lesquelles le conseil d'État avait à rendre des arrêts, remplaçant au besoin les présidents des sénéchaussés et des bailliages, envoyés enfin par les ministres en mission extraordinaire soit à l'intérieur, soit aux armées, les maîtres des requêtes de l'hôtel passaient par les fonctions les plus diverses et pouvaient y donner la mesure de leur capacité. L'institution était vénale comme toutes les fonctions administratives et judiciaires depuis François I"; mais, indépendamment du haut prix des offices, l'apaisement des guerres civiles et le rétablissement de l'ordre avaient permis d'apprécier sévèrement les garanties d'aptitude et de moralité. Les maîtres des requêtes comptaient dans leurs rangs, en 1667, un homme déjà remarqué par ses services, Nicolas de La Reynie, que Colbert avait voulu envoyer, l'année précédente, dans les ports du royaume pour réorganiser la juridiction des amirautés, entachée de mille abus. Cette mission, dont la durée devait être de plusieurs années, ayant été ajournée, Colbert, qui avait reconnu le mérite du jeune maître des requêtes, le proposa pour les fonctions de lieutenant de police. C'était sans contredit un coup de fortune pour celui que le tout-puissant ministre tirait ainsi de la foule, et qui allait attacher son nom aux mesures d'ordre, de police et de réformation intérieure qui marquèrent les glorieux débuts du règne; mais ce choix ne fut pas moins heureux pour le gouvernement et pour les Parisiens, qui trouvèrent dans le nouveau magistrat un administrateur ferme et modéré, inflexible contre les vieux abus, vigilant, passionné parfois dans l'exercice de sa charge, évitant néanmoins le plus possible de faire du zèle dans une place où le zèle pouvait être si funeste, d'une intégrité enfin que les contemporains eux-mêmes ne suspectèrent pas.

Notre époque, si pauvre en beaux portraits habilement gravés, contraste avec le siècle de Louis XIV, qui nous en a légué un nombre prodigieux. Celui de *messire Gabriel-Nicolas de La Reynie, conseiller du roy, maistre des requestes*, peint par Pierre Mignard, son ami, a été admirablement buriné par van Schuppen. L'air du visage est sérieux sans être sombre, la physionomie ouverte ; l'œil, pénétrant et scrutateur, est bien d'un magistrat ; les traits, nobles et réguliers, ont une nuance de hauteur, mais de hauteur gracieuse ; l'épaisseur de la lèvre et du menton annonce une volonté énergique[1]. En admettant que le peintre ait idéalisé son modèle, on est encore bien loin de cette tête de diable imaginée par la vindicative duchesse de Bouillon, et devenue traditionnelle, grâce à Voltaire[2]. L'homme que ce portrait représente était né le 25 mai 1625, à Limoges, d'une bonne famille de robe. Son père, Jean-Nicolas, sieur de Tralage et de La Reynie, exerçait la charge de conseiller du roi en la sénéchaussée et présidial de la ville. Élevé à Bordeaux, le jeune Nicolas s'y était, après ses études, établi comme avocat. Le 4 janvier 1645, il épousait, âgé de vingt ans, Antoinette des Barats, fille d'un avocat au parlement, à laquelle ses parents constituèrent une dot de 24,000 livres. Quant à lui, il eut de son père le fief de La Reynie, valant 200 livres de rente, dont il se hâta de prendre le nom, plus sonore et de meilleure figure que celui de Nicolas. A peine marié, il paraît avoir acheté une charge au présidial d'Angoulême. On le retrouve l'année suivante à Bordeaux, président de la sénéchaussée et siége prési-

---

[1] L'original de ce portrait, parfaitement conservé, appartient à M. Octave de Rochebrune, à Fontenay (Vendée), par héritage de la succession du fils de La Reynie. (*Lettres écrites de la Vendée*, par Fillon, p. 69.)

[2] *Siècle de Louis XIV*, chap. XXVI.

dial de Guienne[1]. Quand les troubles de la Fronde éclatèrent, La Reynie, qui avait pris sagement parti pour l'autorité royale, anima le présidial de son esprit et tint tête au parlement, tout dévoué au prince de Condé ; mais les rebelles eurent le dessus, et sa maison fut pillée. Dans cette extrémité, il se vit forcé de chercher un refuge chez le duc d'Épernon, gouverneur de la province, qui le présenta au roi, à la reine, et le fit son intendant[2]. Tels sont les rares détails que nous avons sur les commencements du jeune magistrat. Le duc d'Épernon était trop détesté dans la Guienne pour pouvoir y rester, même après la défaite des frondeurs. Appelé au gouvernement de la Bourgogne, il emmena avec lui La Reynie, qui, plein de résolution, désireux de parvenir, aspirait à montrer sa capacité sur une scène moins étroite. Au mois d'août 1657, d'Épernon, pour lui complaire, le recommandait au dispensateur de toutes les grâces, à Mazarin[3] ; mais la recommandation fut sans effet, et, bon gré, mal gré, La Reynie demeura attaché au gouverneur de Bourgogne jusqu'à sa mort. Il avait, s'il faut en croire un factum écrit à l'occasion d'un procès de famille, grandement accru sa fortune par des spéculations commerciales, pendant son séjour à Bordeaux. Dès que la mort du duc d'Épernon lui eut rendu sa liberté (juillet 1661), il acheta une charge de maître des requêtes, qui ne lui coûta pas moins de 320,000 livres[4]. Placé désormais sur un théâtre où ses qua-

---

[1] Bibl. imp. Mss. Cabinet des titres. Famille Nicolas. Mémoire imprimé ; Paris, 1742.

[2] Mercure galant ; juin 1709.

[3] Archives des affaires étrangères, France, vol. 162.

[4] Bibl. imp. Mss. cabinet des titres.

lités pouvaient se produire, apprécié par Colbert presque aussi puissant que l'avait été Mazarin, il ne pouvait tarder à voir s'offrir l'occasion que rarement la fortune refuse à ceux qui en sont dignes. « Il avoit beaucoup d'esprit et de manége, dit le marquis de Sourches, grand prévôt de France ; il parloit peu et avoit un grand air de gravité[1]. » Enfin son heure vint, et au lieu d'une intendance, visée ordinaire des maîtres des requêtes, qui, si importante qu'elle eût pu être, l'aurait relégué au fond d'une province, il obtint, à Paris même, la magistrature la plus considérable après celle de premier président et de procureur général du parlement, et se trouva ainsi du premier coup en rapports fréquents et secrets avec le roi. Si l'attente de l'ambitieux maître des requêtes avait été longue au gré de ses désirs, le dédommagement était proportionné, et dépassait sans doute ses prévisions.

L'édit du 15 mars 1667, qui avait réorganisé la police de Paris, traçait aussi exactement que possible la ligne de démarcation entre les fonctions du magistrat chargé de veiller à la sûreté publique et celles du lieutenant civil ; mais il ne suffisait pas, dans ces matières délicates où la sécurité des citoyens et le bon ordre de la capitale étaient directement engagés, de procéder à une répartition d'attributions plus ou moins bien étudiée; il fallait voir à l'œuvre l'organisation nouvelle. Une lettre du 24 juin 1667 au chancelier Séguier, la première qu'on ait de La Reynie, montre son activité ferme et prudente. Après avoir informé le

---

[1] *Mémoires secrets et inédits de la cour de France sur la fin du règne de Louis XIV*, à la date du 30 janvier 1685. — Il y a dans ce passage quelques inexactitudes sur les commencements de La Reynie. Rien n'est plus commun que les erreurs de ce genre chez les contemporains.

chancelier que les assemblées qui jusque-là s'étaient réunies pour s'occuper de la propreté des rues de Paris lui paraissaient désormais inutiles, il ajoutait : « Nous faisons tous les jours quelque progrès dans les matières de police, et le bien qui peut en réussir est d'autant plus considérable qu'il se fait sans bruit et qu'il donne lieu à tous les habitants de cette ville d'espérer un fruit considérable de la bonté que le roi a eue de vouloir établir l'ordre et la règle dans Paris. » *L'ordre et la règle*, tel fut le but invariable de La Reynie. Quelle était à cette époque l'organisation administrative de la police parisienne ? De quel personnel disposait le magistrat placé à sa tête ? La somme affectée à ce service était-elle considérable ? Autant de questions intéressantes que l'esprit se pose ; mais rien, dans les documents connus, ne permet de les résoudre, et il est bien à craindre que les pièces qui auraient fourni des indications à cet égard n'aient été détruites. Si l'on remonte au seizième siècle, on voit le guet des métiers organisé sur le pied d'une milice urbaine ; mais son insuffisance, sa faiblesse peut-être, ayant été constatée, on créa un guet royal composé d'abord de 20 sergents à pied et de 20 sergents à cheval, qui fonctionna concurremment avec celui des métiers. Une organisation pareille ne pouvait durer longtemps sans amener des conflits dangereux. Henri II décida que le guet royal porté à 272 hommes, dont 22 à cheval, serait seul chargé de veiller à la sûreté des Parisiens. Réduit, on ne sait pourquoi, par Charles IX, modifié sans doute encore après lui, ce corps fut augmenté par Colbert de 120 cavaliers et de 160 fantassins ; ces derniers prirent le nom d'archers du guet. Les auxiliaires du lieutenant général vers la fin du dix-septième siècle étaient des conseillers, des commissaires, des inspecteurs, des greffiers, des officiers gradués. Les derniers enfin dans la hiérarchie, mais les plus redoutables aux malfaiteurs, étaient les exempts chargés d'opérer les arrestations. Les budgets du temps ne donnent la dépense que pour un seul point, le pavage de Paris, dépense qui s'éleva à 137,000 livres la première année du ministère de Colbert, et qui, déclinant sans cesse depuis, était tombée, vingt ans après, à 50,000 livres.

Il serait difficile, sans entrer dans de trop minutieux détails, de mentionner toutes les mesures par lesquelles La Reynie justifia la confiance de Louis XIV et de Colbert : on nous permettra de nous restreindre aux principales.

Deux déclarations, l'une de 1660 et l'autre de 1666, avaient interdit le port d'armes aux particuliers. Cependant les laquais et domestiques de grande maison continuaient de porter l'épée. La Reynie annonça, dès le début, l'intention de faire quitter l'épée aux valets et autres personnes capables de causer du désordre, de faire sortir de Paris les gens sans aveu qui pouvaient servir le roi dans ses armées, et de purger ainsi la ville de tous les vagabonds. Ces principes posés et nettement proclamés, il s'agissait de montrer qu'ils ne seraient pas lettre morte. Une occasion se présenta bientôt. Un laquais du duc de Roquelaure et un page de la duchesse de Chevreuse avaient battu et blessé un étudiant sur le Pont-Neuf[1]. Ils furent appréhendés, condamnés à être pendus, et exécutés sans miséricorde, malgré les plaintes de leurs maîtres, dont la dignité se prétendait offensée (tant les instincts féodaux étaient

---

[1] *De la sûreté publique dans la ville de Paris*, par M. Basset, *Moniteur* du 2 septembre 1853.

difficiles à refréner) par cette application du droit commun à leur domesticité. Deux ans après, le 5 juin 1669, La Reynie remettait en vigueur d'anciennes ordonnances défendant aux domestiques de quitter leurs maîtres sans congé, et aux maîtres de prendre des domestiques sans livret régulier. Si l'esprit de réglementation était en ce cas excessif, il témoigne du moins de l'état des mœurs. La violence et l'insolence des laquais de grande maison étaient tellement enracinées que, le 25 mars 1673, le lieutenant général de police dut leur défendre de nouveau de s'attrouper sous peine de la vie, et de porter des cannes ou bâtons sous peine de punition corporelle, indépendamment d'une amende de trois cents livres contre leurs maîtres. L'ordonnance était motivée sur ce que la défense d'avoir des bâtons, faite plusieurs fois aux laquais, et le châtiment exemplaire que quelques-uns avaient encouru, ne suffisaient pas pour empêcher un certain nombre d'entre eux d'en porter et de se livrer à des actes de brutalité intolérables sur les bourgeois, et même sur les personnes de qualité. Cependant le désordre continua, et l'on vit en 1682 les laquais commettre de nouvelles insolences envers de jeunes filles et des dames de la cour, à la porte des Tuileries[1]. Plus tard enfin, en 1693 et 1696, des ordonnances interdirent aux domestiques d'entrer dans les jardins des Tuileries et du Luxembourg, et il fallut encore leur réitérer la défense de porter des bâtons[2].

---

[1] Bibl. imp. Mss. F. F. 10, 245. *Lettres historiques et anecdotiques*, juin 1682.

[2] Bibl. imp. Mss. S. F. 2, 310-27. Police de Paris de 1667 à 1673, IX ; — Depping, *Correspondance administrative sous Louis XIV*, Introduction, XLI.

Après les crimes et les désordres de la rue, le soin de prévenir et de réprimer les pamphlets et libelles fut la partie la plus importante et la plus délicate des attributions de La Reynie, celle qui exigea de sa part, du premier au dernier jour de son administration, la surveillance la plus sévère. Malgré le prestige et la force incontestables du gouvernement, l'esprit de la Fronde n'était pas éteint, et bien des germes d'opposition couvaient çà et là. La durée excessive du procès de Fouquet et les violences faites à quelques juges, les récriminations des grands financiers soumis à des restitutions qui s'élevaient pour quelques-uns à plusieurs millions de livres, la réduction arbitraire et spoliatrice des rentes de l'hôtel de ville, le mécontentement de la noblesse des provinces privée désormais de toute influence, la défaveur des protestants de jour en jour plus marquée, les querelles sans cesse renaissantes du jansénisme et la persécution contre Port-Royal, tels étaient les motifs principaux qui excitaient les *malintentionnés* de toute sorte et provoquaient de nombreux libelles. Ces causes d'irritation, Colbert aurait pu les atténuer par d'habiles ménagements ; mais, tout entier à la poursuite de ses desseins, fier des résultats déjà obtenus, il ne tenait à cette époque nul compte des résistances, et laissait à La Reynie le soin d'y mettre bon ordre. Celui-ci n'y épargna rien, et poussa souvent la répression jusqu'aux extrêmes limites. La lettre du 24 juin 1667 au chancelier nous le montre à l'œuvre, peu après sa nomination, avec ses impressions premières et personnelles. « J'ai dressé, lui écrivait-il, un projet d'arrêt du conseil sur le fait de l'imprimerie et librairie, que j'ai estimé très-nécessaire de vous proposer pour des raisons marquées à la marge. J'en enverrai autant à M. Colbert, afin que, s'il a quelque pensée particulière, je puisse vous en rendre compte. J'ai recouvré depuis un livre intitulé : *Réponses chrétiennes*, du sieur de Vernant contre les évêques, qui se vend chez les Carmes des Billettes. Ce nouvel abus m'a confirmé dans l'opinion où j'étais sur l'article qui défend à toutes personnes autres que les libraires, de vendre des livres. » La même lettre annonçait au chancelier qu'on venait de saisir un autre factum de huit pages imprimé à Bruxelles, « le plus séditieux du monde; » que, selon toutes les apparences, quelque mauvais Français y avait travaillé, et que, du reste, on l'envoyait à la cour[1].

Un arrêt de 1666 avait autorisé, par exception, « les officiers ordinaires à juger en dernier ressort ceux qui écrivoient des nouvelles et des gazettes. » D'après quels principes? sur quelles bases? On l'ignore. Ce que l'on sait, par des preuves nombreuses, c'est la multiplicité des libelles. L'arrêt de 1666 n'avait été rendu que pour une année. Quatre ans après, La Reynie conseillait à Colbert de le remettre en vigueur et de faire savoir au procureur général Talon « de quelle importance il étoit pour le service du roi et pour le bien de l'État de réprimer par les voies les plus rigoureuses la licence que l'on continuoit de se donner de semer dans le royaume et d'envoyer dans les pays étrangers des libelles manuscrits. » C'était aussi l'avis de Colbert, qui ne demandait pas mieux que de *faire punir sévèrement* les auteurs et distributeurs de gazettes à la main et de libelles. Il y était porté tout à la fois par ses souvenirs de la Fronde et par ses dispo-

---

[1] Bibl. imp. Mss. S. F. 709-13, page 51, lettre autographe.

sitions naturelles; les dénonciations ne manquaient point d'ailleurs pour exciter son zèle. Le 16 février 1665, un habitant de Toulouse l'avertissait de l'arrivée d'un poëte, du nom de Boyer, qui débitait avec effronterie des satires contre le roi et le contrôleur général. « Ne permettez pas, disait l'honnête anonyme, que ces petits fripons se raillent plus longtemps de leur roi ni de vous. » Et il dénonçait du même coup le premier président de Lamoignon (toujours suspect d'opposition) pour avoir chez lui un autre satirique, nommé La Chapelle, *qui poétisoit aussi*[1]. Cependant ni les amendes, ni l'exil, ni la Bastille, n'imposaient silence aux libellistes. Le 23 avril 1670, La Reynie informait Colbert qu'il venait de faire arrêter plusieurs écrivains porteurs « d'un très-grand nombre de pièces manuscrites, et en général de tout ce qui avoit été fait d'infâme et de méchant depuis quelques années. » De son côté, le marquis de Seignelay stimulait sans cesse le lieutenant général de police, tantôt à l'occasion de chansons sur la régale et l'assemblée du clergé, *où le père de la Chaise étoit nommé*, tantôt sur *un méchant livre qui parloit de Sa Majesté*, tantôt sur un comédien nommé Aurélio *qui parloit sur les affaires de Rome*[2]. Ces recommanda-

---

[1] Depping; *Correspondance administrative sous le règne de Louis XIV*, t. II, 555.

[2] *Ibid.*, t. II, 188, 561, 571, 573, 579.—Voici le passage sur Aurélio :
« Sa Majesté m'a ordonné de vous écrire de faire observer Aurélio, comédien, afin que s'il parle mal, comme on dit, des affaires de Rome, vous le fassiez arrêter. » C'était sans doute au sujet de l'interminable affaire dite *des franchises*. Six mois auparavant, le 4 juin 1687, Bussy-Rabutin écrivait très-justement à ce sujet : « Les franchises sont odieuses quand elles vont à rendre les crimes impunis. Il est de la gloire d'un grand pape de réformer cet abus, et même de celle d'un grand roi de ne pas s'en plaindre. »

tions fréquentes prouvent que l'audace toujours croissante des pamphlétaires avait fini par inquiéter le gouvernement. Si encore la politique seule eût été matière à libelles ; mais les questions purement religieuses faisaient éclore une multitude de publications non moins vives, et les prêtres eux-mêmes n'étaient pas les moins ardents à la controverse. Le 21 avril 1683, Louis XIV autorisa La Reynie à juger « plusieurs ecclésiastiques et libraires qui se mêloient de composer divers écrits et libelles diffamatoires contenant des maximes contraires au bien du service, au repos des sujets du roi, et attaquant l'honneur et la réputation de diverses personnes constituées en dignité. » Nous savons par une lettre de Seignelay que deux des prévenus (l'un d'eux était aumônier de l'Hôtel-Dieu de Saint-Denis) furent condamnés aux galères[1]. La lettre se tait sur le sort d'un autre accusé, le sieur Lenoble, auteur d'un pamphlet mensuel intitulé : *Les Travaux d'Hercule*. Une autre lettre de La Reynie à Louvois au sujet de Bayle prouve que, chez le lieutenant de police, la passion politique n'étouffait pas les goûts littéraires. Le gouvernement avait cru devoir empêcher la distribution de quelques opuscules du hardi penseur. En prévenant Louvois des mesures prises à cet égard, La Reynie ajoutait : « Sa lettre sur les comètes, sa critique de Calvin même et les *Nouvelles de la république des lettres* peuvent bien faire juger de son habileté ; mais la finesse et la délicatesse de ces mêmes écrits ne les rendent pas moins suspects, et, bien qu'il se soit beaucoup contraint dans son journal pour le faire recevoir en France, il n'a pu

[1] Arch. de l'Empire, *Registres des secrétaires d'État*, 19 mai 1683.

cependant si bien cacher sa mauvaise volonté et son dessein que M. le chancelier ne s'en soit aperçu[1]. » Par malheur, les condamnations aux galères, châtiment déjà bien sévère, n'étaient pas toujours jugées suffisantes. Plus d'une fois le bûcher et la potence punirent des crimes qui, si détestables qu'ils pussent être, ne méritaient pas du moins cette atroce pénalité. Un avocat du temps, Antoine Bruneau, a consigné dans un journal, dont de rares fragments sont parvenus jusqu'à nous, quelques-unes de ces condamnations capitales. C'était sans doute, par une exception rare dans sa profession, un esprit très-peu libéral et très-inhumain ; la satisfaction naïve avec laquelle il enregistre ces rigueurs mérite néanmoins d'être notée. C'est un renseignement dont il faut tenir compte, et comme un jour ouvert sur l'opinion des contemporains.

« Novembre 1694. — Le vendredi 19, sur les six heures du soir, par sentence de M. de La Reynie, lieutenant de police, au souverain, furent pendus à la Grève un compagnon imprimeur de chez la veuve Charmot, rue de la Vieille-Boucherie, nommé Rambault, de Lyon, et un garçon relieur de chez Bourdon, bedeau de la communauté des libraires, nommé Larcher, deux condamnés à être conduits aux galères, et sursis au jugement de cinq jusqu'après l'exécution, les deux pendus ayant eu la question ordinaire et extraordinaire pour avoir révélation des auteurs, pour avoir imprimé, relié, vendu et débité des libelles infâmes contre le roi, qui est, dit-on, son mariage avec madame de Maintenon, et l'*Ombre de M. Scarron*[2], qui étoit son mari, avec une planche gravée de la statue de la place des Victoires ; mais au lieu des quatre

---

[1] Dépôt de la guerre, n° 725 ; 22 mars 1685.
[2] Il existe un pamphlet intitulé : *Scarron apparu à madame de Maintenon, et les reproches qu'il lui fait sur ses amours* ; Cologne, Jean Le Blanc, 1694, in-12 de trente-six pages, y compris la gravure. — C'est sûrement de celui-là qu'il s'agissait.

figures qui sont aux angles du piédestal, c'étoient quatre femmes qui tenoient le roi enchaîné, et les noms gravés : madame de La Vallière, madame de Fontanges, madame de Montespan et madame de Maintenon. Le graveur est en fuite. J'estime qu'on ne peut assez punir ces insolences contre le souverain, puisque, par les ordonnances, le moindre particulier est en droit de demander réparation des libelles diffamatoires qui seroient faits contre lui. On a trouvé des paquets de ce libelle jetés la nuit dans la rivière, entre le pont Notre-Dame et le Pont-au-Change.

« Décembre. — Le lundi 20, le nommé Chavance, garçon libraire, natif de Lyon, fut condamné, par sentence de M. de La Reynie, à être pendu et mis à la question pour l'affaire des livres mentionnés en novembre ; il eut la question et jasa, accusant des moines. La potence fut plantée à la Grève et la charrette menée au Châtelet. Survint un ordre de surseoir à l'exécution et au jugement de La Roque, autre accusé, fils d'un ministre de Vitré, et de Rouen, qui a fait la préface de ces impudens livres. On dit que Chavance est parent ou allié du père La Chaise, confesseur du roi, qui a obtenu la surséance... [1]. »

Plus on s'éloigne d'une époque, surtout quand la période intermédiaire s'appelle le dix-huitième siècle, plus il importe de tenir compte de la différence des milieux et de la modification des idées sur les points fondamentaux. Il serait donc tout à fait injuste d'imputer les condamnations capitales qui frappaient des imprimeurs et des libraires à La Reynie, simple instrument, subissant l'influence des passions de son temps, suffisamment attestées par les aveux de l'avocat Bruneau. Il faut considérer d'ailleurs la dureté d'un code criminel où la peine de mort apparaissait à chaque article. Sans doute, il eût été glorieux pour le roi et ses ministres de le modifier en ce qu'il avait d'extrême et

---

[1] *Bulletin du bibliophile*, 2ᵉ série, p. 331.

d'antichrétien, et tel avait été, au moment de sa révision, l'avis de Lamoignon, qui lutta vainement contre les tendances rigoristes de Pussort et de Colbert. La résistance que les parlements opposèrent cent ans plus tard aux réformes les mieux fondées, doit encore nous rendre indulgents pour les choses et les hommes ; n'oublions pas enfin que, dans le champ de la législation criminelle, bien des problèmes restent à résoudre. Si La Reynie avait été naturellement dur et inhumain, ce sentiment aurait trouvé mille occasions de se faire jour dans ses nombreuses lettres, ainsi que cela est arrivé à Louvois, qui commande de sang-froid la fusillade des populations fidèles à leur culte, l'incendie des villes, l'extermination des habitants, et chez lequel la pensée des scènes les plus déchirantes, triste conséquence de ses ordres barbares, n'éveille jamais un mouvement de pitié. Au surplus, pendant que, dominé par les devoirs de sa charge, La Reynie se laissait aller à trop de sévérité dans la répression des excès de l'imprimerie, il protégeait efficacement les imprimeurs zélés pour le progrès de leur art. Le 19 novembre 1671, il écrivait à Colbert au sujet du sieur Vitré : « Sa longue expérience et la connoissance qu'il a des causes qui ont maintenu ou détruit l'imprimerie dans le royaume, selon la diversité des temps, ne nous ont pas été d'un médiocre secours. » Il proposait en conséquence d'augmenter sa pension, « qui étoit médiocre, » et d'allouer aux sieurs Thiéry et Petit, pour la belle impression de leurs livres, une gratification qui produirait un excellent effet. On reconnait là le bibliophile intelligent à qui la France doit la conservation des textes primitifs de Molière. Comme lieutenant général de police, La Reynie devait veiller à ce que les œuvres du poëte subissent, quel que fût le généreux patronage dont le roi le couvrait, certaines corrections ; mais le discret appréciateur de Bayle, l'amateur de livres, le curieux, conservait précieusement pour lui seul les textes originaux, et c'est grâce à son exemplaire, heureusement parvenu jusqu'à nous, qu'on possède dans leur pureté native la pensée et la forme même du grand peintre de l'humanité [1].

[1] Cet exemplaire était devenu, après bien des pérégrinations, la propriété d'un bibliophile distingué, M. Armand Bertin ; il appartient aujourd'hui à M. le comte de Montalivet.

CHAPITRE III.

LE JEU, LE THÉATRE, LES ÉGLISES.

La Royauté s'attache à réprimer l'excès des jeux de hasard. — Observations à Colbert sur le jeu de la cour. — Sommes folles perdues par madame de Montespan. — Mauvais effet de l'exemple donné par Versailles. — Représentations théâtrales. — Le *Tartufe*. — Les Marionnettes. — Interdiction des sifflets. — Toilette indécente des femmes dans les églises. — Ce qu'en dit l'abbé Boileau. — Mandements des évêques et bref du pape à cet égard. — Tentatives pour régler la prostitution. — La population parisienne insulte l'ambassadeur de Siam et la princesse de Carignan. — Feux de joie blâmés par Louis XIV, à l'occasion de la mort du prince d'Orange. — Les boutons de soie et les boutons d'étoffe. — Absurdité des règlements à ce sujet.

Un des traits qui caractérisent le mieux le zèle du lieutenant de police à défendre la morale publique, fut sa lutte contre les joueurs. Les désordres de la surintendance de Fouquet et les fortunes scandaleuses qui en étaient sorties avaient développé à un degré incroyable la passion du jeu. Gourville nous apprend, dans ses curieux mémoires, qu'on jouait, même en carrosse, dans les voyages, des sommes exorbitantes. Le retour de l'ordre matériel et de la régularité dans l'administration calma pour un temps ces ardeurs de gain insensées. Louis XIV d'ailleurs était jeune, amoureux ; d'autres plaisirs l'attiraient. Plus tard, quand les premières effervescences de la jeunesse furent passées, le goût du jeu lui vint et alla sans cesse grandissant. Les courtisans, cela va sans dire, suivirent l'exemple du maître. Bientôt les escrocs se mêlèrent aux parties et nécessitèrent l'intervention d'un fonctionnaire, le grand prévôt, attaché à la cour pour juger, assisté des maîtres des requêtes de l'hôtel, tous les délits qui s'y commettaient. Le 31 mars 1671, La Reynie informa Colbert, de la part du grand prévôt, que le roi leur ordonnait de conférer ensemble « pour essayer de trouver quelque moyen d'empêcher les tromperies qui se faisoient au jeu. » En même temps, La Reynie envoyait à Colbert un mémoire signalant les fraudes auxquelles donnaient lieu les jeux de cartes, de dés, et le hoca[1]. Pour les cartes, La Reynie conseillait d'enjoindre aux fabricants de les disposer par couleurs, pour obliger les joueurs à les mêler, et de n'employer qu'un même papier, dans le même sens. « Il y a des cartiers, ajoutait-il, qui travaillent dans des hôtels et dans quelques autres lieux privilégiés. C'est un abus considérable, et il sera bien à propos de leur défendre de travailler ailleurs que dans leurs maisons et boutiques. » Les fraudes du jeu de dés paraissaient à La Reynie plus difficiles à réprimer. On pouvait cependant interdire aux fabricants d'en faire de *chargés* ou de faux, avec ordre de dénoncer les personnes qui leur en demanderaient de cette qualité. Quant au jeu de hoca, il le considérait comme le plus dangereux de tous. « Les Italiens, disait-il, capables de juger des raffinemens des jeux de hasard, ont reconnu en celui-ci tant de moyens

---

[1] Voir à l'Appendice. « Le hoca, dit le *Dictionnaire de Trévoux*, est composé de trente points marqués de suite sur une table, et il se joue avec trente petites boules dans chacune desquelles on enferme un billet de parchemin où il y a un chiffre. »

différens de tromper, qu'ils avoient été contraints de le bannir de leur pays. Deux papes de suite, après avoir connu les friponneries qui s'y étoient faites dans Rome, l'ont défendu sous des peines rigoureuses, et ils ont même obligé quelques ambassadeurs de chasser de leurs maisons des teneurs de hoca qui s'y étoient retirés... » La Reynie ajoutait que, toléré un instant dans Paris, il y avait quelques années, ce jeu causait de tels désordres que le parlement, les magistrats et les six corps de marchands en demandèrent l'interdiction. Que serait-ce si la cour l'adoptait ? Les bourgeois, les marchands et les artisans ne manqueraient pas d'y jouer aussi, et les désordres recommenceraient plus grands que jamais. Sans doute, on punirait les coupables ; mais, disait le lieutenant de police en terminant : « Il semble qu'un plus grand remède étoit réservé à ce règne et à la bonté du roi, et que ses sujets devoient encore ressentir cet effet de son incomparable sagesse. »

La demande de La Reynie ne fut pas écoutée. La cour avait besoin de distractions : le hoca y fut admis avec plusieurs autres jeux de hasard non moins dangereux, le lansquenet, le portique, le trou-madame. Il faut voir, à chaque page du *Journal de Dangeau*, la place qu'ils tenaient dans les amusements du roi, des princes, des courtisans. Quand le dauphin eut grandi, sa passion pour le hoca et le lansquenet égala presque celle qu'il avait pour la chasse. De son côté, la favorite y déployait toutes les audaces de son caractère. « Le jeu de madame de Montespan, écrivait le 13 janvier 1679 le comte de Rebenac, est monté à un tel excès que les pertes de 100,000 écus sont communes. Le jour de Noël, elle perdoit 700,000 écus ;

elle joua sur trois cartes 150,000 pistoles et les gagna[1]. Et à ce jeu-là (sans doute le lansquenet ou le hoca) on peut perdre ou gagner cinquante ou soixante fois en un quart d'heure[2]. » Une autre fois, un correspondant de Bussy-Rabutin[3] lui annonce qu'en une seule nuit madame de Montespan regagna 5 millions qu'elle avait perdus. N'y avait-il pas là quelque exagération? Un correspondant anonyme parle aussi de ces jeux, d'autant moins excusables qu'en cas de perte c'était en définitive le trésor royal qui payait. « Madame de Montespan, écrit-il à la date du 4 mai 1682, a perdu, dit-on, au hoca, plus de 500,000 écus. Le roi l'a trouvé fort mauvais et s'est fort fâché contre elle[4]. » Madame de Sévigné nous apprend aussi que Louis XIV blâmait ces excès; puis elle ajoute: « Monsieur a mis toutes ses pierreries en gage. » On savait de plus que celui-ci, pendant une campagne, avait perdu 100,000 écus contre Dangeau et un officier du nom de Langlée.

Cela n'empêchait pas de défendre les jeux de hasard partout ailleurs qu'à la cour; mais on se figure la difficulté de la répression, alors que l'exemple partait de si haut. Un gentilhomme avait obtenu d'établir dans Paris un nombre illimité de jeux dits de géométrie ou de lignes; La Reynie les restreignit à deux et fut approuvé. Un sieur de Bragelonne, une demoiselle

---

[1] La pistole valait 10 livres, soit de 40 à 50 francs de nos jours. — Il y a près de trente ans, un savant correspondant de l'Institut, Leber, évaluait la valeur ou pouvoir des monnaies vers la fin du dix-septième siècle à près de quatre fois cette valeur en 1835. Tout le monde peut reconnaître aujourd'hui que, par suite de causes variées et complexes, le pouvoir des monnaies a encore baissé depuis une vingtaine d'années.

[2] Lettres inédites des Feuquières, IV, 277.

[3] Le marquis de Trichateau.

[4] Bibliothèque impériale, Mss. F. F. 10265;. Lettres historiques et anecdotiques sur le règne de Louis XIV.

Dalidor, donnaient à jouer; on le leur défendit, et le lieutenant de police eut ordre de surveiller la demoiselle Dalidor pour l'expulser de Paris, si elle continuait. Dans la même année (1678), le duc de Ventadour, dénoncé comme faisant jouer le hoca, ayant persisté malgré un avertissement du roi, Seignelay écrivit à La Reynie : « Sa Majesté fera parler si fortement à M. de Ventadour sur le jeu de hoca qu'il a établi chez lui, qu'elle n'a pas lieu de douter qu'il ne finisse entièrement ce commerce à l'avenir[1]. » Au lieu de cela, les parties devinrent plus animées que jamais. Pouvait-il en être autrement? Le jeu redoublait à Versailles, et Paris ne l'ignorait pas. A mesure que Louis XIV vieillissait, il cherchait dans le jeu des distractions que la galanterie ne lui donnait plus. « Sa Majesté résolut, dit le marquis de Sourches (novembre 1686), pour donner quelque amusement à sa cour, de faire recommencer les *appartements*[2] aussitôt qu'elle seroit de retour à Versailles, et même d'y jouer elle-même un très-gros jeu au reversi, pour lequel chaque joueur feroit un fonds de 5,000 pistoles. Les joueurs devoient être le roi, Monseigneur, Monsieur, le marquis de Dangeau et Langlée, maréchal des logis des camps et armées du roi. » Le marquis de Sourches ajoute que, les avances étant considérables, les joueurs s'associaient entre eux, et que le roi eut la bonté de mettre de moitié avec lui quelques personnes, notamment le maître des requêtes Chamillart.

Ce que l'on devait prévoir ne manqua pas d'arriver;

---

[1] Depping; *Correspondance administrative sous le règne de Louis XIV*, t. II, p. 563, 571, 573.

[2] Nom donné aux jours où le roi invitait à quelque divertissement dans son grand appartement de Versailles.

les joueurs se multiplièrent à l'infini. La Reynie punissait les petits et dénonçait les plus haut placés, devant lesquels s'arrêtait son pouvoir; mais ceux-ci se tiraient toujours d'affaire et recommençaient aussitôt. En 1697, au moment de céder sa charge à d'Argenson, il insista sur les désordres qu'occasionnait le jeu et sur la nécessité d'y remédier. Le chancelier (c'était alors Pontchartrain) partageait ses idées, et il aurait bien voulu les faire prévaloir. « Sur le compte que j'ai rendu au roi de vos trois dernières lettres, lui répondit-il, Sa Majesté m'a ordonné de vous écrire qu'elle veut plus que jamais empêcher absolument les jeux publics. Sa volonté est donc qu'avant que vous quittiez la charge de lieutenant de police, vous m'envoyiez un mémoire exact de tous les lieux où l'on joue, de ceux qui y tiennent le jeu, et par quelle protection, afin que, par son autorité, elle renverse une bonne fois tous ces établissemens faits contre son intention. » En effet, le 14 février 1697, Pontchartrain écrivit à La Reynie que le roi avait invité le duc de Chartres, M. d'Effiat et plusieurs autres à ne plus laisser jouer chez eux[1]; mais la seule mesure efficace, la suppression des jeux de hasard à la cour, ne fut pas prise : aussi, malgré les ordres du chancelier et quelques exemples sévères, d'Argenson ne fut pas moins impuissant que son prédécesseur à corriger le mal.

Par la nature de ses fonctions, le lieutenant de police était appelé à s'occuper des détails les plus divers. Ainsi les difficultés soulevées par les incidents des représentations théâtrales s'imposaient maintes fois à son attention. Dirigés d'une manière à peu près arbi-

[1] Depping; *Correspondance administrative*, II, 715.

traire, les théâtres étaient souvent l'objet de sévérités extrêmes. A l'époque où La Reynie fut nommé, une question qui a pris l'importance d'un événement historique passionnait les Parisiens. Un chef-d'œuvre, le *Tartufe*, achevé depuis 1664, ne pouvait se produire à la scène. Les ennemis du poëte, ce qu'on appelait la *Cabale*, étaient même devenus plus ombrageux, et cela s'explique, depuis la représentation du *Don Juan*, qui avait eu lieu l'année suivante. Quoique le roi, la reine, le légat, un grand nombre de prélats (c'est Molière qui l'affirme dans son premier placet à Louis XIV), eussent approuvé la pièce, l'interdit était maintenu. Au mois d'août 1667, une représentation fut essayée, sur l'assurance donnée par Molière qu'il avait l'autorisation verbale du roi, alors au siége de Lille. Le lendemain, le président de Lamoignon se substituant au lieutenant de police, fit défense de continuer. « En vain, dit Molière au roi, j'ai déguisé le personnage sous l'ajustement d'un homme du monde, j'ai eu beau lui donner un petit chapeau, de grands cheveux, un grand collet, une épée et des dentelles sur tout l'habit, mettre en plusieurs endroits des adoucissemens,..... ma comédie n'a pas plutôt paru qu'elle s'est vu foudroyer par le coup d'un pouvoir qui doit imposer du respect... » Il eût été curieux de savoir quel rôle joua La Reynie dans ce mémorable débat, et s'il prit parti pour le grand poëte. Sa correspondance est muette à cet égard. Un troisième placet, présenté au roi le 5 février 1669, eut heureusement un plein succès. Malgré l'intolérance des faux dévots et l'opposition de quelques gens de bien timorés, comme Lamoignon, la comédie la plus réformatrice qui ait jamais été jouée, celle qui a le plus intimidé le vice honteux auquel elle s'attaque, était enfin autorisée. Louis XIV avait remporté ce jour-là une de ces victoires qui marquent parmi les plus glorieuses d'un règne et que la postérité n'oublie pas.

Mais les questions de théâtre n'avaient pas toutes cette importance. Un agent de La Reynie, dépassant peut-être ses intentions, avait défendu les marionnettes. Louis XIV, à qui Brioché s'adressa, fut plus indulgent, et lui permit (16 octobre 1676) de se livrer à son industrie dans le lieu qui lui serait assigné. Une autre fois (4 février 1679), le roi autorisait le nommé Allart à représenter en public, à la foire de Saint-Germain, « les sauts, accompagnés de quelques discours, qu'il avoit joués devant Sa Majesté, à condition que l'on n'y chanteroit ni danseroit. » La police les avait donc interdits. Le 6 décembre 1690, le chancelier Pontchartrain prévenait La Reynie qu'on devait donner au premier jour une comédie où figureraient d'une manière ridicule les princes de l'Europe ligués contre la France, mais que le roi ne voulait ni le souffrir, ni le défendre ouvertement. « Il faut, disait Pontchartrain, que ce soit vous qui, de votre chef et sans bruit, mandiez quelques-uns des comédiens pour vous donner cette pièce à lire; après quoi, de vous-même et sous d'autres prétextes, vous leur direz de ne pas la jouer. » Le droit de siffler au théâtre, que Boileau croyait avoir à jamais consacré, n'était pas si bien établi que les ordonnances de police n'y apportassent quelquefois des restrictions essentielles. Un nommé Caraque s'était permis de siffler à la comédie. « Le roi, écrit Pontchartrain à La Reynie (17 septembre 1696), m'ordonne de vous dire de le faire mettre en liberté, s'il n'est détenu pour autre cause.

Sa détention de trois semaines, avec une réprimande que vous lui ferez, le rendront sage[1]. » C'était fait pour cela. Restait au sieur Caraque la faculté de se pourvoir auprès du législateur du Parnasse. En profita-t-il?

S'il est un lieu en France où le sentiment des convenances règne aujourd'hui d'une manière absolue, c'est, grâce à la piété des uns et à la respectueuse déférence des autres, l'église et le temple. Les toilettes extravagantes osent à peine s'y aventurer, et les femmes qui s'y présenteraient la gorge et les bras nus, comme au théâtre ou au bal, seraient conspuées. Malgré son intolérance et ses prétentions à l'orthodoxie, le dix-septième siècle excitait, sous ce rapport, les justes colères des prédicateurs. L'œil ouvert sur tous les abus, la police avait informé le roi que, sous prétexte de dévotion aux âmes du purgatoire, les Théatins faisaient chanter un véritable opéra dans leur église, qu'on s'y rendait pour la musique, que les chaises y étaient louées dix sous, et qu'à chaque changement on faisait des affiches comme pour une nouvelle représentation. En signalant ce fait à l'archevêque de Paris (6 novembre 1685), le marquis de Seignelay ajoutait qu'à raison des bonnes dispositions des religionnaires « il seroit bon d'éviter ces sortes de représentations publiques, qui leur faisoient de la peine et pouvoient augmenter leur éloignement pour la religion. » Un mandement des vicaires généraux de Toulouse, du 13 mars 1670, constate des faits non moins regrettables. Après s'être vivement élevés contre les femmes qui, « violant pour ainsi dire l'immunité des églises, portoient, par la nudité de

---

[1] Depping ; *Correspondance administrative*, II, 562, 611, 721.

leurs bras et de leur gorge, le feu de l'amour impur dans les cœurs des fidèles qui s'y retiroient comme dans des asiles consacrés à la prière et à la sainteté, » les vicaires généraux défendaient, sous peine d'excommunication, d'y entrer et de se présenter aux sacrements en cet état d'immodestie et d'indécence. On lit en outre dans un livre curieux, imprimé pour la première fois à Bruxelles cinq ans après, et attribué à l'abbé Boileau, frère du poëte : « Ce n'est pas seulement dans les maisons particulières, dans les bals, dans les ruelles, dans les promenades, que les femmes paroissent la gorge nue ; il y en a qui, par une témérité effroyable, viennent insulter à Jésus-Christ jusqu'au pied des autels. Les tribunaux mêmes de la pénitence, qui devroient être arrosés des larmes de ces femmes mondaines, sont profanés par leur nudité [1]...» Et non-seulement des femmes provoquaient de pareilles réprimandes ; plus audacieuses encore, quelques-unes osaient pénétrer dans les églises avec un masque. C'est ce que fit entre autres, vers les derniers jours de février 1683, la femme du procureur général des monnaies. Dans son indignation, La Reynie avait proposé de la mettre à l'amende. Seignelay lui répondit que « le roi ne le vouloit pas, n'y ayant point encore d'ordonnance sur ce sujet ; mais Sa Majesté vouloit qu'il en rendît une, portant telle amende qu'il estimeroit à propos contre tous masques qui entreroient dans l'église, et qu'il la fît publier incessamment [2]. » Enfin, le 30 novembre de la même année, le pape Innocent IX crut devoir, tant le mal dénoncé par les vicaires géné-

---

[1] *De l'abus des nudités de la gorge*, d'après la réimpression de Dehays (Paris, 1858), p. 15.
[2] Depping ; *Correspondance administrative*, II, 571.

raux de Toulouse était difficile à guérir, venir en aide aux évêques de France, et fulmina à son tour les mêmes peines canoniques contre les femmes qui paraîtraient dans les églises avec des toilettes inconvenantes.

Chaque jour, on a déjà pu s'en convaincre, suggérait à La Reynie de nouveaux sujets de réforme ou d'améliorations. Il avait proposé, au mois de novembre 1687, divers moyens pour arrêter le fléau toujours croissant de la prostitution à Paris. Seignelay lui répondit que le roi approuvait les conclusions de son rapport et voulait qu'il lui soumît tous ses plans « pour l'établissement du bon ordre dans cette grande ville sur toute sorte de matières, afin d'empêcher, autant que cela dépendoit de son autorité, la dépravation publique. » Le lieutenant général de police s'était depuis longtemps fait à lui-même ces sages recommandations. Sa correspondance avec Colbert, Seignelay, de Harlay, montre le zèle qu'il déployait dans l'exercice de ses délicates fonctions. Ce serait une erreur de croire que la population parisienne fût alors plus facile à administrer que de nos jours. Dans maintes circonstances, nous le verrons surtout en parlant des disettes, elle échappait complétement à l'action de ses magistrats. Au mois d'août 1686, elle insulta l'ambassadeur de Siam, arrêta un de ses carrosses, battit son cocher. Le roi, fort mécontent, fit écrire à La Reynie de prévenir le retour de ces désordres, et de publier, si c'était nécessaire, une ordonnance à cet égard. Quelques années après, pendant la guerre avec le Piémont, la princesse de Carignan était attaquée par la populace, traitée de *Savoyarde*, menacée d'être menée en prison. Vers la même époque, le peuple avait fait des feux de joie sur le faux avis de la mort du prince d'Orange. Bien que ces mouvements eussent un caractère patriotique, ils déplaisaient à Louis XIV, qui avait toujours présent le souvenir des désordres de la Fronde. Au sujet de l'insulte faite à la princesse de Carignan, Seignelay écrivit à La Reynie (16 août 1690) que « cela, joint à ce qui étoit arrivé à l'occasion du prince d'Orange, avoit décidé Sa Majesté à réprimer l'insolence du peuple ; elle lui ordonnoit donc d'informer sur ce qui s'étoit passé à l'égard de la princesse de Carignan, et, si les faits étoient vrais, de poursuivre les auteurs de ces violences. » Puis, le 22, il écrivait : « Le roi vient d'apprendre la nouvelle d'une victoire remportée en Savoie par M. de Catinat, et comme Sa Majesté appréhende que la populace ne tombe dans le même inconvénient que ces jours passés à l'occasion de la fausse nouvelle de la mort du prince d'Orange, elle m'ordonne de vous écrire de prendre vos mesures pour empêcher qu'on ne fasse aucuns feux, à moins que Sa Majesté n'en envoie les ordres aux magistrats en la manière ordinaire [1]. »

A la façon dont on a vu que les pamphlétaires étaient punis, il va sans dire que les moindres attaques contre le souverain étaient l'objet d'une sévérité particulière. Un amateur de médailles, l'abbé Bizot [2], en avait quelques-unes, frappées sans doute en Hollande, qui n'étaient pas à la gloire de Louis XIV. Le comte de Pontchartrain le sut, prit les ordres du roi et chargea La Reynie de se saisir « de ces médailles insolentes, » de les percer, et de les lui transmettre,

---

[1] Depping; Correspondance administrative, II, 575, 583.
[2] Pierre Bizot, chanoine, mort en 1696, auteur d'une Histoire métallique de la république de Hollande.

pour les envoyer à la monnaie[1]. Un pouvoir qui se croyait autorisé à supprimer « pour bonnes considérations » des feuillets du registre des baptêmes, mariages et actes mortuaires[2]; un lieutenant de police qui proposait, comme une chose très-naturelle, de « retenir arbitrairement les blasphémateurs » (lettre du 2 août 1675), devaient être persuadés qu'ils pouvaient tout, du moment que l'intérêt public leur paraissait en jeu.

Un exemple suffira pour montrer que l'action de la police sous Louis XIV avait souvent à s'exercer dans un ordre de faits où ni la politique, ni la religion, rien enfin de ce qui passionne les esprits n'était engagé. Pour favoriser le débit des étoffes de soie, un édit au moins singulier avait défendu, en 1694, de se servir de boutons d'étoffe pour les habits, au lieu des boutons de soie employés jusqu'alors. Le sens droit de La Reynie lui fit comprendre que la réglementation, poussée à cet excès, dépassait le but, et il écrivit en conséquence à Pontchartrain, qui lui fit cette réponse significative :

« 9 juillet 1696. — J'ai lu au roi votre lettre entière au sujet des boutons d'étoffe. Elle a fait un effet tout contraire à ce qu'il semblait que vous vous étiez proposé, car Sa Majesté m'a dit et répété très-sérieusement, malgré toutes vos raisons, qu'elle veut être obéie en ce point comme en toutes autres choses, et que, sans distinction, vous devez confisquer tous les habits neufs et vieux où il s'est trouvé des boutons d'étoffe, et condamner à l'amende les tailleurs qui en ont été trouvés saisis. Ne proposez donc plus sur cette matière des expédiens, et condamnez avec rigueur tous ceux qui ont été ou qui pourront être trouvés en contravention. »

On est confondu de voir l'autorité d'un souverain

---

[1] Depping; *Correspondance administrative*, II, 649, 712.
[2] *Ibid.*, 700. Ordre du roi au bailli de Versailles.

dont le règne compte de si belles pages appliquées à de telles futilités, et tant de sévérité employée contre l'usage des boutons d'étoffe. Deux jours après, le contrôleur général informait La Reynie qu'à l'égard des tailleurs qui en auraient mis à des *habits vieux*, l'amende pourrait être réduite à dix ou quinze livres. L'infraction, en ce qui concernait les *habits neufs*, devait être punie d'une amende de cinq cents livres, *sans aucune diminution*, indépendamment de la confiscation de l'objet saisi [1]. Qu'aurait fait Colbert, s'il avait pu prévoir que son système industriel serait ainsi exagéré jusqu'au ridicule? Tel est au reste l'effet ordinaire des mesures reposant sur un principe faux. Motivées par une apparence de justice et de raison, tant qu'elles ne sont pas dénaturées par excès de zèle ou pour surmonter des difficultés inévitables, elles mènent, l'ignorance et la toute-puissance aidant, à des conséquences absurdes. Comment s'étonner après cela qu'une ordonnance du 24 février 1683 condamne à la prison tout détenteur de viandes, volailles ou gibier pendant le carême, à moins de permission spéciale? Les hôtels des princes et seigneurs de la cour devaient être, il est vrai, visités comme les plus modestes hôtelleries; mais à qui croyait-on persuader que l'ordonnance serait exécutée envers tous avec impartialité?

---

[1] Depping; *Correspondance administrative*, II, 113 — Les considérants de l'édit du 25 septembre 1694 méritent d'être cités : « Louis... Nous avons été informé du préjudice considérable que cause dans notre royaume l'usage qui s'est introduit depuis peu de temps, de porter des boutons de la même étoffe des habits, au lieu qu'auparavant ils étoient pour la plupart de soie, ce qui donnoit de l'emploi à un grand nombre de nos sujets. »

On ne peut faire une meilleure critique de l'abus des règlements.

CHAPITRE IV.

LA MARQUISE DE BRINVILLIERS.

La Reynie et la marquise de Brinvilliers. — Émotion causée dans Paris par la découverte de ses empoisonnements. — Fille de d'Aubray, lieutenant civil et prédécesseur de La Reynie. — Son portrait, par l'abbé Pirot. — Détails sur les premiers temps de son mariage. — Devient la maîtresse de Gaudin de Sainte-Croix. — Son amant est mis à la Bastille par ordre du lieutenant civil, qui meurt empoisonné. — Nouveaux empoisonnements dans sa famille. — Mort de Sainte-Croix, suivie de la découverte de ses empoisonnements et de la complicité de la marquise de Brinvilliers. — Un domestique de Sainte-Croix est condamné à mort. — La marquise de Brinvilliers en Angleterre. — Tentatives inutiles pour obtenir son extradition. — Elle se réfugie à Liége. — Ruse employée par l'exempt Desgrez pour l'attirer en France. — Sa confession. — Son premier interrogatoire. — Dépositions accablantes. — Est condamnée à mort. — Lettre à son mari. — Ses derniers moments. — Reich de Penautier, receveur général du clergé, est accusé de complicité. — Soupçons et accusations graves. — Colbert et l'archevêque de Toulouse s'intéressent à lui. — Il est acquitté. — Son portrait par Saint-Simon.

Parmi les procès demeurés célèbres qui s'imposèrent, pendant la période la plus brillante du règne de Louis XIV, à l'attention de la France, réveillée chaque fois comme en sursaut au milieu du calme intérieur dont elle jouissait, ceux de la marquise de Brinvilliers et de la Voisin ont le plus frappé l'imagination des peuples. Dix ans après la condamnation de Fouquet, en 1674, le chevalier de Rohan avait essayé de mettre, pour de l'argent, quelques places de la Normandie aux mains des ennemis, et cette conspiration insensée, mais flagrante, fit tomber quatre têtes sur la place de la Bastille. Aux procès politiques succédèrent les procès criminels; au dilapidateur et au conspirateur, les empoisonneurs. En 1676, la marquise de Brinvilliers, adroitement ramenée par un agent de police transformé en abbé galant, sur le sol français d'où elle était parvenue à s'évader, fut jugée en parlement, condamnée à mort, et causa un scandale immense, moins encore par l'audace de ses crimes que par le placide cynisme d'une confession générale trouvée parmi ses papiers. Quatre ans plus tard, de 1679 à 1682, le procès de la Voisin, jugé par commission, fut à son tour, malgré le huis-clos et le mutisme absolu de la *Gazette de France* et du *Mercure françois*, ou plutôt par cela même, l'objet des plus vives anxiétés. On verra plus loin les raisons diverses de ce secret et l'intérêt particulier qu'avait le gouvernement à ce que le silence fût strictement gardé. La condition des accusés, leur nombre considérable (il n'y en eut pas moins de deux cent quarante, dont la plupart finirent leurs jours dans les prisons d'État sans avoir été jugés), et les trente-quatre condamnations à mort prononcées par la chambre de l'Arsenal, justifient suffisamment la commotion profonde que ce procès causa en France et à l'étranger.

Nommé par le roi, en 1679, procureur général de la commission chargée de juger la Voisin et ses complices, le lieutenant général de police La Reynie rechercha d'abord la liaison qui pouvait exister entre cette affaire et celle de la marquise de Brinvilliers. Un mémoire de sa main à Louvois contient, sur cette dernière affaire, de curieuses indications. « ... Peut-être, disait La Reynie, par le même ordre de la Providence, ce fameux exemple de madame de Brinvilliers a-t-il précédé la découverte de ce nombre inconcevable d'empoisonnements et de ce commerce abominable du poison...

« Qui eût dit, ajoutait-il, qu'une femme élevée dans une honnête famille, d'une figure et d'une complexion foible, avec une humeur douce en apparence, eût été capable d'une longue méditation et d'une telle suite de crimes? Empoisonner son père de sa propre main, ses frères, sa sœur, son mari et ses propres enfants [1]?

« Que cette femme, sous prétexte de dévotion, eût fait un divertissement d'aller dans les hôpitaux empoisonner les malades pour y observer les différents effets du poison qu'elle leur donnoit?

« Quel accusateur auroit pu être écouté sur ce sujet?

« Quelle possibilité d'avoir des preuves de ces crimes, si Dieu n'eût permis que le malheureux Sainte-Croix ne fût mort d'une mort extraordinaire et [n'eût] laissé des papiers?

« Si un valet pris, que les premiers juges n'avoient pu condamner, faute de preuves, le parlement ne l'eût condamné sur des conjectures et sur de fortes présomptions?

« Si Dieu n'eût touché le cœur de ce misérable qui, après avoir souffert la question sans rien dire, avoua son crime un moment avant d'être exécuté?

« C'est Dieu qui a permis que pendant la guerre, et

---

[1] Madame de Sévigné aussi parle de tentatives d'empoisonnement faites par madame de Brinvilliers sur son mari; mais il n'est pas question de lui au procès, non plus que des enfants.

précisément le dernier jour que le roi veut que son autorité soit reconnue dans la ville de Liége, la dame de Brinvilliers soit arrêtée, et que cette misérable, qui fuyoit de royaume en royaume, ait eu soin d'écrire et de porter avec elle les preuves qui étoient nécessaires pour sa condamnation.

« C'est elle, la première, qui a dit devant M. de Fleury, à la confrontation des témoins et en d'autres temps, qu'il y avoit beaucoup de personnes engagées dans ce misérable commerce du poison, et des personnes de condition[1]. »

On se figure l'émotion de Paris quand éclata cet horrible procès. Non-seulement le principal accusé, la marquise de Brinvilliers, occupait un rang élevé, mais son père, Dreux d'Aubray, sieur d'Offemont, était en 1666, au moment où il fut empoisonné, lieutenant civil. Son frère aîné, empoisonné également, l'avait remplacé dans cette charge, démembrée en faveur de La Reynie. Un deuxième frère, qui eut le même sort, était conseiller au parlement. Citons encore une sœur de la marquise, Thérèse d'Aubray, qui survécut aux tentatives dont elle fut l'objet.

D'autres accusations d'empoisonnement compliquaient l'affaire et la prolongèrent. Peu d'années auparavant, un sieur Saint-Laurent de Hannivel, receveur général du clergé, était mort dans des circonstances singulières auxquelles on ne s'était cependant pas arrêté, et cette charge, qui ne rapportait pas moins de soixante mille livres (environ cent mille écus de notre monnaie), avait été donnée à Reich de Penautier, déjà receveur général des états du Languedoc, qui l'avait ardemment sol-

---

[1] Bibl. imp. Mss. F. F. 7,608. — *Procès de la Voisin*, folio 127 : Mémoire autographe de La Reynie.

licitée. Or Penautier était fort lié avec Gaudin de Sainte-Croix, l'amant de la marquise de Brinvilliers, chez lequel on avait découvert, à sa mort, tout un arsenal de poisons, et celle-ci écrivit de sa prison à Penautier plusieurs lettres compromettantes. Enfin, comme si le cri éloquent de Bossuet : *Madame se meurt, Madame est morte!* retentissait encore dans les imaginations, toutes les pensées se reportèrent instinctivement à la mort presque subite de la jeune et illustre princesse, que, malgré les assurances officielles, la ville et la cour croyaient toujours avoir été empoisonnée. « La Brinvilliers, écrivait madame de Sévigné le 26 juin 1676, met bien du monde en jeu. On nomme le chevalier de B***, mesdames de Cl*** et de G*** pour avoir empoisonné Madame ; pas davantage. Je crois que cela est très-faux ; mais il est fâcheux d'avoir à se justifier de pareilles choses. Cette diablesse accuse vivement Penautier, qui est en prison par avance. Cette affaire occupe tout Paris, au préjudice des affaires de la guerre... »

Le procès de la marquise de Brinvilliers fournissait, on le voit, un ample sujet de controverse aux nouvellistes et passionnait tous les esprits. Jamais, depuis celui de Fouquet, la curiosité publique n'avait été surexcitée à ce point. La situation du parlement, chargé de juger l'affaire, était délicate et faisait gloser, plusieurs conseillers étant parents par alliance des accusés. De son côté, le clergé avait pris fait et cause pour son receveur général, protégé également par le principal ministre, qui avait en lui un agent très-riche, très-habile et très-dévoué. Quant à la cour, nous avons le contre-coup de ses impressions par quelques lettres que le marquis de Seignelay, alors auprès du roi en Flandre, écrivit au procureur général de Harlay. « Sa Majesté, disait Seignelay, le 1ᵉʳ mai 1676, ne doute pas que vous donniez une application particulière à cette affaire, connoissant comme vous faites de quelle importance elle est au public. » D'autres lettres du jeune ministre montrent que le procureur général du parlement informait Louis XIV de tous les incidents du procès [1]. Enfin, une lettre du roi à Colbert (on la trouvera plus loin) prouve qu'il entendait que, malgré les sollicitations de toutes sortes et l'argent répandu, l'affaire fût jugée sans faiblesse. La mort de Henriette d'Angleterre avait-elle laissé dans son esprit le regret d'avoir arrêté alors le bras de la justice? On serait tenté de le croire en voyant l'ordre donné à l'occasion du procès de la Brinvilliers, et renouvelé d'une manière plus pressante encore dans celui de la Voisin, de rechercher et de punir rigoureusement tous les empoisonneurs, sans distinction de fortune ni de rang.

Antoine Gobelin, marquis de Brinvilliers, fils d'un président de la chambre des comptes, avait épousé, en 1651, Marie-Marguerite-Madeleine d'Aubray, âgée de vingt et un ans. D'après l'abbé Pirot [2], que le premier président de Lamoignon décida, malgré ses répugnances, à la préparer à la mort, et qui a laissé, de cette journée d'angoisses, une relation minutieuse, rien, à la voir, n'annonçait son *étrange malice*. « Elle avoit, dit-il, les cheveux châtains et fort épais; le tour du visage rond et assez beau, la peau extraordinaire-

---

[1] Arch. de la marine. *Dépêches concernant la marine*, 1676.
[2] Edme Pirot, docteur en Sorbonne, théologien estimé, chanoine de Paris, supérieur des Carmélites, né à Auxerre le 12 août 1631, mort à Paris le 4 août 1713.

ment blanche, le nez assez bien fait ; nuls traits désagréables, mais rien qui pût, à tout prendre, faire passer son visage pour fort beau. Il y avoit déjà quelques rides et il marquoit plus d'années qu'il n'avoit. Quelque chose m'obligea à lui demander son âge dans ce premier entretien. — Monsieur, me dit-elle, si je vivois jusqu'au jour de la Madeleine, j'aurois quarante-six ans. Je vins au monde ce jour-là et j'en porte le nom. Je fus appelée au baptême Marie-Madeleine ; mais, si près que nous soyons de ce terme, je ne vivrai pas jusque-là... — Si doux que parût son visage naturellement, quand il lui passoit quelque chagrin au travers de l'imagination, il le témoignoit assez par une grimace qui pouvoit d'abord faire peur, et, de temps en temps, je m'apercevois de convulsions qui marquoient du dédain, de l'indignation et du dépit... » L'abbé Pirot ajoute qu'elle était « d'une fort petite taille et fort menue[1]. »

Tout, dans le commencement de leur union, sembloit sourire au marquis et à la marquise de Brinvilliers. Mariés par inclination, riches de quarante mille livres de rente[2], que leur manquait-il pour mener une existence heureuse et brillante ? Un goût commun pour

---

[1] Bibl. imp. Mss. F. F. 10,082. *Relation de la mort de la Brinvilliers*, par M. Pirot, docteur en Sorbonne, page 30.

[2] *Factum pour dame Marie-Marguerite d'Aubray, marquise de Brinvilliers, accusée, contre dame Marie-Thérèse Mangot, veuve du sieur d'Aubray, lieutenant civil, accusatrice, et monsieur le procureur général.* (Bibl. imp. Mss. F. F. 7,619.) Il y a aussi des factums pour et contre la marquise de Brinvilliers, aux manuscrits, *Cabinet des titres*. — Au département des imprimés, un des volumes de la collection Thoizy, Z, 2,281, renferme, indépendamment de la confession manuscrite de la marquise, tous les factums qui paraissent avoir été publiés à ce sujet. M. Danjou en a réimprimé quelques-uns dans les *Archives curieuses de l'histoire de France*, 2ᵉ série, tome XII.

la dissipation et le désordre les perdit. Le marquis de Brinvilliers était mestre de camp au régiment de Normandie. Un officier de cavalerie du régiment de Tracy, fils illégitime d'un grand seigneur, s'insinua dans ses bonnes grâces pour profiter de ses prodigalités. Ce fut en 1659 que le marquis de Brinvilliers introduisit Godin de Sainte-Croix dans sa maison. Il était jeune, beau, séduisant, et prenait habilement tous les masques. « Cet homme pernicieux, dit l'avocat de la marquise de Brinvilliers, a été comme le démon qui a excité l'orage et troublé toute la sécurité de cette famille, et qui, l'ayant incommodée par les dépenses excessives qu'il faisoit faire au sieur de Brinvilliers, a été encore l'unique auteur et le seul coupable des crimes que l'on impute à la dame de Brinvilliers. » On lit dans un autre factum du temps : « Le chagrin que madame de Brinvilliers recevoit de quelques infidélités de son mari, appuyant les avantages de la personne de Sainte-Croix, on ne lui donna pas le temps de soupirer[1]. »

L'indifférence du marquis, quand l'inconduite de sa femme eut éclaté, justifie cette assertion. Bientôt Sainte-Croix, qui la dominait complétement, lui fit solliciter une séparation de biens que la ruine de son mari semblait motiver. Cependant leur liaison était devenue presque publique, et celui-ci, livré à une

---

[1] *Factum pour dame Marie Vosser, veuve de messire Pierre de Hanivel, contre Louis Reich de Penautier ;* in-4°, page 6. — Il est dit aussi dans ce factum, page 7, que « Sainte-Croix entroit dans un dessein de piété avec autant de joie qu'il acceptoit la proposition d'un crime ; délicat sur les injures, sensible à l'amour, et, dans son amour, jaloux jusqu'à la fureur, même des personnes sur qui la débauche publique se donne des droits qui ne lui étoient pas inconnus ; d'une dépense effroyable et qui n'étoit soutenue d'aucun emploi ; l'âme au reste prostituée à tous les crimes... »

lâche apathie, n'y mettait nul obstacle. Plus chatouilleux sur l'honneur, les frères de la marquise lui adressèrent de vifs reproches, dont elle ne tint compte. Dreux d'Aubray fut alors prévenu des désordres de sa fille et la supplia à son tour d'y mettre un terme; mais ni les prières du père, ni les menaces du lieutenant civil, ne furent écoutées. Désespéré du scandale qui se faisait autour de son nom, insulté comme chef de famille et comme magistrat, sa colère n'eut plus de bornes; il obtint une lettre de cachet contre Sainte-Croix, et un jour, en 1663, il le fit arrêter dans le carrosse même et à côté de la marquise de Brinvilliers.

L'affront était sanglant; il ne fut jamais oublié. Le malheur voulut que Sainte-Croix fût enfermé à la Bastille avec un Italien, Exili[1], que les contemporains appellent *artiste en poisons*, et dont les crimes n'ont pas été éclaircis. Au bout d'un an, Sainte-Croix sortit de la Bastille avec Exili qu'il prit, dit-on, à son service, et se livra à la fabrication des poisons, de concert avec un apothicaire nommé Glazer.

Peu de temps après, le 10 janvier 1666, le lieutenant civil mourait, presque à l'improviste, à l'âge de soixante-six ans. Il était parti pour sa campagne d'Offemont[2] avec la marquise de Brinvilliers, qui lui témoignait la plus vive tendresse et qu'il croyait guérie de son indigne passion. A peine arrivé, il ressentit d'intolérables souffrances, suivies de vomissements. Ramené mourant à Paris le lendemain, il y fut soigné

[1] C'est du moins le nom qu'on trouve dans tous les documents du temps; mais qui ne sait avec quelle négligence on écrivait alors les noms propres? Il paraîtrait que le nom véritable de cet *Exili* était *Egidio*.

[2] Commune de Saint-Crépin au Bois, canton d'Attichy, arrondissement de Compiègne.

par un médecin qui n'avait pas vu le commencement du mal, et ne tarda pas à expirer. La marquise de Brinvilliers et Sainte-Croix étaient délivrés d'un censeur sévère ; mais il en restait d'autres, et d'ailleurs la fortune dont la marquise avait hérité de son père était peu considérable. Ses deux frères, deux sœurs, l'une mariée et sans enfants, l'autre religieuse carmélite, avaient partagé avec elle, et ils ne cessaient de lui reprocher sa liaison avec Sainte-Croix, redevenue publique. Le 15 juin 1670, Antoine d'Aubray, qui avait succédé à son père comme lieutenant civil, avec des attributions réduites, mourut aussi en très-peu de jours, dans les mêmes circonstances, et il fut bientôt suivi de son frère, conseiller au parlement. Des soupçons d'empoisonnement coururent alors ; mais, par un aveuglement inconcevable, la justice ne fit aucune information. Abandonnée de son mari, la marquise de Brinvilliers, libre de tout frein et livrée à elle-même, passa dans le désordre le plus complet deux nouvelles années, au bout desquelles, juste et première punition de ses crimes, elle se vit quittée par son complice. La tête perdue, elle voulut s'empoisonner. « J'ai trouvé à propos, écrivait-elle à Sainte-Croix, de mettre fin à ma vie, et, pour cet effet, j'ai pris ce soir ce que vous m'avez donné si chèrement ; c'est de la recette de Glazer, et vous verrez par là que je vous ai sacrifié volontiers ma vie ; mais je ne vous promets pas, avant de mourir, que je ne vous attende en quelque lieu pour vous dire le dernier adieu[1]. » L'amour de la vie l'em-

---

[1] *Mémoires du procès extraordinaire contre la dame de Brinvilliers ; Archives curieuses*, par Cimber et Danjou ; 2ᵉ série, XII, 104. — Le mémoire où je trouve cette lettre n'a rien d'officiel, et je me demande si elle est authentique. Cependant un factum pour la marquise

porta sans doute, car l'empoisonnement n'eut pas lieu. Ici, la légende fait intervenir d'une manière singulière l'événement qui précipita la catastrophe. Un jour, dit-on (c'était en 1672), Sainte-Croix, renfermé seul dans un laboratoire secret qu'il avait à la place Maubert, fabriquait ses poisons les plus subtils. Le visage couvert d'un masque de verre, la tête penchée sur un fourneau, il suivait l'opération très-attentivement, quand, son masque éclatant, la vapeur du poison l'étendit roide mort. Mais les pièces authentiques du procès établissent clairement que la mort de Sainte-Croix fut moins dramatique. Son ami Penautier constate en effet dans un factum qu'il était allé le voir une fois pendant sa maladie. Enfin la veuve de Sainte-Croix déposa que cette maladie avait été de *quatre à cinq mois*[1]. La Reynie dit, il est vrai, que « Dieu avoit permis qu'il fût mort *d'une mort extraordinaire* et qu'il eût laissé des papiers. » On peut croire que, privé de ses facultés par la maladie qui l'avait frappé à l'improviste, ou se berçant de l'idée d'échapper à la mort, Sainte-Croix ne voulut se confier à personne pour la destruction de ces papiers dont la découverte l'aurait infailliblement compromis, s'il avait survécu.

Le jour même de sa mort (31 juillet 1672) les scel-

de Brinvilliers parle de lettres d'elle saisies dans la cassette de Sainte-Croix. L'avocat de la marquise, Mᵉ Nivelle, dit à ce sujet : « S'il s'en trouve quelqu'une où l'on prétende qu'elle ait parlé en termes généraux d'être dans des déplaisirs si grands, surtout de ne pas voir Sainte-Croix, que cela la portoit au désespoir et à une fureur qui sembloit qu'elle ait voulu dire, en termes ambigus, qu'elle vouloit se faire mourir pour se délivrer de ses déplaisirs et de la cruauté de Sainte-Croix, ne voit-on pas que ce sont des exagérations incertaines d'une femme outrée du mépris que Sainte-Croix faisoit de son affection ? » (*Arch. cur.*, XII, 45.)

[1] Bibl. imp. Mss. F. F. 7610. *Factum pour la dame Saint-Laurent*, p. 25.

lés furent apposés chez lui. La marquise de Brinvilliers espérait-elle qu'il avait eu la précaution d'anéantir toutes les traces de leurs liaisons criminelles? S'il en était ainsi, son effroi dut être grand en apprenant qu'une cassette trouvée chez Sainte-Croix renfermait un certain nombre de ses lettres et divers objets qui lui étaient destinés. Éperdue, elle courut chez un garde au domicile duquel la cassette avait été transportée pour plus de sûreté, et le supplia de lui remettre immédiatement ses lettres et les objets qui lui étaient légués, offrant pour cela cinquante louis. Cette insistance même, dans les circonstances où elle se produisait, fit repousser sa demande. Comprenant qu'il s'agissait de sa vie et qu'une heure de retard pouvait la perdre, la marquise de Brinvilliers rentra chez elle, emprunta quelque argent, sortit au plus tôt de Paris, et prit la route de l'Angleterre.

La cassette, ouverte huit jours après, ne justifia que trop ses appréhensions. Elle contenait un papier ainsi conçu :

« Je supplie très-humblement ceux ou celles entre les mains desquels tombera cette cassette de me faire la grâce de vouloir la rendre en main propre à madame la marquise de Brinvilliers, demeurant rue Neuve-Saint-Paul, attendu que tout ce qu'elle contient la regarde et appartient à elle seule, et que d'ailleurs il n'y a rien d'aucune utilité à personne du monde, son intérêt à part. Et en cas qu'elle fût plus tôt morte que moi, de la brûler et tout ce qu'il y a dedans, sans rien ouvrir ni innover. Et, afin qu'on ne prétende cause d'ignorance, je jure sur le Dieu que j'adore et tout ce qu'il y a de plus sacré, que je n'expose rien qui ne soit véritable. Si, d'aventure, l'on contrevient à mes intentions, toutes justes et raisonnables en ce chef, j'en charge en ce monde et en l'autre leur conscience, pour la décharge de la mienne, et proteste que c'est ma dernière volonté. Fait à Paris, le 25 mai après-midi, 1670. — Sainte-Croix. »

« Il y a un seul paquet adressant à M. Penautier, qu'il faut rendre. »

Un autre papier, signé par la marquise de Brinvilliers, portait ce qui suit :

« Je payerai au mois de janvier prochain à M. de Sainte-Croix la somme de *trente mille livres*, reçue dudit sieur. Fait à Paris, ce 20 avril 1670. — D'Aubray. »

La cassette de Sainte-Croix renfermait en outre trente-quatre lettres de la marquise de Brinvilliers, qui, d'après le factum même de son avocat, « étoient toutes remplies de termes qui marquoient comme une extrême fureur; » mais aucune ne fut produite au procès[1]. Un paquet portait la suscription suivante, de la main de Sainte-Croix : « Papiers pour être rendus à M. de Penautier, receveur général du clergé, comme à lui appartenant; et je supplie très-humblement ceux entre les mains de qui ils tomberont de vouloir les lui rendre en cas de mort, n'étant d'aucune conséquence à personne qu'à lui seul. » Ces papiers n'étaient autre chose que deux reçus, l'un du sieur Penautier, le constituant créancier de M. et madame de Brinvilliers pour une somme de 10,000 livres; l'autre, d'un sieur Cusson, qui aurait touché sur ces deniers une somme de 2,000 livres par les mains de Sainte-Croix, en déduction d'une plus grande somme qu'ils devaient à un

---

[1] *Arch. cur.*, 2ᵉ série, XII, 45.

sieur Paul Sardan, qui ne paraissait être qu'un prête-nom. Il y avait encore dans la cassette un grand nombre de paquets et de petites fioles contenant du sublimé, du vitriol romain, du vitriol calciné et préparé, de l'antimoine, etc. Soumis plus tard à l'analyse, ces poisons donnèrent lieu à un rapport établissant que les organes de divers animaux, morts pour en avoir pris, n'en avaient pas été altérés. On avait aussi trouvé dans le cabinet de Sainte-Croix, avant de procéder à l'inventaire de la cassette et au moment où nul soupçon ne pesait encore sur lui, un rouleau intitulé *ma Confession*; mais un scrupule religieux exagéré l'avait fait brûler immédiatement.

La découverte de ces poisons et de ces papiers, la mort si rapide, à quelques années d'intervalle, du lieutenant civil et de ses deux fils, la maladie d'une de ses filles, la fuite de la marquise de Brinvilliers, ouvrirent enfin les yeux de la justice. Poussé par le vertige et se livrant comme à plaisir, un ancien domestique de Sainte-Croix, Lachaussée, avait fait opposition aux scellés en se fondant sur ce qu'il avait mis en dépôt chez le défunt, au service duquel il était, disait-il, depuis sept ans, cent pistoles et cent écus blancs qui devaient être dans un sac avec un billet constatant qu'ils lui appartenaient. Or, après avoir été quelque temps chez Sainte-Croix, ce Lachaussée l'avait quitté pour entrer au service du conseiller d'Aubray, chez lequel il était resté jusqu'à sa mort, époque où il revint près de son ancien maître. Les circonstances de cette mort, la présence d'une si grande quantité de poisons chez Sainte-Croix, la connaissance détaillée que Lachaussée avait de son laboratoire, furent autant de traits de lumière. On l'arrêta, et le

Châtelet lui fit son procès en même temps que la marquise de Brinvilliers était jugée par contumace. Cependant les preuves manquaient, et Lachaussée niait tout. Soumis d'abord à la question préparatoire [1], il fut, sur appel de la veuve du conseiller d'Aubray, déclaré coupable « d'avoir empoisonné le dernier lieutenant civil et le conseiller, condamné à être rompu vif, et à expirer sur la roue, après avoir été préalablement appliqué à la question ordinaire et extraordinaire, pour avoir révélation de ses complices. » Le même arrêt condamnait la marquise de Brinvilliers à avoir la tête tranchée.

On a vu dans l'extrait d'un rapport de La Reynie, que « Dieu toucha le cœur de ce misérable qui, après avoir souffert la question sans rien dire, avoua son crime un moment avant d'être exécuté. » Cependant le procès-verbal de la question de Lachaussée existe et constate qu'au troisième coin il manifesta l'intention de parler [2]. La question ayant été suspendue, il

---

[1] *Arrêt de la Tournelle*, du 4 mars 1673. — Il y avait deux sortes de questions, la question préparatoire et la question préalable. La première avait lieu quand les juges, n'étant pas convaincus, voulaient obtenir, avant le jugement, l'aveu du coupable. La question préalable était, au contraire, appliquée après le jugement et pour la révélation des complices. Dans la première, il arrivait souvent que le prévenu, pour sauver sa vie, résistait aux plus affreux tourments, tandis que dans la seconde, le coupable, déjà condamné, ajoutait rarement la douleur des tortures à une mort déjà si terrible.

La torture des brodequins, à laquelle Lachaussée fut appliqué, consistait à lier chaque jambe du condamné entre deux planches, à rapprocher les deux jambes l'une sur l'autre par un anneau de fer, et à enfoncer des coins entre les planches. La question ordinaire était de quatre coins, la question extraordinaire de huit.

[2] On voit par là que les assertions des contemporains, même les plus autorisés, sont quelquefois erronées. Ici, par exemple, un procès-verbal officiel contredit formellement le dire de La Reynie. C'est à la question préparatoire que Lachaussée avait refusé d'avouer.

déclara qu'il rendait compte à Sainte-Croix de l'effet de ses poisons sur le conseiller d'Aubray, à qui il les administrait, soit dans l'eau, soit dans des bouillons, soit dans des tourtes. Il ajouta que Sainte-Croix lui avait promis cent pistoles et de le garder toujours ; que, suivant ce dernier, la dame de Brinvilliers ne savait rien de ses autres empoisonnements, mais il croyait le contraire, car elle lui parlait toujours de poisons ; elle voulait l'obliger de s'enfuir, et lui demandait sans cesse où était la cassette et ce qu'elle renfermait. Ces révélations faites, Lachaussée fut exécuté. Voulait-on par là donner satisfaction à l'opinion impatiente ? La punition n'en était pas moins prématurée, car d'autres personnes étaient gravement compromises, et la présence de Lachaussée aurait pu aider la vérité à se faire jour.

Ce n'était là, en effet, que la première partie, et en quelque sorte le prologue du procès. La marquise de Brinvilliers continuait à braver la justice à quelques lieues de la frontière française. En quittant Paris, elle s'était dirigée sur l'Angleterre, et avait gagné Londres, où elle espérait être à l'abri de toutes poursuites. Sa retraite ayant été découverte, Colbert pria son frère, ambassadeur en Angleterre, de s'entendre avec lord Arlington pour donner au roi la satisfaction de la faire arrêter, afin, disait-il, « qu'un crime de cette nature ne demeurât pas impuni. » On crut même un instant que cette démarche allait être suivie d'un plein succès.

« Sa Majesté a été bien aise d'apprendre, écrivait le ministre à son frère (27 novembre 1672), que le roi d'Angleterre ait donné les mains à faire arrêter la dame qui est en Angleterre, et que l'horreur de son crime l'ait porté à contribuer à en faire justice. Sa

Majesté veut que vous l'en remerciiez de sa part. Cependant, aussitôt qu'elle sera arrêtée, ne manquez pas de m'en donner avis par un courrier exprès, et faites-la conduire incessamment en toute sûreté à Calais. »

Mais il y avait eu malentendu, et l'exécution de la promesse faite au nom de Charles II rencontra des difficultés imprévues sur lesquelles une lettre de Colbert à son frère, du 3 décembre suivant, contient d'intéressants détails :

« Pour la personne que vous savez, Sa Majesté veut que vous représentiez au roi d'Angleterre que la liberté qu'il vous donne de la faire arrêter et envoyer en France ne peut produire aucun effet, d'autant que vous n'avez personne pour faire cette exécution ; et quand même Sa Majesté enverroit des personnes pour la faire, il est certain que le peuple, qui est fort susceptible d'émotion contre les François, ne souffriroit pas que ces officiers fissent une capture de cette qualité dans la ville de Londres, qu'ils en sortissent, qu'ils l'emmenassent jusques à Douvres, et passer en France. Cela seroit sujet à de si étranges accidens, qu'il est difficile, voire même impossible, de le pouvoir pratiquer. Au lieu que, si le roi d'Angleterre vouloit bien la faire arrêter, la faire mettre aussitôt en un bâtiment et l'envoyer promptement à Calais, cela seroit fait et exécuté auparavant que personne en eût connoissance. Sa Majesté veut donc que vous fassiez en son nom toutes les instances que vous estimerez nécessaires pour porter le roi d'Angleterre à faire faire cette exécution par ses officiers, et que vous fassiez promptement savoir à Sa Majesté ce que vous aurez obtenu sur ce point [1]. »

Qu'arriva-t-il ensuite ? la marquise de Brinvilliers eut-elle connaissance des pourparlers et des recherches dont elle avait été l'objet ? Toujours est-il qu'elle

---

[1] Arch. de la Mar., *Dépêches concernant le commerce* ; 1672 ; vol. 7, fol. 339, 349 et 355.

passa dans les Pays-Bas, et nous la retrouvons, quatre ans plus tard, dans un couvent de la ville de Liége, où elle avait espéré trouver un asile inviolable. Parmi les agents les plus déliés de La Reynie, il y en avait un, le sieur Desgrez, dont l'habileté était sans doute fort grande, car on le voit employé dans toutes les affaires un peu difficiles du temps. Il reçut l'ordre de se rendre à Liége et de mettre tout en œuvre pour ramener la fugitive. Il était, dit-on, jeune, bien fait, de manières aimables. Il se présenta sous un costume d'abbé, donna des nouvelles de la France, et fut autorisé à revenir. Si la marquise résista à ses avances, ce ne fut apparemment que pour la forme. Au bout de très-peu de jours, elle acceptait de l'abbé Duval, pour échapper à la surveillance du couvent, un rendez-vous à l'une des portes de Liége. Le piége, habilement tendu, réussit à merveille, et elle y tomba en plein. Desgrez la fit monter dans une voiture et la dirigea immédiatement sur Paris, sous bonne escorte. Le 26 du mois d'avril 1676, le registre d'écrou de la conciergerie recevait la déclaration suivante, signée de lui : « La dame d'Aubray, femme du marquis de Brinvilliers, arrêtée par nous prisonnière dans la ville de Liége, de l'ordre du roi, et amenée ès prisons de céans, en conséquence de l'arrêt de la Cour, en date du 31 mars dernier, à la requête de M. le procureur général. DESGREZ. »

Cependant le trajet de Liége à Paris avait été marqué par divers incidents. Croyant avoir séduit par ses promesses un des archers qui l'accompagnaient, la crédule marquise lui confia quelques billets pour un nommé Théria, que le perfide Desgrez lui avait fait oublier un instant, et auquel elle indiquait les moyens de la délivrer. Un de ces billets, tous fidèlement remis à Desgrez, avait pour objet de recommander à Théria d'aller réclamer de sa part au couvent de Liége où elle demeurait, une cassette renfermant une pièce de la plus grande importance pour elle, intitulée *ma Confession*; mais cette pièce était, avec la cassette, entre les mains de Desgrez, qui n'avait eu garde d'oublier les papiers de sa prisonnière. Quand la marquise de Brinvilliers le sut, elle éprouva un violent désespoir et tenta à plusieurs reprises de se tuer en avalant une longue épingle, et une autre fois un morceau d'un verre qu'elle cassa avec ses dents. Cette confession, longtemps cherchée sans succès, existe néanmoins encore en copie manuscrite[1] et justifie l'horreur que la malheureuse ressentit en songeant que l'aveu, impossible à reproduire, de tant de débauches monstrueuses, sans compter les crimes d'empoisonnement, passerait sous les yeux de ses juges, et ferait, dans peu, la conversation de tout Paris. Arrivée à Mézières, elle rencontra un conseiller au parlement, qui l'attendait et qui l'interrogea à l'improviste, avant qu'elle eût pu préparer ses réponses. Mais déjà son plan était fait et elle nia tout absolument. Le procès-verbal de ce premier interrogatoire est une pièce importante de son procès dont il résume d'ailleurs les faits principaux.

Interrogée si elle avoit connoissance des papiers qui se trouvoient dans sa cassette;

A dit que, dans sa cassette, il y a plusieurs papiers de sa famille, et parmi ces papiers une confession générale qu'elle vouloit faire; mais que, lorsqu'elle l'écrivit, elle avoit l'esprit désespéré; ne sait ce qu'elle a mis, ne sachant ce qu'elle

[1] Bibl. imp. Imprimés : *Collection Thoizy*, t. I. 284.

faisoit, ayant l'esprit aliéné, se voyant dans des pays étrangers, sans secours de ses parents, réduite à emprunter un écu.

Interrogée sur le premier article de sa confession, dans quelle maison elle a fait mettre le feu ;

A dit ne l'avoir point fait, et que lorsqu'elle avoit écrit pareille chose, elle avoit l'esprit troublé.

Interrogée sur les six autres articles de sa confession ;

A dit qu'elle ne sait ce que c'est et ne se souvient point de cela.

Interrogée si elle n'a point empoisonné son père et ses frères ;

A dit ne rien savoir de tout cela.

Interrogée si ce n'est point Lachaussée qui a empoisonné ses frères ;

A dit ne rien savoir de tout cela.

Interrogée si elle ne savoit point que sa sœur ne devoit pas vivre longtemps, à cause qu'elle avoit été empoisonnée ;

A dit qu'elle le prévoyoit à cause que sa sœur étoit sujette aux mêmes incommodités que ses frères ; qu'elle a perdu la mémoire du temps où elle a écrit sa confession ; avoue être sortie de France par le conseil de ses parens.

Interrogée pourquoi ce conseil lui a été donné par ses parens ;

A dit que c'étoit à cause de l'affaire de ses frères ; avoue avoir vu Sainte-Croix depuis sa sortie de la Bastille.

Interrogée si Sainte-Croix ne l'a pas persuadée de se défaire de son père ;

A dit ne s'en souvenir, ne se souvenant plus si Sainte-Croix lui a donné des poudres ou autres drogues, ni si Sainte-Croix lui a dit qu'il avoit le moyen de la rendre riche.

A elle représentées huit lettres, et sommée de déclarer à qui elle les écrivoit ;

A dit ne s'en souvenir...

« Interrogée pourquoi elle a écrit à Théria d'enlever la cassette ;

« A dit ne savoir ce que c'étoit.

« Interrogée pourquoi, en écrivant à Théria, elle disoit qu'elle étoit perdue s'il ne s'emparoit de la cassette et du procès ;

« A dit ne s'en souvenir...

« Interrogée si elle n'avoit pas eu commerce avec Penautier ;

« A dit n'avoir eu commerce avec Penautier que pour trente mille livres qu'il lui devoit.

« Interrogée comment Penautier lui devoit ces trente mille livres ;

« A dit que son mari et elle avoient prêté dix mille écus à Penautier, qu'il leur a rendu cette somme, et que depuis ce remboursement, ils n'ont eu aucune relation avec lui [1]. »

Cette affaire qui, depuis plusieurs années, occupait la société parisienne, allait donc enfin être jugée. On laisse à deviner l'avide curiosité, les impatiences du public. Bientôt des bruits circulèrent sur le contenu de la confession trouvée à Liége, et le scandale fut au comble. Quoi ! tant de crimes et d'impudicités à la fois ! La nature humaine était-elle capable d'une telle perversité ? Le 28 juin 1676, Louis XIV, alors au camp de Quiévrain près Valenciennes, écrivit à Colbert cette lettre dont nous avons parlé, qui prouve que les préoccupations du palais et de la ville s'étaient étendues à la cour et que, de loin comme de près, le roi veillait à ce que la justice ne se laissât ni influencer par les situations, ni gagner par l'argent.

« Sur l'affaire de madame de Brinvilliers, je crois qu'il est important que vous disiez au premier président et au procureur général, de ma part, que je m'attends qu'ils feront tout ce que des gens de bien comme eux doivent faire pour déconcerter tous ceux, de quel-

---

[1] Cet interrogatoire, dont nous ne donnons qu'une partie, a été reproduit par M. Alexandre Dumas, dans son intéressante notice sur la marquise de Brinvilliers (*Crimes célèbres*, t. I). M. Michelet, dans la *Revue des Deux-Mondes*, et M. Fouquier, dans les *Causes célèbres*, ont aussi étudié attentivement cette curieuse affaire.

que qualité qu'ils soient, qui sont mêlés dans un si vilain commerce. Mandez-moi tout ce que vous pourrez en apprendre. On prétend qu'il y a de fortes sollicitations et beaucoup d'argent répandu [1]... »

L'avocat de la marquise de Brinvilliers aurait bien voulu faire rejeter du procès la confession trouvée à Liége, dans sa cassette. Il objecta qu'au moment où elle l'avait écrite, elle était certainement en proie à un accès de folie, que certains détails qu'elle y avait consignés étaient matériellement impossibles, qu'un pareil écrit avait d'ailleurs un caractère purement religieux, confidentiel, qui n'autorisait pas l'usage que l'accusation en voulait faire, et il cita plusieurs prêtres condamnés à mort pour avoir trahi le secret de la confession. Malgré tout, l'effet moral était produit, et rien ne pouvait le détruire. Des dépositions accablantes vinrent au surplus s'ajouter aux aveux extrajudiciaires de l'accusée. Un témoin déclara que depuis longtemps elle faisait des démarches pour avoir la cassette de Sainte-Croix; un autre témoin, nommé Briancourt, précepteur de ses enfants, avec qui elle s'était aussi compromise, à la connaissance de toute sa maison, lui avait souvent ouï dire qu'il y avait des moyens de se défaire des gens quand ils déplaisaient, et qu'on leur donnait *un coup de pistolet dans un bouillon*. Montrant un jour, après un dîner où elle était un peu gaie, une petite boîte, elle avait dit à un témoin qui en déposa : « Voilà de quoi se venger de ses ennemis ! Cette boîte n'est pas grande, mais elle est pleine de successions. » Puis, se ravisant, tout à coup, elle aurait ajouté : « Bon Dieu ! que vous ai-je dit ! ne le répétez à personne. »

[1] *Œuvres de Louis XIV*; t. V, p. 524.

Le garçon de l'apothicaire Glazer dit qu'il avait souvent vu une dame venir chez son maître avec Sainte-Croix ; que le laquais lui avait dit que c'était la marquise de Brinvilliers ; qu'il parierait sa tête qu'ils venaient commander du poison à Glazer. Une domestique déclara que deux jours après la mort du conseiller d'Aubray, Lachaussée était dans la chambre à coucher de la marquise, à laquelle il apportait une lettre de Sainte-Croix. En entendant annoncer M. Cousté, secrétaire de feu le lieutenant civil, elle fit vivement cacher Lachaussée dans la ruelle. De son côté, Desgrez apportait trois lettres qu'elle avait écrites à Théria dans le trajet de Liége à Sedan. « S'il ne pouvoit, disait la troisième lettre, la tirer des mains de ceux qui l'emmenoient, qu'il fit au moins en sorte de s'emparer de la cassette et du procès, et qu'il les jetât au feu ; autrement elle étoit perdue. »

Tant et de si graves circonstances ne pouvaient laisser aucun doute dans l'esprit des juges. Cependant la marquise de Brinvilliers persistait dans ses dénégations avec une grande hauteur. Le 15 juillet 1676, veille du jour où son arrêt devait être prononcé, le premier président de Lamoignon manda l'abbé Pirot et le supplia de la voir le jour même. Il s'agissait d'obtenir d'elle non-seulement l'aveu public de ses crimes, mais encore celui de ses complices, et le premier président comptait beaucoup pour cela sur la douceur insinuante et l'habileté de l'abbé Pirot. Elle avait été confrontée quelques jours auparavant pendant treize heures avec Briancourt, cet ancien précepteur de ses enfants, qui l'avait peu ménagée ; elle le fut encore ce jour-là, et sans se démentir un instant, sans faire le moindre aveu, elle le traita de misérable valet, sujet au vin, chassé de sa maison pour ses déréglements, et dont le témoignage ne devait par conséquent pas être reçu contre elle. « Voilà, dit à ce sujet le premier président à l'abbé Pirot, l'âme intrépide ou plutôt insensible que nous avons à mettre entre vos mains. Nous souhaitons que Dieu la touche, mais nous avons intérêt pour le public que ses crimes meurent avec elle et qu'elle prévienne par une déclaration de ce qu'elle sait toutes les suites qu'ils pourroient avoir. »

Rendu le 16 juillet 1676, l'arrêt fut exécuté le jour même. Il portait qu'après avoir été appliquée à la question ordinaire et extraordinaire, la marquise de Brinvilliers serait traînée devant l'église de Notre-Dame dans un tombereau, nu-pieds, la corde au cou, tenant en ses mains une torche ardente du poids de deux livres, pour y faire à genoux amende honorable et déclarer que, « méchamment, par vengeance et pour avoir leur bien, elle avoit fait empoisonner son père, ses deux frères, et attenté à la vie de sa défunte sœur. » Elle devait ensuite être menée en la place de Grève pour avoir la tête tranchée sur un échafaud, après quoi son corps serait brûlé et jeté au vent. Le procureur général avait requis qu'elle eût en outre le poing coupé, comme les parricides, mais la cour lui fit grâce de cette peine dont la pensée l'avait tourmentée. Depuis le moment où elle lui avait été confiée, l'abbé Pirot était parvenu à pacifier peu à peu cet esprit rebelle et farouche qui s'ouvrit enfin aux consolations religieuses. La veille de l'exécution, elle écrivit la lettre suivante à son mari, qu'elle prétendit n'avoir jamais cessé d'aimer :

« Sur le point que je suis d'aller rendre mon âme à Dieu, j'ai voulu vous assurer de mon amitié, qui sera pour vous jusqu'au dernier moment de ma vie. Je vous demande pardon de tout ce que j'ai fait contre ce que je vous devois; je meurs d'une mort honteuse que *mes ennemis* m'ont attirée. Je leur pardonne de tout mon cœur, et je vous prie de leur pardonner. J'espère que vous me pardonnerez aussi à moi-même l'ignominie qui pourra rejaillir sur vous; mais pensez que nous ne sommes ici que pour un temps, et que dans peu vous serez peut-être obligé d'aller rendre à Dieu un compte exact de toutes vos actions, jusqu'aux paroles oiseuses, comme je suis présentement en état de le faire. Ayez soin de vos affaires temporelles et de nos enfants, et leur donnez vous-même l'exemple; consultez sur cela madame Marillac[1] et madame Cousté. Faites faire pour moi le plus de prières que vous pourrez, et soyez persuadé que je meurs tout à vous.

« D'AUBRAY[2]. »

Quand, dans la matinée du dernier jour, le moment de la question fut venu, la marquise de Brinvilliers la supporta sans trop de faiblesse. Elle avait déjà confessé ses crimes à l'abbé Pirot; les tortures ne lui arrachèrent pas d'autres aveux, et, en ce qui concernait la composition des poisons, elle ne put rien dire, sinon qu'il y entrait des crapauds et de l'arsenic raréfié. La toilette de la mort achevée, la porte du vestibule de la prison fut ouverte,

---

[1] La marquise de Brinvilliers était parente des Marillac.

[2] L'authenticité de cette lettre ne saurait être contestée, car elle se trouve dans la relation même de l'abbé Pirot.—Au sujet de cette expression *mes ennemis*, dont la marquise de Brinvilliers s'était servie, l'abbé Pirot lui ayant fait observer qu'elle n'avait eu d'autres ennemis qu'elle-même, elle recommença docilement une autre lettre qu'il n'a pas donnée dans sa relation. Tristes et inexplicables mystères du cœur humain! Ces protestations dernières ne font-elles pas songer involontairement à Manon Lescaut?

et une cinquantaine de personnes s'y précipitèrent. Il y avait parmi elles la célèbre comtesse de Soissons, qui fut si gravement compromise, quatre ans plus tard, dans le procès de la Voisin, le bouffon Roquelaure, mademoiselle de Scudéry, un abbé de Chimay. Cette curiosité scandaleuse, qui ne fit que s'accroître jusqu'au dernier moment, émut la condamnée. Blottie dans un coin de l'ignoble tombereau qui la menait à la Grève, elle voyait, en ouvrant les yeux ou en les détachant du crucifix qu'elle tenait à la main, plus de cent mille personnes amoncelées dans les rues, aux fenêtres, sur les toits des maisons, et la saluant d'un murmure immense. Pour comble de misère et de honte, le sergent Desgrez, qui l'avait trahie à Liége sous le costume de l'abbé Duval, escortait la fatale charrette, et ce fut lui qu'elle aperçut un des derniers. Elle répéta pourtant d'une voix intelligible, après l'abbé Pirot, la suprême prière, et celui-ci, qui a noté jusqu'aux moindres détails de sa douloureuse tâche, put la voir monter courageusement sur l'échafaud.

La spirituelle gazette du dix-septième siècle, madame de Sévigné, qui était, elle aussi, allée voir passer la célèbre empoisonneuse, mais qui n'avait aperçu que sa coiffe, et dont on ne peut tout citer, écrivait le lendemain à madame de Grignan : « Enfin, c'en est fait, la Brinvilliers est en l'air. Son pauvre petit corps a été jeté, après l'exécution, dans un fort grand feu, et les cendres au vent; de sorte que nous la respirerons, et, par la communication des petits esprits, il nous prendra quelque humeur empoisonnante dont nous serons tout étonnés. » Puis, quelques jours après, le 22 juillet : « Encore un petit mot de la Brinvilliers : elle est morte comme elle a vécu, c'est-à-dire résolûment. Elle entra dans le lieu où on devoit lui donner la question, et voyant trois seaux d'eau : « C'est assurément pour me noyer, dit-elle, car, de la taille dont je suis, on ne prétend pas que je boive tout cela. » Elle fut un quart d'heure mirodée, rasée et redressée par le bourreau : ce fut un grand murmure et une grande cruauté. Le lendemain, on cherchoit ses os parce que le peuple disoit qu'elle étoit sainte... Il lui a plu de ne rien dire du tout. Penautier sortira un peu plus blanc que de la neige ; le public n'est point content ; on dit que tout cela est trouble... »

Il restait, en effet, un accusé, Reich de Penautier, receveur général du clergé, contre lequel, il faut bien le dire, l'opinion publique était violemment déchaînée. Écho fidèle de son temps, madame de Sévigné croyait, avec tout le monde, qu'il était l'auteur de l'empoisonnement de Saint-Laurent de Hanivel, son prédécesseur. De graves inculpations pesaient, au surplus, sur lui. On a vu que Sainte-Croix, avec qui il était fort lié, avait laissé quelques papiers d'affaires à son adresse ; la veuve de Saint-Laurent de Hanivel, sa partie, prétendait même dans ses factums que, gagné par Penautier, le commissaire chargé d'inventorier la cassette de Sainte-Croix avait soustrait un paquet de poisons à son nom. Mais cette assertion était-elle fondée? Ce qui était certain, c'est que la marquise de Brinvilliers avait écrit de sa prison à Penautier, qui passait pour avoir été son amant, plusieurs billets énigmatiques relatifs à un homme d'affaires de Sainte-Croix, qu'il s'agissait de faire disparaître. Un autre fait non moins grave était articulé contre lui. Le 15 juin 1676, au moment de son arrestation, il écrivait un billet. Surpris par les archers, il le déchira, essaya de l'avaler, en fut empêché et ne put en expliquer le sens. La veuve de Saint-Laurent prétendait, en outre, que les interrogatoires de Lachaussée et de la Brinvilliers, après la question, avaient été dirigés de manière à éviter les révélations qui auraient pu être funestes à Penautier. On répétait même à ce sujet quelques paroles de la marquise. Elle avait dit une fois que « s'il dégouttoit sur elle, il pleuvroit sur lui ». Une autre fois, à son retour de Liége, un des archers qui la ramenaient lui avait demandé « si elle n'avoit point d'amis particuliers qui la pussent servir ». Citons l'interrogatoire : « Après y avoir pensé, lui dit qu'il y avoit le sieur Penautier. Le témoin lui demanda s'il étoit intéressé avec elle. » A quoi elle répondit : « Oui, oui, il y est autant intéressé que moi. Il doit avoir plus peur que moi. L'on m'a interrogée sur son sujet, mais je n'ai rien dit, je suis trop généreuse pour dire quelque chose. Je ne dirai rien ; mais si je voulois parler, il y a la moitié des gens de la ville, et de condition, qui en sont. Je les perdrois. Ce qu'elle répéta par deux fois. » Mais n'était-ce pas là une pure jactance d'accusé ?

Cependant le procès de Penautier traînait en longueur, et le bruit s'accréditait chaque jour que, grâce à ses richesses, il en sortirait, comme disait madame de Sévigné, *un peu plus blanc que de la neige*. Elle avait écrit le 1ᵉʳ juillet : « Penautier a été neuf jours dans le cachot de Ravaillac ; il y mouroit ; on l'a ôté. Son affaire est désagréable. Il a de grands protecteurs ; M. Colbert et M. de Paris (Harlay de Champvalon) le soutiennent ; mais la Brinvilliers l'embarrasse davantage, rien ne pourra le secourir. » Celle-ci, heureusement pour lui, n'avait fait aucune révélation, ce que la veuve de Saint-Laurent attribuait à une connivence de la justice. Désolée de la tournure que prenait l'affaire, elle adressa au roi une supplique restée manuscrite, qui contient les accusations les plus fortes.

« Sire, disait-elle, la veuve de Saint-Laurent et ses enfants se jettent à vos pieds. Les crimes de Penautier sont connus de tout le public et font connoître leur disgrâce. Cependant ce coupable heureux, dont la fortune peut tout sur la justice humaine, échappe à leur juste vengeance, si quelque divinité visible ne vient à leur secours.

« Leur sentiment particulier se trouve appuyé de l'intérêt de l'État. Le poison de Sainte-Croix ne laisse aucune marque. Il est si artificieux qu'il se dérobe à toutes les expériences, et il produit en même temps et le succès du crime et la sûreté du coupable. Depuis 1667 jusqu'en 1672, le poison, déguisé sous le nom d'apoplexie, a désolé toute la France par des morts subites. La condamnation de Lachaussée et de la Brinvilliers ont suspendu le cours des empoisonnemens ; mais Penautier, le seul ami de Sainte-Croix, Belleguise, commis de Penautier, Martin, l'homme d'affaires de Sainte-Croix, Lapierre, son laquais, qui travailloient avec leur maître à la composition des poisons et que Penautier a fait évader, sont instruits de ses funestes secrets dont ils peuvent rétablir le commerce... »

Après avoir rappelé que, grâce au crédit de Penautier, son ami et sa caution, l'empoisonneur Sainte-Croix était, quand il mourut, sur le point d'acheter une charge qui lui eût donné accès auprès du roi, la veuve de Saint-Laurent ajoutait :

« Des gens de marque appuient Penautier, sollicitent en sa faveur, et, par la considération que Votre Majesté fait de leurs personnes et qui leur en donne beaucoup au parlement et dans toute la France, ils attirent les juges dans les intérêts de Penautier. Véritablement, ils donnent leur crédit et leurs sollicitations à l'innocence qu'ils présument et à la qualité de bon comptable; mais ils pourroient se reposer sur son innocence; il n'est que trop soutenu d'ailleurs.

« On adoucit la question à la Brinvilliers en sa faveur, et, pour la ménager, pendant qu'elle étoit sur le matelas, le sieur Le Boultz entre dans la chambre, parle à elle et consomme par des discours affectés le moment heureux où la vérité se produit par la bouche des coupables... On arrête Penautier le 15 juin; il écrivoit, il déchire le billet, il s'efforce de l'avaler; l'huissier lui fait rendre par force. Il falloit d'abord l'interroger sur ce billet important pour toutes les circonstances. Le sieur de Palluau, rapporteur (ancien et intime ami du sieur Le Boultz), l'interroge sur des faits fort éloignés et lui donne un mois entier à préparer ses réponses sur les circonstances de ce billet[1]... M. le premier président et quelques magistrats sont dans les bons sentimens et contre la cabale de Penautier; mais il ne

---

[1] Des notes secrètes, fournies en 1663, sur les divers membres du parlement de Paris, contiennent ce qui suit au sujet des conseillers Le Boultz et Palluau.

« Le Boultz : homme d'esprit vif, éclairé, ardent, qui sait et ne s'éloigne jamais des grandes maximes. D'un travail infatigable; homme d'honneur et d'intégrité... et non-seulement considéré dans sa chambre, mais dans tout le parlement, comme un des premiers conseillers des enquêtes et tout à fait désintéressé.

« Palluau : a de l'esprit et de la suffisance dans la justice. Se préoccupe quelquefois et faille dans les affaires, même publiques.. N'est pas difficile à gouverner.. Il feroit toute chose pour mademoiselle de Scudéry. »

(Depping; *Correspondance administrative sous Louis XIV*, II, 60.)

leur restera que le chagrin de perdre leur zèle et d'être abandonnés dans leur devoir[1].

« En cet état, Sire, quelle justice peut espérer une veuve, seule, sans crédit, sans biens, sans appui, sans amis, contre Penautier, soutenu de tous côtés par l'autorité presque absolue de personnes de considération et par le crédit du sieur Le Boultz, dont les parens, les alliances et les intrigues entraînent presque tout le parlement, et par le pouvoir de la fortune de Penautier dont l'argent a exécuté des choses qui, jusqu'ici, paroissent impossibles[2] !... »

Un an après l'exécution de la Brinvilliers, en 1677, la veuve de Saint-Laurent faisait paraître un nouveau factum dans lequel, ne se bornant plus au fait dont son mari aurait été victime, elle accusait Penautier d'avoir empoisonné le sieur Lesecq, son beau-père, qui possédait des biens immenses. « Les meilleurs gendres, disait-elle, ont quelquefois, sur certaines matières, des tentations d'impatience où les plus méchans succombent. » Penautier avait eu pendant quelque temps un associé nommé Dalibert. La veuve de Saint-Laurent faisait remarquer que « le sieur Dalibert étoit parti de ce monde avec une telle précipitation qu'on ne lui avoit pas donné le loisir de mettre ordre à ses affaires, le sieur Penautier ayant besoin pour ses intérêts particuliers d'une apoplexie de la

---

[1] Voici les notes fournies à la même époque (1663) sur le premier président de Lamoignon : « Sous l'affectation d'une grande probité et d'une grande intégrité, cache une grande ambition, conservant pour cet effet une grande liaison avec tous les dévots de quelque parti et cabale que ce soit... A médiocres biens et n'en acquerra que par voies légitimes... » (Depping; loc. cit., 33.)

[2] Bibl. imp. Mss 7,610. — A moins d'indication contraire, les autres pièces relatives au procès de la Brinvilliers sont également dans ce volume.

qualité de celle qui avoit causé la mort de son associé. » Et tout n'était pas là ! Penautier s'étant emparé de tous les papiers de ce dernier, pour se dispenser de compter à sa veuve, un parent qui s'était mêlé de l'aider de ses conseils, « en fut empêché, dit encore le factum, par la fatalité d'une apoplexie de la nature de celle de son beau-frère ». De son côté, madame de Sévigné écrivait, le 8 juillet 1676, à l'occasion de Penautier, que la voix publique accusait aussi d'avoir fait empoisonner un trésorier des états de Bourgogne, nommé Matharel : « Et pourquoi empoisonner le pauvre Matharel ? Il avoit une douzaine d'enfans. Il me semble même que sa maladie violente et point subite ne ressembloit pas au poison : *on ne parle ici d'autre chose*. Il s'est trouvé un muid de vin empoisonné qui a fait mourir six personnes. »

On voit par là combien les esprits étaient préoccupés, troublés, et par conséquent sujets à s'égarer. Penautier, au surplus, ne restait pas inactif. Dans plusieurs factums, en réponse à ceux de la veuve Saint-Laurent, il s'efforçait de prouver son innocence. Il prétendait même établir que Saint-Laurent n'était pas mort empoisonné; mais on lui répondait que la vertu particulière du poison de Sainte-Croix était précisément de ne laisser aucune trace de lésion dans les organes. Dans un de ces factums, il arguait du silence de la Brinvilliers et de Briancourt à son égard. Or la marquise de Brinvilliers l'avait accusé, bien que vaguement et d'une manière générale. En ce qui concerne le précepteur, une note manuscrite faisant partie des pièces du procès porte ce qui suit : « Quand Briancourt fit sa déposition au Châtelet, et qu'il voulut parler contre le sieur Penautier, M. le lieutenant criminel l'interrompit et lui dit que ce n'étoit pas cela qu'on lui demandoit; et ledit Briancourt n'a point été interrogé là-dessus. » Le public s'intéressait d'ailleurs médiocrement à la veuve de Saint-Laurent, qui, à la mort de son mari, avait accepté une pension de Penautier, malgré les soupçons qu'elle aurait eus à cette époque. Quoi qu'il en soit, celui-ci mettait tout en œuvre pour voir la fin de sa longue détention. Un de ses fils avait épousé la fille d'un conseiller au parlement, et cette alliance, préméditée, disait-on, ne lui aurait pas été d'un mince secours, indépendamment de l'argent distribué à pleines mains, suivant ce qui avait été écrit à Louis XIV. Écoutons sur ce point madame de Sévigné (lettre du 29 juillet 1676) : « Le maréchal de Villeroi disoit l'autre jour : Penautier sera ruiné de cette affaire. Le maréchal de Gramont répondit : Il faudra qu'il supprime sa table. Voilà bien des épigrammes. Je suppose que vous savez qu'il y a cent mille écus répandus pour faciliter toutes choses. L'innocence ne fait guère de telles profusions. *On ne peut écrire tout ce qu'on sait; ce sera pour une soirée.* »

Quelles étaient donc ces choses que l'on ne pouvait écrire ? Madame de Sévigné a nommé deux des protecteurs de Penautier : l'archevêque de Paris et Colbert. Saint-Simon cite encore parmi les plus zélés le cardinal de Bonzi, archevêque de Toulouse. En réalité, tout le clergé, dont il était le trésorier, et qu'il avait dû souvent obliger de sa bourse, était pour lui[1]. Quant à Colbert, Penautier le connaissait de longue

---

[1] On lit dans les *Mémoires de Daniel de Cosnac* (II, 16) que Penautier avait prêté vingt-cinq mille écus à un abbé de Tressan pour acheter la charge de premier aumônier de Madame.

date, et l'on voit par plusieurs lettres qu'il secondait à merveille l'infatigable ministre dans l'établissement des fabriques de draps fins, l'exploitation des mines de la contrée et les affaires relatives au canal du Languedoc. Le 20 mars 1671, Colbert le chargeait d'organiser une compagnie pour le desséchement des marais d'Aigues-Mortes[1]. Plus tard, le 29 novembre 1672, il le priait de lui faire acheter des manuscrits grecs par ses agents dans le Levant[2]. Enfin, une lettre du cardinal de Bonzi à Colbert, du mois de décembre 1673, constate qu'à cette époque Penautier avait avancé au clergé 800,000 livres pour le don gratuit de l'année. Il semble résulter, en outre, d'une des pièces originales du procès, qu'un commis de Colbert[3] s'était entendu avec Penautier qui, pour l'intéresser au succès de ses démarches, lui avait promis, s'il réussissait, la moitié du produit de sa charge de receveur général des états du Languedoc. La même pièce porte que ce commis aurait ensuite préféré une somme de cent mille livres, une fois donnée[4].

Colbert avait-il acquiescé à ces arrangements dans le but de favoriser son commis? Croyait-il enfin, avec les amis de Penautier, qu'il était la victime de coïnci-

---

[1] Depping; *Corresp. admin.*, III, 790 et 816; années 1666 à 1669.
[2] Arch. de la marine. *Registres du commerce*; 1672, fol. 350.
[3] Antoine-Hercule de Picon, seigneur et vicomte d'Andrezel, conseiller d'État en 1663, mort en 1699.
[4] Bibl. imp. Mss., p. 610. — C'est une pièce non signée; de plus, les faits y sont présentés sous forme de questions : *S'il est vrai*, etc. On peut donc contester la vérité de ces insinuations. — Cela dit, j'ajoute que la confiance de Colbert fut plus d'une fois trompée par ses commis. Ainsi, son neveu Desmarest fut compromis dans une opération de monnaie et obligé de quitter la cour jusqu'au moment où Louis XIV, ayant eu besoin de lui, le nomma contrôleur-général. Un autre agent intime de Colbert, nommé Bellinzani, fut, à la mort du ministre, mis à Vincennes pour concussion, malversations, pots-de-vin, et il y mourut.

dences fâcheuses ? Rien, dans ses papiers, n'indique la part qu'il dut prendre à cette affaire, et l'on en est réduit aux conjectures. Madame de Sévigné écrivait encore le 5 août 1676 : « Il paroît que la Brinvilliers est morte, puisque j'ai tant de loisir. Il reste Penautier ; son commis Belleguise est pris ; on ne sait si c'est tant pis ou tant mieux. Pour lui, on est si disposé à croire que tout est à son avantage, que je crois que nous le verrions pendre, que nous y entendrions quelque finesse. On a dit à la cour que c'est le roi qui a fait prendre ce commis dans les faubourgs. »

En résumé, après bien des incidents qui finirent sans doute par lasser la curiosité publique, dans le courant du mois de juin 1677, c'est-à-dire onze mois après l'exécution dont nous avons raconté les détails, Penautier fut acquitté [1].

Ainsi se termina le dernier épisode du procès de la marquise de Brinvilliers.

Les lignes suivantes du duc de Saint-Simon en sont le complément naturel :

« Penautier mourut fort vieux en Languedoc (1711). De petit caissier, il étoit devenu trésorier du clergé et trésorier des États de Languedoc, et prodigieusement riche. C'étoit un grand homme, très-bien fait, fort galant et fort magnifique, respectueux et très-obligeant ; il avoit beaucoup d'esprit et étoit fort mêlé dans le monde ; il le fut aussi dans l'affaire de la Brinvilliers et des poisons, qui a fait tant de bruit, et mis

---

[1] On fit à cette occasion quelques couplets dont voici un échantillon :

« Si Penautier, dans ton affaire,
Ne rencontre que des sots,
C'est qu'il a bien su se défaire
De ce qu'il avoit d'ennemis. »

(Bibl. imp. Mss. Collection Maurepas, IV, 329.)

en prison avec grand danger de sa vie. Il est incroyable combien de gens et des plus considérables se remuèrent pour lui, le cardinal de Bonzi à la tête, fort en faveur alors, qui le tirèrent d'affaire. Il conserva longtemps depuis ses emplois et ses amis, et quoique sa réputation eût fort souffert de son affaire, il demeura dans le monde comme s'il n'en avoit point eu. Il est sorti de ses bureaux force financiers qui ont fait grande fortune. »

Les détracteurs de Saint-Simon l'accusent souvent de malveillance pour son temps, d'injustice et de passion contre ses contemporains. Ils ne lui feront pas du moins le reproche de s'être montré trop sévère à l'égard de Penautier et de ses amis.

CHAPITRE V.

RÉFORMES ET AMÉLIORATIONS DIVERSES.

Création malheureuse d'un second lieutenant de police, bientôt annulée. — Assassinats fréquents dans les rues par des soldats. — Gui Patin et le grand siècle. — Les avortements. — Établissement d'une garde de nuit et des lanternes publiques. — La chasse aux mauvais pauvres. — La Cour des Miracles et les lieux d'asile. — Les prisons de Paris aux dix-septième et dix-huitième siècles. — Incroyable désordre des registres d'écrou. — Singulière lettre du chancelier Pontchartrain. — Il refuse d'augmenter le nombre des prisons à cause de la dépense. — Ouvriers renfermés pour avoir voulu s'établir à l'étranger. — Extension et embellissements de Paris. — Louis XIV paraît s'en être peu occupé. — Le gouvernement s'alarme de l'excessif développement de la capitale. — Les propriétaires des rues agrandies supportent une part de la dépense. — Colbert fait adopter un plan d'ensemble de Paris. — La population à cette époque. — Efforts tentés pour supprimer la mendicité.

Malgré les excellents résultats obtenus par l'administration de La Reynie, une ordonnance du mois de mars 1674 avait créé un second lieutenant de police en l'investissant des mêmes fonctions, des mêmes prérogatives que le premier. C'était le temps où Colbert, réduit aux plus fâcheux expédients de la guerre de Hollande, que prolongeaient la politique hautaine et les exigences imprévoyantes de Louvois, faisait argent de tout et dédoublait, moyennant finance, la plupart des grandes charges. Ici la mesure était trop directement contraire à la nature des choses; au bout de quelques semaines d'essai, les deux offices furent réunis, « par le motif, disait la déclaration du 18 avril de la même année, que la police, qui a pour objet principal la sûreté, tranquillité, subsistance et commodité des habitans, doit être générale et uniforme dans toute l'étendue de la ville de Paris, et qu'elle ne pourroit être divisée et partagée sans que le public en reçût un notable préjudice. » Ces principes, aujourd'hui élémentaires, n'auraient certes pas été méconnus, si la question d'argent n'avait paru prépondérante. La même déclaration donnait à La Reynie, jusqu'alors simple lieutenant de police, le titre de lieutenant général de police de la ville, prévôté et vicomté de Paris [1]. Il n'avait pas attendu cette réorganisation pour aviser aux moyens de débarrasser la capitale des coupe-jarrets qui en rendaient, au témoignage de Boileau, le séjour si peu sûr aux honnêtes gens [2]. Un mémoire « pour remédier aux vols et assassinats qui se commettent de nuit dans la ville de Paris par le moyen de corps de garde qu'on pourra établir pour ce sujet » confirme la description du poëte, et va même au delà. Ce mémoire, qui remonte aux premières années du ministère de Colbert, débute ainsi : « Le plus grand désordre de la ville de Paris se rencontre dans

---

[1] *Traité de la police*, liv. I, titre IX, 149-150.

[2] Si connus que soient ces vers, il n'est pas hors de propos de les reproduire ici.

> « ...Sitôt que du soir les ombres pacifiques
> D'un double cadenas font fermer les boutiques ;
> Que, retiré chez lui, le paisible marchand
> Va revoir ses billets et compter son argent ;
> Que, dans le Marché-Neuf, tout est calme et tranquille,
> Les voleurs à l'instant s'emparent de la ville.
> Le bois le plus funeste et le moins fréquenté
> Est, au prix de Paris, un lieu de sûreté.
> Malheur donc à celui qu'une affaire imprévue
> Engage un peu trop tard au détour d'une rue !
> Bientôt quatre bandits lui serrent les côtes :
> La bourse ! il faut se rendre ; — ou bien, non, résistez,
> Afin que votre mort, de tragique mémoire,
> Des massacres fameux aille grossir l'histoire. »

la saison de l'hiver, pendant lequel, les jours étant courts, les habitans et étrangers sont obligés de se servir des premières heures de la nuit pour vaquer à leurs affaires, et lors se commettent plusieurs meurtres, vols et semblables rencontres, d'autant que les soldats du régiment des gardes, les cavaliers venant de leur garnison, les pages et laquais, en sont les principaux auteurs[1]. » Quelques années auparavant (1655), Gui Patin prétendait qu'il était impossible d'empêcher le vol dans une ville où les compagnies du régiment des gardes volaient elles-mêmes impunément. Plus tard, le 26 septembre 1664, il écrivait : « Jour et nuit on vole et on tue ici à l'entour de Paris. On dit que ce sont des soldats du régiment des gardes et des mousquetaires. *Nous sommes arrivés à la lie de tous les siècles...* » Telle est la justice ordinaire des contemporains. Voilà comment un homme spirituel, mais passionné et atrabilaire, qualifiait la plus brillante époque du grand règne. Il faut entendre encore Gui Patin sur d'autres misères sociales, suites de la débauche et de l'immoralité. En 1655, une demoiselle de la cour, séduite par le duc de Vitry, étant morte d'un avortement, la sage-femme à qui la malheureuse avait eu recours fut pendue. « A ce sujet, disait le terrible docteur, les vicaires généraux se sont allés plaindre au premier président que, depuis un an, six cents femmes, de compte fait, se sont confessées d'avoir tué et étouffé leur fruit. »

La création d'un hôpital des enfants trouvés à Paris (juin 1679) diminua sans doute le nombre des infanticides. Quant aux assassins et aux voleurs, La Reynie

---

[1] Depping; *Corresp. admin.*, II. Introduction, XLI.

avait obtenu des résultats remarquables par l'établissement d'une garde de nuit et de lanternes publiques. « Il créa, dit Voltaire, une garde continuelle, à pied et à cheval, pour veiller à la sûreté des Parisiens [1]. » Le cadre formé, La Reynie ne négligea rien pour l'agrandir. « La garde de nuit de cette ville, écrivit-il à Colbert le 21 novembre 1679, demande aussi quelque augmentation de dépense, et il est extrêmement à craindre que, dans ces longues nuits de la saison, on ne vienne à découvrir qu'il n'y a que bien peu de gens sur pied, et qu'on peut entreprendre presque sans danger contre la sûreté publique. Personne ne peut savoir aussi bien que vous de quelle conséquence il est pour le service du roi et pour la satisfaction des habitans de Paris de maintenir la tranquillité et la douceur dans laquelle ils vivent depuis quelque temps, et il est bien plus aisé de la conserver présentement qu'il ne seroit facile de la rétablir, si elle étoit une fois troublée. » Un arrêt du conseil du 28 janvier 1668 avait ordonné le dénombrement des lanternes posées l'année précédente et mis la dépense à la charge des quartiers, comme pour le nettoiement des rues [2]. Pour consacrer et perpétuer ce souvenir, Louis XIV fit frapper une médaille avec la légende : *Securitas et nitor* [3]. Bientôt l'éclairage public se généralisa : un édit de juin 1697 constate que, de toutes les améliorations, aucune n'avait été plus utile et mieux appréciée. Considérant comme un devoir d'aviser aussi à la sûreté et commodité des

---

[1] *Siècle de Louis XIV*, chap. XXIV.

[2] Bibl. imp. Mss. S.F. n° 2370. 27. Police de 1667 à 1713. *Arrêt du Conseil du 28 janvier 1668 concernant la police des lumières publiques.*

[3] *Les lanternes de Paris*, par E. Fournier, p. 25.

autres villes du royaume, Louis XIV ordonnait « d'y faire le même établissement et de les mettre à même de le soutenir à perpétuité [1]. » Les six mille cinq cents lanternes [2] qui éclairaient Paris vers la fin du dix-septième siècle étaient garnies de chandelles. Rien ne rendant exigeant comme le progrès, cet éclairage excitait souvent des plaintes, dont le lieutenant général de police supportait le contre-coup. « On a dit à Sa Majesté, lui écrivait Seignelay (janvier 1688), que les lanternes de Paris sont à présent bien mal réglées, qu'il y en a beaucoup dont les chandelles ne brûlent pas à cause de leur mauvaise qualité et du peu de soin qu'on en prend : sur quoi elle m'ordonne de vous écrire d'y donner l'ordre que vous jugerez nécessaire [3]. » Malgré ces plaintes inévitables, l'éclairage régulier et continu des rues de Paris n'en constitua pas moins une innovation des plus importantes, à laquelle le nom de La Reynie est resté attaché.

Prévenir les attaques des assassins et des voleurs, ce n'était pas tout : il fallait réprimer l'importunité et l'insolence invétérée des mendiants et vagabonds. Habitués à une longue tolérance, jouissant de certaines immunités et organisés en bandes avec lesquelles la justice était obligée de compter, ils avaient, au centre même de Paris, un refuge d'où ils bravaient l'autorité. La Reynie fit, peu après sa nomination, une rude guerre à ces vieux abus. On raconte qu'après avoir envoyé par trois fois à la Cour des Miracles des commissaires et des détachements trois fois repoussés à

---

[1] Isambert, XX, 295.
[2] Le nombre des becs de gaz était, à la fin de 1863, de 24,800 pour une population de 1,700,000 habitants.
[3] Depping, *Corresp. admin.*, II, 678.

coups de pierres, il y alla lui-même un matin, accompagné de cent cinquante soldats du guet, d'un demi-escadron de soldats de maréchaussée, d'une escouade de sapeurs pour forcer les portes, d'un commissaire et de quelques exempts. Malgré la résistance des truands, la sape ouvrit bientôt leurs murs, et La Reynie aurait pu les prendre tous; mais il préféra les laisser fuir, se contentant de raser leur retraite, triste vestige de la barbarie d'un autre âge [1]. Il y avait d'autres lieux de refuge plus difficiles à atteindre que les cours des miracles : c'étaient les enclos du Temple et de l'abbaye Saint-Germain-des-Prés, l'hôtel de Soissons, le Louvre même et les Tuileries. Un édit de 1674 supprima, il est vrai, toutes les justices seigneuriales de la capitale; mais l'esprit féodal, battu dans ses derniers retranchements, refusait de se soumettre à la loi nouvelle. L'hôtel de Soissons, propriété de la maison de Savoie, affecta notamment, pour affirmer son droit, de donner asile à des voleurs, et la police eut souvent à lutter contre ses prétentions. Peut-on s'en étonner quand on voit, en 1682, Colbert lui-même déplorer que le château des Tuileries servît de retraite à des gens que poursuivait la justice [2]? Enfin, deux ans après, c'est Seignelay qui nous l'apprend, Louis XIV recevait des plaintes fréquentes sur la difficile exécution des mandats contre les réfugiés de l'enclos du Temple : la menace d'en faire briser les portes, si les plaintes continuaient, donna sans doute à réfléchir, et peu à peu les derniers lieux d'asile disparurent [3].

[1] *De la sûreté de la ville de Paris*, par M. Charles Basset. *Moniteur* du 2 septembre 1853.
[2] Depping; *Corresp. admin.*, II. *Introduction*, XLVIII.
[3] *Ibid.*, II, 251.

L'ordonnance criminelle de 1670 portait que les prisons seraient disposées de telle sorte que la santé des prisonniers n'en pourrait souffrir. Un tableau des prisons de Paris tracé par un magistrat du dix-huitième siècle est douloureusement instructif sur ce point. Entassés dans des antres humides, privés d'air et de lumière, les détenus se communiquaient inévitablement les maladies dont ils étaient infectés. Au For-l'Évêque, le préau destiné à la promenade de quatre ou cinq cents prisonniers était dominé par des bâtiments très-élevés ; les prisonniers sans ressources étaient jetés dans des trous obscurs, sous les marches de l'escalier ou dans des cachots, au niveau de la rivière. « Là, dit ce magistrat, sont pratiqués des réceptacles de cinq pieds de large sur six de long, dans lesquels on ne peut entrer qu'en rampant et où l'on enferme jusqu'à cinq détenus... Tout le bâtiment est dans un état de délabrement et de vétusté qui menace d'une ruine prochaine. On y enferme les débiteurs, et généralement tous ceux que la police fait arrêter pour fautes légères. Le grand et le petit Châtelet sont encore plus malsains... Comme au For-l'Évêque, l'enceinte et le préau sont trop petits, les murs trop élevés, les cachots souterrains pour le moins aussi horribles. La seule prison dont le séjour ne soit pas mortel est la conciergerie du Palais... Cependant, les cachots pratiqués dans l'endroit qui servoit de cuisine au roi saint Louis auroient besoin d'un écoulement pour les immondices. Les logements des femmes sont trop petits. L'infirmerie est malsaine ; elle consiste en une salle fort basse ; les malades, presque dépourvus de toute assistance, sont quatre à cinq dans chaque lit... Tel est l'état des prisons de la capitale ; celles de tout le royaume ne sont pas plus saines ni mieux construites[1]. » Si tel était l'état des prisons de Paris au dix-huitième siècle, que devait-il être au dix-septième? De nombreuses lettres de Colbert attestent que, de son temps, le gouvernement laissait l'entretien des prisons aux communes, qui, de leur côté, prétendaient s'exonérer de cette charge. Quant à la surveillance intérieure de celles de la capitale, un document contemporain constate que, pendant la Fronde, le lieutenant civil étant uniquement occupé de ses fonctions politiques et de chercher des partisans au roi, les geôliers laissaient sortir, pour de l'argent, les prisonniers confiés à leur garde. Quand l'ordre eut repris le dessus, ces irrégularités cessèrent, et l'on voit en 1690 des commissaires du Châtelet chargés de la visite des prisons; toutefois celles qui renfermaient les prisonniers d'État et les individus détenus en vertu d'une lettre de cachet, comme la Bastille, le For-l'Évêque, Vincennes, Bicêtre et Charenton, leur étaient interdites. Les deux dernières étaient spécialement affectées aux fous ou à ceux qu'on voulait, en raison des faits mis à leur charge, faire passer pour tels; l'Hôpital-Général et le Refuge recevaient les prisonniers malades. Par intervalles, les directeurs des prisons d'État envoyaient des notes sur leurs prisonniers au ministre, qui maintenait la détention ou prononçait l'élargissement[2].

---

[1] *Projet concernant l'établissement de nouvelles prisons dans la capitale*, par un magistrat. (M. Demaze, *Le Châtelet de Paris*, p. 313.)

[2] Voici une de ces notes provenant de la prison de Bicêtre. « GASCON DEVILLERS; il est âgé de 50 ans. Pauvre libraire et fort infirme. Ce fut sa pauvreté qui le réduisit à faire pour quelques-uns de ses confrères qui n'osaient paroître, un commerce public de livres défendus, et ce fut cette même considération qui donna lieu à la lettre de cachet qui le retient à l'hôpital... »

Un inconcevable désordre régnait d'ailleurs dans cette partie de l'administration. Au mois de mai 1688, Seignelay prévint La Reynie que le roi désirait savoir la cause de la détention d'un sieur Gérard, prêtre, et du nommé Pierre Rolland, enfermés à la Bastille, le premier depuis huit ans, le second depuis trois ans. « Je ne trouve point ce dernier, ajoutait-il, sur les rôles que M. de Besmaux (le gouverneur de la Bastille) donne tous les mois pour être payé de la nourriture; il faut qu'il y soit sous quelque autre nom. A l'égard de Gérard, il marque, dans quelques mémoires qu'il m'a ci-devant donnés, qu'il est retenu pour l'affaire du poison[1]. » Seignelay terminait en demandant un relevé général des prisonniers de la Bastille, avec les motifs de leur détention[2]. Une autre lettre de Pontchartrain du 11 novembre 1697 confirme ce désordre, auquel on voudrait ne pas croire. La Reynie n'était plus alors chargé de la police : il avait cédé la place à d'Argenson; mais sa longue expérience lui valait d'être consulté dans les affaires délicates. A la paix de Ryswick, qui semblait devoir assurer à la France les bienfaits d'une longue tranquillité, et qui fut, hélas! de si courte durée, Louis XIV voulut faire participer à la joie générale les prisonniers les plus dignes d'intérêt. Or les éléments pour ce travail manquaient, et il fallut les réclamer extraordinairement à l'ancien lieutenant général. Les détails fournis par la lettre de Pontchartrain, son inaltérable sérénité en parlant de ces prisonniers dont le motif de détention est ignoré par ceux-là mêmes qui les ont fait enfermer, paraîtront sans doute assez significatifs.

[1] L'affaire de la Voisin, jugée en 1682.
[2] Depping; *Corresp. admin.*, II, 580.

« La paix, écrivait-il, est une occasion pour mettre en liberté, autant qu'il se peut, ceux qui se trouvent dans les prisons, et le roi a ordonné à chacun des secrétaires d'État de lui rendre compte de ceux qui y sont par ordres exprès signés d'eux. Je vous envoie la liste des hommes et des femmes qui sont enfermés à l'Hôpital-Général et au Refuge, la plupart sur des ordres signés de MM. Colbert, de Seignelay, et de moi. On a mis à côté de l'article d'un chacun ce que l'on a pu savoir au sujet de leur détention. Presque toutes ces personnes vous doivent être connues, et je crois qu'il en est de même de ceux qui ont été arrêtés sur des ordres signés de MM. Louvois, de Barbézieux, de Châteauneuf et de Torcy. Sa Majesté veut que vous preniez la peine d'aller sur les lieux pour examiner l'état d'un chacun, afin de juger ce qu'on peut faire à leur égard, après que vous les aurez vus et entendus, et que les directeurs vous auront rendu témoignage de leur bonne ou mauvaise conduite. Il sera nécessaire que M. d'Argenson vous accompagne à cette visite *pour s'instruire avec vous des sujets de détention de ces personnes*, et le mémoire que vous ferez sera soigneusement gardé, avec les résolutions qui seront prises par Sa Majesté, pour s'en servir dans les occasions [1]. »

Trois ans auparavant, le gouverneur de la Bastille ayant fait connaître que de nouvelles prisons étaient indispensables, Pontchartrain (on était alors en pleine guerre) lui avait répondu que le temps n'était guère propice, et qu'il fallait attendre [2]. Cette insuffisance des prisons avait au moins un bon côté, car en admettant que les amnistiés, faute d'espace, ne fussent pas victimes de haines privées ou d'erreurs judiciaires, n'étaient-ils pas déjà trop châtiés par une détention sans jugement, si courte qu'elle eût été? Qui sait même si, parmi ceux que les divers ministres avaient entassés dans les prisons d'État, et dont la paix de Ryswick fit lever l'écrou, on n'en aurait pas trouvé plusieurs

---

[1] Arch. de l'Empire. *Registre des secrétaires d'État*, 1697.
[2] *Ibid.*, 1694.

dignes de la même pitié que ce malheureux dont parle la correspondance officielle, qui languissait depuis dix ans dans un cachot de la Bastille pour avoir voulu transporter une de nos industries à l'étranger[1]? Soyons justes pourtant. Ces punitions terribles, empruntées au muet despotisme de Venise, qui au besoin ne reculait pas même devant le poison, la France n'était pas seule à les infliger : une nation voisine, dont Colbert eut le tort de suivre l'exemple, l'Angleterre, l'avait précédée dans cette voie et s'y était engagée plus avant, car elle punissait de la déportation ceux qui auraient porté de la laine à l'étranger. Pour le même crime, un Français résidant en Angleterre avait le poing coupé, et la récidive entraînait la mort. La loi britannique en vint jusqu'à punir aussi de mort l'importation d'un grand nombre de marchandises françaises : rigueurs barbares, déplorables violences, que la guerre nationale la plus acharnée n'aurait pu ni justifier, ni excuser!

L'attention de La Reynie ne se portait pas toutefois uniquement sur les nécessités de la répression, et son attitude vis-à-vis de la population parisienne n'était pas toujours celle d'un justicier. Il s'occupait surtout de son bien-être. Les travaux considérables qui s'accomplissent à Paris sous nos yeux, ces voies babyloniennes, ces îlots de verdure semés çà et là, pour la jouissance de tous, à la place des jardins privés tendant à disparaître, l'air et l'espace, le soleil et l'eau si libéralement prodigués, ces halles monumentales, ces églises, ces casernes, ces nouveaux théâtres auxquels manquent pourtant les larges vomitoires, tout cet en-

[1] Arch. de l'Empire. *Registres des secrétaires d'État*; lettre du 21 décembre 1696.

semble, improvisé pour notre agrément et pour celui du monde entier, *urbis et orbis*, ne doivent pas faire oublier qu'à diverses époques des transformations analogues donnèrent à la capitale de la France le premier rang, qu'elle avait perdu depuis et qu'elle vient de reconquérir. Au quinzième siècle, les ambassadeurs vénitiens la dépeignaient comme une merveille devant laquelle s'éclipsaient les plus belles cités de l'Italie. Si les derniers Valois firent peu pour la ville qui fut leur résidence habituelle, Henri IV et Louis XIII l'embellirent à l'envi. La Place-Royale, qui fut pendant un siècle le quartier de la cour et du monde élégant, le Pont-Neuf, la rue et la place Dauphine, les hôpitaux de la Charité, de Saint-Louis, de la Santé, et un grand nombre de couvents ornés d'églises remarquables, datent de Henri IV. Près de quarante couvents, congrégations, séminaires ou hospices furent encore fondés par son successeur. Vers la même époque, le palais du Luxembourg, le Jardin-des-Plantes, le Palais-Royal, s'ajoutaient aux monuments des âges antérieurs. L'imprimerie royale, établie, non sous le règne de François Ier [1], mais pendant le ministère du duc de Luynes, avait été complétée par le cardinal de Richelieu dans l'intérêt spécial des lettres. De splendides hôtels particuliers excitaient l'admiration, non moins par la beauté de l'architecture que par les chefs-d'œuvre de toute sorte qu'ils offraient à la curiosité des amateurs. Enfin sept théâtres, d'une importance diverse, n'étaient pas le moindre des attraits que les Parisiens, les provinciaux et les étrangers trouvaient réunis dans la même cité.

Bien que Louis XIV l'ait à peine habitée, son gou-

---

[1] François Ier avait institué des *imprimeurs royaux*, mais ce n'était pas encore l'*imprimerie royale*.

vernement fit plus encore pour elle qu'aucun autre. Le besoin de sécurité, l'accroissement de l'aisance publique, le goût de la propreté qui se répandait dans les classes moyennes, l'influence bienfaisante des grands écrivains, imposaient des devoirs nouveaux. On regrette de ne trouver aucune preuve de la part que le roi dut prendre à la rénovation administrative et matérielle du vieux Paris. Tandis que de nombreuses lettres à Colbert et à Louvois attestent la sollicitude avec laquelle il suivait les travaux de Versailles, ni sa correspondance, ni ses *Instructions au dauphin*, si curieuses à tant de titres, malgré les retouches du président de Périgny et de Pellisson, ne prouvent qu'il ait donné des soins personnels et particuliers à l'embellissement de sa capitale. On sait pourtant que la place Vendôme fut heureusement rectifiée sur ses indications. Loin de nous la pensée que toute initiative à ce sujet soit partie de ses ministres ; mais il semble que la passion ni le goût n'y étaient pour rien. Même pour ce qui regarde l'organisation de la police, les *Instructions au dauphin* ne contiennent que des réflexions dépourvues d'intérêt. A l'entendre, il se serait borné à rétablir quelques ordonnances tombées en désuétude et à prendre des précautions pour les mieux faire observer à l'avenir, surtout en ce qui touchait le port des armes et la propreté des rues. Quoi qu'il en soit, activement secondé par Colbert et Louvois, Louis XIV assainit Paris en l'embellissant. Il fonda l'Observatoire et les Gobelins, fit construire la colonnade du Louvre, l'hôtel des Invalides, les places Vendôme et des Victoires, les portes Saint-Denis et Saint-Martin. En même temps, des travaux d'un ordre différent portèrent le mouvement et la vie dans de nombreux quartiers où s'entassaient, privés d'air et de lumière, les milliers d'individus livrés aux petits métiers que comporte l'industrie des grandes villes. Un arrêt du 15 septembre 1667 décida que la butte Saint-Roch serait aplanie ; par malheur, elle ne le fut qu'à moitié, et l'insuffisance de l'opération a légué aux ingénieurs du nouveau Paris une immense difficulté. Ce fut néanmoins un travail considérable, et qui dura dix ans ; il procura l'ouverture de dix nouvelles rues sur un point où la population se portait de préférence à cause du jardin des Tuileries et des Champs-Élysées. La belle ligne de quais s'étendant de l'Institut à la place de la Concorde fut entreprise, et régularisa les rues qui viennent y aboutir. Sur l'autre rive de la Seine, la rue de la Monnaie ouvrit une issue directe de l'église Saint-Eustache à la rue Dauphine, du quartier des Halles à celui des Écoles. Un vieux pont de bois, souvent compromis par les crues, reliait le quartier des Tuileries à la rue du Bac ; il fut remplacé par le Pont-Royal, qui coûta 742,000 livres. Baignée par un grand fleuve, la ville de Paris manquait d'eau ; de nouvelles fontaines lui en fournirent. Une vaste promenade était désirée à proximité des nouveaux quartiers ; on planta les Champs-Élysées[1]. Ils étaient loin de l'élégance actuelle ; mais la foule, qu'effrayait encore la distance de Boulogne et de Vincennes, accourait les jours de fête au Cours-la-Reine, où se pressaient les carrosses de la cour et de la noblesse. On a la preuve qu'au plus fort de ces travaux le gouvernement s'inquiéta de l'extrême développement de Paris. Le conseil délibéra, et, le 26 avril 1672, des lettres patentes défendirent de

---

[1] Commencées en 1670, ces plantations ne furent cependant terminées qu'en 1705.

construire au-delà des nouveaux faubourgs, par le motif « qu'il étoit à craindre que la ville de Paris, parvenue à cette excessive grandeur, n'eût le sort des plus puissantes villes de l'antiquité qui avoient trouvé en elles-mêmes le principe de leur ruine, étant très-difficile que l'ordre et la police se distribuent commodément dans toutes les parties d'un si grand corps[1]. » Que sont devenues ces appréhensions de la vieille école administrative? Les sociétés modernes n'y songent guère. Deux villes surtout, Londres et Paris, sont plus populeuses et plus riches que telles nations de l'antiquité et du moyen âge qui ont rempli le monde du bruit de leur nom. N'y a-t-il pas là, indépendamment du côté moral de la question, du vice qui engendre la misère ou qui l'exploite, du luxe provoquant le luxe, du crime se dérobant plus facilement aux enquêtes de la justice, un danger d'un autre ordre et plus grave peut-être? Le problème est posé, l'avenir prononcera.

Un point important et souvent controversé depuis fut réglé par un arrêt du conseil du 31 décembre 1672. Quand d'obscures et étroites rues étaient élargies, les propriétaires des maisons qui profitaient de ces travaux onéreux à la ville devaient-ils contribuer à la dépense? Déjà résolue plusieurs fois affirmativement, la question restait néanmoins sujette à interprétation. L'arrêt du conseil la trancha sans retour en décidant que les propriétaires de quelques maisons de la rue des Arcis, situées en face de maisons démolies, supporteraient leur part de la dépense en proportion de l'avantage qu'ils en recevaient[2]. Prise pour un cas

---

[1] Delamare, *Traité de la police*, liv. I, titre VII, 104.
[2] Arch. des Finances, *Édits, Arrêts*.

particulier, cette décision fit règle; quelques années après (27 mai 1678), un nouvel arrêt enjoignait aux propriétaires de la rue Neuve-Saint-Roch de payer, d'après un rôle arrêté par le roi, la somme de 37,545 livres à distribuer entre diverses personnes « tenues de retirer leurs bâtimens et héritages et laisser la place nécessaire pour l'élargissement de ladite rue[1]. » Une autre mesure d'une importance considérable avait été adoptée deux ans plus tôt. L'alignement des anciennes rues et la construction des nouveaux quartiers s'étaient faits jusque-là sans vue d'ensemble, sans plan régulier. Il en résultait que, les rues principales ne se reliant pas entre elles, Paris était plutôt la réunion de plusieurs cités juxtaposées qu'une grande et unique ville construite ou agrandie avec une certaine harmonie. Des lettres patentes du mois de juillet 1676 approuvèrent un plan de Paris qui devait désormais servir de base aux améliorations. « Après avoir, disait Louis XIV, donné la paix à nos peuples par la force de nos armes, nous avons considéré les ouvrages publics et tout ce qui pouvoit procurer les commodités à notre royaume comme un objet digne de notre application, et nous l'avons employée particulièrement pour notre bonne ville de Paris, afin que la capitale de nos États en pût mieux faire connoître la grandeur aux étrangers par le nombre et la beauté de ces ouvrages, et marquer à la postérité le bonheur de notre règne. A cet effet, nous aurions ordonné à nos très-chers et bien-aimés les prévôts des marchands et échevins de notredite ville, de s'appliquer à ce qui contribue principalement au bien et avantage de ses habitans, et ensuite à l'embel-

[1] Arch. des Finances, Édits, Arrêts.

lissement, soit par la construction de nouveaux quais et de nouveaux ports capables de recevoir les provisions nécessaires, de plusieurs fontaines en des lieux éloignés de la rivière, pour y distribuer des eaux publiques en abondance, de nouvelles portes et des remparts pour fermer l'enceinte de ladite ville, soit par l'élargissement et l'ouverture des rues et des passages servant à la communication des principaux quartiers, dont les plans ayant été examinés en notre conseil, nous en aurions ordonné l'exécution[1]. Mais, ayant estimé à propos de pourvoir à ce que les ouvrages qui pourroient être faits à l'avenir dans ladite ville soient réglés sur un plan certain, nous aurions ordonné auxdits prévôts des marchands et échevins de faire lever exactement le plan de ladite ville et d'y marquer, non-seulement l'état où elle se trouve à présent par les ouvrages qui ont été faits suivant nos ordres, mais encore ceux que nous entendons y être continués et achevés pour la plus grande décoration ; à quoi lesdits prévôts des marchands et échevins ont satisfait... » Colbert reconnaissait dès 1671 que la capitale donnait le mouvement au royaume, et que toutes les affaires y prenaient naissance et s'y dénouaient. Il ajoutait que, du moment où les volontés du roi y étaient exécutées, elles l'étaient partout et que toutes les difficultés suscitées au gouvernement avaient leur point de départ dans les grandes compagnies dont elle était le siége[2]. Il est incontestable que les travaux exé-

[1] Arrêts des 9 mai et 1ᵉʳ juillet 1669 ; 9 juin et 31 décembre 1670 ; 7 mars, 22 avril, 26 juillet, 11 octobre et 50 novembre 1671 ; 6 juin, 11 octobre et 3 novembre 1672 ; 13 mars et 23 juillet 1673 ; dernier mars 1674 et 24 janvier 1676.

[2] *Hist. de Colbert*, p. 301, *Instruction à mon fils pour bien faire la première commission de ma charge*.

cutés sous son ministère et la sécurité dont on était redevable à La Reynie durent augmenter l'importance politique et la population de Paris.

Quel était alors le chiffre de cette population[1]? Un document officiel, remontant à 1670, constate qu'il y avait eu dans l'année 16,840 baptêmes, 3,930 mariages et 21,461 morts[2]. Frappée de cet excédant considérable des morts sur les naissances, l'administration l'expliquait par la grande quantité d'étrangers qui faisaient de Paris leur séjour habituel. Les calculs les plus vraisemblables permettent de croire que la population ne dépassait guère, vers la fin du dix-septième siècle, le chiffre de 500,000 habitants. Il est plus malaisé de déterminer, même approximativement, le nombre de gens assistés par la charité publique, soit dans les temps ordinaires, soit aux époques de disette[3]. En 1693, à la suite de quelques mauvaises récoltes, les mendiants de la campagne affluèrent dans la capitale. On aurait bien voulu les refouler dans leurs villages; mais, comme il s'agissait pour eux de ne pas mourir de faim, ils résistaient à toutes les injonctions. « Peut-être, écrivait le chancelier Pontchartrain à M. de Harlay, jugerez-

[1] Selon la *Statistique générale*, publiée par le ministère du commerce, la population de Paris aurait été de 720,000 âmes en 1720. Elle ne se serait élevée en 1719, suivant la méthode rationnelle de Lavoisier (multiplication du nombre des naissances par 30), qu'à 567,030. M. Husson (*Consommation de Paris*, p. 70) l'évalue à 510,480 en 1675 et à 543,270 en 1678.

[2] *État général des baptêmes, mariages et mortuaires des paroisses et faubourgs de Paris en 1670*. (Bibliothèque imp., Mss. Mélanges Clairambault, vol. 159, pièce imprimée.)

[3] D'après Delamare (Bibl. imp., Mss. xcv), il serait mort à l'Hôtel-Dieu de Paris en 1684, 15,422 malades sur 37,618 qui y étaient entrés. M. Charles Louandre, article sur les Disettes en France, *Journal général de l'Instruction publique.*

vous à propos de donner un arrêt qui oblige les mendians invalides du dehors à se retirer. Peut être croirez-vous encore qu'il faut apporter quelques autres précautions pour l'exécution sûre d'un si bon dessein[1]. » Quelques mois après, il fallut recourir à un arrêt pour « purger Paris des pauvres du dehors »; mais on ne put l'exécuter. De Harlay ayant cru devoir recourir à la ressource extrême des ateliers publics, Pontchartrain, dont le rôle se bornait à tout approuver, lui écrivit (22 janvier 1694) : « Les ateliers publics sont sans doute un des plus efficaces moyens pour ôter la fainéantise et la mendicité. Tout ce que vous ferez là-dessus ne vous sera qu'honorable et utile au public. » Cependant les pauvres de la campagne s'obstinaient à rester dans Paris malgré le gouvernement. Les rigueurs de l'hiver, jointes à la cherté du blé, en avaient accru le nombre. Le 30 mars, La Reynie transmit à M. de Harlay (car Pontchartrain, découragé, s'effaçait de plus en plus) un état par quartiers du nombre de ces malheureux : le chiffre total s'élevait à 3,376, y compris les femmes et les enfants. Les détails fournis par le lieutenant général de police montrent avec quel soin se faisaient déjà les recherches statistiques. La Reynie assurait que les visites pour connaître le nombre des pauvres du dehors répandus dans les rues et dans les églises de Paris avaient été opérées aussi exactement qu'une chose de cette nature le pouvait être, qu'il avait pris à cet égard beaucoup de précautions, et qu'une instruction ample et détaillée avait été donnée par écrit à ses agents plusieurs jours avant l'exécution. Il ajoutait que, s'il ne s'était pas

---

[1] Depping; *Corresp. admin.*, II, 681.

trouvé plus de pauvres de la campagne, c'est qu'il en était mort une partie, que les hôpitaux en renfermaient un certain nombre, et que d'autres n'avaient pas attendu les perquisitions[1]. Enfin, après deux années d'angoisses, les craintes de disette s'étant apaisées, les mendiants forains reprirent la route des villages d'où la faim les avait chassés, et Paris n'eut plus à nourrir que les siens.

C'était bien assez pour les ressources dont la charité publique pouvait disposer.

[1] Depping; *Corresp. admin.*, II, 674.

CHAPITRE VI.

LE CHEVALIER DE ROHAN.

Les procès politiques sous Louis XIV. — La noblesse de Normandie et de plusieurs autres provinces conspire en 1659 pour avoir les États généraux. — La conspiration est découverte. — On fait raser beaucoup de châteaux féodaux. — Exécution du marquis de Bonnesson. — Conspiration du protestant Roux de Marcilly. — Ses menaces de tuer Louis XIV. — Il est exécuté le 21 juin 1659. — Un autre conspirateur protestant, prenant le titre de comte de Sardan, s'engage avec l'Espagne à faire soulever plusieurs provinces. — Conspiration du chevalier de Rohan. — Sa jeunesse folle et dissipée; ses prodigalités. — La Reynie est chargé de la direction du procès. — Détails à ce sujet. — Le chevalier de Rohan avoue, dans l'espoir que Louis XIV lui pardonnera. — Il est condamné. — Belle lettre que lui écrit une de ses maîtresses pour l'exhorter à bien mourir. — Circonstances de sa mort. — Un auditeur à la cour des comptes est condamné à mort pour n'avoir pas révélé un complot contre le roi. — D'autres complots sont encore formés, mais ils n'éclatent pas.

Si, aux prises avec les grandes difficultés économiques, La Reynie était, comme tant d'autres, écrasé par cette lourde tâche, il retrouvait sa vigueur morale dans les affaires qui ne réclamaient que le zèle et la vigilance du juge. Nous avons raconté le procès de la marquise de Brinvilliers, dont il n'eut à s'occuper qu'accidentellement. D'autres, des procès politiques, ou, comme on disait alors, pour crime de lèse-majesté, troublèrent par intervalles la longue quiétude du règne de Louis XIV. Dans quelques-uns, comme celui du chevalier de Rohan, La Reynie joua un rôle important, que sa correspondance éclaire d'un jour curieux et tout nouveau. Quelques détails sur les conspirations des premiers temps du règne feront encore mieux apprécier le caractère du tragique événement où l'intervention de La Reynie fut prépondérante.

Entourées, l'on s'en doute bien, d'un mystère impénétrable, la plupart des conspirations contre la personne ou l'autorité du roi s'éteignaient d'ordinaire dans les sombres profondeurs des prisons d'État. Quelquefois pourtant elles faisaient explosion et venaient finir en place de Grève. La première remonte à 1659. Se rappelant une promesse solennelle faite pendant la Fronde, à un moment où l'on avait besoin de son appui, la noblesse de Normandie, d'Anjou, de Poitou, rêvait la convocation des états généraux ; mais le péril était loin, et Mazarin avait complétement oublié les engagements de 1651. Pour ôter toute illusion à la noblesse, un arrêt du conseil du 23 juin 1658 avait interdit « à tous gentilshommes et autres de faire aucune assemblée, sous peine de vie, sans permission du roi. » On apprit cependant, l'année suivante, que des nobles de la Normandie et de plusieurs provinces se réunissaient secrètement. Pendant plusieurs mois, la correspondance de Colbert et de Mazarin roula sur « cette révolte des gentilshommes. » L'un des plus compromis était un marquis de Bonnesson, zélé huguenot, dont Colbert faisait activement épier les démarches. « J'ai travaillé jusqu'à minuit à donner des ordres et à prendre les mesures justes pour arrêter Bonnesson, écrivait-il au cardinal le 1ᵉʳ septembre 1659. En signant cette dépêche à cinq heures du matin, l'on me donne avis qu'il vient d'être arrêté avec Laubarderie et Lézanville... Je ressens beaucoup de joie d'avoir réussi en cela, par la satisfaction que Votre Éminence en aura. » Le marquis de Bonnesson avait dit, quand on se saisit de lui, que son emprisonnement « étoit l'affaire de la noblesse et qu'on en entendroit parler. » Quelques grands personnages, les comtes d'Harcourt, de Matignon et de Saint-Aignan, furent soupçonnés; mais, pour ne pas donner à l'affaire trop de gravité, on résolut de ne pas les impliquer dans les poursuites. Cependant beaucoup d'accusés étaient parvenus à sortir du royaume. Traduits exceptionnellement devant le grand conseil, composé de maîtres des requêtes de l'hôtel, espèce de commission dévouée au ministre, ils furent condamnés à mort et exécutés en effigie à la Croix-du-Trahoir. En même temps, et c'était là le point essentiel pour la cour, on fit raser sans délai leurs châteaux et leurs bois, bien qu'aux termes des lois en vigueur, il eût fallu attendre cinq ans à partir du jour de leur condamnation; mais l'occasion était bonne pour écraser la queue de la Fronde, et Colbert, en l'abscence de Mazarin, ne la laissa pas échapper.

Restaient le marquis de Bonnesson et quelques autres. Après avoir fait traîner l'affaire en longueur et porté ses prétentions, disent les correspondances officielles, jusqu'à demander un avocat, Bonnesson fut condamné à mort et exécuté le 13 décembre 1659. « Il a été assez fier en mourant, écrivit à Le Tellier le président de la commission, et n'a jamais voulu se convertir. C'est une affaire faite, qui auroit pu déjà finir il y a quelques jours; mais messieurs du grand-conseil ont gardé toutes les formalités imaginables, lesquelles enfin ne doivent point être condamnées, puisque l'événement fait si bien paroître l'intention droite des juges. » Notons que ceux-ci avaient été menacés, s'ils ne voulaient pas en finir, d'être obligés de suivre la cour à Fontainebleau [1]. De son côté, Gui Patin écrivit : « Le marquis de Bonnesson a eu la tête tranchée à la Croix-du-Trahoir ; il est mort huguenot, et n'a jamais voulu entendre le docteur de Sorbonne qui a voulu le convertir, afin qu'il mourût à la romaine. Il n'a point voulu être bandé. Je pense qu'il a été vu de tout Paris, car on l'a mené de la Bastille, dans une charrette fort élevée, jusqu'au lieu du supplice. Il avoit un livre entre ses mains, dans lequel il lisoit… » D'après Gui Patin, autorité d'ailleurs fort suspecte et qui prenait ses nouvelles de toute main, le bruit courait parmi le peuple que Cromwell devait envoyer une armée au secours des conspirateurs ; et le nouvelliste de s'écrier naïvement : « Bon Dieu ! quelle désolation il y eût eu en France ! » Avec le marquis de Bonnesson s'éteignit le dernier souffle de ce qu'il pouvait y avoir eu d'aspirations honnêtes et libérales dans les premiers temps de la Fronde. Grâce aux folles ambitions du cardinal de Retz et des princes, et aux intrigues de quelques aventurières illustres, le pouvoir absolu était désormais si bien établi, qu'une révolution impitoyable, qui couvrit la France de ruines fécondes, était seule capable de le briser.

Une nouvelle exécution pour crime de lèse-majesté eut lieu à Paris dix ans après. En 1668, l'ambassadeur de France à Londres avait signalé l'arrivée en Angleterre « d'un des sujets les plus malintentionnés du monde. » Il s'agissait encore d'un protestant, Roux de Marcilly, né à Nîmes, qui, alléguant l'injustice des procédés du gouvernement à l'égard de ses coreligion-

---

[1] J'ai publié de nombreuses lettres sur cette affaire, très-peu connue jusqu'à ce jour, dans le premier volume des *Lettres de Colbert*, texte et appendice, année 1659 ; introduction, LXXXI.

naires, n'avait imaginé rien de mieux, pour y mettre fin, que de tuer le roi. L'ambassadeur ajoutait que, caché dans un cabinet chez un ami où se trouvait Roux de Marcilly, il avait obtenu, à l'aide d'une série de questions concertées, les renseignements les plus complets sur les projets du conspirateur. Celui-ci, étant rentré en France pour les mettre à exécution, fut arrêté, jugé et condamné à mort. Le procureur du roi au Châtelet, qui avait soutenu l'accusation, écrivit à Colbert que, « de l'avis de tous messieurs les conseillers, il n'y avoit point de supplice assez grand pour expier le crime dudit Roux de Marcilly, lequel étoit si foible que l'on n'avoit pu lui donner la question. » Ce crime était, d'après les termes mêmes du jugement, « d'avoir pris part à des négociations secrètes contre le service du roi et de l'État, et d'avoir tenu des discours pernicieux qui marquoient ses desseins abominables contre la sacrée personne de Sa Majesté. » Roux de Marcilly fut exécuté le 21 juin 1669. « Il avoua, dit le procès-verbal de son exécution, qu'il avoit tout fait pour susciter des ennemis au roi, qu'il mouroit dans la volonté de le persécuter jusqu'à l'extrémité, puisqu'il poussoit à outrance ceux de sa religion, et que, s'il étoit encore en état, il n'y auroit rien qu'il épargnât et qu'il ne fît contre cela [1]. »

Cinq ans plus tard, un aventurier du nom de Sardan s'engageait, avec le prince d'Orange et avec le roi d'Espagne, à faire soulever la Guienne, le Languedoc, le Dauphiné et la Provence. Protestant comme Bonnesson et Roux de Marcilly, originaire du Languedoc ainsi que ce dernier, il débuta chez un de ses oncles

---

[1] Bibl. imp., Mss. *Mélanges Colbert. Lettres adressées à Colbert*, juin 1669.

greffier de la cour des aides de Montpellier ; nommé ensuite receveur des tailles au Puy, il avait été chargé d'accompagner des fonds que les états de Languedoc envoyaient à Paris. Une fois dans la capitale, il dissipa cet argent, passa prudemment en Flandre, et fut condamné par contumace à la peine de mort[1]. Trois mois après, le 20 avril 1674, cet intrigant concluait avec le prince d'Orange un traité où il lui promettait de faire soulever quatre grandes provinces. Un autre traité, signé à Madrid le 23 juillet suivant, portait que ces provinces étaient écrasées d'impôts, que le gouvernement français avait supprimé les états de Guienne et de Dauphiné, énervé ceux de Provence et de Languedoc, réduit tous les parlements au silence, et que les habitants, *représentés par diverses personnes*, avaient résolu de demander la convocation des états généraux dans une ville libre. Le roi d'Espagne accordait en retour au comte de Sardan une pension annuelle de cent mille livres pour frais de premier soulèvement, un million pour chacune des années suivantes, et cent mille livres à un habitant de Bordeaux qui aiderait à s'emparer d'une place forte dans la province. Si les confédérés parvenaient à former un État particulier ou une république, le roi d'Espagne devait leur continuer sa protection, comme les rois de France avaient fait, disait le traité, à l'égard des États de

---

[1] Dans une supplique au parlement, de Marie Vosser, veuve du sieur de Saint-Laurent, ancien receveur général du clergé, il est question d'un nommé Paul Sardan, ancien receveur des tailles en Languedoc, qui, de 1667 à 1670, aurait été lié avec Godin de Sainte-Croix, amant de la marquise de Brinvilliers, et Reich de Penautier, receveur général du clergé, compromis dans l'affaire de la Brinvilliers. Ce Sardan ne serait-il pas l'intrigant dont le prince d'Orange et le roi d'Espagne furent les dupes ?

Hollande, sous des prétextes moins justes. Enfin le prétendu comte de Sardan s'obligeait, en qualité de syndic général des confédérés du Languedoc et député de la confédération, à susciter sans délai, dans les montagnes des Cévennes et du Vivarais, un soulèvement de douze mille hommes pour surprendre les postes de la rivière du Rhône et des autres places de la province et des provinces voisines [1].

Par un hasard étrange, cette chimérique conspiration coïncida, et c'est sans doute ce qui donna tant de confiance au gouvernement espagnol, avec celle du chevalier de Rohan qu'il nous reste à raconter. L'importance de cette dernière affaire, le nom du principal accusé, le rôle que La Reynie joua dans ce procès [2]

---

[1] Dumont, *Corps diplomatique*, VII, 277. — Ces ridicules promesses d'un conspirateur besoigneux n'eurent naturellement aucune suite, et l'on ne peut trop s'étonner que le cabinet espagnol les eût prises au sérieux. Quant à la France, elle ignora longtemps encore que ce traité, pourtant fort réel, eût été signé, et l'on voit par des lettres du chancelier Pontchartrain qu'on n'en soupçonna l'existence qu'en 1704, par une découverte tout à fait inattendue. « Il y a apparence, écrivait-il le 23 juillet au lieutenant général de police d'Argenson, que ce traité peut avoir été fabriqué par un fripon du nom de Sardan qui étoit à Paris. C'est cet homme que nous voudrions bien trouver, et duquel le roi souhaite que vous fassiez toutes les perquisitions possibles. » Dans une autre lettre, Pontchartrain parle du *prétendu* traité signé Paul de Sardan. (Depping; *Correspondance administrative sous Louis XIV*, II, 716, 811, 812.) Un moment sur la voie, le gouvernement français venait donc de s'égarer de nouveau.

[2] Bibl. imp., Mss. F. F. 7, 629. *Procès criminel du chevalier de Rohan*; 1 vol. in-fol. C'est la collection d'un grand nombre d'interrogatoires résumés par La Reynie, procureur général de la commission extraordinaire qui fut chargée de juger l'affaire. Il contient en outre beaucoup de lettres de La Reynie et diverses pièces émanées de la main des accusés.

La Bibliothèque impériale possède encore (fonds 500 Colbert, n° 20) un manuscrit intitulé : *Procès de Messire Louis de Rohan et de ses complices*; 1 vol. in-fol. C'est la copie du procès-verbal officiel de tous les actes du procès.

dont il eut la direction, en ont fait un événement historique, et le soin avec lequel les pièces principales ont été conservées permet d'en étudier les particularités aux sources mêmes. D'une des plus illustres familles du royaume, admis dans sa jeunesse aux jeux de Louis XIV, objet des faveurs des plus belles et des plus grandes dames, parmi lesquelles on nommait la duchesse de Mazarin, qu'il avait le premier enlevée à son mari, l'électrice de Bavière, et, s'il faut s'en rapporter aux bruits du temps, madame de Thianges et jusqu'à madame de Montespan, Louis de Rohan s'était fait comme à plaisir, par sa hauteur et ses dédains, des ennemis nombreux, implacables, en tête desquels figurait le roi. Vainement la princesse de Guéméné, sa mère, cherchait à l'arrêter dans ses folles prodigalités; il n'écoutait rien, affectait un grand mépris de la cour et vendait successivement, pour se procurer quelques ressources, les charges qu'il y possédait. Il était réduit aux derniers expédients quand il tomba entre les mains d'un gentilhomme normand, George du Hamel, sieur de La Tréaumont, militaire réformé, perdu de dettes comme lui, ne rêvant qu'à refaire sa fortune. L'idée leur vint de faciliter à la Hollande et à l'Espagne une descente en Normandie, moyennant un million. Une dame de Villars, un chevalier de Préaux, son amant, étaient du complot et promettaient leur influence auprès de la noblesse normande, très-douteuse depuis la Fronde et fort mécontente en ce mo-

---

Il y a enfin aux Archives de l'Empire, les interrogatoires originaux et diverses pièces ou lettres relatives à l'affaire du chevalier de Rohan.

J'ai raconté ailleurs avec détail (*Trois drames historiques*) la conspiration du chevalier de Rohan. Je traiterai particulièrement ici de la part que prit La Reynie à son procès.

ment à cause de quelques nouveaux impôts. Les correspondances par la poste étant dangereuses, il fallait un émissaire. Un vieux professeur hollandais, Affinius van den Enden, retiré à Paris, où il avait fondé une institution, fut envoyé à Bruxelles pour s'entendre avec le général Monterey¹ sur la descente projetée par les Hollandais. Le 10 septembre 1674, van den Enden reprit le chemin de Paris, la tête pleine d'illusions; mais, à peine arrivé à la barrière, il fut arrêté. Le chevalier de Rohan avait été fait prisonnier la veille en sortant de la chapelle de Versailles, et le lendemain La Tréaumont, alors à Rouen, fut surpris au lit. Blessé dans la lutte, il mourut dix-huit heures après, sans avoir fait le moindre aveu, mais laissant les papiers les plus compromettants.

Si ridicule que fût cette conspiration, Louis XIV, depuis longtemps outré contre le chevalier de Rohan, voulut qu'on la jugeât avec éclat. Une commission extraordinaire fut immédiatement formée, et deux maîtres des requêtes des plus habiles, de Bezons² et de Pomereu³, eurent ordre d'instruire. Le roi, qui appréciait chaque jour davantage le lieutenant de police, lui confia l'emploi de procureur général de la commission. Le premier soin de La Reynie fut de cir-

---

¹ Le comte Zuniga de Monterey, gouverneur des Pays-Bas espagnols. — Seignelay, dans la relation de son voyage en Hollande, en parle assez avantageusement. (Voir *Lettres de Colbert*, III, 2ᵉ partie, p. 296.)

² Louis Bazin, seigneur de Bezons, conseiller au parlement en 1666, maître des requêtes en 1671, intendant de Limoges (1678), d'Orléans (1684), puis de Lyon et de Bordeaux, conseiller d'État en 1691. Mort à Bordeaux le 9 août 1700.

³ Auguste-Robert de Pomereu, seigneur de la Bretesche. Intendant à Moulins de 1661 à 1666, à Bourges et à Moulins réunis, de 1664 à 1666. Conseiller d'État, prévôt des marchands de 1676 à 1682, membre du conseil des finances en 1697. Mort le 7 octobre 1702, âgé de 72 ans.

conscrire l'affaire, dans la crainte de l'éterniser et de manquer le but principal. Persuadée que la noblesse normande était de connivence avec les agitateurs, la cour n'avait rien épargné pour provoquer des révélations. De leur côté, quelques accusés, espérant s'abriter derrière des noms considérables, étaient tout disposés à entrer dans cette voie. Ainsi, van den Enden qui, pour sauver sa tête, s'acharnait contre le chevalier de Rohan, prétendit que le comte de Louvigny, propre frère du duc de Guiche, un des favoris du roi, avait dit que « si quelqu'un remuoit en France, il ne seroit pas le troisième. » Les noms du cardinal de Retz et du duc de Bouillon étaient aussi prononcés. En même temps, le fils du prince de Condé, Monsieur le Duc, fut signalé par van den Enden comme *le premier mécontent et le plus grand murmurateur du royaume*[1]; mais Louis XIV, que la Reynie tenait au courant des moindres incidents, ordonna que ce nom ne parût pas au procès. Cependant plus de soixante personnes avaient été arrêtées, et l'affaire, surchargée de tant d'interrogatoires, avançait à peine. Effrayé du développement qu'elle avait pris malgré lui, La Reynie démontra par d'excellentes raisons les inconvénients de la marche suivie jusque-là. « Je ne sais, écrivait-il à Colbert le 16 octobre 1674, s'il est bien à propos de faire le procès à tant de gens à la fois, de remplir ainsi les prisons, et si, au lieu de la justice que tout le monde attend de ceux qui se trouveront coupables et de la terreur qu'elle doit imprimer, on ne trouvera point quelque chose d'affreux dans cette multitude

---

[1] C'est de lui que Saint-Simon a dit : « Fils dénaturé, cruel père, mari terrible, maître détestable, pernicieux voisin, sans amitié, sans ami... uniquement propre à être son bourreau et le fléau des autres... »

d'accusés et de criminels, et s'ils ne deviendront pas moins criminels au public par le nombre. » Enfin, le 28 du même mois, il établissait, dans une note remise à Colbert, que, d'après tous les précédents et à raison de l'importance du procès, la commission devait être présidée par le chancelier en personne. Quant au nombre des juges, La Reynie rappelait plusieurs procès où il n'y en avait pas eu moins de quinze, et celui du maréchal de Marillac où ils avaient été jusqu'à vingt-deux. Non qu'il n'y eût des inconvénients ; mais, outre qu'il pourrait y en avoir davantage à se réduire au nombre précis, à cause des récusations et des maladies, la justice et l'extrême bonté du roi commandaient d'en user ainsi. Trois jours après, le 31 octobre 1674, un arrêt du conseil instituait une commission de dix-neuf membres [1] pour juger l'affaire du chevalier de Rohan.

Malheureusement pour lui, sa culpabilité n'était pas même douteuse. Deux de ses complices, van den Enden et de Préaux, le chargèrent à outrance. Le premier raconta les détails d'un voyage à Bruxelles, où il n'était allé, disait-il, que parce que le chevalier de Rohan l'avait menacé de mort. Il précisa le chiffre des pensions promises par le comte de Monterey : trente mille écus pour le chevalier, vingt mille pour La Tréaumont. Une note de M. de Monterey se terminait, dit van den Enden, par des

[1] Elle se composait du lieutenant général de police, qui en était le procureur général ; du chancelier d'Aligre, désigné pour la présider ; de douze conseillers d'État ordinaires, Poncet, Boucherat, Laisné de la Marguerie, Bazin, de Bezons, Pussort, Voisin, Hotmann, Bénard de Rezé, de Ficubet, Lefevre de Caumartin et de Poincereu ; et de cinq maîtres des requêtes ordinaires de l'hôtel, Fortia, Ladvocat, Courtin, Goujon de Thuizy, Quentin de Richebourg.

félicitations à M. de Rohan, au sujet « de la généreuse résolution qu'il avoit prise pour le bien public et le repos de l'Europe. » Les révélations du chevalier de Préaux furent d'une autre nature. Se voyant perdu sans retour, il avoua que Rohan et La Tréaumont s'étaient souvent entretenus en sa présence de la possibilité d'enlever la reine et le dauphin pendant que le roi était à la tête de ses armées, qu'ils avaient composé ensemble les placards affichés en Normandie, où ils disaient aux nobles que, s'ils continuaient à tout endurer, le roi les traiterait *comme en Turquie*. Suivant lui, et ses déclarations étaient d'ailleurs confirmées par des projets de proclamations trouvés dans les papiers de La Tréaumont, le plan des conspirateurs était, après avoir renversé le gouvernement, de convoquer une *chambre de la liberté*, où tous les différends des gentilshommes seraient réglés sous la présidence du chevalier de Rohan, qu'ils comptaient bien faire investir par le peuple d'une autorité à peu près illimitée. « Quand la noblesse sera à cheval, avait dit La Tréaumont, il faudra venir faire révolter Paris et demander les états généraux. » Enfin le chevalier de Rohan aurait dit en se frottant les mains : « Je mourrois content, si je pouvois une fois tirer l'épée contre le roi dans une bonne révolte. »

Pressé de tous côtés, espérant fléchir Louis XIV par un aveu, Rohan se décida à parler. Après les plus grandes protestations d'attachement pour le roi, il dit que s'il avait proféré quelques plaintes contre lui, c'était « en quelque sorte par un emportement de tendresse et pour ainsi dire de jalousie, comme un amant en auroit pour sa maîtresse », qu'il avait eu néanmoins le malheur de lui déplaire, et que, chaque fois qu'il avait demandé une grâce, il s'était vu refuser. Désespéré, l'idée lui était venue d'exploiter le mécontentement de la Normandie et d'envoyer van den Enden en Flandre, mais, ajoutait-il, « sans prendre d'engagement et seulement pour voir ce que les Espagnols diroient ». Ces aveux ne lui ayant, à sa grande surprise, servi de rien, il essaya plus tard d'en atténuer la portée. Vains efforts! la conspiration était flagrante, et sa culpabilité, de même que celle du chevalier de Préaux, de madame de Villars et de van den Enden était avérée. Le droit de défense eût-il existé, les avocats les plus habiles ne les auraient pas fait absoudre[1]. La clémence royale pouvait leur faire grâce; la justice devait sévir.

[1] Une maîtresse du chevalier de Rohan, mademoiselle Renée-Maurice d'O de Villers, avait été arrêtée avec lui. Ne se faisant pas d'illusion, elle lui avait écrit, avant sa condamnation, la lettre suivante qui figure en original dans les pièces du procès, et qui est empreinte d'un remarquable cachet de tendresse et de grandeur : « Si je vous connoissois moins de force d'esprit ou plus de frayeur de la mort, je prendrois de grands soins de vous y préparer peu à peu et de vous apprendre le peu d'espoir que vous devez avoir en la vie; mais comme vous n'avez jamais rien craint, je ne pense pas que vous ayez peur de perdre une vie que vous avez tant de fois méprisée et dont vous devez regarder la perte plutôt comme un bien que comme un mal puisqu'elle vous délivre de force misères, qu'elle vous sauve de nouveaux crimes et qu'elle vous ouvre une voie de faire votre salut en offrant votre mort en sacrifice à Dieu, en expiation de vos fautes. Aussi bien êtes-vous une vraie victime que La Tréaumont a immolée à son ambition, du nom, de l'amitié et de la foiblesse duquel il a cruellement abusé. Commencez donc, monsieur, à recourir à Dieu, employez tous les momens qui vous restent à travailler à votre salut; n'ayez plus que de l'horreur pour toutes les pernicieuses erreurs et les chimères que vous avoit mises en tête La Tréaumont et desquelles il avoit empoisonné votre esprit et votre cœur. Je ne souhaite de vous inspirer en cela que les sentimens dont j'ai l'âme remplie, car, malgré la foiblesse de mon sexe, je voudrois de tout mon cœur paroître criminelle à vos juges, afin de me délivrer d'une vie qui ne m'est que très-odieuse. Je vous assure que je n'en demanderois pas la prolongation à Dieu ni au roi; mais je suis assez malheureuse pour que ma prison et

Une lettre de La Reynie à Colbert, du 26 novembre 1674, lui apprit qu'ils seraient condamnés, les trois premiers à avoir la tête tranchée, le dernier à être pendu devant la Bastille, de Préaux et van den Enden devant être préalablement soumis à la question. La Reynie aurait voulu qu'il en fût de même pour le chevalier de Rohan ; mais la chambre de l'Arsenal lui en épargna l'humiliation et les douleurs. La Reynie prévenait en outre Colbert que l'arrêt était ajourné au lendemain, afin que l'exécution pût avoir lieu le même jour. « Je vous supplie, ajoutait-il, de me faire savoir s'il y a quelque choix particulier à faire d'un confesseur pour M. de Rohan ; le père Bourdaloue n'en étoit pas encore satisfait à midi. » A partir de cet instant jusqu'à la dernière heure, les lettres de La Reynie se succèdent. Le 27 novembre, à sept heures du matin, il écrit à un de ses agents : « Faites-moi savoir par le sieur Desgrez tout ce qui se passera à la prononciation de l'arrêt, particulièrement à l'égard de M. de Rohan, et, s'il y a quelque chose d'important, écrivez-moi sur un morceau de papier, et mettez-le entre les mains du sieur Desgrez, que je ferai tenir à la Bastille pour cela. Il y a ici un courrier de Saint-Germain qui attend ce que je vous demande, et que je ferai partir sur-le-champ... » Un contemporain a prétendu que Louis XIV aurait fait grâce au chevalier de Rohan, s'il n'eût craint de paraître céder à l'influence de Col-

mes ennemis n'aient pu ternir mon innocence. Aussi, monsieur, je me suis réduite à traîner mes chaînes autant qu'il plaira à Dieu, et si quelque chose m'empêche de murmurer contre mon sort, c'est qu'il me laisse la liberté de prier pour vous le reste de mes jours. Voilà de quoi vous devez être certain comme vous devez l'être que personne n'étoit plus véritablement de vos amies et de vos très-humbles servantes que Renée-Maurice d'O. » (Bibl. imp. S. F. n° 870 ; à la fin du volume.)

bert, qu'on supposait s'y intéresser à cause de son gendre, le duc de Chevreuse, dont le chevalier de Rohan était parent[1]. Pour ôter tout prétexte aux commentaires, Colbert quitta la cour pendant quelques jours, et c'est à Seignelay que La Reynie adressa ses dernières lettres. Noble privilége du génie ! on essaya d'une représentation de *Cinna* ; mais Louis XIV demeura inflexible, alléguant, dit-on, qu'il s'agissait de la France, non de lui, et qu'il n'était pas libre de pardonner à des hommes qui avaient comploté avec l'étranger. Les ordres suprêmes furent donc donnés. Le 27 novembre, à dix heures du matin, La Reynie prévint Seignelay que toutes les dispositions étaient prises, les troupes commandées, les chaînes des principales avenues aboutissant à la rue Saint-Antoine tendues. Il l'informait en même temps que le chevalier de Rohan, humble et courageux tout à la fois, avait communié avec de grands sentiments de piété, et que le père Bourdaloue était invité à ne rien négliger pour provoquer, au dernier moment, ses aveux concernant le crime d'État. La Reynie avait-il sur ce point une confiance absolue dans l'éloquent prédicateur? On pourrait en douter, car il lui écrivit de nouveau à deux heures de l'après-midi, pour insister sur la nécessité de ces révélations, le suppliant d'employer tout ce que ses lumières et sa prudence lui pourraient inspirer dans une conjoncture si importante ; mais cette lettre ne put être remise. Une autre lettre annonçait à Seignelay que van den Enden, mis à la question, avait encore chargé le chevalier de Rohan, à qui il aurait ouï dire à plusieurs reprises : *Si nous pouvions avoir*

---

[1] Bibl. imp. Mss. Fonds Bouhier, 43. *Mélanges de M. Philibert de Lamarre;* n°ˢ 307 et 403.

le roi! Enfin, à sept heures, La Reynie rendit compte de l'exécution. Rohan était mort en chrétien, avec une fermeté modeste, mais sans avoir pu prendre sur lui de regarder de sang-froid son dénonciateur. Pour éviter quelque récrimination violente, on mit, d'après La Reynie, « ce misérable étranger dans un lieu séparé », et ce fut le seul, quoi qu'on en ait dit, qui mourut lâchement. Bien que le concours de la population eût été immense, l'exécution s'était faite au milieu d'un calme inusité. Revenant le lendemain sur les accusés qui restaient à juger, La Reynie conclut pour leur mise en liberté, en faisant observer que si l'arrêt n'en avait pas même parlé, c'était à raison de leur innocence présumée.

Ce sage conseil, qui honore le magistrat, prévalut sans doute, car aucun document ne mentionne des condamnations nouvelles se rattachant à l'affaire du chevalier de Rohan. D'autres complots marquèrent-ils cette période du grand règne[1]? On peut l'affirmer hardiment, et d'ailleurs la certitude existe que des passions mauvaises continuèrent à fermenter. Ainsi, le 20 février 1682, un auditeur à la chambre des comptes dont il va être question dans le procès des poisons, Jean Maillard, fut condamné à mort pour n'avoir pas révélé des projets criminels contre le roi. Sept années plus tard, le 4 octobre 1689, le marquis de Seignelay

---

[1] L'histoire de la Bastille et des autres prisons d'État sous l'ancien régime est encore à faire, et la dispersion de leurs archives en 1789 rendra ce travail difficile, incomplet. Cependant la bibliothèque de l'Arsenal possède des papiers provenant de la Bastille, qui n'ont pas encore été explorés. Les archives de l'Empire et celles de la préfecture de police fourniraient sans doute aussi des matériaux utiles. Enfin, il en existe, dit-on, de précieux à la bibliothèque impériale de Saint-Pétersbourg, si riche, par malheur, en documents originaux de source française.

écrivait à la Reynie pour l'informer d'une conspiration contre Louis XIV et contre l'État. « Il y a sept personnes, ajoutait-il, qui doivent être arrêtées et conduites à Vincennes, et comme il est important qu'elles n'aient aucune communication, le roi veut que vous y alliez vous-même pour faire préparer les logemens[1]...» Heureusement aucun de ces projets n'aboutit, et sauf quelques cas exceptionnels, comme dans les affaires de Bonnesson, de Roux de Marcilly et du chevalier de Rohan, ils restèrent le secret de la police. Ce règne, l'un des plus longs de nos annales, et qui eut aussi ses agitations, aujourd'hui trop oubliées, ne fut souillé par aucune tentative sérieuse d'assassinat. Les fureurs criminelles, qui ont, hélas ! réveillé tant de fois en sursaut la France du dix-neuvième siècle, s'arrêtèrent devant Louis XIV. Leur dernière explosion avait, il est vrai, été terrible, car en frappant dans la force de l'âge, le 14 mai 1610, le prince chez qui tant de fermeté et de courage, de bon sens et de grandes vues, s'unissaient aux plus vives qualités de l'esprit, le monstre du fanatisme avait fait à la France, au point de vue de son influence extérieure et de sa prospérité, une blessure que nulle autre n'égalera jamais.

[1] Archives de l'empire, *Registres des secrétaires d'État*, 1089.

CHAPITRE VII.

LA CHAMBRE DES POISONS.

Utilité historique des annales judiciaires. — Effet produit par le procès de la Brinvilliers. — Un billet anonyme dénonce un projet d'empoisonnement du roi et du dauphin. — Arrestation de plusieurs personnes, notamment de la Voisin. — Personnages de la cour compromis et arrêtés. — Ordres sévères du roi de ne ménager qui que ce soit. — La Reynie, chargé de la direction du procès, s'y conforme consciencieusement. — La duchesse de Vivonne et madame de Montespan dénoncées par plusieurs accusés. — Premières impressions de Colbert. — La Fontaine et La Reynie. — Aveux de la Voisin. — Elle est brûlée vive. — Aveux de sa fille et d'autres accusés. — Messes sacriléges. — Des aveux qui compromettaient madame de Montespan sont rétractés. — Lettres de Louvois. — Lettres du marquis de Feuquières. — Accusations de ce dernier contre La Reynie. — Embarras de Colbert. — Singulier rôle d'une demoiselle Désœillets, femme de chambre de madame de Montespan. — La duchesse de Fontanges a-t-elle été empoisonnée? — Lettre de Louis XIV au duc de Noailles sur sa mort. — La comtesse de Soissons. — Hésitation de La Reynie. — Colbert et l'avocat Duplessis. — Mémoire de ce dernier sur la conduite du procès. — Il justifie mesdames de Montespan et de Vivonne. — Ses doutes. — Il conseille, pour en finir, de juger les principaux accusés, de renfermer les autres arbitrairement, et de brûler toute la procédure. — On adopte ce parti. — Des accusés, non jugés, étaient encore dans les cachots douze ans après.

Les annales judiciaires des peuples contiennent souvent des enseignements que l'histoire aurait tort de dédaigner. Alors même qu'il s'agit de personnalités exceptionnelles et de crimes dont l'étrangeté repousse toute conclusion systématique, les révélations de certains procès permettent de saisir en quelque sorte sur le fait des tendances, des mœurs, des passions, qui, sans les circonstances violentes où elles sont amenées sur la scène, resteraient à peu près inconnues. Grâce aux enquêtes, aux informations de la justice, et surtout aux dénonciations des accusés, la lumière, une lumière éclatante et parfois effrayante, se fait tout à coup. Chaque pays est sujet, en proportion de la vitalité et des passions qui lui sont propres, à ces secousses qui, dans l'ordre moral, rappellent l'action des tremblements de terre dans le monde physique. Nous avons raconté les crimes de la marquise de Brinvilliers et les procès de lèse-majesté qui précédèrent ou qui suivirent. L'affaire de la marquise de Brinvilliers occupa pour le moins autant qu'avait fait dans les premiers temps du règne celle de Fouquet l'opinion publique, qui en recueillit les détails avec une avidité fiévreuse. Ces empoisonnements successifs, par une femme appartenant aux premiers rangs de la société, d'un père chargé de la police parisienne et de deux frères, ces tentatives sur un mari et sur une sœur, ces essais de poisons faits, disait-on, jusque dans les salles des hôpitaux avec un calme infernal, tout cela avait soulevé non-seulement à Paris, mais en France et à l'étranger, une rumeur immense. On eût dit que tout le monde était intéressé au procès, et il n'était question que des *poudres de succession*. L'acquittement du receveur général du clergé, Reich de Penautier, attribué à des influences de toute sorte, n'avait fait qu'ajouter au scandale. On croyait enfin qu'il y avait dans Paris des officines de poisons à la disposition des fils de famille ruinés, des ménages troublés, des ambitieux impatients. Les juges mêmes qui avaient condamné la marquise de Brinvilliers partageaient ces appréhensions, et le premier président de Lamoignon, en donnant ses instructions au prêtre qui devait la préparer à la mort, lui avait dit : « Nous avons intérêt, pour le public, que ses crimes meurent avec elle, et qu'elle prévienne, par une déclaration de ce qu'elle sait, toutes les suites qu'ils pourroient avoir; » mais la marquise de Brinvilliers s'était bornée à confesser ses monstrueux empoisonnements, et n'avait donné aucune des indications que la justice espérait d'elle, laissant ainsi planer sur tous la menace d'un danger d'autant plus redoutable que, d'après l'opinion commune, les nouveaux poisons, œuvre raffinée des Italiens, causaient la mort par leurs seules émanations, sans occasionner une lésion apparente. Le crime devenait ainsi également impossible à prévenir et à constater.

La marquise de Brinvilliers avait été exécutée le 16 juillet 1676. Environ un an après, le 21 septembre 1677, un billet sans signature, trouvé dans un confessionnal de l'église des jésuites de la rue Saint-Antoine, et portant qu'il existait un projet d'empoisonner le roi et le dauphin, excita au plus haut degré les inquiétudes du lieutenant général de police. Après quelques mois de recherches, on mit la main sur deux individus, Louis Vanens et Robert de La Mirée, seigneur de Bachimont en Artois, dont la conduite parut plus que suspecte, sans justifier toutefois, par des faits précis, l'accusation qui pesait sur eux. Le premier ne se contentait pas de chercher le grand œuvre; il fabriquait aussi des philtres, qu'il vendait à des entremetteuses, à des sages-femmes, et il fut soupçonné d'avoir, quelques années auparavant, empoisonné le duc de Savoie. Bachimont, qui le chargea beaucoup par ses aveux, était un de ses agents et vivait du même métier. Avec ce fil conducteur, La Reynie remonta par induction à un certain nombre de personnes plus ou moins compromises qu'il fit arrêter : c'étaient une femme La Bosse, veuve d'un marchand de chevaux, la Vigoureux, mariée à un tailleur d'habits de femme (notre siècle de progrès ne saurait donc revendiquer l'honneur de cette délicate invention), un nommé Nail et une femme Lagrange. Reconnus coupables d'avoir préparé des poisons, ces deux derniers, dont la cause parut pouvoir être jugée à part, furent condamnés à mort par arrêt du parlement et exécutés le 6 février 1679. Cependant un arrêt du conseil du 10 janvier de la même année avait chargé La Reynie d'informer contre les femmes La Bosse, Vigoureux et leurs complices. Le 12 mars, une arrestation qui devait exercer une influence considérable sur le procès, celle de Catherine Deshayes, femme d'Antoine Monvoisin ou Voisin, joaillier, avait lieu, à l'issue de la messe, à l'église Notre-Dame-de-Bonne-Nouvelle. A partir de ce jour, l'affaire des poisons prit des proportions inattendues. Pour la soustraire à la publicité, le gouvernement institua le 7 avril une chambre royale devant siéger à l'Arsenal, à laquelle le peuple donna les noms de *chambre ardente* ou *chambre des poisons*. La Reynie et un autre conseiller d'État, Louis Bazin, seigneur de Bezons, qui avait comme lui pris une part active au procès du chevalier de Rohan, en furent nommés rapporteurs. Bientôt, malgré la discrétion recommandée aux juges, le bruit courut dans Paris que les noms les plus élevés et les plus rapprochés du trône étaient compromis par la Voisin. Un jour enfin, le 23 janvier 1680, on apprit qu'un prince de la maison de Bourbon, le comte de Clermont, la duchesse de Bouillon, la princesse de Tingry, dame du palais de la reine, la marquise d'Alluye, cette ancienne maîtresse de Fouquet, dont on a des lettres si expansives, la comtesse du Roure, madame de Polignac, le duc de Luxembourg et bien d'autres du plus haut rang, étaient décrétés par la chambre ou renfermés à la Bastille. On racontait encore qu'une sœur de la duchesse de Bouillon, la comtesse de Soissons, cette altière nièce du cardinal de Mazarin, qui, après avoir été l'une des premières maîtresses du jeune roi, était devenue surintendante de la reine, avait, grâce à l'indulgence de Louis XIV, quitté Paris en toute hâte pour éviter le même sort.

Que ne dirait-on pas contre la France moderne, si un fait analogue venait à s'y produire! Que d'indignations et de colères, que de retours vers le passé, que de regrets! Au dix-septième siècle, les populations étaient tellement familiarisées avec les soupçons d'empoisonnement, qu'il ne paraît pas que la mise en accusation de tant de grands personnages ait déterminé la commotion qui aurait lieu de nos jours, et dont nous avons eu un exemple, il y a bientôt vingt ans, à l'occasion d'un assassinat célèbre. Cette satisfaction donnée par Louis XIV à l'opinion doit lui être comptée, et fit sans doute dans le public un excellent effet. A côté et comme correctif de ses instincts despotiques, ce prince avait à un très-haut degré le sentiment de sa mission, et voulait sincèrement que la justice, en ce qui concernait les crimes et délits qui n'avaient pas un caractère politique, fût égale pour tous ses sujets; il avait de plus le premier mouvement honnête et droit. Il ordonna donc que cette grave affaire fût examinée avec une rigoureuse impartialité, et que les coupables fussent, n'importe leur rang, punis comme ils le méritalent. On trouve dans les papiers de La Reynie, et de son écriture même, un précieux témoignage de ces dispositions généreuses. Le 27 décembre 1679, Louis XIV l'avait mandé à Saint-Germain avec le chancelier Louis Boucherat, le procureur général de la chambre ardente Robert, et de Bezons, second rapporteur. « Sa Majesté, dit La Reynie, nous a recommandé la justice et notre devoir en termes extrêmement forts et précis, en nous marquant qu'elle désiroit de nous, pour le bien public, que nous pénétrassions le plus avant qu'il nous seroit possible dans le malheureux commerce du poison, afin d'en couper la racine, s'il étoit possible. Elle nous a recommandé de faire une justice exacte sans aucune distinction de personnes, de condition et de sexe, et Sa Majesté nous l'a dit en des termes si clairs et si vifs, et en même temps avec tant de bonté, qu'il est impossible de douter de ses intentions à cet égard, et de ne pas entendre avec quel esprit de justice elle veut que cette recherche soit faite [1]. »

Enhardi par ces paroles, La Reynie instruisit l'affaire sans ménagements, et Louis XIV, indigné des révélations de chaque jour, autorisa les arrestations dont nous avons parlé. Mais bientôt, quel que fût le scandale auquel on s'était résigné, les prévisions les plus extrêmes furent dépassées, et c'est ici que s'ouvrent pour l'histoire des horizons nouveaux, complétement ignorés des contemporains. Non-seulement des accusés prétendirent que la vie du roi, du dauphin, de Colbert, de mademoiselle de La Val-

---

[1] Bibl. imp., Mss. S. F. 7,608. *Procès de la Voisin*, p. 56. — C'est le résumé des principaux incidents et interrogatoires de l'affaire, écrit en entier par La Reynie.

lière, de la duchesse de Fontanges, aurait été successivement en danger, mais ils persuadèrent les juges instructeurs, et la duchesse de Vivonne et madame de Montespan elle-même furent sur le point d'être arrêtées comme ayant trempé dans ces projets. La Reynie, qui avait ordre d'envoyer tous les jours à Colbert et à Louvois le résumé des interrogatoires, raconte que, le 6 février 1680, il se rendit, sur l'ordre de ce dernier, à Saint-Germain au lever du roi, qui lui dit *plusieurs choses de conséquence*, ajoutant qu'il faudrait aussi « faire la guerre à un autre crime, que Sa Majesté n'a pas autrement expliqué. » Quels étaient ces nouveaux mystères? La Reynie ne le dit pas; mais nous savons par ses papiers que tous les interrogatoires ne devaient pas être montrés indistinctement à tous les juges, pour ne pas divulguer des faits dont la connaissance était réservée au roi, à Louvois, à Colbert. Écrits exceptionnellement sur des feuilles volantes, ces interrogatoires pouvaient être anéantis sans difficulté; on constituait ainsi une commission dans la commission. Il était entendu en outre que les papiers de la procédure seraient brûlés. Or ces papiers, dont Louis XIV désirait tant faire disparaître la trace, existent encore soit en originaux, soit en copies [1], et permettent de recomposer en quelque

---

[1] Outre le résumé du procès de la Voisin par La Reynie et ses mémoires à Louvois, qui existent à la Bibliothèque impériale, il y a des interrogatoires originaux à la Bibliothèque de l'Arsenal et aux Archives de l'Empire. La bibliothèque du Corps législatif possède aussi un résumé des interrogatoires du procès de la Voisin, fait par un avocat nommé Brunet d'après douze cartons provenant de la bibliothèque de La Reynie. L'auteur du procès de la chambre ardente dans les *Causes célèbres*, M. Fouquier, a eu connaissance de ce manuscrit; mais il a fait quelques confusions de nom regrettables.

Enfin M. le duc de Luynes a sur cette affaire et a bien voulu nous communiquer : 1° la minute autographe du résumé fait par Colbert des

sorte le procès célèbre dont le public ne soupçonna pas même la gravité et encore moins les détails. Parmi ceux-ci, il en est que Colbert, embarrassé, caractérisait par ces mots : *sacrilèges, profanations, abominations.* « Choses trop exécrables pour être mises sur le papier, » dit-il une autre fois. On ne saurait en effet qualifier différemment certaines pratiques d'une superstition corrompue qu'il faut laisser, de peur de s'y salir, dans les dossiers des procureurs généraux, et pour lesquels le huis-clos est, même aujourd'hui, de toute rigueur; mais, si la justice historique n'a pas le droit de les livrer à la publicité, elle peut du moins les signaler comme symptômes et signes du temps.

Temps étrange et singulier, bien fait pour expliquer l'amertume d'un La Rochefoucauld et d'un La Bruyère! Pendant qu'à la surface tout était calme, compassé, solennel (nous parlons surtout ici de l'aspect extérieur de la cour), des passions ardentes, des ambitions effrénées, couvant çà et là, éclataient par intervalles et surprenaient l'observateur par le contraste des résultats. Cet ancien compagnon des jeux du roi, le chevalier de Rohan, après avoir gaspillé des biens immenses et compromis le nom des plus grandes dames, se vendait pour de l'argent aux Espagnols et payait de la vie ses témérités. Une duchesse de Longueville, une La Vallière, une madame de La Sablière, un Rancé et tant d'autres édifiaient dans des cloîtres, quelquefois

---

interrogatoires que lui envoyait La Reynie, résumé qu'il remettait sans doute à Louis XIV pour le tenir au courant de l'affaire; 2° plusieurs appréciations et réfutations des principaux interrogatoires par un célèbre avocat du temps nommé Claude Duplessis, que Colbert consultoit à ce sujet.

même par de longs martyres, le monde qu'ils avaient fait le confident de leurs folles amours. Dans une autre sphère, un homme dont le libre et hardi génie a laissé un sillon de feu, l'auteur de *Don Juan* et de *Tartufe*, avait un confesseur attitré et faisait ses pâques tous les ans [1]. C'était aussi l'époque où, retirée dans un couvent qu'elle souillait de ses derniers désordres, la marquise de Brinvilliers, cédant au cri de sa conscience, écrivait une confession de nature à étonner l'imagination la plus dévergondée. En même temps un prince du sang, le propre frère du roi, passait pour être en proie à des habitudes infâmes et remplissait la cour de ses cris, parce qu'un favori que sa jeune femme abhorrait justement lui avait été enlevé. N'oublions pas ce trait caractéristique de la légitimation par Louis XIV d'enfants doublement adultérins, fait monstrueux, qui aurait dû paraître tel sous tous les régimes, qui semble pourtant avoir été accepté comme naturel par les contemporains, excepté par le duc de Saint-Simon, mais on sait pourquoi, et contre lequel une femme d'un sens parfait, d'un esprit juste, madame de Sévigné, n'a pas même protesté par une allusion dans cette immortelle correspondance où le roi et ses maîtresses tiennent une si grande place [2].

Telles étaient donc, sans parler des rigueurs déjà excessives du pouvoir contre les protestants, l'é-

[1] *Recherches sur Molière*, par M. E. Soulié, p. 79 et 264, note.
[2] On hésite et l'esprit se refuse même à voir dans ce silence la confirmation d'un bruit qui avait couru en 1668, et que madame de Montmorency avait mandé à Bussy-Rabutin, qui lui repondit : « Je serois fort aise que le roi s'attachât à mademoiselle de Sévigné, car la demoiselle est de mes amies, et il ne pourroit être mieux en maîtresse. »
On croit voir là-dessus l'honnête Bussy lâcher la bride à son imagination et rêver bâton de maréchal, fortune et faveurs de toutes sortes.

poque et la société qui allaient voir se dérouler ce procès de la Voisin où les plus grands noms de la cour devaient frapper l'oreille des commissaires, et qui, à remarquer le soin particulier avec lequel Colbert et Louvois en suivirent tous les détails, fut pour Louis XIV un sujet non-seulement de préoccupation, mais d'inquiétude sérieuse. Il ne s'agissait de rien moins en effet que de savoir s'il y avait autour de lui et dans son intimité des personnes ayant réellement conçu le projet de l'empoisonner ou tout au moins de lui donner des philtres capables, à leur insu, de produire le même effet. C'est par là que le procès de la Voisin mérite surtout de fixer l'attention, et c'est à ce point de vue qu'aujourd'hui encore il y a intérêt à l'étudier.

Nous passerons rapidement sur les accusés vulgaires pour arriver immédiatement aux personnages historiques. Notons cependant que deux cent quarante-six individus se virent enveloppés dans l'accusation; que, dans le nombre, trente-six furent punis de mort après avoir subi la question ordinaire et extraordinaire, et que, parmi ceux qui eurent la vie sauve, les uns furent condamnés à la prison perpétuelle, aux galères, à l'exil, les autres détenus arbitrairement jusqu'à la fin de leurs jours. Les plus coupables étaient condamnés pour le fait d'empoisonnement, de sortiléges, de messes impies avec sacrifice de jeunes enfants. La fable des *Devineresses*, qui date de cette époque, résume on ne peut mieux le mobile de tous ces crimes :

> Perdoit-on un chiffon, avoit-on un amant,
> Un mari vivant trop, au gré de son épouse,
> Une mère fâcheuse, une femme jalouse :
> Chez la devineuse on couroit.

Après le poëte, écoutons le principal rapporteur et le véritable directeur de l'affaire, La Reynie. « La femme La Bosse (une des accusées qui furent brûlées vives) dit qu'on ne fera jamais mieux que d'exterminer toutes ces sortes de gens qui regardent dans la main, ce qui est la perte de toutes les femmes de qualité et autres, parce qu'on connoît bientôt quel est leur foible, et c'est par là qu'on a accoutumé de les prendre, quand on l'a reconnu. »

Celle qui donna son nom au procès, la femme Voisin ou Monvoisin, était une ancienne accoucheuse. Trouvant le métier trop peu lucratif, elle avait imaginé de spéculer sur la crédulité publique, en faisant les cartes et tirant des horoscopes. C'était le premier pas vers une profession plus productive, mais plus dangereuse, la vente des philtres et des poisons. La Voisin y fit merveilles. Signalée par un des accusés sur lesquels La Reynie avait fait main basse après la découverte du billet révélateur de l'église des jésuites, elle fut arrêtée la veille d'un jour où elle se proposait de remettre au roi un placet en faveur d'un militaire nommé Blessis, son amant, et ce fut surtout par suite de ses dénonciations qu'eurent lieu les arrestations qui émurent la société parisienne. D'après ses aveux, deux dames de la cour, la comtesse du Roure et madame de Polignac, l'avaient consultée, il y avait déjà plusieurs années, pour obtenir l'amour du roi et se défaire de madame de La Vallière. La Voisin alla plus loin et prétendit que la comtesse de Soissons, désespérée de voir que, malgré tous les sortilèges et enchantements mis en œuvre pour le détacher de sa maîtresse, Louis XIV lui restait fidèle, aurait dit : « S'il ne revient pas, et si je ne puis me défaire de cette femme, je pousserai ma vengeance à bout et je me déferai de l'un et de l'autre. » Madame de Sévigné, si bien instruite des bruits de cour, avait sans contredit entendu mentionner cette circonstance, car après avoir raconté à sa fille (31 janvier 1680) une visite faite par quelques grandes dames à la Voisin, elle ajoutait : « Madame de Soissons demanda si elle ne pourroit point faire revenir un amant qui l'avoit quittée. Cet amant étoit un grand prince, et on assure qu'elle dit que, s'il ne revenoit pas, il s'en repentiroit. Cela s'entend du roi, et tout est considérable sur un tel sujet [1]. » La Voisin se faisait d'ailleurs comme un plaisir d'entraîner avec elle les supériorités de tout ordre. Dans un interrogatoire du 17 février, elle déclara sur la sellette « qu'elle avoit connu la demoiselle Du Parc, comédienne, et l'avoit fréquentée pendant quatorze ans, et que sa belle-mère, nommée de Gordo, lui avoit dit que c'étoit Racine qui l'avoit empoisonnée [2]. » On aime à penser que cette dénonciation par ricochet ne fut pas ramassée, et que Racine n'en eut jamais connaissance. Bien et dûment convaincue d'empoisonnement, la Voisin fut condamnée à mort et exécutée après avoir subi

---

[1] Il était intéressant de contrôler ces assertions des accusés au moyen du procès-verbal de la santé du roi, scrupuleusement tenu par ses médecins pendant toute la durée de son règne. Il est juste de dire que le volume récemment publié sous le titre de *Journal de la santé du roi Louis XIV*, par M. Leroi, ne fournit aucun indice d'empoisonnement ni de troubles causés par des philtres quelconques. Ajoutons qu'envisagés au point de vue de la science actuelle, les observations contenues dans ce journal dénotent une ignorance, une pauvreté de raisonnement, qui aujourd'hui feraient sourire un frater de village. Qu'on mêle à cela une forte dose de confiance dans les signes astrologiques, et l'on se fera une idée de ce que devait être l'art de la médecine sous Louis XIV.

[2] Bibliothèque de l'Arsenal. Pièces originales du procès, citées par M. Monmerqué. — *Lettres de madame de Sévigné*, édition Hachette, t. VI, p. 278.

la question ordinaire et extraordinaire. Il est difficile de s'expliquer aujourd'hui pourquoi, dans une affaire complexe, la justice se dessaisissait ainsi du principal accusé, quand ses complices attendaient encore leur arrêt. C'était, il faut en convenir, une singulière manière de simplifier la procédure. La Voisin n'en fut pas moins brûlée vive le 22 février. « On ne dit pas encore ce qu'elle a dit, écrivait le lendemain madame de Sévigné, qui était allée la voir passer de l'hôtel Sully ; on croit toujours qu'on verra des choses étranges. » Mais la Voisin n'avait rien précisé, et s'était bornée à des accusations générales et vagues qui ne compromirent directement personne. « Aux mains de son confesseur, rapporte La Reynie, qui était présent, ladite Voisin a dit qu'elle croit être obligée de nous déclarer, pour la décharge de sa conscience, qu'un grand nombre de personnes de toute sorte de conditions et de qualités se sont adressées à elle pour demander la mort et les moyens de faire mourir beaucoup de personnes, et que c'est la débauche qui est le premier mobile de tous ces désordres. »

La mort ayant fait justice de la moderne Locuste sans que la question extraordinaire eût amené de sa part des révélations inattendues, on eût pu croire que l'affaire marcherait désormais vers une prompte solution, et que de nouveaux scandales ne viendraient pas s'ajouter à ceux qui s'étaient produits. Il en fut tout autrement. C'est alors en effet que la fille Voisin et trois autres accusés, une femme Filastre, et deux prêtres nommés Lesage et Guibourg, avouèrent des faits qui, communiqués immédiatement à Louis XIV par Colbert et par Louvois, durent lui causer une impression singulière. Nous entrons ici dans le cœur même du procès, et l'on va voir si l'obscurité dont le gouvernement prit la précaution de l'entourer n'était pas justifiée. Une lettre de Louvois à La Reynie, du 18 octobre 1679, porte qu'il était allé la veille à Vincennes, et qu'il avait promis la vie à Lesage, s'il faisait des aveux complets[1]. Ce Lesage, qui était aumônier de la maison de Montmorency, avait pris alors l'engagement de tout dire; mais il s'était montré depuis fort réservé. Les révélations de la fille Voisin après l'exécution de sa mère le déterminèrent à parler. D'après elle, le but de celle-ci, en cherchant à remettre un placet au roi, était de l'empoisonner au moyen de poudres qu'elle devait glisser dans sa poche et sur son mouchoir. Elle ajoutait, sans en donner pourtant aucune preuve, que, pendant de longues années, sa mère avait été en commerce avec madame de Montespan, et qu'une de ses femmes, la demoiselle Désœillets, « qui céloit son nom, mais qu'elle connoissoit bien, » était venue maintes fois chez sa mère, à qui elle avait souvent laissé des billets; que toutes les fois que madame de Montespan « craignoit quelque diminution aux bonnes grâces du roi, » la Voisin en était informée, faisait dire des messes, et lui donnait des poudres *pour l'amour*, qu'elle devait faire prendre au roi; qu'à la fin, fatiguée de l'insuccès de toutes ces pratiques, madame de Montespan avait résolu de porter les choses à l'extrémité, et que deux affidés de sa mère, Romani et Bertrand, arrêtés tous deux, avaient entrepris de s'introduire chez mademoiselle de Fontanges pour lui vendre des étoffes et des gants empoisonnés. La fille Voisin parla encore d'une messe dite par l'abbé Guibourg en pré-

---

[1] Archives du Dépôt de la guerre. *Lettres de Louvois.*

sence d'un seigneur anglais qui avait promis 100,000 livres, si l'on parvenait à empoisonner le roi.

Il y avait dans cette déposition bien des incohérences, mais les révélations conformes de Guibourg, de Lesage et de la femme Filastre fixèrent l'attention de La Reynie, qui, ayant pris au pied de la lettre les recommandations du roi, ne recherchait qu'une chose, la vérité. Ainsi l'abbé Guibourg déclara avoir dit, à l'intention de madame de Montespan, sur le corps d'une femme nue (et cette circonstance abominable était la moins odieuse de celles qu'il avouait), des messes où, après l'immolation d'un jeune enfant dont le sang était soigneusement recueilli, il avait passé sous le calice l'écrit qu'on va lire : « Je demande l'amitié du roi et celle de monseigneur le dauphin, qu'elle me soit continuée, que la reine soit stérile, que le roi quitte son lit et sa table pour moi, que j'obtienne de lui tout ce que je lui demanderai pour moi, mes parens ; que mes serviteurs et domestiques lui soient agréables. Chérie et respectée des grands seigneurs, que je puisse être appelée aux conseils du roi et savoir ce qui s'y passe, et que, cette amitié redoublant plus que par le passé, le roi quitte et ne regarde La Vallière, et que, la reine étant répudiée, je puisse épouser le roi [1]. » De son côté, l'abbé Lesage déclara, dans un interrogatoire du 16 novembre 1680, avoir vu chez la Voisin la demoiselle Désœillets avec un étranger. Leur projet était, disait-il, d'empoisonner le roi, afin de partager une grosse somme d'argent que l'étranger leur avait promise, et de quitter la France. Lesage ajouta que, fût-il dans les derniers tourments, il ne saurait dire

---

[1] Ms. de la bibliothèque du corps législatif, p. 15.

autre chose, sinon qu'en 1675, au commencement de l'été, madame de Montespan cherchant à se maintenir, la Voisin et la Désœillets travaillaient ou faisaient semblant de travailler pour elle ; mais en réalité, impuissantes à lui conserver par leurs vains sortiléges l'amour du roi, elles l'exploitaient en lui donnant tout simplement des poudres qui, prises à de certaines doses, auraient constitué un véritable poison. A cette fin, des mélanges contenant de l'arsenic et du sublimé auraient été remis à la Désœillets, et un nommé Vautier, qui était *artiste en poisons*, en aurait fabriqué d'autres avec du tabac [1]. Les faits énoncés par l'abbé Guibourg confirmèrent les dépositions précédentes, qui avaient d'autant plus de gravité que, sur un point important, les relations entre la Désœillets et la Voisin, celle-ci avait toujours nié formellement qu'elles se fussent connues. Il était donc avéré qu'à cet égard la femme Voisin avait menti.

Les révélations de la femme Filastre pendant la torture furent encore plus compromettantes. Cette femme, digne émule de la Voisin, faisait un véritable commerce de poisons et fut convaincue d'avoir, au milieu de sortiléges et d'iniquités exécrables, sacrifié un de ses enfants pour en avoir le sang. Un témoin prétendit avoir vu un écrit par lequel elle faisait un pacte avec le diable pour faire obtenir tout ce qu'elle voudrait aux personnes de qualité ; que la duchesse de Vivonne, qui visait à remplacer madame de Montespan, sa belle-sœur, dans les faveurs du roi, était nommée dans cet écrit, et qu'il y était aussi question de Fouquet, pour le *faire rétablir* à la place de Colbert, dont

---

[1] La nicotine n'est pas, on le voit, une invention moderne.

on demandait la mort. Suivant l'abbé Lesage, madame de Vivonne avait en outre signé avec la duchesse d'Angoulême et madame de Vitry un écrit par lequel les trois amies faisaient un pacte pour la mort de madame de Montespan. Mise à la question le 30 septembre 1680, la Filastre déclara, entre autres faits, que l'abbé Guibourg avait dit la messe dans une cave pour le pacte de madame de Montespan et d'un homme de qualité qui poursuivait la mort de Colbert. « Au troisième coin de l'extraordinaire (nous citons le procès-verbal de la question), elle a dit que c'est madame de Montespan qui faisoit donner des poisons à mademoiselle de Fontanges, et des poudres pour l'amour afin de rentrer dans les bonnes grâces du roi...; que c'étoit pour madame de Vivonne qu'elle vouloit faire pacte avec le diable... Au quatrième coin de l'extraordinaire, que Guibourg travailloit pour le pacte de madame de Montespan, et que l'homme qui en vouloit à M. Colbert étoit un veuf qui avoit deux enfans. » Il faut toutefois reconnaître qu'avant de mourir, la Filastre déclara à son confesseur « que ce qu'elle avoit dit de madame de Montespan n'étoit point véritable, et que ç'avoit été pour se délivrer des douleurs, et de crainte qu'on ne la réappliquât; que si elle avoit persisté depuis, c'avoit été par crainte et respect pour les commissaires, et qu'elle n'avoit cherché à entrer chez mademoiselle de Fontanges que pour avancer sa famille. » Cette rétractation, parfaitement admissible, n'en laissait pas moins subsister en entier les faits concernant madame de Vivonne et les projets sur Colbert.

Telles étaient les accusations formulées par les complices de la Voisin, et c'est ici qu'il y a lieu de regretter qu'on eût mis tant de hâte à l'exécuter. Malgré l'évidence de l'exagération, on peut se figurer l'effet qu'elles produisirent sur l'esprit du roi. Ignorées jusqu'à ce jour, les preuves de la préoccupation où elles le jetèrent sont cependant nombreuses et authentiques. J'ai là, sous les yeux, un dossier volumineux composé d'extraits, faits par Colbert lui-même, de tous les interrogatoires des accusés, et d'observations d'un célèbre avocat du temps, Claude Duplessis, à qui il communiquait ces interrogatoires pour s'éclairer de ses avis et se reconnaître dans ce dédale. De son côté, Louvois écrivait à Louis XIV et à La Reynie des lettres qui sont pour nous des traits de lumière, et qui, dans tous les cas, reflètent fidèlement les passions du moment.

« A Louis XIV. — Chaville, 8 octobre 1679. — J'entretins avant-hier M. de La Reynie, qui m'apprit que les crimes des personnes détenues à Vincennes paroissoient tous les jours de plus en plus extraordinaires. Il y auroit treize ou quatorze témoins du crime de madame Le Féron [1]. Il me remit ensuite l'original (de l'interrogatoire) du nommé Lesage qu'il a désiré que je n'aie point envoyé à Votre Majesté, parce que, étant long et mal écrit, il lui avoit donné de la peine à déchiffrer. Je suis convenu avec lui de le garder jusqu'à ce que je puisse avoir l'honneur de le lire à Votre Majesté à Saint-Germain.

« Tout ce que Votre Majesté a vu contre M. de Luxembourg et M. de Feuquières n'est rien auprès de la déclaration que contient cet interrogatoire, dans lequel M. de Luxembourg est accusé d'avoir demandé la mort de sa femme, celle de M. le maréchal de Cré-

---

[1] Femme d'un président du parlement, accusée d'avoir empoisonné son mari ; elle fut bannie du royaume pour dix ans.

qui, le mariage de ma fille avec son fils, de rentrer dans le duché de Montmorency, et de faire d'assez belles choses à la guerre pour faire oublier à Votre Majesté la faute qu'il a faite à Philisbourg.

« M. de Feuquières y est dépeint comme le plus méchant homme du monde, qui a saisi les occasions de se donner au diable pour faire consentir la demoiselle Voisin à empoisonner l'oncle ou le tuteur d'une fille qu'il vouloit épouser... »

Louvois ajoute en terminant qu'il est allé à Vincennes, et qu'il a promis sa grâce à Lesage, à condition de dire tout ce qu'il savait sur MM. de Luxembourg et Feuquières[1]. Les lettres suivantes sont encore plus explicites.

---

[1] Le marquis de Pas de Feuquières a joué en son temps un rôle considérable. Tout en critiquant son humeur difficile, intraitable, Saint-Simon vante extrêmement ses talents militaires. En ce qui concerne l'affaire des poisons, le marquis de Feuquières en parle souvent dans des lettres de famille qu'il est de toute justice de mettre sous les yeux du lecteur. On remarquera ses accusations contre La Reynie.

29 janvier 1680. « ... Quelques empoisonneurs et empoisonneuses de profession ont trouvé le moyen d'allonger leur vie en dénonçant de temps en temps un nombre de gens de considération qu'il faut arrêter, et dont il faut instruire les procès, ce qui leur donne du temps... »

10 mars. « ... Je n'ai jamais vu la Voisin ; les accusations faites contre moi sont des balivernes sans fondement, dont je vous entretiendrai à fond et qui, en vérité, ne valent pas la peine d'être mises en chiffres, outre que cela ne se pourroit pas tout écrire en trois jours. Elles consistent en deux chefs principaux, savoir : par qui j'avois prié une femme, nommée madame Vigoureux, de me marier. Cette femme est morte à la question, il y a près d'un an. Elle étoit une des hardies empoisonneuses. Je ne l'ai jamais vue qu'il y a peut-être deux ans, qu'elle vint chez moi me dire que son mari étoit tailleur pour femmes, qu'il servoit feu ma mère, et que ce me seroit une grande charité si je voulois prendre pour laquais un petit garçon qu'elle avoit avec elle, et qu'elle disoit être son fils et filleul de ma mère. Mais, heureusement pour moi, je le trouvai trop petit et n'en voulus point. Apparemment, comme elle se mêloit aussi de dire la bonne aventure, elle leur aura dit quelque chose qui les a obligés à me faire cet interrogatoire. Vous voyez bien qu'il n'est pas considérable. — L'autre est le récit d'un billet

« A La Reynie. — Chaville, 16 octobre 1679. — J'ai rendu compte au roi de toutes les lettres que vous

brûlé en la présence de M. de Luxembourg, de feu La Vallière et de moi, dont un homme nommé Le Sage disoit qu'il nous rapporteroit la réponse dans trois jours, sans l'avoir vu ; de quoi nous moquant, La Vallière remplit une feuille de sottises, et puis on la brûla ; ce maraud dit qu'il y avoit là des choses de fort grande conséquence, et on me demanda ce que c'étoit.... »

19 *avril* 1680. « ...Quoique la rage de La Reynie soit extrême contre moi, sans que j'en sache d'autres raisons que celle qu'il est lui-mesme enragé de ne point trouver de criminels dans tout le vacarme qu'il a fait, il aura bien de la peine à faire prendre des résolutions à la Chambre qui me soient contraires. Il a encore, depuis peu de jours, fait tout son possible pour faire décréter contre moi ; mais il n'a pu en venir à bout... »

21 *juin* 1680. « ...M. de Luxembourg est pleinement justifié, et cependant il est disgracié ; cela marque que les préoccupations que des gens ont données sont fortes. Ne croyez pas que j'aie eu une fierté nuisible ; je n'ai eu que le procédé d'un homme qui, se sentant fort innocent, reçoit avec hauteur toutes les calomnies et y répond avec force. Tous les juges sont contents de moi ; il n'y a que les seuls Bezons et La Reynie qui ne le peuvent être, parce que, comme ils sont les rapporteurs et les gens qui vouloient trouver des coupables, ils sont fort fâchés quand, au lieu de cela, ils trouvent des innocens. Ce qui leur a encore déplu en moi, c'est que, quelques insinuations qu'on ait pu me faire, quelques terreurs qu'on ait voulu me donner, on n'a pu me contraindre à m'absenter, ce qui eût été fort nuisible à mes amis et à mon honneur... »

1ᵉʳ *juillet* 1680. « ...Quoiqu'on n'ait rien négligé pour me perdre et que l'acharnement de La Reynie ait été outré, il n'a pourtant pas pu venir à bout de me faire du tort dans le monde, et plusieurs gens qui ne me connoissoient que par mes ennemis, ont été détrompés des caractères qu'on me donnoit et qu'on n'a pas trouvés en moi. Je ne sais qui peut vous avoir mandé que ma conduite n'avoit pas été bonne dans ma défense : un homme innocent et calomnié peut avoir une conduite différente de celle d'un coupable suppliant, et, pour moi, j'ai paru devant ces messieurs comme un homme au-dessus de la calomnie, par la netteté et la tranquillité de mon intérieur. Ainsi, quoique je ne doute pas que La Reynie, qui est un fol enragé, ne donnât la moitié de son bien pour que je fusse coupable, il faut le laisser faire et, sans rien dire, ne se guère soucier de ce qu'il pourra faire ; c'est là comme j'en ai usé jusques à cette heure, et souvenez-vous que je vous dis qu'il a par ses noirceurs calomnié et fait pousser trop d'honnêtes gens, pour qu'un jour

avez pris la peine de m'écrire depuis sept ou huit jours, dont la dernière est d'hier, et des mémoires et procès-verbaux qui les accompagnoient et que je vous renvoie tous.

« Sa Majesté, qui en a entendu la lecture avec horreur, désire qu'on instruise toutes les affaires dont il y est fait mention, et que l'on acquière toutes les preuves possibles contre les gens qui y sont nommés. Sa Majesté est très-persuadée que vous n'oublierez rien de tout ce qui est nécessaire. »

« Au même. — 3 février 1680. — Le roi a été informé qu'une femme nommée Roannés a entré dans tous les commerces dont madame la comtesse (de Soissons) est soupçonnée, même a contribué à la mort de deux ou trois domestiques, dont on dit qu'elle étoit embarrassée...

« A l'égard de la personne à laquelle l'usage du poison n'est pas inconnu, et que vous croyez qu'il est dangereux de laisser à la cour, le roi a jugé à propos de vous entendre sur cette affaire, quand vous reviendrez. Désignez tel jour de la semaine où nous allons entrer qui vous sera le plus convenable. Il faut que ce soit avant neuf heures du matin ; en vous montrant à la porte du cabinet du roi, lorsqu'il y entrera avant d'avoir prié Dieu, Sa Majesté vous fera entrer et vous entretiendra sur cette affaire. »

« Au même. — Villers-Cotterets, le 15 mars 1680. — C'est à Condé en Champagne, à deux heures de Montmirail, et qui appartient à madame la princesse de Carignan, que madame la comtesse (de Soissons) étoit

on ne lui sache pas fort mauvais gré des pas auxquels il a engagé des gens qui ne sont pas à s'en repentir. » (*Lettres inédites des Feuquières; t. V, passim.*)

pendant sa disgrâce[1]. Le gentilhomme que l'on prétend y être mort de poison se nommoit Davery, et la femme de chambre que l'on soupçonne avoir eu le même sort se nommoit Gastine; mais la dame de Rouville vous éclaircira encore mieux que je ne puis faire, puisqu'elle dit qu'il étoit son parent... »

Quatre mois après, le 24 juillet 1680, Louvois informait La Reynie qu'il avait lu au roi la déclaration de la fille Voisin, si grave, on s'en souvient, pour madame de Montespan, « et que le roi espéroit bien qu'il finiroit par découvrir la vérité. » A quelques jours de là, il lui ordonnait de ne pas faire juger les prisonniers de Vincennes en l'absence du roi; puis, deux mois plus tard, le 25 septembre, il écrivait au procureur général près la chambre de l'Arsenal :

« J'ai lu au roi les lettres que vous m'avez écrites hier et aujourd'hui, et les mémoires qui les accompagnoient. Sa Majesté a vu avec déplaisir, par ce qu'ils contiennent, l'apparence qu'il y a que madame de Vivonne a eu un commerce criminel avec la Filastre et autres prisonniers de Vincennes; mais, comme la preuve n'en est pas encore complète, elle a cru qu'il valoit mieux prendre le parti le plus sûr et ne point venir à une démonstration telle que seroit un décret contre une femme de la qualité de madame de Vivonne, que l'on n'ait l'éclaircissement sur ce qui la regarde et qu'il paroît à Sa Majesté que l'on ne peut manquer d'avoir par le procès-verbal de question de la Filastre... »

---

[1] Cette première disgrâce ne fut pas de longue durée; elle était survenue le 30 mars 1665 à l'occasion d'intrigues auxquelles Louis XIV, Madame, le comte de Guiche et Vardes se trouvaient mêlés. Ce dernier fut exilé à Montpellier.

Ainsi, tout ce qu'il y avait de plus élevé à la cour, le roi, la reine, le dauphin, Colbert, la duchesse de La Vallière, la duchesse de Fontanges, avait pu, dans l'opinion de La Reynie et de Louvois, être l'objet de tentatives criminelles dont les auteurs présumés n'étaient rien moins que la comtesse de Soissons, la marquise de Montespan, la duchesse de Vivonne, Fouquet ou ses agents. Madame de Montespan elle-même aurait été menacée par des rivales impatientes. La situation de Colbert surtout était particulière. En effet, des témoins nombreux et parfaitement concordants attestaient qu'on en voulait à sa vie. Une lettre de lui à l'un de ses frères semble confirmer ces déclarations. « Comme j'ai l'estomac mauvais, écrivait-il le 19 novembre 1672, j'ai pris depuis quelque temps un régime de vivre fort réglé. Je mange en mon particulier, et je ne mange qu'un seul poulet à dîner avec du potage. Le soir, je prends un morceau de pain et un bouillon, ou choses équivalentes, et le matin un morceau de pain et un bouillon aussi. » Ce malaise, cette perturbation réelle dans les fonctions de l'estomac avaient donné à penser à la Reynie, qui conseille, dans un de ses mémoires, de faire attention « au temps où M. Colbert avoit été malade, et de rechercher un domestique qui avoit été prévenu et corrompu. » D'autre part, une des filles de Colbert avait épousé, le 14 février 1679, le duc de Mortemart, fils de la duchesse de Vivonne, et c'était la marquise de Montespan, sa belle-sœur, qui avait fait le mariage. Le duc de Saint-Simon a tracé de madame de Vivonne ce joli croquis : « Elle avoit été de tous les particuliers du roi, qui ne pouvoit s'en passer; mais il s'en falloit bien qu'il l'eût tant ni quand il vouloit. Elle étoit haute, libre, capricieuse, ne se soucioit de faveur ni de privance, et ne vouloit que son amusement. Madame de Montespan et madame de Thianges la ménageoient, et elle les ménageoit fort peu. C'étoit souvent entre elles des disputes et des scènes excellentes... » On comprend maintenant que Louis XIV ait hésité à faire arrêter madame de Vivonne, et que Colbert ait tenté l'impossible pour épargner cette humiliation à la mère et à la tante du duc de Mortemart.

La correspondance de Louvois ne mentionne pas une fois madame de Montespan; mais il y eut de tout temps, même dans les correspondances les plus secrètes, des sujets réservés et des sous-entendus. Les papiers de la Reynie et de Colbert remplissent d'ailleurs amplement cette lacune, et l'on peut suivre jour par jour, dans les premiers, la trace des préventions et des incertitudes du roi au sujet des accusations dirigées contre la favorite. Nous supprimons le détail de celles que leur monstruosité aurait dû, ce semble, faire écarter de prime abord. Comment croire en effet que madame de Montespan eût joué un rôle actif dans ces messes impies que les Lesage et les Guibourg prétendaient avoir dites pour elle, à minuit, dans d'ignobles bouges, sur le corps de femmes nues? Mais, si le désir de compromettre des personnes de haut rang pour s'abriter derrière elles inspira quelques-uns des accusés, il est constant que cette femme de chambre de madame de Montespan dont nous avons parlé, la demoiselle Désœillets, avait été en commerce avec la Voisin, morte cependant sans l'avoir avoué. On sait en outre, par les procédures, que la demoiselle Désœillets fut confrontée avec la fille Voisin. Or les nombreux papiers que l'on possède encore sur l'affaire ne parlent pas de son interrogatoire, et tandis que les notes de La Reynie constatent ce qu'on fit de tous les accusés et à quelles peines ils furent condamnés, rien n'apprend le parti qui fut pris à son égard, ni ce qu'elle devint. « La dénégation que la Voisin a faite jusqu'à la mort de la connoissance de mademoiselle Désœillets, dit celui-ci dans un mémoire au roi, doit être d'autant plus suspecte qu'elle a été opiniâtrément soutenue, parce qu'il est prouvé à présent qu'elles étoient en commerce. Si mademoiselle Désœillets dénie elle-même ce commerce, il semble que cela même en doit augmenter le soupçon... » La Reynie ajoutait que la Filastre qui, d'après son propre aveu, avait voulu entrer chez madame de Fontanges, et la dame Chapelain, son associée, étaient les deux femmes les plus extraordinaires dont on eût encore entendu parler. « Il y a plusieurs années, disait-il, qu'elles sont, l'une et l'autre, dans la recherche de toutes sortes de poisons et de maléfices, et il seroit difficile d'imaginer de plus grands crimes que ceux dont elles sont chargées. C'est ce qui fait, qu'eu égard à leur méchanceté, on ne peut se défendre des soupçons qui viennent dans l'esprit. Il peut être encore observé que les poudres qu'elles conviennent avoir eues de Galet, pour l'amour seulement, sont composées avec des cantharides, et les médecins ont jugé, lorsqu'elles leur ont été représentées, qu'étant prises intérieurement, elles pouvoient causer la mort, et que ces poudres étoient un véritable poison. » — « Ce seroit une témérité dangereuse, poursuit La Reynie, de se laisser aller à aucune prévention sur aucun des faits avancés par les accusés, parce qu'il n'y paroît rien d'assez sincère ni d'assez appuyé. Pour marque de cette vérité, on pourroit présumer (supposé que la déclaration de Galet et de la dame Chapelain fût sincère) que les poudres pour l'amour avoient été demandées par madame de Vivonne pour être aimée du roi, et le poison pour empoisonner madame de Montespan. A quoi on pourroit ajouter le mauvais dessein que trois dames avoient contre madame de Montespan, dont on a dit que madame de Vivonne étoit du nombre (la duchesse d'Angoulême et madame de Vitry étoient les deux autres). Ce qu'on peut dire presque assurément, c'est qu'il y a du plus ou du moins sur tout cela, et un fond de quelque chose qui n'est pas bon et aux environs duquel toutes ces personnes tournent sans vouloir dire la vérité. Et, supposé qu'il soit expédient qu'elle soit connue, ce ne peut être que par le jugement des accusés. Encore, d'après l'expérience qui en a été faite, n'est-il pas impossible qu'ils déclarent, même après être jugés, des crimes qu'ils ont moins d'horreur de commettre qu'ils n'en ont de les confesser. »

Tout en faisant ces réserves sur la véracité des accusés, La Reynie inclinait donc à croire que madame de Montespan avait fait demander à la Voisin et à la Filastre des poudres qui pouvaient sans qu'elle s'en doutât mettre en danger la vie du roi, et que madame de Vivonne n'aurait pas reculé devant l'emploi du poison pour se débarrasser d'une rivale; il semblait admettre aussi que la duchesse de Fontanges, alors en proie à une maladie qui défiait la médecine, avait été empoisonnée.

Celle-ci, dont la princesse Palatine, chez qui elle était fille d'honneur, a dit qu'elle était « décidément rousse, mais belle comme un ange de la tête aux pieds, n'avait que dix-neuf ans quand, au mois de juillet 1680, atteinte d'un mal incurable, elle quitta la cour pour se retirer d'abord à l'abbaye de Chelles, ensuite à celle de Port-Royal, où elle languit près d'un an. Le mémoire de La Reynie que nous venons de citer est postérieur de quelques mois à cette retraite. Madame de Sévigné, qui parle souvent des équipages à huit chevaux de l'éblouissante duchesse, de son luxe, de ses regrets de quitter la vie, attribue la maladie qui l'emporta à des couches malheureuses; mais il courut des bruits de poison, et la princesse Palatine, qui à la vérité n'approfondit et ne ménage rien, ajoute avec sa rudesse habituelle : « La Montespan étoit un diable incarné; mais la Fontanges étoit bonne et simple, toutes deux étoient fort belles. La dernière est morte, dit-on, parce que la première l'a empoisonnée dans du lait; je ne sais si c'est vrai, mais ce que je sais bien, c'est que deux des gens de la Fontanges moururent, et on disoit publiquement qu'ils avoient été empoisonnés. »

La jeune duchesse était morte le 28 juin 1681. Le duc de Noailles, qui était alors auprès d'elle par ordre du roi, l'en ayant prévenu, reçut de Louis XIV la lettre suivante où l'on cherche vainement un trait, un accent parti du cœur. Les mots que nous soulignons autorisent-ils les soupçons d'empoisonnement dont la princesse Palatine s'est faite l'écho ? Le lecteur en jugera.

« Ce samedi, à dix heures.

« Quoique j'attendisse, il y a longtemps, la nouvelle que vous m'avez mandée, elle n'a pas laissé de me surprendre et de me fâcher. Je vois par votre lettre que vous avez donné tous les ordres nécessaires pour faire exécuter ce que je vous ai ordonné. Vous n'avez qu'à continuer ce que vous avez commencé. Demeurez tant que votre présence sera nécessaire, et venez ensuite me rendre compte de toutes choses. Vous ne me dites rien du père Bourdaloue. *Sur ce que l'on désire de faire ouvrir le corps, si on le peut éviter, je crois que c'est le meilleur parti.* Faites un compliment de ma part aux frères et aux sœurs, et les assurez que, dans les occasions, ils me trouveront toujours disposé à leur donner des marques de ma protection. — Louis [1]. »

Le désir exprimé par Louis XIV s'explique naturellement par la crainte de fournir un nouvel aliment au procès. Dans tous les cas, ce désir étant un ordre, on peut assurer que l'autopsie n'eut pas lieu. Un mémoire de La Reynie postérieur au dernier que nous avons cité porte en marge ces mots significatifs : *Faits particuliers qui ont été pénibles à entendre, dont il est si fâcheux de rappeler les idées, et qu'il est plus difficile encore de rapporter.* Dans ce mémoire, qui paraît avoir été écrit vers le temps où la duchesse de Fontanges dut quitter la cour, La Reynie, reprenant toutes les dépositions à la charge de madame de Montespan, insistait particulièrement sur la tentative que deux accusés, déguisés en colporteurs, devaient faire contre la jeune duchesse au moyen d'étoffes de Lyon et de gants de Grenoble, « étant presque infaillible, disait le mémoire, qu'elle prendroit au moins des gants, les dames ne manquant guère à cela lorsqu'elles en trouvent de bien faits. » La Reynie énumérait en outre les messes sacriléges qui auraient été dites à diverses reprises dans des masures, tantôt à Montlhéry, tantôt à Saint-Denis, à l'intention et souvent en la présence même de madame

---

[1] Bibliothèque du Louvre, Ms. Cote F. 325. — Cette lettre a été publiée dans le *Bulletin de la Société de l'Histoire de France*, année 1852.

de Montespan. Il rappelait enfin, à l'appui des faits plus récents, qu'au commencement de 1668, deux prêtres, Mariette et Lesage, avaient, disaient-ils, été introduits dans l'appartement de madame de Thianges au château de Saint-Germain; que là, Mariette, ayant son surplis et son étole, avait fait des aspersions d'eau bénite et dit l'évangile des Rois sur la tête de madame de Montespan, pendant qu'elle récitait une conjuration et que Lesage brûlait de l'encens, que le nom du roi était dans cette conjuration, ainsi que celui de madame de La Vallière, dont madame de Montespan demandait alors la mort, et que plusieurs autres messes, dites dans des circonstances identiques, avaient eu le même but. Mais l'invraisemblance de ces détails n'aurait-elle pas dû mettre en garde contre de pareilles dépositions, et comment ne pas s'étonner qu'elles aient été invoquées dans une accusation sérieuse?

Un incident qui préoccupait La Reynie et Louis XIV s'était produit dans les premiers mois de 1680. L'abbé Lesage avait déclaré, entre autres particularités, qu'il croyait que M. de Lamoignon, qui avait dirigé le procès de la marquise de Brinvilliers, était mort empoisonné. Consulté à ce sujet par La Reynie, le fils du premier président lui répondit qu'en effet son père avait été incommodé pendant le procès de madame de Brinvilliers, qu'il s'était beaucoup occupé de cette affaire, et qu'ayant à cette époque *trouvé quelque chose* de la comtesse de Soissons, celle-ci en avait témoigné un profond ressentiment; mais cet incident n'eut pas de suite, et la comtesse de Soissons ne quitta la France que plus tard[1].

[1] Voir à l'appendice, à sa date, la lettre de M. de Lamoignon à La Reynie, du 30 janvier 1680.

Cependant les mois s'écoulaient, et aucune preuve de complicité directe n'étant venue justifier les premiers soupçons contre madame de Montespan, l'embarras de La Reynie devenait extrême. Plus l'affaire traînait en longueur et plus s'effaçaient les impressions défavorables. Hésitant, craignant d'avoir fait fausse route, il conseillait, le 6 octobre 1680, à Louvois, un biais pour éviter de la nommer en attendant de plus grands éclaircissements. Cinq jours après, il lui écrivait de nouveau que, malgré tous ses efforts pour se déterminer uniquement par son devoir, il ne savait à quoi s'arrêter. « D'un côté, disait-il, on doit craindre des éclats extraordinaires, dont on ne peut prévoir les suites; de l'autre, il semble que tant de maux, d'une ancienne et longue suite, venant à être découverts sous le règne d'un grand roi en la main duquel Dieu a mis une grande puissance et une autorité absolue, ils ne peuvent être dissimulés... » Mais aussitôt, redoutant de s'être trop avancé, La Reynie ajoutait : « Je reconnois que je ne puis percer l'épaisseur des ténèbres dont je suis environné. Je demande du temps pour y penser davantage, et peut-être arrivera-t-il qu'après y avoir bien pensé, je verrai moins que je ne vois à cette heure. Je sais déjà qu'il y a plusieurs inconvéniens en ce que je propose, et qu'il auroit été convenable, autant que la nature de ces malheureuses affaires l'eût permis, d'approcher de la conclusion le plus près qu'on auroit pu ; mais, après avoir tout bien considéré, je n'ai trouvé d'autre parti à proposer que de chercher encore de plus grands éclaircissemens et d'attendre du secours de la Providence, qui a tiré des plus foibles commencemens qu'on sauroit imaginer la connoissance de ce nombre infini de choses étranges qu'il étoit si nécessaire de savoir. Tout ce qui est arrivé jusqu'ici fait espérer, et je l'espère avec beaucoup de confiance, que Dieu achèvera de découvrir cet abîme de crimes, qu'il montrera en même temps les moyens d'en sortir, et enfin qu'il inspirera au roi tout ce qu'il doit faire dans une occasion si importante. »

Que devait penser Louvois, cet homme si énergique, si précis, de pareils tâtonnements et de telles espérances ? Était-ce là le langage d'un magistrat, et fallait-il s'endormir dans ces illusions puériles ? Décidément La Reynie, égaré dans le labyrinthe de dénonciations auxquelles il avait eu le tort d'ajouter une importance exagérée, ne savait plus comment en sortir, et le procès menaçait de s'éterniser, si une main vigoureuse ne venait en aide à celui qui en avait la direction. Cela était d'autant plus urgent que la chambre de l'Arsenal était l'objet des conversations de toute l'Europe, avide de nouvelles. Les gazettes étrangères annonçaient, il est vrai, par intervalles, la condamnation et le supplice de quelque accusé vulgaire ; mais c'était tout, et nul détail ne transpirait. Quant à la *Gazette de France*, journal officiel de la cour, elle gardait le silence le plus absolu ; pour elle, la chambre n'existait pas. Parlant d'ailleurs longuement des moindres fêtes royales, des promenades de la reine, des visites de la dauphine, des cérémonies religieuses, de ce qui se passait dans le royaume de Siam, en Chine, en Turquie, en Moscovie, elle ne s'abstenait que sur un point, celui qui aurait le plus intéressé le public.

Il fallut que Colbert intervînt pour dénouer cette situation, qui ne pouvait se prolonger sans compromettre mesdames de Montespan et de Vivonne, et déconsidérer la royauté elle-même. On a vu que ce ministre, directement intéressé à écarter les soupçons qui planaient sur elles (il y allait de l'honneur de la famille), avait communiqué les interrogatoires des accusés à l'avocat Duplessis, en le consultant sur la marche de la procédure. Une lettre qu'il lui écrivit le 25 février 1681 indique bien l'état de l'affaire à cette époque. « J'ai vu et examiné avec soin, disait-il, le mémoire que vous m'avez envoyé; j'espère en recevoir un demain sur le second fait, qui n'est pas moins grave que le premier, et dont la preuve est selon moi plus entière et plus parfaite. » Colbert faisait ensuite observer à Duplessis que la longue durée de la détention, la multiplicité des interrogatoires et le grand nombre des prévenus, avaient pu leur procurer le moyen de communiquer ensemble et leur suggérer l'idée, pour ajourner leur supplice et peut-être même s'y soustraire, de compromettre avec eux des personnes du rang le plus élevé. Il le priait d'examiner s'il y avait nécessité de faire tant d'interrogatoires, d'établir une chambre extraordinaire pour cette nature de crimes, de prolonger le procès contre l'ordre ordinaire de la justice, et si, dans le cas où l'affaire aurait été remise aux lieutenants criminels, on ne l'aurait pas plus promptement et plus sûrement terminée sans tomber dans tant d'embarras. Il y avait, suivant lui, trois moyens d'en sortir : continuer la procédure, ce qui n'était pas l'avis du roi; juger quelques accusés des plus coupables, tels que Lesage, Guibourg et la fille Voisin; enfin transporter sans jugement *toutes ces canailles* au Canada, à Cayenne, aux îles d'Amérique et à Saint-Domingue. Il préférait, quant à lui, le second expédient, à la condition d'envoyer, même dans ce cas, une vingtaine des moins coupables dans quelque prison près de Paris, et de mettre le reste au secret le plus rigoureux.

Les mémoires de Duplessis à Colbert existent encore et sont curieux à interroger. Après avoir résumé en quelques pages les dépositions principales contre madame de Montespan, dépositions qu'il qualifie d'*exécrables calomnies*, Duplessis fait remarquer que c'étaient là de simples allégations n'ayant d'autre but que d'égarer la justice ; que, si madame de Montespan s'était réellement compromise par des pratiques infâmes avec la Voisin, celle-ci n'eût pas hésité à l'avouer quand, sur le point de paraître devant Dieu, elle n'avait plus à penser qu'à son salut; que les dénonciations de la fille Voisin après la mort de sa mère étaient démenties par plusieurs témoins; qu'en admettant qu'elle eût dit vrai, ce commerce entre madame de Montespan et la femme Voisin aurait duré de cinq à six ans, pendant lesquels celle-ci aurait fait de fréquents voyages à Clagny et reçu de nombreuses visites de la demoiselle Désœillets. « Or, disait l'avocat Duplessis, si madame de Montespan eût été capable d'entreprendre l'exécrable dessein d'empoisonner le roi, pourquoi la Voisin et la Trianon se seroient-elles trouvées en peine d'approcher de sa personne pour lui faire prendre un placet empoisonné de poudres ou pour en jeter dans sa poche? Comment auroient-elles été en peine de trouver quelqu'un qui leur donnât entrée à la cour et qui fît placer la Voisin? » Le passage du mémoire de Duplessis relatif à cette assertion de la fille Voisin que, pendant cinq ou six ans, toutes les fois que madame de Montespan craignait quelque diminution dans les bonnes grâces du roi, elle aurait eu recours aux poudres magiques, nous montre l'avocat précisant à sa manière la situation intime de madame de Montespan vis-à-vis de Louis XIV dans les années qui précédèrent le procès. « Ce temps de cinq à six années, dit-il, remonteroit à 1673, car la Voisin a été arrêtée en 1679. Or Sa Majesté sait que les petites inquiétudes de jalousie que l'affection peut avoir produites dans l'esprit de madame de Montespan n'ont commencé qu'en 1678, et dans quelle tranquillité d'esprit elle a vécu, tant en 1677 qu'auparavant. Et depuis elle sait l'assiduité, l'attache, l'affection que cette dame avoit pour sa personne, l'assurance et la quiétude d'esprit qu'elle a eues dans tous les temps, et que les jalousies qu'elle a eues depuis 1678 n'ont été que des momens d'affliction qui ne l'ont pas tirée de cette affection et de cette attache. Quoi! concevoir le dessein d'empoisonner son maître, son bienfaiteur, son roi, une personne que l'on aime plus que sa vie! Savoir qu'on perdra tout en le perdant et se porter à l'exécution de cette furieuse entreprise! Et cependant, dans cette affreuse pensée, conserver toute la tranquillité d'âme de l'innocence la plus pure! Ce sont des choses qui ne se conçoivent pas, et Sa Majesté, qui connoît madame de Montespan jusqu'au fond de l'âme, ne se persuadera jamais qu'elle ait été capable de ces abominations. »

On croit voir, en lisant ce plaidoyer un peu déclamatoire, madame de Montespan sur la sellette devant la chambre de l'Arsenal. Évidemment Duplessis était fondé à soutenir que sa noble cliente n'avait jamais eu, quelles que fussent les allégations de la fille Voisin, la pensée d'empoisonner le roi. Cela dit, il est constant que, pendant plusieurs mois, Louis XIV crut avec La

Reynie et Louvois, qu'elle lui avait fait prendre de ces *poudres pour l'amour* qui, administrées à trop forte dose, pouvaient être, au dire des médecins, de véritables poisons. Relativement à l'accusation d'avoir attenté aux jours de madame de Fontanges, on a pu voir quels soupçons subsistaient encore dans l'esprit du roi, quand, au mois de juin 1681, la brillante idole de la veille succombait à son mal. Ainsi, pour connaître madame de Montespan *jusqu'au fond de l'âme*, suivant l'expression de l'avocat Duplessis, Louis XIV n'avait pas en elle une confiance illimitée; mais il en avait eu huit enfants, dont cinq légitimés en parlement, et, eût-elle été convaincue d'avoir voulu conserver son amour par des moyens coupables, il n'aurait jamais consenti qu'elle fût poursuivie. Dans un autre mémoire, car il y en a plusieurs destinés à défendre la maîtresse du roi, Duplessis semble faire une concession. « Y auroit-il eu, dit-il, des personnages réels qui auroient usurpé le nom de madame de Montespan pour mieux couvrir leur jeu et pour faire faire l'ouvrage magique à leur profit sous le nom d'un autre, faut-il qu'elle souffre de ce que l'on se seroit servi de son nom dans ces actes de ténèbres qui ne pouvoient jamais venir à sa connoissance? » Mais cet argument porte à faux; ceux en effet qui faisaient dire des messes sacrilèges croyaient apparemment à l'efficacité de ces pratiques étranges, et elles n'en eussent eu aucune à leurs yeux, si on les avait dites à l'intention de personnes autres que celles qui devaient en profiter. Dans le même mémoire, Duplessis examine les charges articulées contre la duchesse de Vivonne, principalement incriminée d'avoir demandé le rétablissement de Fouquet et la mort de Colbert. Ainsi, par un retour de fortune bien singulier, l'homme qui avait jadis poussé, renversé, précipité dans l'abîme le fastueux surintendant, prenait la défense de celle qui aurait voulu le ramener sur la scène et le réhabiliter. Après avoir développé, en arguant surtout de l'indignité des dénonciateurs, les motifs pour lesquels l'accusation contre madame de Vivonne ne lui paraissait mériter aucune confiance, Duplessis ajoutait : « Quand on verroit des souhaits et des vœux aussi extravagans, seroit-ce matière à une poursuite criminelle? Punit-on toutes les aversions injustes, et ne sont-ce pas des choses que l'on renvoie au tribunal secret? » Rien de plus sensé, et il est à regretter que les sacriléges aient joué un rôle dans les arrêts de la chambre. Des motifs d'indignité étaient également invoqués par Duplessis au sujet de l'accusation dirigée contre la duchesse de Vivonne, mais moins appuyée de preuves, d'avoir fait sacrifier un enfant, conjointement avec la duchesse d'Angoulême et madame de Vitry, pour la mort du roi, et plus tard, l'enchantement n'ayant pas réussi, pour obtenir ses bonnes grâces et l'éloignement de madame de Montespan.

Tels étaient les principaux moyens de Duplessis pour effacer l'impression défavorable des dépositions contre les deux grandes dames qu'il s'agissait alors de dégager du procès. Tout porte à croire que Colbert communiqua ces mémoires à Louis XIV. De son côté, La Reynie adressait à Louvois, le 17 avril 1681, un mémoire également destiné au roi, où on lit : « La décharge que la Filastre a faite par sa déclaration à l'égard de madame de Montespan s'applique uniquement au dessein prétendu de l'empoisonnement de madame de Fontanges. Il y a deux autres faits (celui

d'une messe sacrilége et celui de poudres pour le roi) où madame de Montespan a été nommée, et les charges sur ces deux faits ont encore été de nouveau confirmées, la Filastre n'ayant rétracté que le premier... »
On se figure l'embarras de Louis XIV au milieu de ces affirmations contradictoires. Il y avait là évidemment deux opinions qui se combattaient : l'une, s'inspirant de Colbert, devenu l'allié de mesdames de Vivonne et de Montespan, voulait la fin du procès et craignait avant tout le scandale ; l'autre, que représentait La Reynie, et qui semblait prendre le mot de Louvois, attribuait à madame de Montespan, soit directement, soit par la demoiselle Désœillets, ou par une autre de ses femmes nommée Catau, des pratiques avec les principaux accusés. Cependant le défenseur de mesdames de Vivonne et de Montespan ne paraissait pas lui-même bien convaincu de leur complète innocence. Voici en effet ce qu'il écrivait confidentiellement à Colbert, le 26 février 1681, en lui envoyant un second mémoire : « Ayez la bonté de voir l'observation générale qui est au commencement, *parce qu'elle peut fournir des moyens contre beaucoup de choses qui paroissent assez prouvées.* »

Il était pourtant devenu indispensable de prendre un parti et d'en finir. Répondant aux questions de Colbert, Duplessis reconnut que la procédure avait été régulière, et que la multiplicité des interrogatoires ne pouvait être un objet de nullité, les juges ayant le droit d'en faire autant qu'ils le croyaient nécessaire. La longueur de l'instruction était à la vérité contraire à l'esprit de l'ordonnance de 1669 ; mais celle-ci ne fixant pas de délai, il n'y avait pas là non plus matière à nullité. Sans doute encore l'on avait eu le tort de

confier le jugement à une chambre extraordinaire ; rien pourtant ne le défendait. Le plus grand inconvénient de la durée de l'affaire était la facilité pour les accusés de communiquer entre eux par mille moyens que la prudence humaine ne pouvait déjouer, et de concerter des bruits calomnieux contre des personnes de qualité pour se faire une égide de leur nom. L'avocat arrivait ensuite aux moyens de terminer le procès. Il y en avait quatre à son avis : le premier, « de rompre la chambre, de ne rien juger du tout et d'envoyer *toutes ces canailles* (le mot de Colbert) sur divers points éloignés » ; seulement, en agissant de la sorte, les personnes dénoncées restaient entachées, le procès imparfait, et on ne pouvait pas brûler la procédure pour en abolir la mémoire ; le second, de renvoyer l'affaire devant des juges ordinaires ; mais d'abord ce ne serait pas le plus expéditif, et puis il y avait dans les interrogatoires des noms qu'on ne pouvait même prononcer devant de simples juges. Le troisième était de faire statuer par la chambre sur les plus criminels, et de renfermer le reste sans jugement dans diverses prisons. Enfin le quatrième, vers lequel penchait Duplessis, était de faire juger tous les accusés sommairement et de brûler sur-le-champ la procédure. Un point essentiel, et sur lequel il insistait fortement, c'était de ne plus mettre à la question les condamnés. « Si le roi, disait-il, a la bonté de vouloir arrêter ces recherches et cette inquisition pour donner le repos aux familles, il n'y a point d'autre moyen que d'empêcher qu'on donne davantage la question, parce que ce seroit une voie presque certaine par où la chambre seroit perpétuée et l'affaire immortalisée. »
Un scrupule vint à l'esprit de Duplessis ; il y avait une

série d'accusés chargés seulement par des dépositions, mais qui n'avaient rien avoué, et dont la culpabilité était contestable : « A leur égard, dit-il, il y a une certaine notoriété résultant de l'air général de l'affaire et de la multiplicité des faits que les autres accusés ont reconnus soit contre ceux-là, soit contre eux-mêmes, et enfin du commerce ouvert qu'ils ont fait dans Paris, et l'on ne peut pas douter qu'ils ne soient coupables, sans qu'il faille d'autres preuves... » De la part d'un avocat, la conclusion était au moins singulière. Quant à ceux qui seraient bannis à perpétuité, Duplessis estimait que le roi pourrait les retenir en prison (on l'avait déjà fait pour Fouquet) ou les reléguer aux Iles. Il terminait en disant qu'on ferait bien « de garder pour le dernier un des grands criminels qui donnât lieu à ordonner que le procès seroit brûlé à cause des impiétés exécrables et des ordures abominables qui s'y trouvoient, et dont il étoit important que la mémoire ne fût pas conservée. »

A l'exception de ces dernières recommandations, car la chambre de l'Arsenal ne jugea pas tous les accusés et les pièces du procès ne furent pas brûlées, les conseils de Duplessis prévalurent, et c'est lui qui donna, on peut le dire, tout en restant dans l'ombre, la solution de cette immense procédure. Nous savons par La Reynie ce que devinrent les prisonniers et à quelles peines ils furent condamnés. Trente-six, parmi lesquels la Voisin, la Filastre, la Vigoureux, une madame de Carada, plusieurs prêtres, un sieur Jean Maillard, auditeur des comptes, furent condamnés à mort et exécutés. Ce Maillard, que l'arrêt de condamnation qualifie de criminel de lèse-majesté, avait été accusé de tentative d'empoisonnement sur le roi et sur

Colbert, et l'on supposa que c'était un agent, un séide de Fouquet. Un grand nombre d'autres en furent quittes pour la prison, soit perpétuelle, soit temporaire, ou pour le bannissement; mais on a vu ce que signifiait ce dernier mot. La Reynie donne en effet la liste de quatre-vingts accusés condamnés au bannissement ou non jugés, qui furent *retenus par ordre du roi*. Il y avait enfin la catégorie des accusés dont *le roi fit surseoir le jugement*, et ce n'étaient pas les moins coupables, car on comptait parmi eux la fille Voisin, les prêtres Lesage et Guibourg, une femme Chapelain et plusieurs autres dont les dépositions avaient été accablantes pour mesdames de Vivonne et de Montespan. En ce qui concerne Lesage, c'était la réalisation des promesses que lui avait faites Louvois en personne. Des engagements de même nature avaient sans doute été pris avec tous ceux dont le jugement fut suspendu. Que devinrent ces divers prisonniers? Les registres de la Bastille et des forteresses d'État l'auraient appris à coup sûr; on le devine en lisant l'extrait suivant d'un rapport fait à La Reynie, environ douze ans après, sur les prisonniers du fort de Salces, en Roussillon. Parmi les accusés que Louis XIV avait donné ordre de retenir figurait un gendarme nommé La Frace. Voici l'extrait de ce rapport qui le regarde : « Le nommé La Frace dit avoir été lieutenant dans le régiment de Condé et avoir servi ensuite dans les gendarmes. Il est resté prisonnier à Vincennes ou à la Bastille trois ans deux mois, et à Salces neuf ans. Il dit qu'il ne sait pas pourquoi il a été arrêté prisonnier, n'ayant point été interrogé. » Ce La Frace, en parlant ainsi, mentait sciemment, car on lit dans l'extrait d'un interrogatoire résumé par Colbert que la femme Filastre était allée le trouver au camp, au mois d'août 1679, pour le prier de la faire entrer au service de mademoiselle de Fontanges. La Frace connaissait donc la Filastre, qui avait été condamnée à mort et exécutée. Envoyé par précaution dans une forteresse du Roussillon, il y avait probablement été oublié.

Il n'était pas le seul. On a vu la lettre de Louvois à Louis XIV au sujet des accusations qui avaient d'abord pesé sur le duc de Luxembourg. Plus tard, ces accusations perdirent beaucoup de leur gravité, la chambre ayant reconnu que le duc de Luxembourg avait été la dupe d'un intendant qui, de son chef, aurait fait à Lesage et à Guibourg des demandes criminelles dans l'intérêt prétendu de son maître. Un arrêt condamna l'intendant aux galères perpétuelles, et Luxembourg fut déchargé de l'accusation. Le secrétaire d'État de la guerre qui était alors à Barèges « pour le recouvrement de l'usage de sa jambe », informé par le duc lui-même de ce résultat, lui répondit (28 mai 1680) qu'il avait appris avec beaucoup de plaisir sa justification, mais que sa lettre lui annonçant l'ordre de s'éloigner de la cour l'avait fort affligé. « Je vous supplie, ajoutait-il, d'en être bien persuadé et de la part sincère que je prends à ce qui vous touche, étant aussi véritablement tout à vous. » Que s'était-il passé depuis la lettre au roi du 8 octobre 1679? Louvois avait-il eu la preuve de l'innocence du duc de Luxembourg? Son affliction et ses protestations de dévouement étaient-elles sincères? La note suivante, faisant partie, comme celle de La Frace, du procès-verbal d'inspection du fort de Salces et se rattachant à l'affaire des poisons, n'éclaircit pas ce point : « Le sieur comte Montemajor m'a dit être gentilhomme et qu'il a servi de volontaire pendant douze années auprès de M. le maréchal de Luxembourg. Il dit avoir été arrêté pour ses intérêts, comme on le peut voir par les informations. Il y a près de douze années qu'il est prisonnier, savoir trois à Vincennes et près de neuf à Salces. » Que le duc de Luxembourg n'eût eu à se reprocher qu'une curiosité indiscrète, et que ses subalternes l'eussent imprudemment compromis, cela paraît probable, et l'on comprend sans peine, même en admettant que ses visites à la Voisin n'eussent pas été exemptes de tout appel aux génies malfaisants, qu'il ait été acquitté ; mais alors de quel droit retenir ainsi, la vie entière et sans jugement, un homme dont l'unique faute était, selon toutes les apparences, d'avoir servi d'instrument aux volontés du duc ? car il est évident que s'il avait eu d'autres torts, on l'aurait jugé. Nouvelle et triste preuve de la légèreté odieuse avec laquelle le gouvernement disposait du premier et souverain bien de l'homme, la liberté ! Et cette violation de la loi, pardonnable peut-être aux peuples barbares chez qui le droit c'est la force, l'était d'autant moins en France à cette époque que les mœurs y étaient plus polies, la société plus éclairée, et que d'immortels écrivains, Corneille et Molière, Racine et Bossuet, frappaient, à l'empreinte de leur génie, les maximes les plus élevées, les plus pures, et répandaient sur la première moitié de ce règne privilégié sous tant de rapports un éclat qui ne pâlira jamais.

CHAPITRE VIII.

INTRIGUES DE COUR.

La chambre de l'Arsenal est dissoute au mois de juillet 1682. — Ordonnance contre les empoisonneurs. — Les amours de Louis XIV à cette époque. — Mesdames de Fontanges, de Montespan et de Maintenon. — La première meurt le 28 juin 1681. — Lutte entre mesdames de Montespan et de Maintenon. — Lettre de madame de Montespan au duc de Noailles. — Madame de Maintenon gagne du terrain. — Rivalités de cour. — Rôle de Colbert et de Louvois. — Mot de Louis XIV. — Madame de Maintenon l'emporte. — La comtesse de Soissons en Espagne. — Elle est soupçonnée d'avoir empoisonné la reine. — Mort soudaine de Fouquet. — Doutes qu'elle fit naître. — Urbain VIII et le cardinal de Richelieu. — Irritation contre La Reynie. — La duchesse de Bouillon, le marquis de Feuquières et madame de Sévigné l'accusent de passion. — Celle-ci reconnaît pourtant *l'intégrité des juges*. — Le prince de Clermont-Lodève. — Heureuse influence de Colbert. — Mesdames de Montespan et de Maintenon après la crise.

Constituée par lettres patentes du mois d'avril 1679, la chambre de l'Arsenal fut dissoute vers les derniers jours de juillet 1682. La lettre, œuvre de La Reynie, par laquelle Louis XIV informa de sa décision le chancelier Boucherat, portait que, les principaux auteurs des crimes dont la connaissance avait été attribuée aux commissaires de la chambre ayant été punis, on avait jugé nécessaire de la dissoudre, tout en *pourvoyant à la sûreté du public*. Le préambule d'une ordonnance rendue à cette époque (juillet 1682) reconnut en effet qu'un grand nombre de magiciens et enchanteurs venus en France des pays étrangers avaient fait beaucoup de dupes et de victimes, en exploitant les *vaines curiosités et les superstitions, et en mêlant aux impiétés et sacriléges les maléfices et le poison*. Pour remédier au mal, Louis XIV enjoignait aux devins et devineresses de quitter immédiatement le royaume, et prononçait la peine de mort contre quiconque dirait de ces messes sacriléges et abominables qui avaient été l'un des plus grands scandales du procès qu'on venait de juger. L'article 6 de l'ordonnance constatait les incertitudes de la justice au sujet de l'action de certains poisons mystérieux. « Seront réputés au nombre des poisons, y était-il dit, non-seulement ceux qui peuvent causer une mort prompte et violente, mais aussi ceux qui, en altérant peu à peu la santé, causent des maladies, soit que lesdits poisons soient simples, naturels, ou composés et faits de main d'artiste... » Un autre article réglait la vente de l'arsenic, du réalgar, de l'orpiment et du sublimé. Le dernier article enfin, trahissant une des principales préoccupations de La Reynie, défendait d'employer comme médicaments les insectes venimeux, tels que serpents, crapauds, vipères et autres, à moins d'une autorisation spéciale. Suggérée par certaines circonstances de l'affaire, cette injonction confirme les allégations si souvent répétées relativement à ces poudres pour l'amour qui pouvaient donner la mort.

Ainsi, et c'est ce qui fait aujourd'hui l'intérêt historique de ce procès, les gens les plus vils s'étaient attaqués à la favorite impérieuse devant laquelle les ministres et les courtisans le plus en faveur ne passaient pas impunément, et les noms des plus grandes dames avaient été mêlés aux accusations les plus infâmes. Nous avons dit qu'elles restèrent un mystère pour les contemporains, et l'on voit par les lettres de madame de Sévigné, si bien au courant d'ordinaire des choses de la cour, qu'elle ignora jusqu'où les soupçons d'empoisonnement s'étaient élevés. Aussi, faute de ce fil conducteur, fut-elle parfois exposée à ne pas comprendre le mobile de quelques événements dont il nous reste à parler, et qui se passèrent dans ce monde de Versailles où elle aurait été si heureuse de figurer aux premiers rangs, et qui lui a fourni le sujet de tant de charmants tableaux et de si piquants détails.

Les révélations de la fille Voisin et des abbés Guibourg et Lesage exercèrent-elles quelque influence sur les amours de Louis XIV et de madame de Montespan? Une telle question, conséquence naturelle des faits qui précèdent, est délicate, et, comme on le pense bien, les preuves directes manquant complétement, il faudra se borner aux conjectures. La correspondance de madame de Sévigné, fort active à cette époque, nous viendra néanmoins en aide au moyen de quelques-unes de ces particularités dont le sens intime dut lui échapper, parce qu'elle n'était pas dans le secret des événements. Enfin, consultée avec discernement, la seule édition des Lettres de madame de Maintenon que l'on ait jusqu'à présent nous offrira aussi quelques indices bons à recueillir.

Au moment même où La Reynie faisait des efforts inutiles pour se reconnaître dans les obscurités du procès soumis à la chambre de l'Arsenal, où, par suite, Louvois, Colbert et Louis XIV étaient livrés aux plus grandes incertitudes, trois femmes, la duchesse de Fontanges, la marquise de Montespan et madame de Maintenon, étaient fort occupées, les deux premières à retenir, la dernière à capter les bonnes grâces du roi.

Véritable météore de cour, la duchesse de Fontanges eut un instant de splendeur sans pareille, et obtint en quelques mois des faveurs au-dessus de ce que l'imagination la plus exigeante aurait pu rêver. Aucun des caprices de Louis XIV n'eut un éclat si imprévu, si éblouissant, si fugitif, et l'on croit lire un conte des *Mille et une Nuits*. Le 6 mars 1680, madame de Sévigné écrivait à sa fille qu'il y avait eu un bal masqué à Villers-Cotterets, chez Monsieur, où était la cour, et que mademoiselle de Fontanges y avait paru brillante et parée des mains de madame de Montespan, laquelle avait de son côté très-bien dansé. Après s'être fait parer par mademoiselle de La Vallière, madame de Montespan rendait donc à son tour le même service à sa jeune rivale! Le mois suivant, mademoiselle de Fontanges était faite duchesse avec vingt mille écus de pension. « Elle en recevoit aujourd'hui les compliments dans son lit, dit madame de Sévigné, et cela était en effet très-naturel; le roi y a été publiquement; elle prend demain son tabouret et s'en va passer le temps de Pâques à l'abbaye de Chelles, que le roi a donnée à une de ses sœurs... Madame de Montespan est enragée; elle pleura beaucoup hier. Vous pouvez juger du martyre que souffre son orgueil, qui est encore plus outragé par la haute faveur de madame de Maintenon. » Ah! si la tendre et charmante duchesse de La Vallière apprit cette humiliation et ces outrages, comme elle fut vengée de ses anciennes souffrances, ou plutôt comme l'angélique sœur de la Miséricorde dut prier avec ferveur pour celle qui les avait causées! Au milieu de ces intrigues de palais, le fils du grand moraliste si indulgent pour lui-même et si sévère pour les vices de son temps, le duc de Marsillac, était fait grand-veneur, et le bruit courait qu'il devait cette grâce (triste fruit de l'éducation d'un illustre père!) à la part qu'il avait prise aux amours du roi et de la duchesse de Fontanges. Montée si vite aux nues, la faveur de la jeune duchesse déclina de même. La pluie d'or durait encore, et Danaé s'aperçut qu'elle n'était plus aimée. Les grands établissements, comme disait madame de Sévigné, c'est-à-dire les pensions, les diamants, le titre de duchesse, ne pouvaient la consoler. Au mois de juillet 1680, elle partit pour Chelles. « Elle avoit quatre carrosses à six chevaux, le sien à huit, où étoient toutes ses sœurs, mais tout cela si triste qu'on en avoit pitié, la belle perdant tout son sang, pâle, changée, accablée de tristesse, méprisant quarante mille écus de rente et un tabouret qu'elle a, et voulant la santé et le cœur du roi qu'elle n'a pas. » Quelque temps après, la pauvre duchesse prétendit avoir été empoisonnée. Madame de Sévigné croit que c'était pour avoir le droit de *demander des gardes*; simple supposition! On a vu qu'elle était morte le 28 juin 1681, après avoir langui plus d'un an. Enfin la lettre du roi au duc de Noailles que nous avons citée prouve bien que, docile aux conseils de Colbert et redoutant la lumière, il avait eu à cœur d'ôter à la chambre de l'Arsenal tout prétexte à de nouvelles recherches et arrestations.

Bien avant cette époque et au milieu de 1680, la lutte était donc circonscrite entre mesdames de Montespan et de Maintenon. Déjà, vers la fin de l'année précédente, la cour en avait remarqué les commencements; mais des reprises fréquentes faisaient penser que, malgré quelques éclipses passagères, l'altière Junon se croyait sûre du roi. Elle avait eu encore assez de crédit pour obtenir, quand la comtesse de Soissons fut obligée de quitter la cour, de la remplacer comme surintendante de la maison de la reine, et cette haute position, la dernière qu'elle eût été digne d'occuper, dut lui paraître une garantie, sinon de fidélité, tout au moins de déférence et de crainte. Est-il besoin de dire que les lettres de madame de Montespan sont loin d'égaler le piquant et le charme incomparables de celles de madame de Sévigné? Il est certain qu'on flatte un peu le grand siècle quand on prétend que tout alors, même le style, avait un air d'aisance et de grandeur ; les collections d'autographes protestent par mille exemples. La lettre qu'on va lire, et que madame de Montespan écrivit au duc de Noailles à l'occasion du remplacement de la comtesse de Soissons, marque assez bien quelle était, au mois de janvier 1680, la situation de Louis XIV au milieu de ces intrigues [1].

« Ce jeudi.

« Je suis si convaincue de votre amitié, et je vous ai vu prendre tant de part à ce qui me regarde, que je crois que vous serez bien aise de continuer à en être instruit. A mon retour, le roi me dit qu'il avoit envoyé M. Colbert proposer à madame la comtesse de se défaire de sa charge. Elle dit qu'elle viendroit le trouver. Elle y vint en effet hier. Il lui dit les mêmes choses qu'il lui avoit mandées. Elle demanda un jour pour en

[1] L'original de cette lettre, qui a été publiée dans le *Bulletin de la Société de l'Histoire de France* (année 1852, page 320), se trouve à la bibliothèque du Louvre. On jugera de l'orthographe de madame de Montespan par le début de sa lettre : « Je suis si convinquue de vostre amitié et je vous ay veu prandre tant de part, que je croy que vous serest bien ese de continuer à an nestre instruit. A mon retour, le roy me dit qu'il lavet anvoüé M. Colbert, etc., etc. » On sait que l'orthographe de Louis XIV était aussi fort irrégulière.

parler à madame la princesse de Carignan, et ne donna point encore sa réponse. Du reste, tout est fort paisible ici. Le roi ne vient dans ma chambre qu'après la messe et après souper. Il vaut beaucoup mieux se voir peu avec liberté que souvent avec de l'embarras. Madame de Maintenon est demeurée pour quelque légère indisposition : le duc du Maine est avec elle. Voilà toutes les nouvelles du logis. Je vous prie de faire mes complimens à madame la duchesse de Noailles. Vous m'obligerez aussi de me chercher du velours vert; et je voudrois bien qu'il ne fût pas si cher qu'à votre ordinaire [1]. »

Les dénonciations des complices de la Voisin et de sa fille, survenant quelque temps après, nuisirent sans doute à madame de Montespan. Parvinrent-elles à son oreille? Rien ne le prouve; mais comment croire que Louis XIV, fatigué du joug et des hauteurs, et *ne voulant pas être gêné*, les lui ait laissé complétement ignorer? Les lettres de madame de Sévigné et de madame de Maintenon vont nous montrer l'évolution qui se faisait dans son cœur. « Il y eut l'autre jour, écrit madame de Sévigné à sa fille le 25 mai 1680, une extrême brouillerie entre le roi et madame de Montespan. M. Colbert travailla à l'éclaircissement (c'é-

---

[1] Madame de Montespan n'avait sans doute pas été heureuse au jeu ce jour-là. Un correspondant de Bussy-Rabutin, le marquis de Trichâteau, lui écrivait le 6 mars 1679 : « La nuit du lundi au mardi, madame de Montespan perdit quatre cent mille pistoles (quatre millions du temps) contre la banque, qu'elle regagna à la fin ». Sur les huit heures du matin, étant quitte, Bouyn, qui tenoit la banque, voulut se retirer; mais la dame lui déclara qu'elle vouloit encore s'acquitter d'autres cent mille pistoles qu'elle devoit de vieux, ce qu'elle fit avant de se coucher... » Voilà certes une nuit bien employée.

[2] Les dépenses pour la marine et les galères s'étaient élevées à 10,659,800 livres en 1671 et l'année 1676, la plus forte du règne, n'avait pas atteint 13 millions.

tait lui autrefois qui le raccommodait avec La Vallière), et obtint avec peine que Sa Majesté feroit médianoche comme à l'ordinaire. Ce ne fut qu'à condition que tout le monde y entreroit... » Le mois suivant (9 juin), madame de Sévigné constate que l'ascendant de madame de Maintenon croît toujours et que celui de madame de Montespan diminue à vue d'œil, puis, le 7 juillet, qu'on a beaucoup de rudesse pour celle-ci. Quatre jours auparavant, madame de Maintenon aurait écrit à son frère d'Aubigné : « On est enragé ; on ne cherche qu'à me nuire. Si on n'y réussit pas, nous en rirons ; si l'on y réussit, nous souffrirons avec courage [1]. » C'était, s'il faut en croire un charmant chroniqueur de la cour, madame de Caylus, l'époque où

[1] Les lettres de madame de Maintenon ont été tellement altérées et défigurées par La Beaumelle, qu'on éprouve un véritable embarras à les citer. Quand aurons-nous donc l'édition intégrale et complète de la *Correspondance générale* que M. Lavallée promet depuis si longtemps? En attendant, l'impression suivante d'une des femmes les plus spirituelles du dix-huitième siècle, madame du Deffand, est curieuse à noter : « Je persiste à trouver que madame de Maintenon n'était point fausse ; mais elle était sèche, austère, insensible, sans passion ; elle raconte tous les événements de ce temps-là, qui étaient affreux pour la France et pour l'Espagne, comme si elle n'y avait pas un intérêt particulier : elle a plus l'air de l'ennui que de l'intérêt ; ses lettres sont réfléchies ; il y a beaucoup d'esprit, d'un style fort simple ; mais elles ne sont point animées, et il s'en faut beaucoup qu'elles soient aussi agréables que celles de madame de Sévigné ; tout est passion, tout est en action dans celles de cette dernière ; elle prend part à tout, tout l'affecte, tout l'intéresse. Madame de Maintenon, tout au contraire, raconte les plus grands événements, où elle jouait un rôle, avec le plus parfait sang-froid ; on voit qu'elle n'aimait ni le roi, ni ses amis, ni ses parents, ni même sa place ; sans sentiment, sans imagination, elle ne se fait point d'illusions, elle connaît la valeur intrinsèque de toutes choses, elle s'ennuie de la vie et elle dit : « *Il n'y a que la mort qui termine nettement les chagrins et les malheurs.* » Un autre trait d'elle qui m'a fait plaisir : « *Il y a dans la droiture autant d'habileté que de vertu.* » Il me reste de cette lecture beaucoup d'opinion de son esprit, peu d'estime de son cœur, et nul goût pour sa personne... »

madame de Montespan, voyant la faveur s'éloigner d'elle et voulant au moins la fixer dans sa famille, aurait essayé de faire de la jolie duchesse de Nevers, sa nièce, la maîtresse du roi. Écoutons madame de Sévigné (17 juillet) : « Le roi alla l'autre jour à Versailles avec madame de Montespan, madame de Thianges et madame de Nevers (la tante, la mère et la fille) toute parée de fleurs. » Mais l'intrigue de Nevers ne réussit pas, et la même lettre nous apprend qu'à la cour, on était toujours surpris de la sorte de faveur de madame de Maintenon, que nul n'avait pour elle tant de soins et d'attention que le roi, et qu'elle lui faisait connaître un pays nouveau, le commerce de l'amitié et de la conversation. Celle qui mandait ces nouvelles avait pourtant dit, il y avait à peine huit jours, de madame de Maintenon : « Croyoit-elle qu'on pût toujours ignorer le premier tome de sa vie? » Mais la faveur dont jouissait la gouvernante des enfants légitimés devenant de jour en jour plus sensible, les impressions sur son compte se modifiaient en conséquence. Il est à remarquer que, vers la même époque (24 juillet), Louvois écrivait à La Reynie qu'il avait lu au roi cette déclaration de la fille Voisin, si injurieuse pour madame de Montespan, et que « Sa Majesté espéroit bien qu'il finiroit par découvrir la vérité. » Un doute difficile à lever se présente ici. Ce Louvois, qui semble partager les soupçons de La Reynie, ménageait en même temps une explication entre madame de Montespan et Louis XIV. « Dans ce moment, écrit madame de Maintenon (août 1680), ils sont aux éclaircissements, et l'amour seul tiendra conseil aujourd'hui. Le roi est ferme, mais madame de Montespan est bien aimable dans les larmes. Madame la dauphine est en prières, sa piété a fait faire au roi des réflexions sérieuses; mais il ne faut à la chair qu'un moment pour détruire l'ouvrage de la grâce... » Heureusement pour la pieuse amie ce fut la grâce qui l'emporta. « Cet éclaircissement, écrivait-elle le 23 août, a raffermi le roi; je l'ai félicité de ce qu'il avoit vaincu un ennemi si redoutable. Il avoue que M. de Louvois est un homme plus dangereux que le prince d'Orange; mais c'est un homme nécessaire. Madame de Montespan a d'abord pleuré, ensuite fait des reproches, enfin a parlé avec hauteur. Elle s'est déchaînée contre moi, selon sa coutume. Cependant elle lui a promis de bien vivre avec moi... » Voilà donc, à ce qu'il semble, la chronique secrète de la cour au mois d'août 1680! D'un côté, Colbert et Louvois favorisant madame de Montespan, indifférente aux affaires et à laquelle ils sont habitués, contre madame Scarron, dont ils redoutent l'ingérence; de l'autre, la dauphine priant, puisqu'il faut absolument une amie au roi, pour le triomphe de la dernière; au milieu, Louis XIV très-occupé à contenir l'une et l'autre, leur ordonnant de s'embrasser, de s'aimer, et remarquant, c'est encore par madame de Maintenon que nous le savons, « qu'il lui étoit plus aisé de donner la paix à l'Europe qu'à deux femmes qui prenoient feu pour des bagatelles. » Ne dirait-on pas un intérieur de harem? On sait la fin de cette lutte mémorable, qui tint plus d'un an la cour en suspens, et il n'y a rien de hasardé à croire que les rapports de La Reynie eurent quelque influence sur le résultat.

Nous avons laissé la comtesse de Soissons fuyant Paris et prenant en hâte le chemin de la frontière la plus voisine. Poursuivie partout comme empoisonneuse, ayant vu se fermer sur elle les portes d'Anvers et de Namur, où sa réputation l'avait précédée, obligée de quitter plusieurs autres villes de Flandre où elle était reconnue, elle eut la bonne fortune de rencontrer un duc de Parme qui l'aima, car elle était belle encore avec ses quarante-deux ans, et qui la protégea contre les populations indignées. Huit ans après, nous la retrouvons à la cour d'Espagne, très-liée avec l'ambassadeur d'Autriche, et bientôt la jeune reine, fille de cette princesse Henriette dont la fin subite et précoce avait été une épouvante pour la cour de Louis XIV, meurt avec toutes les apparences de l'empoisonnement. C'est une fatalité pour la mémoire de la comtesse de Soissons que, partout où elle apparaît, il y a des morts imprévues, inexplicables. On se souvient des lettres de Louvois et de ces domestiques qu'il l'accusait d'avoir empoisonnés pour s'en débarrasser. Un biographe trop indulgent [1] a voulu la disculper d'avoir été pour rien dans la mort de la reine d'Espagne, mort qui par malheur secondait à merveille la politique et les prétentions de l'Autriche ; mais la correspondance de l'ambassadeur français, le comte de Rebenac, invoquée en faveur de la comtesse, dépose plutôt contre elle. « Madame de Soissons, écrit l'ambassadeur à Louis XIV, transportée de ressentiment de l'avis qu'on lui avoit fait donner de se retirer en Flandre, a pris le parti de déclamer contre la reine et de se jeter entre les bras du comte d'Oropesa et du comte de Mansfeld, qui étoient les seuls auteurs de sa disgrâce... Ces deux hommes, Sire, l'ont regardée comme une personne irritée contre la reine d'Espagne

[1] Amédée Renée ; *les Nièces de Mazarin*.

et les intérêts de Votre Majesté... » Puis, le 12 février 1689, après la mort de la reine : « Franchin (son médecin) a dit que, dans l'ouverture du corps et dans le cours de la maladie, il avait remarqué des symptômes extraordinaires, mais qu'il y alloit de sa vie s'il parloit... Le public se persuade présentement le poison et n'en fait aucun doute ; mais la malignité de ce peuple est si grande que beaucoup de gens l'approuvent, parce que, disent-ils, la reine n'avoit pas d'enfans, et ils regardent le crime comme un coup d'État qui a leur approbation... Il est très-vrai, Sire, qu'elle est morte d'une manière bien horrible... »

Il faut encore signaler, l'impartialité historique l'exige, un événement, sinon étrange, au moins très-fâcheux, la mort soudaine de Fouquet, arrivée vers le moment même où des accusés prétendaient que ses amis complotaient, pour le venger, d'empoisonner le roi et Colbert. Les ennemis de Fouquet l'avaient toujours considéré comme suspect d'avoir *joué du poison*. « On a dit qu'on en avoit trouvé chez lui, raconte madame de Motteville, et on eut quelque soupçon qu'il avoit empoisonné le feu cardinal, ce qui, peu de jours après, fut mis au rang des contes ridicules. » Plus tard, pendant qu'on le menait à Pignerol, il tomba malade, et le bruit courut qu'on voulait se défaire de lui[1]. « Quoi ! déjà ? » s'écrie à ce sujet madame de Sévigné. Ainsi, de part et d'autre, les imaginations s'empressaient de supposer les crimes les plus abomi-

---

[1] On se rappelle ce que Fouquet lui-même avait écrit en 1658, dans son projet de révolte : « Quelques jours après l'avoir obtenu (il s'agit d'un valet de chambre de confiance), on feroit instances pour mon cuisinier, et on laisseroit entendre que je ne mange pas et que l'on ne doit pas refuser cette satisfaction, à moins d'avoir quelque mauvais dessein. »

nables. D'après La Reynie, il avait été question du surintendant lors du procès de la marquise de Brinvilliers, qui, interrogée à ce sujet, aurait désigné un apothicaire qu'on savait s'être livré à la préparation des poisons, comme allant tous les ans en Italie pour le compte de Fouquet. Vers le commencement de 1680, les complices de la Voisin mêlèrent son nom à leurs dénonciations. On conçoit l'inquiétude de la cour à ces révélations inattendues. Un prêtre nommé Davot, qui fut plus tard pendu et brûlé, déclara qu'un conseiller au parlement, parent de Fouquet, qu'on appelait Pinon-Dumartroy et qui était mort en 1679, lui avait demandé du poison pour le venger. D'autres accusés furent également brûlés vifs comme complices du dessein qu'auraient eu un homme et une dame de qualité d'avoir voulu faire mourir le roi et Colbert et rendre le pouvoir à Fouquet. L'homme de qualité était resté inconnu; mais la dame n'était rien moins, d'après les dénonciateurs, que la duchesse de Vivonne. Or la femme Filastre avait dit, à la torture, avoir écrit un pacte « par lequel ladite dame demandoit le rétablissement de M. Fouquet et à se défaire de M. Colbert[1]. » On se souvient enfin que la Filastre n'avait rétracté, au moment de mourir, que les faits relatifs à madame de Montespan.

Telle était la situation quand la *Gazette de France* du 6 avril 1680 donna la nouvelle suivante : « On nous mande de Pignerol que le sieur Fouquet y est mort d'apoplexie; il avoit été procureur général et surintendant des finances. » Madame de Sévigné écrivit de son côté qu'il avait succombé « à

---

[1] Il est juste de faire remarquer que cette déclaration de la femme Filastre est postérieure de quelques mois à la mort de Fouquet; mais d'autres accusés l'avaient incriminé avant elle.

des convulsions et des maux de cœur, sans pouvoir vomir[1]. » Nous ne voulons, sur d'aussi faibles preuves, accuser personne[2]; cependant la soudaineté et les circonstances de cette mort rappellent involontairement les appréhensions dont nous parlions tout à l'heure. Ajoutons qu'elles ne cessèrent même pas à la mort du surintendant. En effet, quinze mois après, le 17 juin 1684, Louvois écrivit encore à La Reynie : « J'ai reçu votre lettre du 16 de ce mois par laquelle le roi a été informé de ce que le nommé Debray[3] a dit de la sollicitation qui lui avoit été faite par un homme de la dépendance de M. Fouquet. Sa Majesté ne doute point que vous ne fassiez toutes les diligences possibles pour que, avant l'exécution de cet homme, s'il est condamné, il éclaircisse ce fait. »

Quoi qu'il en soit de ces indices, sur lesquels il faut bien, nous le répétons, se garder d'asseoir un

---

[1] La santé de Fouquet était, au surplus, bien mauvaise depuis longtemps. Il écrivait lui-même à sa femme le 5 février 1675, qu'il avait l'estomac malade et les jambes enflées ; des sciatiques, des coliques, des hémorroïdes, la pierre, la gravelle, sans compter les rhumes, les maux de tête, les fluxions, les bruits d'oreilles, les yeux perdus, les dents minées. « Le plus sûr ajoutait-il, est de quitter les soins de ce corps entièrement et de songer à l'âme; et cependant le corps nous touche le plus... » (Bibl. imp. Mss. S. F. 2,352, fol. 234.)

[2] Les assimilations seraient fort dangereuses en histoire, et je n'en veux pas faire. Qu'on me permette cependant de citer à cette occasion un fait qui aurait d'ailleurs lui-même besoin d'être bien établi. Un savant collectionneur du dix-septième siècle, Bouillaud, analysant la politique du cardinal de Richelieu, parle d'une lettre où « il pressoit le roi de demander au pape un bref par lequel il lui fût permis de faire mourir, sans autre forme de justice, ceux qu'il croiroit dignes de mort, ce que le pape Urbain VIII refusa. » (Bibl. imp., *Recueil Bouillaud*; S. F. 997, vol. 33, catalogue.)

[3] Le nom est douteux. Un accusé ainsi nommé fut condamné à être étranglé.

jugement définitif, la chambre de l'Arsenal avait enfin terminé son œuvre. Sur les deux cent vingt-six accusés traduits à sa barre, trente-six avaient péri par la corde, par le fer ou par le feu. Les autres étaient confinés dans les prisons d'État, soit en vertu d'un arrêt, soit arbitrairement. Un très-petit nombre, comme la duchesse de Bouillon, le duc de Luxembourg, avaient été exilés.

Plein d'énergie et de résolution, ne ménageant personne, jusqu'au moment où des ordres suprêmes lui eurent enjoint de changer de système, La Reynie s'était attiré mille inimitiés. La famille de Bouillon figurait parmi les plus irritées. On sait que la duchesse était accusée d'être allée chez la Voisin pour lui demander de la débarrasser de son mari. Le jour fixé pour son interrogatoire, elle s'était rendue à l'Arsenal accompagnée de son mari, suivie d'un cortége de plus de vingt carrosses. Madame de Sévigné a raconté avec son esprit ordinaire (lettre du 31 janvier 1680), d'après la version de la duchesse, cet interrogatoire, ses impertinences envers la chambre, et comment en sortant « elle fut reçue de ses parens, amis et amies, avec adoration, tant elle étoit jolie, naïve, naturelle, hardie, et d'un bon air et d'un esprit tranquille. » L'interrogatoire officiel est plus sérieux, et il en résulte qu'après être d'abord allée chez la Voisin, la duchesse de Bouillon avait reçu plusieurs fois chez elle ce Lesage, chargé de toutes les horreurs du procès, et qui ne dut la vie qu'à ses révélations. On a vu plus haut que le marquis de Feuquières, renvoyé aussi avant jugement, n'avait pas en moindre horreur le lieutenant de police qu'il traitait de *fol enragé*, cherchant avant tout des coupables. Madame de

Sévigné, de son côté, mandait à sa fille : « La réputation de M. de La Reynie est abominable. Ce que vous dites est parfaitement bien dit. Sa vie justifie qu'il n'y a point d'empoisonneurs en France. » Admettons qu'il eût fait fausse route par rapport à quelques accusés, ces invectives prouvent que, supérieur aux influences qui s'agitaient autour de lui, La Reynie remplissait consciencieusement son devoir. Sans compter la duchesse de Bouillon, qui fut exilée à Nérac, plusieurs grandes dames, des plus belles et des plus haut placées, en firent l'expérience. Si quelques-unes furent renvoyées de l'accusation, les poursuites dirigées contre elles attestent, ce que madame de Sévigné est forcée de reconnaître quand la passion ne l'égare pas, *l'intégrité des juges*. Le prince de Clermont-Lodève la reconnut d'une autre manière. Accusé par Lesage d'avoir demandé la mort de son frère, l'amour de sa belle-sœur, et le moyen de gagner à coup sûr au jeu du roi, il avait pris la fuite des premiers, et ne rentra en France que douze ans après pour purger sa contumace. Docile aux premières recommandations du roi, La Reynie, allant droit devant lui, aurait mis en cause jusqu'à mesdames de Montespan et de Vivonne ; il ne s'arrêta que lorsque Colbert, fortifié par les consultations secrètes de l'avocat Duplessis, eut obtenu qu'une autre direction serait donnée à l'affaire.

C'était sans contredit, en l'absence des preuves nécessaires, le parti le plus juste d'abord, et ensuite le plus politique et le plus sage. Se figure-t-on en effet la mère des princes légitimés comparaissant devant la chambre de l'Arsenal sous l'accusation d'avoir fait prendre au roi, pour conserver son amour, des philtres qui auraient pu l'empoisonner? ¡Quel scandale en

France et en Europe! Quelle humiliation pour la royauté! A part les liens de parenté existant entre lui et mesdames de Vivonne et Montespan, Colbert fit donc très-bien d'étouffer cette accusation. Agir autrement, c'eût été se livrer à une œuvre de démolition aveugle, et il s'était trop appliqué depuis trente ans, soit comme conseiller de Mazarin, soit comme ministre, à relever et à fortifier l'autorité royale, pour la saper ainsi sans nécessité.

Nous savons par Saint-Simon que la duchesse de Vivonne devint, vers la fin de sa vie, très-dévote et joueuse effrénée. Quant à madame de Montespan, elle assista longuement, on peut le dire, au spectacle de sa propre décadence. Dévorée de jalousie, d'ambition, de vanité, elle eut le mortel déplaisir, après avoir été douze ans la plus impérieuse et la plus arrogante des reines du caprice, de voir tous les hommages se porter vers une rivale introduite par elle dans le temple, vers une ingrate qui avait précisément les qualités qui lui manquaient, la modération, la douceur, la sagesse. Dans cette situation, le soin de sa dignité aurait voulu qu'elle quittât résolûment la cour; mais comment s'arracher d'un lieu où l'on a été souveraine absolue, et, après avoir été tout, s'habituer à n'être plus rien? Comment ne pas espérer qu'un nouveau retour, qu'un souvenir plus vif des jours heureux rendra l'influence passée? Elle avait d'ailleurs un fils légitime, ce duc d'Antin, jusque-là laissé dans l'ombre comme un remords, qui devint le type du parfait courtisan, et il fallait lui ménager les bonnes grâces du maître. Elle resta donc et ne se décida que bien après (mars 1691) à passer par intervalles quelques semaines à la communauté de Saint-Joseph. En attendant, elle continuait de voir le roi et de sortir dans ses carrosses avec la reine et madame de Maintenon. C'était toujours, comme disait le peuple en les voyant passer, les trois reines; mais que de changements depuis les beaux jours du règne! L'une des reines de la première époque, la tendre La Vallière, s'était courageusement vouée à Dieu, et celle qui l'avait chassée était, malgré ses airs toujours hautains et triomphants, rongée au cœur par l'envie. Quant à la dernière venue, elle pouvait être fière du succès de son habileté incomparable; mais en était-elle plus heureuse, et qui ne sait ses longs ennuis, ses mélancolies et les tristesses mal déguisées qui remplirent sa vie?

Le reste de faveur conservé par madame de Montespan prouve que Louis XIV avait reconnu la fausseté des incriminations de la fille Voisin et des abbés Guibourg et Lesage. Si quelques doutes persistèrent à l'égard des visites faites aux devineresses pour perpétuer, à l'aide de sortiléges ou de philtres prétendus innocents, le pouvoir de ses charmes longtemps vainqueurs, ce ne pouvait être une raison, les relations intimes ayant cessé, pour se méfier d'elle au point de la supposer dangereuse et de l'exiler de la cour. « Madame de Montespan me voit souvent, et m'a menée à Clagny, » écrivait madame de Maintenon à son frère le 19 juin 1685. Et avec une allusion transparente, elle ajoutait en plaisantant: « Jeanne (la bouffonne de la dauphine) ne m'y croyoit pas en sûreté. » D'autres motifs durent encore disposer Louis XIV à l'indulgence. Dès qu'ils n'attentaient pas à sa liberté, cet attachement obstiné de ses maîtresses et leurs efforts pour conserver son amour ne pouvaient que le flatter. Et puis était-il lui-même dégagé de toute croyance dans l'astrologie judiciaire, et ne devait-il pas, quand il s'agissait de personnes ayant vécu à ce point dans son intimité, être enclin à pardonner des faiblesses partagées? Enfin le public ne s'était nullement douté, pendant la longue session de la chambre de l'Arsenal, des commissaires eux-mêmes avaient ignoré que les noms de mesdames de Montespan et de Vivonne eussent été prononcés dans le procès et que la personne du roi y eût été si gravement mêlée. Or l'exil, la disgrâce éclatante de l'ancienne favorite pouvait, en provoquant des colères et des orages toujours à redouter de sa part, amener la divulgation d'un secret si bien gardé.

Est-il besoin de tirer une conclusion de l'immense procédure dont nous avons résumé les détails puisés aux sources originales? Laissons de côté le comte de Clermont, le duc de Luxembourg, la duchesse de Bouillon, la princesse de Tingry, les comtesses du Roure et d'Alluye, et quelques autres, qui n'offrirent pas une prise suffisante à l'accusation; ne parlons pas non plus des empoisonnements pour lesquels mesdames de Dreux et de Polignac, la présidente Le Féron, mesdames de Carada et Lescalopier furent condamnées, les unes au bannissement, les autres à la peine de mort : ce ne sont là que des crimes privés, et nous nous sommes restreint aux tentatives qui avaient la personne du roi pour objet. Que voyons-nous? Une comtesse de Soissons, ancienne maîtresse de Louis XIV, accusée par Louvois d'avoir fait disparaître des domestiques qui la gênaient et profitant avec empressement de la facilité qui lui fut laissée de passer la frontière, comme pour montrer qu'il ne s'agissait pas de si peu de chose; une autre maîtresse du roi, la belle duchesse de Fontanges, mourant à vingt ans avec la pensée, qui était celle de bien des contemporains, qu'elle a été empoisonnée, et Louis XIV craignant, de peur d'être trop bien informé, d'autoriser l'autopsie ; des enfants égorgés et des sacriléges accomplis par d'indignes prêtres au milieu de superstitions horribles que la plume se refuse à décrire, et que l'imagination la plus corrompue serait impuissante à se figurer[1]; de grandes dames, les plus grandes dames de la cour (abandonnons les accusations extrêmes), se disputant, au moyen de pactes impies, par l'entremise d'intrigantes du plus bas étage, l'amour, que dis-je, l'amour? l'argent et les largesses du roi, ce qu'on appelait les grands établissements; un ancien ministre fortement soupçonné d'avoir eu à ses gages des artistes en poison ; ce ministre enfin, prisonnier depuis vingt ans, mourant subitement au moment même où des hommes, qu'on suppose soudoyés par lui ou par quelques amis restés fidèles, sont dénoncés comme cherchant à empoisonner le roi et Colbert. Voilà les impressions que La Reynie et Louvois ont éprouvées, que Colbert et l'avocat Duplessis parvinrent à effacer, après les avoir eux-

---

[1] Combien d'autres exemples de superstition et de sacriléges on trouve d'ailleurs vers la même époque! Le 23 décembre 1688, le comte de Rebenac, ambassadeur de France en Espagne, écrivait à Louis XIV : « Un certain moine dominicain, ami du confesseur du roi, eut une révélation que le roi et la reine étoient *charmés*. Je marque en passant, Sire, que depuis longtemps le roi d'Espagne a dans l'esprit qu'il l'est, et même par madame la comtesse de Soissons... Il étoit question de lever le charme. La cérémonie étoit horrible.... » Ici encore, impossible de citer. Justement indignée, la jeune reine ne voulut pas se résigner à d'odieuses pratiques, dont le but secret était de faire casser son mariage pour donner à l'Espagne une autre souveraine complice des vues de l'Autriche. Cinquante jours après, elle était morte. (Voir, dans *les Nièces de Mazarin*, de M. A. Renée, 3e édition, page 467, la lettre même de l'ambassadeur.)

mêmes partagées jusqu'à un certain point¹. Faisons la part des exagérations et des frayeurs contemporaines aussi large qu'on le voudra. La suite de quelques accusés du plus haut rang, la disparition d'un témoin très-important (cette femme de chambre de madame de Montespan, si souvent nommée dans les dépositions et dont l'interrogatoire manque seul au dossier), le nombre des condamnations capitales, l'interruption arbitraire du procès et l'envoi non moins arbitraire d'un grand nombre d'individus dans les forteresses d'État, toutes ces circonstances font de l'affaire de La Voisin et de tous les incidents qui s'y rattachent, un des plus singuliers épisodes judiciaires de notre histoire.

¹ Complétons cette esquisse des mauvaises passions du temps par les pensées suivantes, extraites des lettres mêmes de madame de Maintenon. Elles ne seront pas déplacées ici :

« Nous ne voyons ici que des assassinats de sang-froid, des envies sans sujet, des rages, des trahisons sans ressentiment, des avarices insatiables, des désespoirs au milieu du bonheur, des bassesses qu'on couvre du nom de grandeur d'âme... »

« Presque tous les hommes noient leurs parens et leurs amis pour dire un mot de plus au roi, et lui montrer qu'ils lui sacrifieroient tout... »

« A force de voir la conduite des hommes, la lâcheté des femmes, la foiblesse des philosophes, la bêtise des politiques, la fausseté des dévots, je suis parvenue à ne les pas plus estimer que les femmes, qui sont pourtant de jour en jour plus méprisables... »

« Les femmes de ce temps me sont insupportables : leur habillement insensé et immodeste, leur tabac, leur vin, leur gourmandise, leur grossièreté, leur paresse, tout cela est si opposé à mon goût, et, ce me semble, à la raison, que je ne puis les souffrir. »

Voilà ce qu'on lit dans les lettres de madame de Maintenon ; mais ici se dresse toujours la question : « Quelques-uns de ces passages n'ont-ils pas été retouchés, amplifiés par La Beaumelle? » Observons pourtant qu'on ne voit guère autre chose dans Saint-Simon, d'accord sur ce point, sans le savoir, avec madame de Maintenon.

CHAPITRE IX.

LES GALÈRES.

Anciennes galères. — Les Vénitiens. — Situation des galères à l'avénement de Louis XIV. — Leur accroissement successif. — Condamnés aux travaux forcés à partir de Charles VII. — Recommandations de Colbert pour en augmenter le nombre. — Il n'est que trop bien secondé par les intendants et les magistrats. — On les recrute au moyen de mendiants, de révoltés, de prisonniers, de Russes et de Turcs achetés. — Les consuls du Levant disposent de leurs emplois à condition de fournir des galériens. — On en fait venir du Sénégal. — Des prisonniers Iroquois sont transportés en France et employés comme forçats. — Nécessité de les renvoyer. — Système des *Bonnevoglies*. — Il est abandonné. — La durée des peines augmentée arbitrairement par Henri IV. — Louis XIV et Colbert suivent ces tristes errements. — Des galériens à temps sont autorisés à se faire remplacer par des Turcs à vie. — Une visite à bord de la *Réale*. — Les protestants aux galères. — Elles sont supprimées au dix-huitième siècle, grâce à l'adoucissement des mœurs.

Des milliers de navires à plusieurs rangs de rames ont sillonné pendant une longue suite de siècles les eaux de la Méditerranée. Ils ont disparu, faisant place à des formes nouvelles, comme ces êtres d'un autre âge que recouvrent les couches superposées du globe. Mais, si la science moderne recompose par induction et pourtant avec une précision merveilleuse, les espèces primitives, ni les descriptions des écrivains contemporains, ni les médailles, ni les bas-reliefs de la Grèce et de Rome, n'ont permis jusqu'à ce jour de reconstruire avec la même sûreté les détails de la galère antique. Cependant, il y a quelques années, un savant archéologue français a fourni sur ce problème, objet d'anciennes et patientes recherches, des données nouvelles. Les essais de la trirème construite d'après ses plans ont réussi, car les rameurs ont pu voguer sur trois rangs de hauteur, résultat qu'on n'avait pas obtenu jusqu'ici [1]. Est-il certain que les anciennes trirèmes fonctionnassent exactement de la même manière? C'est le point qui resterait à éclaircir.

Les galères modernes, imitées des anciens dans les principales dispositions, ont passé successivement par des transformations nombreuses. Dès le quinzième siècle, les Génois et les Vénitiens en construisaient d'une grandeur démesurée et d'un luxe que les autres puissances étaient incapables d'égaler. Deux cents ans plus tard, *la Réale* et *la Patronne* rivalisaient avec les plus belles constructions italiennes. Pendant plusieurs années, un sculpteur de génie, Pierre Puget, prodigua sur les galères royales les plus magnifiques ornements. Tout, jusqu'à la casaque rouge des galériens, y visait à l'effet, et les officiers qui les commandaient étaient choisis de préférence dans la plus ancienne noblesse. Bravant les vents contraires et le calme, pouvant au besoin s'aider de la voile, les galères parcouraient, dans les conditions de construction et d'équipages les meilleures, six milles (deux lieues) à

---

[1] Voir, au sujet de l'essai de reconstruction d'une ancienne trirème, par ordre de l'empereur, un curieux volume publié en 1861 sous ce titre : *la Flotte de César*, etc., par M. Jal., historiographe de la marine, auteur de l'*Archéologie navale*, et du *Glossaire nautique*. Cette trirème est conservée à l'arsenal de Cherbourg. — On voit, dit-on, dans le Bosphore, de grands caïques, à triple étage de rameurs, faisant le petit cabotage. N'est-ce pas là qu'on pourrait encore surprendre la tradition grecque ou romaine?

l'heure. « Hier, écrivait de Marseille à Colbert l'intendant Nicolas Arnoul, j'ai vu sortir les galères : Il n'y a guère de cheval de poste qui allât plus vite ; la vogue étoit si égale et si juste, qu'une rame ne passoit pas l'autre. » En résumé, cette marine remplissait alors, mais au prix d'embarras, d'inconvénients et de misères incalculables, le rôle que la marine à vapeur joue de nos jours avec des moyens d'action, une puissance et une précision qui n'admettent aucune comparaison.

Si grands que soient les perfectionnements apportés à l'art des constructions navales, l'habileté des maîtres charpentiers du seizième siècle excite la surprise. En revenant de Pologne pour prendre possession de la couronne de France, Henri III s'arrêta à Venise, où la sérénissime république lui procura le plaisir de voir bâtir une galère pendant le temps de sa visite à l'arsenal. Cent ans après, en 1679, Colbert en faisait monter une en huit heures sur les chantiers de Marseille. Un ambassadeur vénitien, Marino Giustiniano, nous apprend qu'en 1535 la France avait en mer trente galères, dont vingt-six en bon état, et que le service y était fait par des forçats. Le nombre en diminua dans la même proportion que celui des vaisseaux sous les règnes suivants, surtout pendant l'administration du cardinal Mazarin. Craignant que celles qui restaient dans les ports ne fussent hors de service, Colbert recommandait, le 16 octobre 1662, à l'intendant de Toulon, « de faire tous les efforts imaginables pour en avoir six neuves » et d'en acheter soit au grand-duc de Toscane, soit à la république de Gênes, si elles étaient aussi bonnes que celles de France. « Il en faudra même, ajoutait-il, mettre deux autres sur les chantiers, parce que, outre qu'il arrivera tous les jours à

Toulon de nouveaux forçats, l'on pourra peut-être prendre des esclaves turcs, ou en acheter à Malte ou ailleurs. » Excitations aux intendants, envois de chaînes d'or aux maîtres charpentiers, encouragements de toute sorte, Colbert n'épargne rien pour organiser cette partie essentielle de la flotte. Quelques années plus tard, les vœux qu'il avait formés commençant à se réaliser, son contentement s'exhale avec une vivacité singulière dans une lettre à l'intendant : « Vous me flattez un peu trop agréablement quand vous me dites que nous pourrons avoir dans peu vingt galères de gens de force et dix de liberté (c'est-à-dire composées de volontaires ou *bonnevoglies*). Je vous avoue que mon esprit naturellement se porte davantage à diminuer ce qu'il a, pour le rendre certain, qu'à espérer ce qu'il n'a pas encore et ce qui est fort douteux. Travaillons à avoir quinze galères quand nous n'en avons que quatorze, et ensuite nous travaillerons à la seizième, et vous verrez que cette manière sera bien plus solide et plus certaine. » En 1670, ce nombre s'étant encore accru, Colbert écrit à Arnoul que « Sa Majesté estime nécessaire, à présent qu'elle a vingt galères armées, d'avoir une *réale* qui soit la plus belle qui ait été mise en mer. » Plus tard encore, en 1677, Louis XIV compta jusqu'à trente galères dans sa flotte, et un document officiel, cité par un historien de Marseille, constate qu'il n'y en avait pas moins de quarante-deux à la fin du dix-septième siècle[1].

Mais il ne suffisait pas de voir les galères se multiplier, il fallait les pourvoir de l'équipage spécial qu'elles comportaient, et c'est ici que les difficultés

---

[1] En 1690. (*Histoire de Marseille*, par Ruffi; II, 363.)

de toute sorte apparaissent. — L'emploi des condamnés aux travaux forcés sur les galères semble remonter à Charles VII [1]. Un arrêt du parlement de 1522 défend aux juges d'église d'y condamner les clercs ; mais le premier édit connu, où la volonté du souverain sur ce point soit formellement affirmée, n'est que de 1544. Désireux de fortifier sa marine, François Ier informa les cours et parlements qu'ayant besoin d'un grand nombre de gens doués d'une force suffisante pour voguer à la rame, il avait fait conduire à Marseille, sous bonne garde, tous les vagabonds ayant mérité la mort ou autres individus condamnés corporellement pour quelque crime ou délit que ce fût, hors celui d'hérésie et de lèse-majesté [2]. L'exécution de cette ordonnance demeura vraisemblablement subordonnée aux circonstances, c'est-à-dire que la rigueur était plus ou moins grande suivant la quantité de forçats que réclamaient le service et le nombre de galères à équiper. — En même temps qu'il prescrivit d'en faire construire de nouvelles, Colbert adressa aux présidents des parlements (11 avril 1662) ces ordres, d'une précision significative : « Le roi m'a commandé de vous écrire ces lignes de sa part pour vous dire que Sa Majesté désirant rétablir le corps de ses galères et en fortifier la chiourme par toutes sortes de moyens, son intention est que vous teniez la main à ce que votre compagnie y condamne le plus grand nombre de coupables qu'il se pourra, et que l'on convertisse même la peine de

---

[1] *Études sur la marine des galères*, par M. Laforêt (Marseille, 1861), p. 67. — *Dictionnaire des institutions et mœurs de la France*, par M. Chéruel.

[2] *Les galères de Louis XIV*, par M. E. Gallien. (*Gazette des Tribunaux* des 23, 27, 28 septembre, 4 et 16 octobre 1851.) — Excellent travail, resté malheureusement inachevé.

mort en celle des galères. » Cet ordre devait évidemment faire condamner à la peine des galères un grand nombre d'individus passibles de la simple prison ; il est vrai qu'il était favorable à quelques accusés dont le crime entraînait la mort. Le premier président de Dijon eut à ce sujet un scrupule : il objecta que le parlement ne pourrait, sans des lettres spéciales, changer la peine de mort en celle des galères, c'est-à-dire descendre le châtiment d'un degré. La réponse était facile à prévoir et ne se fit pas attendre. Les lettres de Colbert ne contiennent pas tout ce qui se rattache au rôle des parlements dans cette question. On n'y trouve pas non plus le détail des autres expédients mis en usage pour augmenter le nombre des galériens. C'est surtout en parcourant la correspondance des premiers présidents et des intendants qu'on acquiert la preuve de la pression qui fut exercée; pression malheureuse et dont les excès, quel que fût le but du gouvernement, causent une insurmontable tristesse[1]. Aux observations qui partaient de Paris pour réchauffer leur zèle, des présidents et des intendants répondirent que ce n'était pas leur faute si le nombre des forçats avait diminué, mais bien celle des agents qui les laissaient pourrir dans les cachots, au lieu de les expédier sur Marseille et Toulon, ou bien des conducteurs de chaînes, qui, par connivence ou défaut de surveillance, les laissaient s'évader en route. « J'ai bien à présent dans mon département, écrivait à Colbert le 27 avril 1662 Claude Pellot, intendant du Poitou, vingt condamnés aux galères

---

[1] Voir à ce sujet : 1° *Correspondance administrative sous Louis XIV*, par Depping; Galères, p. 814 à 955; — 2° les articles cités plus haut de M. Gallien, dans la *Gazette des Tribunaux*; — 3° enfin, l'*Étude sur la marine des galères*, de M. Lafaret.

qui sont bons corps et vigoureux; quand il vous plaira, vous ferez partir un commissaire avec une chaîne pour les prendre, et le plus tôt sera le meilleur, afin qu'ils ne dépérissent pas et que les juges soient plus disposés dorénavant à donner cette peine, quand ils verront que leurs prisons ne demeureront pas chargées de condamnés. » En annonçant peu après la condamnation de cinq galériens, cet intendant (il fut ensuite nommé premier président à Rouen) ajoutait avec une placidité effrayante : « Il n'a pas tenu à moi qu'il n'y en ait eu davantage, mais l'on n'est pas bien maître des juges. » Vers la même époque, le 18 août 1662, un avocat général au parlement de Toulouse, M. de Maniban, terminait une lettre relative à la condamnation de quarante-trois forçats par ces paroles textuelles : « Nous devrions avoir confusion de si mal servir le roi en cette partie, vu la nécessité qu'il témoigne d'avoir des forçats. »

On comprend sans peine que, grâce à de pareilles condescendances, la chiourme augmenta sensiblement. Un document de décembre 1676 la porte à 4,710; mais les galères étaient insatiables, et la mort y faisait d'affreux ravages. Pour combler les vides, l'intendant de Marseille avait suggéré à Colbert l'idée d'y envoyer les gens vagabonds et sans aveu. Le ministre résista cependant, par le motif qu'il n'y avait point d'ordonnance édictant cette peine, et qu'il faudrait établir de nouvelles lois. Plus tard, ces lois furent faites, et des individus qu'on ose à peine punir aujourd'hui, les mendiants récalcitrants, les contrebandiers, encombrèrent les bagnes. En 1662, une révolte (nous en parlons plus loin) avait lieu dans le Boulonnais. On la réprima vigoureusement, et plus de quatre cents malheureux furent envoyés à Toulon; mais la plupart, épuisés de fatigue par la longueur d'un voyage à travers la France entière, ne tardèrent pas à mourir. D'autres expédients réussirent mieux. Le duc de Savoie n'avait pas de galères; on lui paya ses forçats. Des lettres patentes de Charles IX, du 7 octobre 1562, constatent la présence d'esclaves turcs sur les galères; on en acheta, ainsi que des Russes (les Anglais en faisaient autant pour leur marine) et des nègres de Guinée, les meilleurs pour la rame. « Sa Majesté, écrivait Colbert le 12 novembre 1676 à l'intendant des galères, estimant qu'un des meilleurs moyens d'augmenter le nombre de ses galères seroit de faire acheter à Constantinople des esclaves russiens qui s'y vendent ordinairement, veut qu'il s'informe des moyens d'en faire venir un bon nombre... Elle veut être informée du succès qu'aura eu l'affaire de Tanger pour l'achat des quatre-vingts Turcs qui étoient à vendre. » Très-recherchés à cause de leur force, de leur insouciance, ces derniers se payaient de 400 à 450 livres; mais, écrivait l'intendant, « *cette marchandise* se vendoit argent comptant. » Par représaille d'un usage odieux familier aux Espagnols, des prisonniers de guerre furent assimilés aux forçats et contraints de ramer sur les galères du roi. On voudrait pouvoir nier un fait plus affligeant encore, que les correspondances officielles ne permettent pas de révoquer en doute. Pour atteindre le but si ardemment désiré, on alla jusqu'à inféoder les consulats du Levant à ceux qui livreraient le plus grand nombre d'esclaves turcs. Un sieur Bonnet, consul à Candie en 1679, fut menacé dans son emploi. Prévenu à temps, il écrivit à l'intendant : « Je m'oblige à fournir tous les ans cinquante Turcs à 340 livres l'un. Outre cela, j'en donnerai tous les ans dix autres en pur don, si on m'accorde à perpétuité la commission du consulat. » Et le sieur Bonnet obtint ce qu'il demandait[1] ! De leur côté, les armateurs recherchaient les esclaves turcs; mais le gouvernement s'alarma de cette concurrence, et le ministre de la marine écrivit au consul de France à Livourne, principalement chargé de ces achats : « Je vous envoie l'ordonnance que vous m'avez demandée pour empêcher les François d'acheter des Turcs, afin de vous faciliter les moyens d'avoir à bon marché ceux que vous achèterez pour les galères du roi. » Si la marine recherchait les esclaves turcs, il n'en était pas de même des nègres. L'intendant de Marseille en avait reçu du Sénégal cent quarante; sur ce nombre, vingt-huit, arrivés malades, avaient été mis à l'hôpital. « Je ne ferai pas mettre les autres à la chaîne, écrivit-il au ministre le 12 août 1679, de peur de les perdre tous dans le misérable état où ils sont. » D'après un relevé officiel, une chiourme de deux cent soixante-quinze rameurs comprenait soixante Turcs et cinq à six nègres seulement. Malgré les soins intéressés que l'intendant prenait de ces derniers, le climat les décimait cruellement et on prit le parti de renvoyer ce qui en restait aux îles d'Amérique. C'était le moment où la France disputait le Canada aux peuplades indigènes. On eut l'idée, pour diminuer le nombre des Iroquois, d'employer sur les galères « ces sauvages qui étoient, disait une lettre du roi au gouverneur, du 31 juillet 1684, forts et robustes. Louis XIV recom-

---

[1] *Études sur la marine des galères*, p. 94.

mandait d'en prendre le plus possible et de les faire passer en France. » Il était apparemment plus facile de tromper les Iroquois que de les capturer de vive force. Le gouverneur de la colonie, c'était alors le marquis Dénonville, colonel de dragons, attira les chefs de tribu dans un guet-apens, s'en empara et les envoya en France. Justement indignés, furieux, ceux qui restaient prirent les armes et firent aux Français une guerre d'extermination qui dura quatre ans, et à l'issue de laquelle le gouverneur fut obligé de leur promettre le retour des chefs qu'il avait si odieusement enlevés. Le 9 février 1689, Louis XIV donna ordre de renvoyer au Canada, suivant la demande du gouverneur, « les Iroquois qui étoient aux galères. » N'aurait-il pas mieux valu désavouer dès le début ce gouverneur, pour avoir ainsi compromis une colonisation déjà si difficile, et chercher d'autres moyens de recrutement?

Il en existait un, en effet, et Colbert lui-même en avait pendant quelque temps recommandé l'usage à l'intendant des galères qui le trouvait très-praticable et mettait tout en œuvre pour le faire prévaloir. C'était de substituer, dans une certaine proportion, les rameurs volontaires ou *bonnevoglies* aux forçats. Les divers États maritimes de l'Italie avaient beaucoup de bonnevoglies, et ceux-ci, dans leurs engagements, contractaient l'obligation de se laisser enchaîner comme des forçats, supportant ainsi, dans les circonstances extraordinaires, des fatigues auxquelles des hommes non enchaînés ne se seraient pas pliés. En France, le gouvernement trouvait bien des bonnevoglies, mais ils ne consentaient pas à porter la chaîne, et il fallait, par suite, avoir pour eux des ménagements que les capitaines prétendaient incompatibles avec un bon service. D'un autre côté, la dépense effrayait Colbert, qui écrivait en 1669 à l'intendant : « Je suis bien aise que vous trouviez facilement des bonnevoglies, mais il faut travailler à en diminuer la dépense, étant certain que si la solde que vous donnez continuoit, il seroit impossible de pouvoir faire cet établissement. » L'année suivante, un des frères du ministre, Colbert de Maulevrier, qui venait de faire la campagne de Candie, le dissuada d'employer des bonnevoglies. « Non-seulement, écrivait Colbert à l'intendant (10 janvier 1670), mon frère ne demeure pas d'accord que cet établissement puisse être aussi avantageux que vous le croyez, mais il soutient au contraire que l'on ne sauroit tirer beaucoup de service de galères qui ne sont composées que de gens de liberté, et qu'en fait de galères, il n'y a que les forçats qui puissent bien servir. » Quelque temps après, le roi recommandait au comte de Vivonne « d'examiner les moyens de faire des bonnevoglies de chaîne pour en introduire, s'il étoit possible, l'usage en France, comme en Italie, étant difficile que l'établissement des bonnevoglies puisse avoir autrement le succès que l'on s'en promet. » Plus l'équipage des galères était soumis, dépendant, plus l'autorité des commandants était facile. Le comte de Vivonne partagea sans doute l'avis des capitaines et de Colbert de Maulevrier. Abandonné par eux, l'intendant Arnoul le fut aussi par le ministre, et le système en vertu duquel les galères ne devaient être montées que par des forçats et des esclaves triompha complétement.

Ce fut, si l'on examine la question au point de vue toujours supérieur des droits de l'humanité et de la justice, une grande faute qui a suffi pour jeter sur l'administration d'ailleurs si glorieuse de Colbert une ombre fâcheuse. La nécessité prétendue de n'avoir qu'une très-petite quantité de bonnevoglies, nécessité où il est à croire que la crainte de la dépense fut prépondérante, avait déjà donné lieu à bien des énormités : condamnations excessives afin de multiplier le nombre des galériens, aliénations de consulats moyennant des fournitures d'esclaves, prisonniers de guerre traités comme des forçats, enlèvement des Iroquois. Toutes ces iniquités furent dépassées par une iniquité plus grande, qu'on a peine à croire vraie, et qu'aucune excuse ne saurait couvrir. L'ordonnance de Blois de mars 1510 portait que les capitaines de galère ou autres devraient, sous peine de destitution, rendre la liberté aux hommes qui auraient fait leur temps. Cette injonction, aujourd'hui superflue, tant les notions de droit naturel se sont vulgarisées, fut dans la suite modifiée à plusieurs reprises de la manière la plus étrange. D'abord Charles IX imposa aux juges un minimum de condamnation fixé à dix années. Par lettres patentes du 6 juin 1606, un roi justement illustre, mais dont toutes les ordonnances n'ont pas également droit à nos éloges (si grand qu'on soit, on est toujours de son temps), Henri IV, enjoignit au général des galères de retenir les forçats durant six ans, « nonobstant que les arrêts fussent prononcés pour moins de temps. » Louis XIII enfin renouvela la défense de condamner aux galères pour moins de six ans, se fondant sur cette raison singulière que les forçats ne faisaient presque rien les deux premières années, soit à cause des maladies, soit parce qu'ils n'étaient pas exercés à la rame. Ils n'étaient donc, pendant ces deux ans, d'aucune utilité, et, comme ils ne rendaient pas les services qu'on attendait d'eux, ce temps, disait-il, ne devait pas leur être compté.

Quelles étaient, à cet égard, les traditions administratives au moment où Colbert prit la direction de la marine? Un document postérieur de quelques années va nous l'apprendre. On a vu l'ordre intimé en 1510 aux capitaines de libérer les forçats à l'expiration de leur temps, sous peine de révocation, et les excès de pouvoir qui avaient suivi. Après une mission prêchée en 1673 sur les galères, l'évêque de Marseille intervint doucement, timidement, de crainte d'indisposer et de manquer son but, en faveur de condamnés dont on avait doublé et triplé le temps. Un état officiel, dressé le 5 juillet 1674, des forçats invalides auxquels on crut devoir, par une grâce spéciale, accorder la liberté, montre tout à la fois le résultat de cette pieuse intercession et les usages du temps, en ce qui concernait la durée de la peine. Sur trente-quatre individus que comprenait l'état, huit avaient été condamnés, de 1652 à 1660, pour deux, quatre, cinq ou dix ans, et ils étaient encore aux galères en 1674! Trop exclusivement préoccupé, on peut le dire, de la nécessité de donner au plus tôt à la marine française un grand développement, Colbert avait donc continué, à l'égard des forçats, le régime de la détention arbitrairement prolongée, en vigueur avant lui. Enfin, sans les maladies dont ils étaient atteints et que l'état indique, les malheureux dont il s'agit n'auraient pas obtenu leur liberté. Un seul, estropié du bras droit, était renvoyé à l'expiration exacte de sa peine. Un second document officiel, du 4 août 1674, donne les noms de cent trois autres forçats, libérés aussi à titre d'invalides. Vingt d'entre eux « avoient servi de quinze à vingt ans au-delà de leur condamnation. » Vingt condamnés à vie étaient autorisés à se faire remplacer par des Turcs. Enfin la même autorisation était accordée (de quel nom qualifier une pareille faveur ?) à des condamnés à temps, reconnus invalides, qui avaient accompli leur peine, et qui (les lettres de quelques présidents de parlement justifient toutes les suppositions) ne l'avaient peut-être pas méritée. Cette violation des arrêts de la justice était-elle du moins l'effet d'une aberration momentanée, d'une force des choses exceptionnelle? Hélas! non, et cette excuse même n'existe pas. « J'ai examiné, écrivait le 13 mars 1679 l'intendant des galères de Marseille, le registre de la chiourme pour vérifier en quel temps et par qui le nommé Reboul a été condamné. Il l'a été par le conseil de guerre du régiment des gardes en l'année 1660, pour cinq ans. Ainsi, comme il est demeuré quatorze ans en galère au-delà de son temps, sa liberté pourroit lui être accordée par grâce, si vous l'avez, Monseigneur, pour agréable. » Puis, le 6 mai suivant : « Le nommé Carreau a été condamné aux galères en l'année 1665 pour deux ans; de sorte qu'il y a demeuré douze ans au-delà du temps porté par ladite condamnation. »

Et cela se passait en France du vivant de Lamoignon et de Domat, dans le siècle des Pascal, des Bossuet, des La Bruyère!

Un autre ordre de faits attire ici l'attention. On vient de voir que les condamnés à vie, et ceux que le ministre retenait au-delà de leur temps sur les galères, étaient admis à se faire remplacer par des Turcs. Mais tous les galériens n'ayant pas 4 ou 500 livres en leur possession, cette facilité était illusoire pour le plus grand nombre. Je citerai parmi ceux qui ne purent en jouir le sieur de Blessis, ancien amant de la Voisin. Condamné pour suspicion par la chambre de l'Arsenal, il adressa à Louis XIV, après plusieurs années de bagne, un placet se terminant par ces mots : « Denis Poculot, sieur de Blessis, forçat de la galère *la Fidèle*, et autrefois lieutenant du régiment de Picardie, qui a fait cinq ans de plus que ne portoit sa condamnation, et qui ne peut donner de l'argent pour sa liberté, n'en ayant point, comme en ayant beaucoup dépensé au service de Sa Majesté [1]. » Ajoutons que les remplaçants turcs offraient des avantages précieux. « Il ne s'est jamais vu de plus beaux hommes, écrivait avec un enthousiasme comique l'intendant Arnoul à Colbert, en lui annonçant l'arrivée de quarante esclaves du Levant ; *ils avoient la gaieté dans le cœur et sur le visage.* » On connaissait bien la force, mais non la gaieté des Turcs. Naturellement les remplaçants devaient être plus vigoureux que les forçats auxquels ils étaient substitués. Mais ils ne les remplaçaient pas (quelle que fût la durée de la peine encourue) pour un temps déterminé ; l'esclave turc était galérien à perpétuité. Épuisé de bonne heure comme tous ses compagnons de chaîne, malgré sa vigueur, les épaules meurtries, quand ses forces commençaient à décliner, par le bâton du comite ou de l'argousin, il mourait de fatigue sur son banc, ou après quelques jours d'hôpital.

Il faut se représenter en effet par l'imagination cette vie des anciennes galères, si rebutante, si pénible, que beaucoup préféraient, au désespoir des intendants, se

---

[1] *Étude sur la marine des galères*, p. 81.

donner la mort ou se mutiler plutôt que de la supporter. Colbert, il est vrai, n'avait rien négligé pour l'améliorer au point de vue matériel ; mais, cela est triste à dire, son unique préoccupation était d'obtenir un meilleur service des condamnés et de faire durer leurs forces. Nourris de fèves à l'huile, d'un peu de lard et de pain noir, disait un voyageur de la fin du dix-septième siècle, rongés de vermine et de gale, n'ayant pour tout vêtement qu'un hoqueton large et court, sans bas, sans souliers, ils couchaient sur la dure, rivés les uns aux autres. Avait-on, pendant les manœuvres, besoin de silence, un bâillon en bois, qu'on leur faisait mettre dans la bouche, les empêchait de parler. Cependant il ne venait personne de marque à Marseille que l'intendant de l'arsenal ne le régalât d'une promenade sur *la Réale*. Ce jour-là, les forçats endossaient leur plus belle casaque rouge ; les banderoles, les flammes, les étendards, les pavillons de taffetas, sur lesquels les armes du souverain étaient brodées d'or et de soie, flottaient au vent ; les bancs d'arrière étaient recouverts de damas cramoisi, et une tente de même étoffe, garnie de franges et de crépines d'or, garantissait au besoin les visiteurs des ardeurs du soleil. « Mais, la pitoyable chose ! continue en son naïf langage, le voyageur que nous citons, à un signal donné, les forçats saluent monsieur l'intendant et ceux qu'il a amenés, en criant par trois fois tous ensemble : *Hou ! hou ! hou !* comme si c'étoient des ours et non des hommes. » J'omets d'autres détails ; ils soulèvent le cœur.

Se figure-t-on le dégoût que durent éprouver les protestants obligés de vivre au milieu de ces impuretés et de cette dégradation, lorsque, par suite de la révocation de l'édit de Nantes, ceux qui refusèrent d'abjurer et qui furent arrêtés dans leurs conciliabules ou en essayant de passer à l'étranger, eurent à subir la peine des galères? Justement odieuse, par toutes les raisons qu'on vient de voir, aux condamnés d'un rang infime qui avaient forfait à l'honneur ou aux lois naturelles, une telle peine était monstrueuse pour d'honnêtes gens dont la conscience glorifiait les résistances, et l'on n'est plus étonné, en songeant à ce qu'ils avaient à souffrir, du nombre de suicides signalé par les intendants.

L'horreur du service des galères et des iniquités qu'il entraînait ne fit qu'augmenter et se propagea peu à peu à mesure que les idées philosophiques élaborées par le dix-huitième siècle germèrent dans les esprits. Déjà, au surplus, l'utilité des galères avait été bien diminuée par le perfectionnement de la manœuvre des bâtiments à voiles. N'osant plus s'aventurer en pleine mer, elles s'éloignaient à peine du littoral. En 1743, de quatre galères expédiées sur Tunis, une seule put y arriver. D'après un historien du port de Toulon, « on ne retirait plus de ces bâtiments qu'un médiocre service, et on les jugeait inutiles; mais on les gardait parce que quelques États de la Méditerranée en avaient encore [1]. » Un rédacteur de l'*Encyclopédie méthodique* constate en outre qu'en 1786 on ne s'en servait plus depuis longtemps que pour les voyages des princes et autres personnes de distinction, ou pour la parade [2]. D'autre part, le recrutement des esclaves était devenu presque impossible, et il fallait quelquefois, en présence de

[1] *Guerres maritimes de la France: Port de Toulon*, par Victor Brun, t. I, liv. XII.
[2] *Dictionnaire de marine*, II, verbo *Galères*.

démonstrations énergiques, rendre ceux qu'on avait achetés. C'est ainsi que l'esclavage disparaissait honteusement du sol français avant d'être rayé de la loi. Enfin, et c'est ici que l'influence des saines idées philosophiques se faisait surtout sentir, les tribunaux, dépendant de jour en jour plus de l'opinion et moins du ministre, cessèrent de condamner aux galères dans l'intérêt exclusif de la marine. Tandis que le personnel des forçats était, en 1676, de 4,710, il n'y en avait plus que 4,000 vers le milieu du siècle suivant, malgré l'augmentation sensible de la population et la quantité toujours croissante des faux-sauniers. Une ordonnance du 27 septembre 1748 les répartit entre les arsenaux de Toulon, de Rochefort et de Brest, en les affectant aux travaux les plus rudes du port. Grâce à Dieu et à la marche de la civilisation, l'institution des galères avait disparu. Quant à Colbert et à ses instructions sur le recrutement des forçats, on ne peut que répéter pour son excuse ce que nous disions tout à l'heure à propos de quelques édits de Henri IV : « Si grand qu'on soit, on est toujours de son temps. »

CHAPITRE X.

LES DISETTES.

Les famines sous l'ancienne monarchie. — Détails sur celle de 1661 et 1662. — Une nouvelle disette a lieu en 1692. — Fausses mesures prises par La Reynie. — Des troubles éclatent au faubourg Saint-Antoine et à la place Maubert. — Des soldats aux gardes figurent parmi les meneurs. — La Reynie en condamne trois à mort. — Les difficultés et les troubles continuent en 1693. — Nouveaux arrêts rendus contre les marchands. — La récolte est encore très-mauvaise. — Le blé monte toujours. — On fixe un prix maximum. — Impuissance de toutes les fausses mesures. — L'exaspération du peuple augmente. — On gracie des perturbateurs, faute de pouvoir les punir. — Distribution du pain du roi au Louvre. — On la remplace par une distribution d'argent dans les divers quartiers. — La détresse et les difficultés vont sans cesse en augmentant. — La Reynie est obligé de faire arrêter un marchand. — Au plus fort de ces rigueurs (juin 1694) le setier de blé s'élève à 57 livres. — On se décide enfin à s'adresser aux marchands. — Fin de la disette.

La question des subsistances joue un grand et triste rôle dans l'histoire de l'ancienne monarchie. Aux époques les plus florissantes et pendant les règnes les plus illustres, la famine apparaît avec son cortége hideux de populations hâves, désolées, frappées à mort. Le règne de Louis XIV n'échappa point à ces misères, causées par les troubles civils ou par la guerre, aggravées par la difficulté des communications, et surtout, en ce qui concernait l'exportation et le commerce des céréales, par une législation de la plus déplorable mobilité et les préjugés les plus funestes. Dans les premiers temps du ministère de Colbert, de graves embarras, suscités par la cherté des grains, avaient exigé des mesures extraordinaires; ils se reproduisirent avec un caractère plus alarmant vers la fin de l'administration de La Reynie. La disette avait pourtant été plus grande en 1661 et en 1662; mais on était au début du règne, et nonobstant les inquiétudes généralement répandues, la population de Paris se borna, avec une résignation passive, à se porter en foule aux distributions de pain. De pressants appels faits à la charité constatent la déplorable situation des provinces. Même en faisant la part d'une pieuse exagération, les misères durent être affreuses, et dans le Blaisois, en Touraine, en Anjou, elles dépassèrent tout ce que l'imagination peut rêver de plus douloureux. « Les pauvres, disait une relation de l'année 1662, sont sans lits, sans habits, sans linge, sans meubles, enfin dénués de tout. Plusieurs femmes et enfants ont été trouvés morts sur les chemins et dans les blés, la bouche pleine d'herbes... Depuis cinq cents ans, il ne s'est pas vu une misère pareille à celle de ce pays...»

Un contemporain, le commissaire du roi Delamare, que Colbert avait chargé d'approvisionner Paris, prétend que la disette de 1660 à 1662 fut factice, et il l'attribue (c'était l'idée fixe de la police) aux manœuvres des accapareurs. Suivant lui, la nielle avait gâté quelques blés, au commencement de 1660, et sous prétexte d'un accident spécial à un petit nombre de localités, mais qui n'avait rien d'inquiétant, les marchands de Paris auraient pris la poste et couru de ville en ville, achetant partout au-dessus du cours. Cette manœuvre aurait-elle suffi pour que le prix du setier (1 hect. 86 cent.) s'élevât de 13 à 57 livres? Non, sans doute, et le principal auteur de cette augmentation était l'administration elle-même qui, pour mettre sa responsabilité à couvert, imputait tous les torts aux accapareurs, ajoutant ainsi, sans le vouloir et sans le savoir, à la violence du mal.

Louis XIV a exposé, dans ses *Instructions au Dauphin*, les mesures qu'il prit à cette occasion : achats de blés à l'étranger; vente à prix modique à tous ceux qui avaient quelques ressources, distribution au menu peuple des grandes villes comme Paris, Rouen, Tours, etc. « A la campagne, ajoute-t-il, où les distributions de blés n'auroient pu se faire si promptement, je les fis en argent, dont chacun tâchoit ensuite de soulager sa nécessité. » En même temps, le lieutenant civil faisait une guerre active aux accapareurs et obligeait ceux de la province à venir vendre leur blé sur les marchés de la capitale. Vainement la province se plaignait à son tour; elle dut céder. Colbert avait trouvé le prix du setier à trente-huit livres; les achats faits, d'après ses conseils, à l'étranger, n'arrêtèrent pas la hausse. A l'arrivée d'un chargement de Dantzick, une réunion à laquelle le ministre assistait eut lieu (12 avril 1662) chez le chancelier, et l'on décida de vendre ce blé vingt-six livres aux nécessiteux, ce qui fit baisser de dix livres celui des marchands. Une deuxième assemblée régla les questions de détail que soulevait la distribution et la vente. Cependant chaque jour amenant des difficultés nouvelles, on crut bien faire de vendre le pain tout fabriqué, à prix réduit, et un avis affiché dans Paris fit savoir que le 10 mai, à huit heures du matin, on distribuerait aux

Tuileries *le pain du roi*. « Se donnera, disait l'avis, la livre dudit pain, à deux sols six deniers, et se continuera ladite distribution, tous les jours, avec défense à toutes personnes de prendre plus de pain que pour sa provision, et de le vendre et regrater, sous peine de punition corporelle. » Ces secours permirent d'atteindre plus patiemment la fin de la crise. D'ailleurs, la crainte des accapareurs se dissipait, les apparences de la récolte rassuraient les esprits, et la panique était calmée. Pourtant les récoltes de 1662 et de 1663 causèrent encore des mécomptes, et ce ne fut qu'en 1664 que le blé descendit à son taux normal de quatorze livres le setier.

Les quinze premières années de l'administration de La Reynie s'étaient écoulées sans que l'approvisionnement de Paris lui eût créé de sérieux sujets d'inquiétude. Pour dissiper quelques craintes conçues sans motif en 1684, il avait suffi d'un achat de grains fait par le gouvernement à l'étranger. Vendu d'abord à vingt-huit livres le setier, le blé du roi, comme on l'appelait, avait amené promptement la baisse du blé des marchands, qui était tombé bientôt à seize livres. Cette concurrence faite au commerce de bonne foi n'était cependant ni juste ni prudente, car elle devait le décourager. Bonne contre un mal chimérique ou insignifiant, elle ne pouvait qu'accroître les illusions et détourner du vrai remède. Aussi quand en 1692 on voulut recommencer, La Reynie se trouva aux prises avec les difficultés les plus sérieuses qu'il eût encore rencontrées. Ses lettres, celles du chancelier Pontchartrain, du président de Harlay, et les précieux documents recueillis par le commissaire Delamare, contiennent les éclaircissements les plus complets sur la crise des subsistances que le gouvernement allait traverser[1].

Les premières inquiétudes se manifestèrent vers la fin du printemps. Le bruit courut que les blés avaient été niellés. Cela était vrai pour quelques provinces seulement, suivant Delamare, toujours disposé à ne voir dans les disettes qu'une affaire d'accaparement; mais le dommage étant local, ce qui restait de blés des années antérieures devait, dit-il, remplir les vides. Le public s'alarma; les marchands de Paris s'empressèrent d'acheter les restes de la récolte précédente, et, ce qui était contraire aux ordonnances, d'arrher les blés en herbe. Par suite, le prix du froment ne tarda pas à s'élever, et il se vendait, après la moisson, vingt-quatre livres le setier, les autres grains en proportion. Le gouvernement recourut alors aux moyens accoutumés. Le 13 septembre 1692, il interdit l'exportation; mais, comme d'ordinaire, la mesure ne produisit pas grand effet. Le pain continua d'enchérir, et bientôt les désordres de la rue commencèrent. Le 12 novembre, la place Maubert (c'était déjà, avec le faubourg Saint-Antoine, le quartier le plus difficile à gouverner) fut le théâtre d'une sédition d'autant plus grave que les meneurs étaient des soldats aux gardes. Suivis d'une quantité considérable de menu peuple, ils ne s'étaient pas bornés à piller le pain des boulangers; ils leur avaient encore extorqué de l'argent.

Trois jours après, La Reynie écrivait à de Harlay

---

[1] Un économiste contemporain, M. André Cochut, a signalé avec raison (*Revue des deux mondes*, du 15 août 1863), à propos de cette crise, les fautes de l'administration et les dangers des innombrables règlements soi-disant tutélaires qui entravaient l'industrie des marchands de blés et des boulangers sous l'ancien régime.

que le peuple, toujours déraisonnable, ne comprenait pas que l'augmentation de la valeur du blé dût enchérir le pain, et qu'il murmurait partout. « M. le procureur du roi, ajoutait-il, a fait arrêter ce matin deux des séditieux qui commencèrent le désordre de la place Maubert, et son fils a travaillé tout le jour à l'instruction du procès; M. d'Artagnan a pris les précautions nécessaires pour ce même marché, et les soldats avec les femmes qu'ils emploient pour commencer les désordres qu'ils veulent exciter ayant aperçu ces précautions, se sont aussitôt retirés. M. d'Artagnan a fait aussi arrêter le soldat appelé Descoins, avec quelques autres soldats qu'il fera demain transférer au Châtelet, et, dans le jour, le procès sera entièrement en état de juger[1]... »

Les craintes du gouvernement n'étaient, on le voit, que trop fondées. Il avait sollicité en pareille circonstance, lors de la disette de 1662, les avis d'une assemblée mixte, qui, si elle ne supprimait pas les difficultés, donnait du moins une grande force morale aux décisions prises sous son patronage. Une assemblée analogue fut convoquée et se réunit dans la chambre de Saint-Louis, au palais. Composée des présidents du parlement, de la cour des comptes et de la cour des aides, du prévôt des marchands, des échevins, de messieurs de la ville, des commissaires du Châtelet, de députés des chapitres de Notre-Dame, de Saint-Germain-des-Prés, de Saint-Victor, de Sainte-Geneviève, elle statua qu'il y avait lieu de pourvoir à la subsistance des pauvres, — de rétablir l'abondance sur les marchés de Paris en forçant les laboureurs et les mar-

---

[1] Depping; *Corresp. admin.*, II, 631.

chands d'y amener leurs grains, avec défense expresse d'en vendre ailleurs, — de veiller à la sûreté publique et surtout à celle des boulangers[1]. On prit aussi quelques bonnes mesures pour venir en aide aux plus nécessiteux. Quant à rétablir par la force et la terreur l'abondance sur les marchés en y traînant les propriétaires de grains, si résolu qu'il fût à tout oser, le gouvernement reculait devant une pareille entreprise. Seule, la répression des vols de grains et de pain était possible, et elle ne se fit pas attendre. Le 28 novembre, La Reynie condamnait à mort trois soldats pris en flagrant délit. L'arrêt, soumis au parlement, fut confirmé pour un des coupables; les deux autres furent envoyés aux galères, après avoir assisté à l'exécution. Quelques gardes furent mis au carcan ou battus de verges. On pouvait croire que ces actes de sévérité préviendraient de nouveaux excès; il n'en fut rien. Quatre jours après, huit soldats attaquaient, l'épée à la main, la femme d'un boulanger de Vaugirard, qui conduisait au marché une charrette de pain. Tels étaient, à la fin de 1692, les exploits des soldats français au cœur même de Paris! Louvois, à la vérité, n'était plus; mais toute discipline avait-elle donc disparu avec lui? On se demande enfin ce qui devait se passer dans les provinces, puisque l'insubordination était poussée à ce point sous les yeux mêmes du gouvernement.

L'année 1693 fut plus agitée et plus difficile encore que celle qui venait de finir. Vainement la police escortait les boulangers sur les routes et les protégeait pendant la durée des marchés; la détresse était telle

---

[1] Delamare, *Traité de la police*, II, 390.

que la crainte des châtiments et de la mort même n'était plus un frein suffisant. Vers la fin de mars, les soldats des gardes (toujours des soldats!) se livrèrent à de graves désordres dans divers marchés. « Ils s'attroupèrent au Marché-Neuf, dit La Reynie, et après s'être répartis par pelotons ils enlevèrent de force du pain et du poisson, et quelques-uns de ces soldats se jetèrent sur l'argent que l'on comptoit à une vendeuse de marée. » La Reynie ajoute que le blé avait été rare aux halles, et que les prix, stationnaires depuis quelques mois, s'étaient élevés de vingt sous par setier, ce que quelques personnes attribuaient au mauvais temps. « On a appris, cependant, disait M. de Harlay, qu'il a passé des gens inconnus aux habitans des lieux d'où il vient des blés à Paris, qui ont affecté de les enchérir, et qui ont promis d'enlever tout au même prix. Il pourroit être avantageux au public qu'il vous plût de vous en faire rendre compte[1]. » Le fantôme des accapareurs se dressait de nouveau, et troublait toutes les têtes. Depuis le commencement de l'année, de nombreux arrêts avaient été rendus contre les marchands de blés, moyen infaillible pour empêcher que le commerce vînt en aide aux populations. D'autre part, la répression ne faiblissait pas. Le 14 mai, un ouvrier avait forcé, à la tête d'un attroupement, la boutique d'un boulanger de la rue de Lourcine et pillé le pain et les meubles. La Reynie le condamna à être pendu au carrefour de la porte Saint-Marcel, et l'arrêt, confirmé par la cour du parlement, fut exécuté le lendemain même. Quelques jours après, le 29 mai, on ouvrait des ateliers publics aux pauvres valides, à la condition qu'ils

---

[1] Depping; *Corresp. admin.*, II, 639.

n'iraient pas mendier aux heures de repos. Par malheur, la nouvelle récolte fut encore plus mauvaise que la précédente, et la situation ne fit qu'empirer. Pendant plusieurs mois, les lettres de La Reynie et de Harlay sont pleines de détails navrants et montrent que le gouvernement ne savait jamais la veille s'il y aurait du pain à la halle le lendemain. Sollicité d'indiquer un remède au mal, le lieutenant de police proposa d'enjoindre : — à tous les laboureurs et fermiers, à huit lieues à la ronde, d'amener sans délai leurs grains aux halles et autres marchés les plus rapprochés de leurs domiciles, *sous peine d'amende et de confiscation;* — aux marchands de blés de déclarer dans trois jours la quantité qu'ils en avaient, avec obligation d'envoyer incessamment à Paris les grains nécessaires. Sur ces divers points, La Reynie ne fut que trop écouté. Un arrêt du parlement du 27 juillet donna force de loi aux dispositions qu'il avait suggérées et décida que les blés seraient vendus d'autorité, au prix moyen des marchés, du 25 juin au 8 juillet. Veut-on savoir le résultat de ces fatales mesures? Le 20 juillet, le prix du setier était de vingt-quatre livres; un mois après, il avait presque doublé.

Cependant La Reynie, plein d'illusions, avait écrit au président du parlement, en recevant l'arrêt du 27 juillet : « Il faut aimer le public autant que vous l'aimez, et avoir autant d'application et d'activité que vous en avez dans cette conjoncture, pour le secourir à temps comme vous faites. Si l'arrêt est publié et débité aujourd'hui et demain dans les marchés de Paris, le peuple attendra le secours, et les boulangers espéreront trouver des blés à juste prix... » Insistant sur la nécessité de fixer un maximum, tant à la halle que sur les ports, il faisait remarquer « qu'une conduite ferme et suivie étoit surtout nécessaire, et qu'il seroit très-dangereux de se relâcher dans cette conjoncture, car on seroit livré à la discrétion des monopoleurs... » Puis, le 29 juillet : « Il n'est rien arrivé d'extraordinaire aujourd'hui dans les marchés; mais le mécontentement du peuple est tel que, s'il n'y a incessamment quelque diminution au prix des grains et à celui du pain, il seroit difficile de s'assurer de le pouvoir longuement contenir. »

Les marchés suivants furent plus tranquilles ; mais le menu peuple se plaignait toujours, et difficilement l'empêchait-on de se porter aux derniers excès. Le 29 août, un marchand qui avait un bateau de blé au port de l'École, en demanda quarante-deux livres le setier. Là-dessus, La Reynie de l'accuser d'avoir brûlé beaucoup de papiers depuis peu, et de n'avoir pas le *cœur françois*, ce qui voulait dire que c'était encore un accapareur. Invité de nouveau à donner son opinion sur la situation, et subissant jusqu'à la fin l'influence funeste du système de réglementation si fâcheusement exagéré par Colbert, il répondit que son avis était d'établir un prix maximum du blé pendant le mois de septembre. « Cela même, ajoutait-il, ne sera pas approuvé et il y aura une forte résistance, mais le public sera-t-il abandonné? Faut-il attendre davantage à le secourir, et, quoi qu'il puisse arriver, l'état présent n'est-il pas le plus mauvais où il puisse être réduit ? »

Les faits économiques obéissent à des lois naturelles qu'on ne fausse pas impunément, et sur ce terrain la force brutale se brise impuissante. Comme toujours en pareil cas, les résultats obtenus furent donc bien différents de ceux qu'on avait espérés. A bout d'expédients, le gouvernement chargea (5 septembre 1693) les conseillers d'État Pussort, d'Aguesseau, de Harlay fils et Phélypeaux d'aviser aux moyens « d'obliger sans délai ceux qui avoient des magasins de blé à le vendre, et d'en faciliter la circulation dans les provinces. » Un second arrêt ordonnait de nommer dans toutes les villes et communes du royaume des personnes de probité pour visiter les fermes, abbayes et maisons, dresser procès-verbal de la quantité de grains qui s'y trouveraient, et les faire porter au marché. S'il eût été possible d'ajouter au mal, de telles mesures l'eussent fait; elles restèrent à peu près partout lettre morte. La défense aux brasseurs, ceux des Flandres exceptés, d'employer du blé ou de l'orge à la fabrication des bières, la suppression de tous droits d'entrées et autres levés tant au profit du roi que des villes, communautés ou seigneurs particuliers, firent sans doute quelque bien; mais les violences continuaient. Le 16 septembre, à la nuit, deux cents femmes attaquèrent à coups de pierres la maison d'un boulanger de la rue des Gravilliers. Le lendemain, nouveaux troubles, nouveaux pillages de boulangeries par des femmes. Les journées suivantes ne furent pas moins agitées. Le 24, La Reynie, envoyant à M. de Harlay un pain de seigle et d'orge qui ne revenait qu'à deux sous, lui mandait : « La chaleur paroît grande du côté du faubourg Saint-Marcel. Ce sont des femmes et des veuves de soldats qui souffrent véritablement et qui sont d'une vivacité extraordinaire. Il en est venu ce matin devant ma porte, auxquelles il a fallu nécessairement que j'aie parlé, après avoir entendu la plus hardie, qui portoit la parole pour toutes les autres, lesquelles n'avoient point osé la suivre, de crainte qu'on ne le trouvât mauvais, quoique, à ce qu'elle m'a dit, ces femmes, qui avoient vu périr une partie de leurs enfants, fussent peu en peine de leur propre vie, à cause de la misère extrême qu'elles souffroient... »

Si ces faits étaient purement accidentels, il n'y aurait qu'à les laisser dans la poussière des in-folio ; mais ils se représentaient à chaque disette, et Dieu sait si les disettes étaient nombreuses, grâce à l'épouvantail des accaparements. Ils nous permettent d'ailleurs d'étudier de près, dans la partie la plus difficile de son œuvre, un administrateur justement célèbre. La situation s'aggravant toujours, la surexcitation des populations devint telle qu'il fallut, chose inouïe depuis la mort de Mazarin, composer avec les révoltés. Sur l'avis de La Reynie, deux perturbateurs, que le chancelier voulait punir exemplairement, furent graciés, parce que le moment eût été mal choisi. En même temps, il est vrai (25 septembre), un arrêt du parlement, basé sur les derniers troubles, défendit de « s'assembler *tumultuairement* et de faire aucune violence aux boulangers *sous peine de vie*. » Édit non moins insignifiant et inutile que tous ceux qui avaient précédé ! En 1662, Louis XIV avait fait fabriquer du pain qui devait être distribué à prix réduit : on recourut de nouveau à ce moyen extrême. On bâtit encore une fois des fours dans la cour du Louvre, et on y fit cuire cent mille livres de pain par jour, qui furent vendues deux sols la livre, moitié du prix d'achat, avec défense d'en acheter pour le revendre. Malgré les précautions, de graves désordres eurent lieu. Ainsi, le 28 octobre, une femme, que la curiosité avait attirée près du Louvre, périt étouffée. Son mari et son fils furent blessés. On peut juger par là des abus qu'une foule pareille devait occasionner. Un arrêt destiné à empêcher ces violences porte que beaucoup de personnes aisées profitaient du bas prix de ce pain pour en acheter le plus possible, et que les véritables pauvres perdaient ainsi leurs journées. Pour empêcher ce trafic, on fit distribuer le pain par les curés des paroisses, avec le concours de personnes charitables du quartier. Quinze jours après (14 novembre 1693), nouvel arrêt substituant les distributions d'argent à celles de pain. Au lieu de cent mille livres de pain par jour, les pauvres de Paris eurent 120,000 livres d'argent deux fois par semaine. Quelques mois s'écoulèrent, et l'on reconnut alors que, loin de parer aux difficultés, ces distributions n'avaient fait que les compliquer. Les lettres de La Reynie à de Harlay (elles abondent, hélas ! sur ce triste chapitre) le prouvent suffisamment :

« 2 *décembre* 1693. — Tous les marchés ont été aujourd'hui si difficiles qu'il est, ce semble, impossible d'empêcher qu'il n'arrive quelque grand désordre, si les choses subsistent encore un peu de temps sur le même pied, car le concours et l'état du peuple qui paroit dans tous les marchés est tel qu'il n'est plus au pouvoir des officiers et de tous ceux qui concourent à maintenir la sûreté, de répondre qu'elle ne sera point troublée. La multitude renouvelle les menaces, et on y entend dire, sans qu'il soit possible d'y remédier, *qu'il faut aller piller et saccager les riches.* Le pain est enchéri en quelques marchés, et, aux autres, il a fallu faire de tels efforts que je ne sais s'il ne seroit pas mieux de laisser le soin qu'on essaye de prendre pour le soulagement du public que de continuer de le prendre très-inutilement..... Presque tout le monde croit savoir qu'il y a des blés, qu'ils sont retenus, qu'il y a une espèce de conjuration sur cela, et que le temps presse ; mais j'ose dire que la malignité presque de tous ceux qui profitent à tenir le public en cet état est si grande qu'ils ne se mettent point en peine qu'il arrive du désordre... »

Trois jours plus tard, le 5 décembre 1693, après avoir constaté que les boulangers de la campagne ne veulent plus venir à Paris parce qu'on leur vole le pain « sur les chemins, dans les rues et dans les marchés, où ils sont continuellement exposés, » La Reynie reconnaît avec douleur « qu'il faudroit un officier pour chaque boulanger, pendant toute la vente de son pain, et que, par malheur, le concours du peuple met tous les boulangers en état d'être pillés. » Il ajoute ensuite tristement : « La plus grande partie de ce peuple ne sait en quoi l'équité et la proportion du blé au pain peut consister, et n'est pas en état d'acheter du pain, quand il seroit beaucoup au-dessous du prix où il est [1]. »

Ces sentiments témoignent de l'humanité du magistrat ; mais, dans les voies de la charité, le cœur n'est pas souvent le meilleur guide, et on ne saurait trop déplorer les récriminations constantes contre les gens soupçonnés d'avoir du blé chez eux. Non-seulement elles faisaient le vide sur les marchés, mais que de fois elles appelèrent d'injustes rigueurs sur d'honnêtes citoyens ! Au mois de mars 1694, un protestant fut signalé comme accapareur, et La Reynie reçut l'ordre de s'expliquer sur la convenance de le faire arrêter *à cause de sa mauvaise conduite sur le fait des blés.* Il le connaissait sans doute pour un homme de bien, car, saisi d'indignation à cette pensée, il répond qu'il regarde la mesure proposée comme odieuse, plus dangereuse même que le mal auquel on voulait porter remède [2]. Il eût été honorable pour La Reynie de protester jusqu'à la fin contre cette violence ; mais, la

---

[1] Depping; *Corresp. admin.*, II, 669.
[2] *Ibid.*, 674.

cour ayant insisté, il faiblit, et, l'esprit séduit par l'illusion commune, il finit par écrire que « la détention de cet homme, dont on avoit saisi tous les papiers, ne laissoit pas de faire quelque exemple[1]. » Singulier exemple en vérité, puisque vers la même époque (juin 1694), le setier de blé se vendit 57 livres! Suivant l'usage invariable, le commissaire Delamare, principal agent de La Reynie dans ces affaires, rejetait le tort sur les fermiers qui, s'étant enrichis les années précédentes, n'avaient pas besoin de vendre les blés vieux qui leur restaient. Mais si, comme il le prétendait, les apparences de la récolte étaient favorables, ces fermiers auraient donc été bien sots de ne pas profiter de l'élévation des prix! Le 27 juin, le prévôt de Paris et le lieutenant général furent invités à poursuivre ceux qui, « par de faux bruits et des discours séditieux, avoient, la veille d'une récolte abondante, fait renchérir considérablement le blé à Paris et dans les marchés voisins. » Quelques jours après, six commissaires au Châtelet se transportaient dans les provinces pour faire venir des blés à Paris et informer contre ceux qui en causaient la cherté. Suivant Delamare, qui visita la Bourgogne et la Champagne, ils trouvèrent partout, dans les fermes comme dans les villes, des blés vieux de plusieurs récoltes, qu'ils firent porter aux marchés les plus proches, où ils rétablirent ainsi l'abondance. Disait-il la vérité? Ne pliait-il pas les faits dans le sens de ses préjugés? Une lettre de La Reynie (23 juillet 1694) prouve que cette abondance, tant vantée dans les relations faites après coup, n'était rien moins que réelle[2]. On

---

[1] Depping; *Corresp. admin.*, II. 614, note.
[2] *Ibid.*, 619.

peut voir par vingt passages de sa correspondance quelle passion instinctive, irréfléchie, l'animait contre les marchands de blé. Un de ces marchands, le sieur Legendre, de Rouen, consentit à envoyer du blé à Paris; mais il réclama sans doute des garanties, et il eut bien raison. C'est alors que, dompté enfin par l'évidence et par la force des choses, La Reynie écrivit à M. de Harlay cette lettre que les lieutenants généraux de police auraient dû faire imprimer en lettres d'or, mais qu'aucun d'eux ne connut probablement :

« J'exécuterai l'ordre que vous me faites l'honneur de me donner à l'égard du blé du sieur Legendre, autant qu'il peut dépendre de moi... C'est là le cas où un bon marchand, qui n'est d'aucun complot ni d'aucune cabale, amenant sa marchandise à Paris, doit y avoir, ainsi que tous les autres en général, une entière et pleine liberté de la vendre et débiter à tel prix qu'il le peut et le plus avantageux pour lui, en observant les règles établies dans le lieu où il fait son commerce. La moindre contrainte au delà sera toujours vicieuse et d'un grand préjudice au public, car elle empêcheroit le bon effet qui lui doit revenir de la liberté de chaque marchand et de la liberté réciproque des acheteurs. Il est encore de l'intérêt public, ainsi que vous le jugez, aussi bien que de l'intérêt du marchand, qu'il vende promptement, afin qu'il revienne bientôt rapporter d'autre marchandise. »

Sages et judicieuses réflexions pour les subalternes; mais étaient-ils assez éclairés pour en profiter? Pour sa part, le commissaire Delamare continua de voir partout des monopoleurs. « Toutes leurs ruses étant découvertes, dit-il, ils furent obligés de rentrer dans l'ordre et la discipline d'un légitime commerce. » Se figurant que les mesures auxquelles il se glorifie d'avoir pris part avaient ramené l'abondance et les bas prix,

Delamare ajoute naïvement : « Par toutes ces diligences, le prix du blé tomba à Paris, dix jours après le départ des commissaires, de 54 livres le setier à 36, deux jours après à 32, dans la même semaine à 28, et au bout d'un mois à 20 livres. Cette diminution continua toujours jusqu'à la Saint-Martin, que le plus beau blé ne se vendait plus que 15 et 16 livres, et ce fut ainsi que finit *cette disette apparente* et cette véritable cherté qui avoit duré près de deux ans. »

Ce fut ainsi, ajouterai-je, et telle est la leçon à tirer de ce triste épisode, ce fut grâce à ces appréciations erronées et à cette malheureuse disposition à nier le mal et à persécuter ceux dont il aurait fallu au contraire stimuler les efforts, que de nouvelles disettes, plus cruelles que les précédentes, vinrent en 1698, en 1699 et surtout en 1709, mettre à une rude épreuve le successeur de La Reynie, et, ce qui était bien plus fâcheux encore, faire peser sur les populations affamées des misères que d'autres principes et d'autres errements leur auraient épargnées, du moins en partie.

CHAPITRE XI.

LES PROTESTANTS.

Révocation de l'édit de Nantes. — Premières marques d'intolérance dans Paris. — Colbert, Seignelay, Du Quesne. — État antérieur à la révocation. — Intervention funeste de Louvois. — La Reynie est chargé de la suite des affaires de religion qu'on lui avait enlevées. — Détestables passions de la multitude. — Troubles fréquents. — Conversions par logements de militaires. — La Reynie s'y oppose d'abord et finit par les subir — Pellisson et les conversions à prix d'argent. — Abjurations imprimées. — Protestants récalcitrants à la Bastille. — Lettres à ce sujet. — Ouvriers protestants émigrés. — Vains efforts de Louvois pour les faire rentrer en France. — Souscriptions protestantes en faveur de l'Angleterre. — Vauban conseille la tolérance à Louvois, qui n'ose plus dire la vérité au roi. — Conséquences économiques de la révocation. — Dépeuplement et misère de la France. — Tentatives infructueuses de Vauban et de Racine. — Pitoyable état du pays en 1686, d'après un mémoire adressé à Louvois. — Rôle de La Reynie dans les persécutions religieuses.

C'est encore pendant l'administration de La Reynie que survint un des plus graves incidents du règne de Louis XIV. Tant que vécut Turenne, la question religieuse, traitée avec les ménagements que commandait la raison politique, ne causa au gouvernement que des difficultés d'un ordre secondaire. A la mort du grand capitaine (1675), les mauvaises dispositions du chancelier Le Tellier et de Louvois contre les protestants devinrent plus marquées ; mais Colbert, dont la tolérance s'étendait jusqu'aux juifs en faveur de l'industrie, continua de résister, au nom de cet intérêt considérable. « M. Colbert, écrivait un jour madame de Maintenon, ne pense qu'à ses finances, et presque jamais à la religion. » Peu à peu les exigences des catholiques exclusifs, que le chancelier soutenait ouvertement, s'accrurent. Au mois de septembre 1680, une protestante qui demeurait au faubourg Saint-Germain étant tombée malade, des prêtres de Saint-Sulpice pénétrèrent chez elle sans y être appelés. Il s'ensuivit quelques désordres au sujet desquels Colbert demanda des explications à La Reynie[1]. Quoique très-réservée, sa lettre renfermait un blâme réel contre les prêtres qui forçaient ainsi la porte des malades. Une famille industrielle restée célèbre, celle de van Robais, dont le chef avait initié la France à la fabrication des beaux draps de Hollande, était protestante. Tout en désirant sa conversion, Colbert la protégea jusqu'au bout contre les capucins d'Abbeville, qui, suivant ses expressions, *la pressoient trop*. Le moment vint pourtant où il céda au torrent, et l'on a, de ses dernières années, beaucoup de lettres par lesquelles il ordonne d'expulser des finances et des fermes tous les religionnaires. De son côté, le marquis de Seignelay, qui dirigeait la marine sous ses ordres, écrivit le 4 juillet 1680 à l'intendant de Brest : « Sa Majesté attendra encore un mois ou deux que les officiers de la religion prétendue réformée se mettent en état de profiter de la grâce qu'elle a bien voulu leur accorder, et elle *chassera* ceux qui auront persévéré dans leur opiniâtreté[2]. » Une seule exception était faite à l'égard de Du Quesne à cause du besoin qu'on avait de ses services, et combien de fois elle lui fut, sinon reprochée,

[1] Depping; *Corresp. admin.*, II, 567.
[2] Arch. de la marine. *Ordres du roi pour l'année 1680*, folio 261.

du moins rappelée! Quand la mort de Colbert, véritable calamité nationale, eut laissé le champ libre à l'influence du vieux Le Tellier et de l'impétueux Louvois, les édits contre les protestants se multiplièrent. Même avant la révocation de l'édit de Nantes, la persécution avait atteint un degré de violence dont la seule excuse, s'il pouvait y en avoir une, serait dans la complicité de la population, depuis les classes les plus éclairées jusqu'aux plus ignorantes. Un fait digne de remarque, c'est que, d'après le dernier article de l'édit de révocation, les protestants pouvaient, « *en attendant qu'il plût à Dieu de les éclairer comme les autres,* demeurer dans le royaume, y continuer leur commerce et jouir de leurs biens, sans pouvoir être troublés ni empêchés, à condition de ne point s'assembler sous prétexte de prière ou de culte. » Or cet article était en contradiction formelle avec le plein pouvoir donné précédemment aux intendants d'expulser du royaume tous ceux qui résisteraient à la grâce. Quelques intendants ayant demandé des instructions plus précises, Louvois dissipa tous les scrupules en leur écrivant qu'il ne doutait pas que quelques logements *un peu forts* ne détrompassent les religionnaires de leur erreur sur l'édit que M. de Châteauneuf (c'était le secrétaire d'État ayant les affaires de religion dans ses attributions) *leur avoit dressé.* « Sa Majesté, ajoutait Louvois, désire que vous vous expliquiez fort durement contre ceux qui voudront être les derniers à professer une religion qui lui déplaît et dont elle a défendu l'exercice par tout son royaume. » Recommandations bien dignes du ministre impitoyable qui, dans le temps même où il était livré aux grands tourbillons de la vie et des passions humaines, écrivait à un commandant de province : « Sa Majesté veut qu'on fasse sentir les dernières rigueurs à ceux qui ne voudront pas suivre sa religion, et ceux qui auront la sotte gloire de vouloir rester les derniers doivent être *poussés jusqu'à la dernière extrémité.* » Était-on assez loin des temps heureux où le jeune roi, suivant de confiance les inspirations de Colbert, invoquait, pour dissuader Charles II d'épouser les rancunes religieuses de son parlement, « la douceur et la considération avec lesquelles les princes catholiques traitoient dans leurs États ceux de leurs sujets qui professoient une autre croyance¹! »

La Reynie, on s'en doute bien, fut activement mêlé aux affaires de religion dans Paris. Une intrigue ministérielle les lui avait un moment soustraites, une autre intrigue les lui rendit. Le spectacle intime des rivalités et des jalousies qui troublent la sphère des hommes appelés à gouverner sera toujours un curieux sujet d'étude. Quel intérêt ne s'y attache-t-il pas quand ces rivalités se produisent à l'occasion d'un fait tel que la révocation de l'édit de Nantes, qui fut accueilli avec une si aveugle faveur par les multitudes, avec de si justes imprécations par ceux qui en étaient victimes, et qui est resté l'un des événements les plus considérables d'un règne à jamais célèbre! Un contemporain, le marquis de Sourches, grand prévôt de la cour et en position de bien voir, raconte que les affaires de religion étant, vers 1685, les seules de quelque importance, chacune des factions du ministère, toujours partagé entre les influences jalouses des familles Colbert et Le Tellier, essayait d'en attirer à

---

¹ Bibl. imp., Mss. F. F., 10,766. *Recueil de lettres de Louis XIV*; lettre du 24 mars 1663.

soi la direction et le détail. Par sa charge de secrétaire d'État ayant l'Ile-de-France dans ses attributions, le marquis de Seignelay devait connaître de toutes les questions intéressant les protestants de Paris. S'il faut en croire le grand prévôt, La Reynie, dont Colbert avait fait la fortune, s'était mis depuis dans les intérêts de Louvois, et celui-ci l'aurait récompensé en lui faisant donner l'affaire des poisons, qui, de son propre aveu, lui causa les plus grands ennuis. Outré de cette ingratitude, Seignelay résolut de lui ôter les affaires des protestants pour les confier au lieutenant civil Le Camus, son adversaire déclaré, et Louis XIV approuva la substitution. Écoutons maintenant le marquis de Sourches.

« M. de Harlay, dit-il, procureur général du parlement de Paris[1], ennemi mortel de M. le Camus, ne put souffrir cette préférence. Il vint trouver M. de Louvois, avec lequel il avoit de grandes liaisons, lui représenta le tort que l'on faisoit à M. de La Reynie parce qu'il étoit attaché à ses intérêts, et que M. de Seignelay triomphoit et mettoit M. Le Camus sur le pinacle. M. de Louvois convint avec lui de faire son possible pour détrôner M. Le Camus, et en même temps M. le procureur général alla trouver le roi, et lui insinua adroitement, entre beaucoup d'autres choses, que c'étoit faire un tort signalé à M. de La Reynie que de lui ôter la commission des huguenots, qui étoit un véritable fait de police, et qu'assurément il s'en acquitteroit pour le moins aussi bien que M. Le Camus. Comme ils en raisonnoient encore, M. de Louvois, qui avoit donné rendez-vous chez le roi à M. le procureur général, entra dans le cabinet, et, se mêlant dans la conversation, appuya le sentiment de M. le procureur général si fortement que le roi, sur-le-champ, lui fit expédier un ordre par lequel il attribuoit la connoissance des affaires des huguenots à M. de La Reynie, avec défense à M. Le Camus de s'en mêler à l'avenir. »

[1] Il ne fut nommé premier président qu'en 1689.

Le tour était joué. C'est ainsi que, par amour-propre et pour ne pas se laisser amoindrir, La Reynie se trouva chargé des conversions et abjurations dans Paris. Un volumineux recueil[1] contenant, avec de nombreux rapports de police, des lettres de Harlay, de Pellisson et de Besmaux, gouverneur de la Bastille, une prodigieuse quantité d'actes de foi, la liste des livres protestants saisis et bien d'autres pièces, prouve la part beaucoup trop grande que La Reynie prit à ces malheureuses affaires. Il prouve en outre que, si la passion contre les religionnaires était ardente chez les agents du gouvernement, elle l'était plus encore dans les masses. Le fanatisme qui avait armé leur bras cent ans auparavant subsistait encore, quoique affaibli, et le pouvoir, si violent qu'il fût, était plus modéré que la multitude; il est vrai qu'il n'avait pas les mêmes excuses. Un rapport de police du 28 septembre 1682 jette sur ces dispositions de la population parisienne une triste lumière. Le garçon d'un marchand de vin du faubourg Saint-Marcel, professant comme son patron la religion réformée, avait reçu un coup d'épée mortel dans une rixe. Un vicaire de Saint-Médard l'alla voir et ne put le décider à se confesser. « Le menu peuple, dit le rapport, en ayant eu connoissance, s'assembla en un moment au nombre de sept à huit cents, un peu plus ou moins, et étant devant la maison du blessé, ils firent toutes les violences qu'on se peut imaginer, frappèrent à coups de pierres, bâtons et règles, contre les portes, qu'ils rompirent à

---

[1] Bibl. imp., Mss. S. F., 7,050. *Révocation de l'Édit de Nantes*, 6 volumes in-folio. — Ces manuscrits, également désignés sous le nom de « *Papiers de la Reynie*, » sont exclusivement relatifs aux affaires de religion.

quelques endroits, cassèrent toutes les vitres, et s'efforcèrent d'entrer dans la maison, s'écriant : « Ce sont des huguenots et parpaillots qu'il faut assommer, même mettre le feu aux portes, s'ils ne nous rendent le blessé [1]. » L'arrivée d'un commissaire mit la populace en fuite. Quant au malade, il persista dans son refus et mourut le lendemain. Les scènes de ce genre se renouvelaient souvent. Le 24 juin 1695, le fils d'un *nouveau converti en apparence* voyait passer une procession, le chapeau sous le bras, mais debout. Sur le refus de se mettre à genoux, il fut insulté et rentra chez lui. La maison allait être forcée et brûlée quand l'arrivée d'un commissaire, appuyé d'agents déterminés, dissipa l'attroupement. Une autre lettre de La Reynie à M. de Harlay portait que le peuple continuait d'insulter les *nouveaux catholiques* et que beaucoup de gens avaient la tête troublée par l'excès du vin et de l'eau-de-vie. « Les fourbisseurs, ajoutait-il, ont marché par les rues avec des enseignes et l'épée nue. Le menu peuple du quartier Montmartre et du quartier Saint-Denis est sans raison, et ce sera un très-grand bonheur si le reste du jour se passe sans désordre. J'ai fait avertir les brigades qui sont établies pour la sûreté des grands chemins de se trouver chacune en un lieu marqué, hors des faubourgs, où l'on pourroit les trouver en cas de besoin. Les cavaliers du guet sont pareillement avertis, et j'ai chargé les commissaires de demeurer dans leurs quartiers et d'avertir de tout ce qui méritera la moindre attention, et j'aurai aussitôt l'honneur de vous en rendre compte [2]. » Ne dirait-on pas une scène de la Saint-Barthélemy?

[1] Bibl. imp. Mss. S. F. 7,050. *Révocation de l'édit de Nantes*, IV.
[2] Depping ; *Corresp. admin.*, II, 670.

Les derniers édits n'admettant pas qu'il pût y avoir encore dans le royaume des personnes pratiquant une religion qui, comme le disait le pieux Louvois, *déplaisoit au roi*, l'administration appelait *nouveaux catholiques* non-seulement ceux qu'on supposait n'avoir fait semblant de se convertir que pour échapper à la rigueur des ordonnances, mais encore ceux qui n'avaient fait aucun acte de conversion. Il suffit de lire ces ordonnances pour être édifié sur les procédés que les agents du gouvernement étaient autorisés à mettre en œuvre. Il fallait avant tout ne rien négliger pour que Louvois conservât la prépondérance dans le conseil. Naturellement les lettres de cachet, les ordres d'exil étaient la monnaie courante des convertisseurs, et l'on en trouve un grand nombre dans les papiers de La Reynie. Le 20 novembre 1685, une conférence avait eu lieu chez le procureur général de Harlay pour étudier les moyens de hâter les conversions. D'après La Reynie, quelques-unes des personnes présentes prétendirent qu'on ne parviendrait à rien, « si l'on ne faisoit entrer des troupes dans Paris. » C'était, on le voit, le germe des dragonnades. Moins absolu sur ce point, La Reynie dit qu'il lui paraissait suffisant de prévenir les protestants qu'on ferait élever leurs enfants par des catholiques, qu'une punition exemplaire frapperait ceux qui essayeraient de passer à l'étranger, que la maîtrise serait retirée aux artisans protestants déjà reçus maîtres, et qu'elle serait conférée sans frais aux nouveaux convertis. Il proposait encore de réunir chez lui les convertis, par cinquante ou soixante, avec un pareil nombre de protestants déjà ébranlés, dans l'espoir de les entraîner par l'exemple. Il croyait en outre nécessaire de faire distribuer quelques aumônes au nom du roi à ceux qui étaient dans le besoin. Suivant lui (et son opinion était relativement très-modérée), cet ensemble de mesures rendrait inutile la coopération des soldats [1].

Ces conseils furent entendus, du moins en ce qui concernait Paris, et le spectacle des conversions par logements paraît avoir été, sauf pourtant quelques exceptions [2], épargné à la capitale. Par contre, celles à prix d'argent, dont le gouvernement se contentait pour le moment, espérant que le temps ferait le reste, abondèrent, et il en existe bien des preuves authentiques. Un ancien protestant, jadis très-compromis à la cour pour son dévouement à Fouquet, mais depuis rentré en grâce et très-bien auprès de Louis XIV, dont il était devenu le rédacteur intime, Pellisson, avait été chargé de la distribution des aumônes royales à ceux qui feraient acte de foi catholique. On doit à La Reynie la conservation de beaucoup de ces actes de foi. Les uns sont très-développés, et c'étaient ceux qu'on exigeait sans doute des protestants relaps; les autres, non moins catégoriques et positifs, mais très-concis, imprimés d'ailleurs comme les premiers, de telle sorte que les nouveaux convertis n'avaient qu'à signer, sont ainsi conçus : « Je crois de ferme foi tout ce que l'Église catholique, apostolique et romaine professe. Je rejette sincèrement toutes les hérésies et opinions erronées que la même Église a condamnées et rejetées.

---

[1] Bibl. imp. Mss. S. F. 7,050, 1.
[2] Ainsi, le 27 décembre 1685, un mois après cette conférence, La Reynie lui-même écrivit à de Harlay : « Vous avez sans doute beaucoup entrepris de faire mettre garnison dans la maison du tapissier; mais j'espère que dimanche je vous demanderai la permission d'en mettre en quelque autre maison où elle pourra aussi produire un bon effet. » (Depping; *Corresp. admin.*, II, 358.)

Ainsi Dieu soit à mon aide et ses saints Évangiles, sur lesquels je jure de vivre et de mourir dans la profession de cette même foi [1] ! » Les rôles indiquant par quartier le nombre des personnes qui se convertissaient et des sommes qui leur étaient allouées ont également été conservés [2]. Quand, au contraire, un protestant refusait de se convertir, une lettre de cachet l'envoyait à la Bastille ou au For-l'Évêque. Les plus heureux, ceux qu'un protecteur puissant prenait sous son patronage, en étaient quittes pour un ordre d'exil [3].

Du caractère qu'on lui connaît, La Reynie devait incliner vers le système le moins violent. Sa correspondance prouve que l'argent exerça une grande influence dans les conversions de Paris ; mais ce moyen, outre le défaut de sincérité des conversions, donnait lieu à de nombreux abus qui reviennent sans cesse dans les lettres de Pellisson. « Étant chargé, écrivait-il le 7 septembre 1685 à La Reynie, de payer à d'Esquilat une pension qu'il a obtenue le lendemain de sa conversion, il ne me paroît pas juste qu'il tire des deux côtés, à moins que ce soit l'intention du Maître. Il y a encore d'autres personnes que je crois être dans le même cas... Vous savez que plusieurs nous trompent; vous en avez eu des exemples... » Et le lendemain : « Le sieur Cotillon et le sieur Piton, lapidaire, et quantité d'autres du bas peuple, prennent de tous côtés, de moi, du père Lachaise, de votre com-

---

[1] Bibl. imp. Mss. S. F. 7,050, 1.
[2] Ibid.
[3] Voici un de ces ordres, dont la formule était généralement la même : « De par le roi, il est ordonné au nommé Courart de se retirer incessamment en la ville de Lisieux, et d'y demeurer jusqu'à nouvel ordre, à peine de désobéissance. Fait à Versailles, le xxe jour de novembre 1685. Louis. »

missaire (Delamare) et quelquefois encore d'un autre endroit que je ne vous nomme pas. Le roi est bon, pieux, magnanime; il a peine à refuser sur ces sortes de choses ; mais c'est pour cela même qu'on doit plus soigneusement prendre garde qu'il ne soit pas trompé. »

En même temps qu'on soumettait à de misérables séductions les protestants besoigneux, rien n'était épargné pour ramener au catholicisme ceux qu'on avait cru devoir, à raison de leur obstination ou de quelque motif particulier, faire enfermer à la Bastille. La correspondance du gouverneur de Besmaux est là-dessus très-explicite. Le 4 mars 1686, il prévenait La Reynie qu'un des prêtres admis à la Bastille pour la conversion des prisonniers, M. de Lamon[2], pressait fort M. Masclary, M. de Bessé et sa femme, et en espérait beaucoup. « Je m'y appliquerai de mon mieux, ajoutait-il, et vous avertirai de la suite. » De la part d'un commandant de citadelle, cette intervention était au moins singulière. Sur ces entrefaites, un exempt de robe courte avait reçu je ne sais quel ordre concernant madame de Bessé. « Je vous supplie, écrit alors Besmaux à La Reynie, que M. Auzillon n'exécute pas l'ordre qu'il a pour madame de Bessé. M. l'abbé de Lamon l'a mise à la raison, aussi bien que son mari. Tous deux méritent de la louange d'avoir très fort combattu et d'avoir pris cette résolution. Madame de Bourneau, aussi éclairée que madame de Bessé, est de la partie, et si M. (l'abbé) Gervais a le loisir, vous saurez bientôt l'exécution. Je lui écris. » Quelquefois enfin, au milieu même d'une conversion, et pour des

---

[1] Bibl. imp. Mss. S. F. 7,050, IV.

[2] Il y avait aussi les abbés Gervais, Pavillon, du Lignon, de Lavau, et le père Charles Desbordes.

raisons supérieures, les *nouveaux catholiques* étaient transférés d'une prison dans une autre. Le billet suivant de Besmaux à La Reynie fait voir le rôle que jouait dans ces occasions le gouverneur de la Bastille : « Je vous supplie, Monsieur, de m'envoyer un billet pour voir mademoiselle de Lespinay, qui m'en prie instamment. M. de Lamon avait commencé à la toucher, et mesdemoiselles de La Fontaine. Elles sont bien fâchées. Je ne gâterai rien, si vous me permettez de les voir toutes trois, et je vous en rendrai compte [1]... » Veut-on avoir une idée des complications et des contradictions où cette malheureuse affaire avait jeté le gouvernement ? A la même époque, Louvois conjurait M. de Barillon, ambassadeur en Angleterre, de décider les ouvriers français qui s'y étaient réfugiés pour cause de religion à rentrer en France, et M. de Barillon lui répondait (9 janvier 1687) qu'il s'y employait de son mieux, mais que les Anglais ne négligeaient rien de leur côté pour les retenir. Le 7 août suivant, l'ambassadeur annonçait à Louvois, comme une victoire, qu'il avait déterminé trois ouvriers papetiers à rentrer en France. Fallait-il donc commettre tant d'iniquités pour faire ensuite, parce qu'on avait besoin d'eux, de telles avances à des artisans que la crainte de la confiscation et de la mort n'avait pas empêchés d'aller chercher du travail hors de leur pays ?

Quelle était la pensée intime de La Reynie sur les violences dont il fut le trop docile instrument ? Sa correspondance avec Louvois nous l'aurait peut-être appris ; on ne sait ce qu'elle est devenue [2]. La conférence

---

[1] Bibl. imp. Mss. S. F. 1,050, IV — Ce sont les lettres originales, de même que celles de Pellisson, etc.

[2] Je l'ai vainement cherchée aux Archives du dépôt de la guerre ; il

où il combattit l'appel des troupes à Paris pour provoquer des conversions, sa mauvaise humeur contre les *indiscrets zélés* qui compromettaient tout[1], les soins qu'il prenait pour empêcher les brutalités de la populace parisienne contre les protestants fidèles à leur croyance, indiquent assez qu'il était opposé aux rigueurs. Catholique convaincu (son testament en fournit la preuve), conciliant, mais ferme, il avait sans doute, comme le roi et la plupart de ses contemporains, embrassé avec joie l'idée de voir la France entière professer la même religion. Par malheur, le système adopté n'était pas fait pour amener un tel résultat. Vers 1690, quand la persécution eut aigri, exaspéré les esprits, le gouvernement, alors en guerre avec les puissances protestantes, crut que les religionnaires de l'intérieur faisaient des vœux pour elles contre lui ; ils furent même accusés, car il faut tout dire, de se cotiser pour venir en aide aux ennemis. « On a donné au roi, écrivait Pontchartrain le 31 août 1692, un mémoire touchant les assemblées de *nouveaux catholiques* qui se font à Paris et les sommes qu'on prétend qu'ils amassent pour les envoyer en Angleterre[2]. » Cinq ans après, l'année même où La Reynie fut remplacé, Pontchartrain mandait encore à son successeur : « Le roi ayant été informé qu'il se faisoit des collectes d'argent entre les *nouveaux catholiques* pour les ennemis, Sa Majesté a envoyé ordre à M. Phélypeaux de faire arrêter Lefranc et le notaire Briet. Le roi veut que vous alliez les in-

---

n'y a qu'un très-petit nombre de lettres de La Reynie, et elles sont sans importance.

[1] Depping; *Corresp. admin.*, II, p. 380. Lettre du 7 décembre 1686.
[2] Arch. de l'Empire, *Registres du secrétariat*.

terroger pour connoître leur commerce[1]. » L'accusation était-elle fondée? N'était-ce que le résultat d'une prévention injuste, ou du zèle intéressé de quelque agent subalterne? Les documents n'ajoutent rien, et il faut se borner à des conjectures que l'extrême irritation des religionnaires rend d'ailleurs probables. Ce qui est certain, c'est que le soupçon seul d'un acte pareil était fait pour les rendre odieux. Quant à La Reynie, s'il remplit souvent à leur égard le rôle de modérateur, on doit convenir qu'il ne leur épargna pas toujours les tracasseries ni les persécutions. Il eût mieux fait à coup sûr, si les passions religieuses lui paraissaient excessives, de se retirer; mais ces passions, il les partageait dans une certaine mesure. Un homme seul, le plus grand et le plus généreux de tous, Vauban, conseillait ouvertement à Louvois la tolérance; mais Louvois, principal auteur des mesures dont il reconnut trop tard le mauvais effet, n'osait pas dire la vérité au roi, et le mal allait sans cesse en s'aggravant[2].

On pense bien que les conséquences économiques de ces persécutions ne se firent pas attendre. Non-seulement les manufacturiers protestants étaient les plus riches, leurs coreligionnaires étaient aussi les ouvriers les plus industrieux. L'expatriation des uns et des autres priva donc gratuitement le royaume des capitaux et des bras les plus intelligents. Alors, en pleine paix, commença cette décadence matérielle de la France que les coalitions étrangères et les disettes portèrent, vers la fin du siècle, à un excès qui fut la grande tris-

---

[1] Arch. de l'Empire, Registres des secrétaires d'État; lettre du 15 septembre 1697.
[2] M. Rousset, Histoire de Louvois, III, 506.

tesse de La Bruyère, de Fénelon, de Racine, et qui provoqua les mâles protestations de Vauban et de Boisguilbert. Nous n'avons pas, malheureusement, les réflexions sur l'état de la France remises par Racine à madame de Maintenon et par elle-même au roi, qui les reçut si mal ; tous deux s'honorèrent par cette tentative avortée, dont le contre-coup abrégea, dit-on, les jours du noble et tendre poëte. Une pièce non signée et restée jusqu'à ce jour inconnue y suppléerait, si rien pouvait remplacer un écrit de Racine. On trouve parmi les papiers de Louvois, à la date de janvier 1686, un mémoire sans signature, respectueux dans la forme, exagéré sans doute dans l'exposé des faits, mais projetant sur cette époque, où les malheurs du règne se dessinaient à peine, de tristes lueurs qui font pressentir ceux des années suivantes, quand la guerre, cette guerre funeste qui devait durer plus de vingt ans, commença à sévir.

« La France (disait l'auteur du mémoire), qui étoit naguère le magasin des richesses et l'habitation des plus heureux peuples de la terre, semble dégénérer sous le règne du plus grand des rois par une fatalité dont on ressent les effets sans en pénétrer la cause. En effet, on ne voit partout que des fermes abandonnées, des nobles ruinés, des marchands en faillite, des créanciers désespérés, des pauvres moribonds, des paysans désolés, des maisons en ruine... Un François zélé pour la gloire de son souverain s'est transporté à diverses reprises dans toutes les provinces de France et dans tous les États qui l'avoisinent, à dessein de découvrir cette cause, et il est en état de démontrer d'où vient qu'en France l'or et l'argent deviennent si rares, que les grands seigneurs sont dans une espèce d'indigence, et que les artisans, faute de travail, vont établir chez les étrangers tant de riches manufactures ; pourquoi les plus grands marchands ont fait banqueroute depuis vingt ans; par quelle raison les terres qui valoient dix mille livres de rente bien payées, n'en valent pas six mal payées[1]... »

L'auteur du mémoire insistait ensuite sur la dépopulation des villes, l'engorgement des hôpitaux, l'émigration des catholiques eux-mêmes, et il s'offrait enfin pour conjurer tant de maux. Je sais le cas qu'il faut faire des donneurs d'avis, et combien ils tiennent de près aux utopistes; mais, les couleurs du tableau fussent-elles chargées, la situation bien connue des années qui suivirent ne permet pas de tout nier. Il n'est que trop certain que la révocation de l'édit de Nantes avait porté un coup fatal à l'industrie et au commerce, restaurés, au prix de tant de sacrifices, par le patriotisme énergique et patient de Colbert ; il est certain encore que deux ans après, quand la guerre de 1688 éclata, le contrôleur-général Le Peletier, qui n'avait pu traverser sans d'extrêmes difficultés une période de paix, déclina le fardeau malgré les instances réitérées de Louis XIV. Pourquoi donc (car on ne saurait trop le redire, et ces retours vers le passé peuvent être utiles dans les situations les plus différentes), pourquoi les sages avis de Turenne, de Colbert, de Vauban, n'avaient-ils pas été suivis de préférence à ceux de Le Tellier et de Louvois? L'habileté suprême n'est-elle pas de conquérir les cœurs par la persuasion, par les voies de douceur, avec l'aide du temps, en réservant la rigueur pour les cas extrêmes où la violence provoque la lutte? Or on n'en était pas là en 1685, et les protestants, c'est une justice à leur rendre, n'avaient jamais été plus sou-

---

[1] Arch. de la Guerre. *Lettres de Louvois*; janvier 1680.

mis et moins à craindre. Pour revenir à La Reynie et à la mission qu'il eut à remplir dans ces conflits, modéré, si on le compare à ceux qui l'entouraient, il empêcha sans doute bien des excès ; mais il en laissa aussi commettre beaucoup trop et eut la faiblesse de s'y associer.

CHAPITRE XII.

LES ÉMEUTES EN PROVINCE.

Paris après la Fronde. — Cessation des émeutes politiques. — De nombreux soulèvements ont lieu dans les provinces par suite de l'aggravation des impôts. — Révolte du Boulonnais en 1662. — Envoi de troupes dans la province. — Défaite et punition des révoltés. — Quatre cents d'entre eux sont envoyés aux galères. — Huit bourgeois de Boulogne sont exilés à Troyes, puis rappelés. — Révolte dans les Landes au sujet de la gabelle. — Audijos. — Plusieurs de ses complices sont pendus ou roués. — On essaye de l'enlever sur le territoire espagnol. — Sa tête est mise à prix. — Établissement définitif de la gabelle dans les Landes. — Troubles dans le Berri à l'occasion d'un impôt sur les vins. — Exécutions capitales. — Misère de la province. — Troubles dans les Pyrénées au sujet de la gabelle. — Fâcheux conseils de Riquet. — On fait grâce aux insurgés. — Exigences de la guerre de Hollande. — Création de nouveaux impôts. — Effet qu'ils produisent à Bordeaux. — Révolte du quartier Saint-Michel. — Ses phases diverses. — Représailles. — Troubles de Bretagne. — Privilèges de la province. — Don gratuit doublé pour éviter de nouveaux impôts. — Les mêmes impôts sont établis deux ans après. — Émeutes à Rennes, à Nantes, etc. — Le duc de Chaulnes. — Entrée des troupes à Rennes. — Nouvelle émeute plus terrible que la première. — Renvoi des troupes. Le duc de Chaulnes atténue la gravité de la révolte, tout en proposant d'anéantir les faubourgs. — Nouveaux incidents. — Fureur des campagnes contre les nobles. — Le Code paysan; sa signification. — *La ronde du papier timbré*. — Recrudescence des troubles à Rennes et dans tout le pays. — On envoie 6,000 hommes dans la province — Commencement des penderies. — Terreur des habitants de Rennes. — Fausses promesses. — Entrée des troupes dans Rennes. — Contributions forcées et penderies. — Envoi de nouvelles troupes au nombre de 10,000 hommes. — Violences et pilleries des soldats. — Un enfant à la broche. — On retire les troupes moyennant une contribution extraordinaire. — Amnistie. — Autres désordres causés sur divers points par les impôts. — Lyon, Angoulême, Le Mans, Paris. — Taxes sur les mariages, baptêmes, enterrements. — Troubles qu'elles causent dans le Quercy, le Périgord. — Elles sont retirées. — Troubles à Caen, à Toulouse, à Lyon. — Soulagement des peuples.

Si, pendant toute la durée du règne de Louis XIV, la capitale du royaume goûta, à part quelques troubles causés par les disettes et les affaires religieuses, les douceurs d'une longue tranquillité, il n'en fut pas de même dans plusieurs provinces où des révoltes menaçantes appelèrent une répression énergique et parfois impitoyable. Comprimé à Paris par l'imposant spectacle des forces militaires, le mécontentement se faisait jour où il pouvait. Hâtons-nous d'ajouter que, sauf les déplorables collisions des Cévennes, toutes ces révoltes furent provoquées par des accroissements d'impôt. Du premier au dernier jour du règne, dans les villes comme dans les campagnes, cette question, triste conséquence des grands travaux de Versailles, des prodigalités ruineuses, des guerres continuelles et des subventions accordées aux princes dont il fallait acheter l'alliance, agita les esprits. On ne peut plus se dissimuler aujourd'hui, en présence du témoignage officiel des intendants et des évêques, que, même du temps de Colbert, et grâce à l'influence devenue toute-puissante de Louvois, la misère des campagnes était excessive et presque générale. On ne sera donc pas surpris que les aggravations d'impôts y aient causé de nombreux soulèvements. L'histoire s'en est à peine occupée jusqu'à ce jour, mais il n'est plus permis de les passer sous silence. Les plus considérables furent ceux qui agitèrent successivement le Boulonnais, les Landes, Bordeaux, Rennes et la Basse-Bretagne. Des mouvements partiels qui eurent lieu à Bayonne, à Bourges, à Lyon, dans le Vivarais et les Pyrénées, à

Tours, à Périgueux, au Mans, provoquèrent aussi des sévérités outrées, eu égard à la détresse de ceux qu'elles atteignaient. Il serait sans utilité de les décrire tous. Il suffira d'entrer dans quelques détails sur les principaux, d'en faire connaître les causes, les péripéties, d'après des documents trop peu consultés, et de montrer enfin comment, dans ces circonstances critiques, ministres, gouverneurs, intendants, usaient, dans l'intérêt général, du pouvoir à peu près arbitraire dont ils étaient investis.

La première en date des grandes révoltes dont nous aurons à parler, et l'une des plus sérieuses, celle du Boulonnais, n'a pas encore été impartialement racontée. Une histoire locale a insisté sur la rigueur de la répression [1]. Les instructions de Louis XIV au dauphin, quelques lettres de Colbert et de ses agents, un mot de la *Gazette de France* et de Bussy-Rabutin, complètent les faits. Des quartiers d'hiver ruineux avaient, pendant plusieurs années, écrasé les campagnes. Les exigences des troupes furent surtout intolérables dans l'hiver de 1660, à cause de la cherté des grains. Désireuse d'éviter cette occasion constante de conflits, la province offrit bénévolement au roi, qui l'accepta, une somme de 40,000 livres. L'année suivante, la paix ayant été signée, il n'y eut point de quartier d'hiver. Malgré cela, la cour exigea une contribution extraordinaire de 30,000 livres, qui devait être permanente. Une députation envoyée immédiatement à Paris fut éconduite. A la nouvelle que leurs députés n'avaient rien obtenu, les paysans du Bou-

---

[1] *Histoire de Boulogne-sur-mer*, par MM. d'Hautefeuille et Bénard, t. Ier, p. 431 et suiv.

lonnais refusèrent le payement de l'impôt, maltraitèrent les collecteurs et se réfugièrent par bandes dans les montagnes, où ils soutinrent la lutte contre les troupes royales. Dans ses instructions au dauphin, Louis XIV raconte que diverses provinces jouissaient à cette époque de priviléges incompatibles avec le droit, la stricte justice et l'autorité souveraine; que le Boulonnais entre autres, aguerri par des luttes constantes avec l'Angleterre et l'Espagne, s'enorgueillissait d'une sorte de milice aux ordres de la province, et toujours prête à se réunir. Écoutons à ce sujet la parole impérieuse du jeune roi, faiblement adoucie par la rhétorique de Pellisson :

« Je voulus, dit-il, y faire imposer une très-petite somme, seulement pour lui faire connoître que j'en avois le pouvoir et le droit; cela produisit d'abord un mauvais effet; mais l'usage que j'en fis, quoique avec peine et avec douleur, l'a rendu bon pour les suites. Le bas peuple, effrayé d'une chose qui lui paroissoit nouvelle, ou secrètement excité par la noblesse, s'émut séditieusement contre mes ordres. Les remontrances et la douceur de ceux à qui j'en avois confié l'exécution étant prises pour timidité ou pour foiblesse, augmentèrent le tumulte, au lieu de l'apaiser. Les mutins se rassemblèrent en divers lieux jusqu'au nombre de six mille hommes. Leur fureur ne pouvait être dissimulée. J'y envoyai des troupes pour les châtier; ils se dispersèrent pour la plus grande partie. Je pardonnai sans peine à tous ceux dont la retraite témoignoit le repentir. Quelques-uns, plus obstinés dans leur faute, furent pris les armes à la main et abandonnés à la justice. Leur crime méritoit la mort : je fis en sorte que la plupart fussent seulement condamnés aux galères, et je les aurois même exemptés de ce supplice, si je n'eusse cru devoir suivre en cette circonstance ma raison plutôt que mon inclination[1]. »

[1] *Œuvres de Louis XIV*; Instructions au dauphin, année 1662, t. Ier, p. 213.

Qui ne sait le sort réservé à ces sortes de révoltes, même aux plus formidables en apparence? Après quelques succès accompagnés de crimes inutiles, les chefs du complot hésitent et s'effacent, les troupes arrivent, et la foule entraînée expie la faute de quelques meneurs. « Le roi, dit la *Gazette de France*, ayant eu avis que plusieurs paysans du Boulonnois, à la suscitation de quelques particuliers, avoient pris les armes et commis divers excès en la personne de leurs compatriotes qui demeuroient dans leur devoir, même pillé et brûlé leurs maisons pour les obliger à se soulever, résolut de faire marcher de ce côté-là dix compagnies de gardes françoises et cinq des Suisses, avec vingt-trois de chevau-légers, et d'envoyer le sieur de Machault, maître des requêtes, pour faire le procès aux coupables[1]. » Bussy-Rabutin confirme ces détails en ajoutant que *ces coquins*, derrière lesquels Louis XIV et ses ministres voyaient pourtant la noblesse du pays, furent bientôt mis à la raison[2]. Que pouvaient les rebelles contre un tel déploiement de forces? Une rencontre eut lieu vers le 12 juillet au bourg d'Eucliers, où cinq cent quatre-vingt-quatorze individus furent pris, tués ou blessés. Il y avait parmi eux cent dix enfants et deux cent un vieillards. Le nombre des prisonniers s'éleva bientôt jusqu'à trois mille. Le maître des requêtes chargé d'informer était habile, expéditif, ennemi des difficultés; il fut bientôt prêt. « Je dois vous dire en secret, lui écrivit Colbert, que cette révolte pourroit bien faire naître au roi la pensée d'annuler tous les privilèges des Boulonnois, qui sont fort grands, les peuples étant exempts

---

[1] *Gazette de France*, de l'année 1662, n° 88.
[2] *Mémoires*, édition Lalanne, t. II, p. 129.

de tailles, aides, gabelles, et généralement de toute sorte d'impositions, pourquoi il est d'une très-grande conséquence que vous dirigiez vos informations et procédures en sorte qu'il soit évident que Sa Majesté aura beaucoup de raison et de justice d'exécuter cette pensée, en cas qu'elle s'y détermine entièrement, ce que je ne doute point que vous ne fassiez aisément, et par la qualité de la chose en soi qui vous fournira assez de matière pour la tourner ainsi, et par votre adresse et la facilité que vous avez de donner aux affaires la face que l'on souhaite[1]... » Était-ce assez clair ? Quelques jours après, Colbert invita de Machault à prendre des juges hors du pays, par le motif que ceux-ci « auroient trop d'indulgence et de compassion pour donner un exemple de terreur. » Si le commissaire du roi avait par hasard éprouvé quelques embarras, ils n'auraient pas été de longue durée, car on lui expédia de Paris un jugement tout dressé. « On a envoyé au sieur de Machault, dit la *Gazette*, un arrêt du conseil portant que le procès seroit fait à douze cents des plus coupables, que ceux qui se trouveroient de l'âge de vingt ans et au-dessous, ou de soixante-dix et au-dessus, ensemble les estropiés et les infirmes, seroient mis en liberté, et que du reste il en seroit choisi quatre cents des plus valides pour servir à perpétuité sur les galères. »

C'était juste le moment où, pour reconstituer les galères, si négligées par Mazarin, Colbert recommandait aux procureurs généraux de ne requérir la peine de mort que pour les crimes exceptionnels et d'envoyer aux chiourmes le plus de condamnés possible, *pourvu qu'ils fussent forts et valides*. L'arrêt, dressé à Paris,

---

[1] Arch. de la Marine, *Recueil de diverses lettres*, fol. 31.

fut aussitôt transformé en jugement. Un des chefs de l'insurrection roué vif sur une place de Boulogne, plusieurs autres pendus à Samer, Marquise et dans quelques villages voisins, servirent d'exemple. Quant aux quatre cents qu'on avait décidé, avant jugement, d'envoyer aux galères, on a, par un agent de Colbert, des détails sur leur état. Arrivé à Montreuil-sur-mer le 31 juillet pour prendre la conduite de la chaîne, il les avait trouvés à peu près nus, malades, décimés par les fièvres; il espérait pourtant qu'ils se porteraient mieux *quand ils auroient pris l'air*. Un autre agent mandait le 6 août à Colbert que les quatre cents forçats de Montreuil étaient bien misérables. « Il faut, ajoutait-il, faire un peu de dépense extraordinaire afin de les remettre, car ce sont de bons hommes qui pourront servir, s'ils sont bien ménagés et secourus. Si l'on peut les conduire comme il faut, ce sera un grand renfort pour les galères de Sa Majesté[1]. » Les préparatifs de la chaîne terminés, elle se mit en marche, escortée par de forts détachements. La précaution n'était pas superflue, surtout en traversant la province, car on redoutait un enlèvement, et le ministre Le Tellier écrivait (19 août) qu'on avait offert au conducteur jusqu'à 200 pistoles pour substituer des faux-sauniers à quelques-uns des condamnés. On devine, et les lettres de l'intendant des galères le disent assez, l'état pitoyable dans lequel la chaîne arriva à Toulon. Ce n'est pas tout. La ville de Boulogne n'avait, disaient ses habitants, pris aucune part au mouvement. La cour, convaincue du contraire, voulut punir ceux qui avaient laissé faire, peut-être

---

[1] Depping, *Corresp. admin.* II, 897.

même excité les mécontents. On croyait la répression satisfaite quand le maréchal d'Aumont, gouverneur de la province, reçut huit lettres de cachet en blanc, « avec l'ordre, dit une relation contemporaine, de les délivrer à autant de principaux bourgeois de la ville qu'il connoîtroit avoir trempé dans cette affaire par leurs conseils ou autrement. » Le maréchal eut beau protester, il dut s'exécuter et exiler à Troyes « huit honnêtes bourgeois, réellement innocens (ce sont ses expressions), faute d'en pouvoir trouver de coupables; » tristes représailles, qui provoquèrent immédiatement une réunion des trois états à l'hôtel de ville. On y décida l'envoi d'une nouvelle députation au roi pour réclamer le rétablissement des priviléges du pays, la suppression des 40,000 livres pour les quartiers d'hiver, une amnistie générale, le pardon des galériens et le rappel des huit exilés. C'était beaucoup demander. L'évêque de Boulogne, qui intervint, obtint seulement que ces derniers seraient autorisés à rentrer dans leurs foyers, et que la province conserverait ses priviléges. C'est à quoi elle tenait le plus. Quant à la contribution de 40,000 livres, elle fut maintenue, et les états du Boulonnais en réclamaient encore la suppression en 1789.

Une insurrection redoutable, qui eut lieu deux ans après dans les landes de Gascogne, vint montrer de nouveau combien étaient grandes les difficultés toutes les fois que le gouvernement, dans une intention qu'on ne saurait trop louer, essayait de soumettre au niveau de l'impôt les diverses parties du territoire. Il s'agissait d'une taxe sur le sel, et le pays, qui paraissait en avoir été depuis longtemps affranchi, ne s'y résigna qu'à la longue et en frémissant. A peine les agents chargés de la perception eurent-ils ouvert leurs bureaux (mai 1664) que les mécontentements éclatèrent au bourg d'Hagetmau. Un moment calmée par la retraite des gabeleurs, la sédition recommença peu après, et plusieurs assassinats furent commis. Quand le directeur de la ferme arriva, suivi de gardes et de deux compagnies de dragons, il trouva toute la lande soulevée, les villages barricadés. « On prétend, écrivit l'intendant à Colbert, qu'il y a des gentilshommes du complot, et que trente ou quarante paroisses voisines fournissent des gens. » Toujours, on le voit, la noblesse est mise en cause par les agents du gouvernement et soupçonnée de complicité. Vers le milieu du mois d'août, deux des rebelles d'Hagetmau furent pendus; deux autres avaient été condamnés aux galères, sans compter une foule de manants et quelques gentilshommes roués et décapités en effigie. L'intendant demandait pourtant, car le pays bouillonnait encore, que les dragons ne s'éloignassent pas de Saint-Sever et de Tartas. Dans ces circonstances, il suffisait d'un chef énergique pour faire beaucoup de mal et rallumer l'incendie à peine éteint; il se trouva. Audijos, un ancien cavalier du régiment de Créqui, condamné par contumace à être roué, parcourut les villages, excita les paysans, campa la nuit au milieu des landes, échappant à toutes les poursuites. « Il a assassiné le curé de Costure, mandait l'intendant, à cause qu'il avoit publié une ordonnance qui défendoit de lui donner retraite. On fait ce qu'on peut pour l'attraper, mais on n'a pu encore en venir à bout, parce que ce pays-là est fort fâcheux et couvert... Outre cela, les habitans et gentilshommes lui prêtent la main par connivence ou par crainte... » Audacieux et infatigable, connaissant à fond le pays, Audijos se multipliait et voyait chaque jour s'accroître le nombre de ses compagnons. Par intervalles, quelques révoltés étaient pris et pendus, mais le meneur était insaisissable. Loin de perdre du terrain pendant l'hiver, il avait vu sa bande grossir. Outre de nombreux villages, la fertile Chalosse, Dax, Mont-de-Marsan, Tartas, Grenade, tenaient pour lui, et il comptait des complices jusque dans les Pyrénées, à Orthez. Bayonne même se révolta, et il fallut y envoyer des forces. Il y avait dans le pays une source d'eau salée ; l'intendant proposa de la détruire pour ôter ainsi tout espoir aux populations de ne plus payer l'impôt du sel. Dans la prévision que l'Espagne pourrait un jour ou l'autre servir de refuge à Audijos, on supplia, mais en vain, Sa Majesté Catholique de donner des ordres pour le faire arrêter. Au mois d'avril 1665, le champ de la rébellion s'étendit encore. Dans son inquiétude, l'intendant demanda l'autorisation d'envoyer aux galères par la première chaîne, *sans aucune forme ni figure de procès*, ceux qui seraient pris avec un fusil. Cependant Audijos battait toujours la campagne. Une fois il avait failli être pris. Cerné dans une maison en plaine, il s'échappa au milieu de la nuit avec dix des siens en faisant une trouée dans la compagnie qui l'assiégeait. Un de ses camarades tué, trois autres faits prisonniers et pendus, témoignaient de l'acharnement de la lutte. Des lettres interceptées sur ces entrefaites attestèrent la sympathie que les rebelles trouvaient dans les provinces voisines, notamment en Guienne. De Paris même, on les encourageait à persister. Serré de trop près, Audijos passait en Espagne, y bravait les dragons, et reparaissait sur un autre point. Une tentative d'enlèvement sur le territoire espagnol ayant échoué, l'intendant prétendit que les Espagnols auraient bien tort de se plaindre, *car nous n'avions fait que paroître sur la frontière;* il les trouvait cent fois plus blâmables de donner asile au rebelle. Las de voir ses efforts infructueux, il s'était décidé à offrir 12,000 livres à celui qui livrerait Audijos; on lui demandait 12,000 écus, et on ne le livra pas. Au mois de septembre 1665, ce même bourg d'Hagetmau, où la sédition avait commencé, vit pendre cinq nouveaux complices du chef de bande. Peu à peu cependant tous ces exemples de sévérité avaient fini par porter conseil, et, la lassitude s'en mêlant, le calme était à peu près revenu dans le pays. Vers la fin de l'année, les bureaux établis sur tous les points fonctionnaient sans difficultés, les amendes prononcées contre les paroisses longtemps récalcitrantes rentraient dans les caisses; presque tous les compagnons d'Audijos s'étaient rendus et avaient été graciés, à l'exception des inculpés de meurtres. Le gouvernement était enfin maître du terrain. Malgré tout, Audijos ne quittait pas le pays, et la terreur de son nom était telle qu'il fallait pour lui seul maintenir des garnisons dans la plupart des paroisses. « Quelques gens m'ont dit, écrivait l'intendant à Colbert (23 décembre), qu'il vouloit quitter sa vie et demandoit grâce; je leur ai fait répondre que le seul moyen seroit de se remettre à la miséricorde du roi. Je n'ai point de réponse; mais s'il acceptoit ce parti, ce que j'ai de la peine à croire, *l'on en feroit ce qu'on voudroit.* » Six mois après, le même intendant proposait, à l'occasion de nouvelles inquiétudes causées par Audijos, de *se tirer cette épine du pied en lui donnant une abolition et quelque emploi hors du royaume.* La correspondance officielle ne dit pas si ce conseil fut suivi, et l'on ignore même ce que devint Audijos. Quoi qu'il en soit, la gabelle était désormais établie dans les Landes, mais on vient de voir après quelles luttes et quels compromis [1].

Des troubles non moins sérieux, occasionnés par une augmentation des droits d'aides, agitèrent vers la même époque une autre partie du territoire, le Berri. On avait imaginé de taxer les vins au tiers de la valeur. Poussées à bout, les populations s'émurent. Des exécutions capitales, des condamnations aux galères (Dieu sait si l'on s'en faisait faute!) signalèrent ces tristes épisodes, au sujet desquels un maître des requêtes en mission écrivait de Bourges à Colbert, le 18 juin 1664 : « Il règne en ce pays une misère bien plus grande que celle des autres provinces. La mortalité de leurs bestiaux, le peu de commerce de ceux qui restent et la stérilité des dernières années doivent entrer en considération pour ne pas accabler le peu de vin qui reste. Bref, le menu peuple est à l'aumône. » Telle était donc la situation du royaume, même avant les grandes guerres contre l'Europe coalisée. Si pendant son ministère Colbert parvint à augmenter de trente millions les revenus de l'État, ce ne fut pas du moins sans soulever bien des plaintes légitimes. Une insurrection qui éclata dans le Roussillon en 1668 a laissé quelques traces dans sa correspondance. Il s'agissait encore de la gabelle, dont le Valespir était parvenu à s'exonérer, et qu'on voulut y rétablir. De nombreux villages se révoltèrent, et des soldats de milice, les miquelets, prenant parti pour la population,

---

[1] Depping, *Corresp. admin.*, III, 68 et suiv.

firent aux commis une guerre qui dura deux ans. Quelques membres du conseil de Roussillon avaient tenté de se rendre sur les points soulevés pour y rétablir l'ordre. Attaqués en route par les miquelets, ils leur échappèrent à grand'peine, et plusieurs hommes de leur escorte furent tués. On regrette de voir l'illustre auteur du canal de Languedoc, qui était aussi fermier des gabelles de la contrée, conseiller à Colbert de faire incendier les villages qui auraient donné asile aux miquelets. Heureusement Riquet n'avait pas affaire à Louvois et ne fut pas écouté. Il y eut pourtant des exécutions, et le 5 juillet 1670 le ministre, écrivant à Riquet, exprimait l'espoir que « ces exemples, joints à ceux qui se feroient des autres coupables, les contiendroient dorénavant dans le devoir [1]. » Outre le Valespir, plusieurs localités environnantes, Arles-sur-Tech, Conflans, Prades, Villeneuve, s'étaient aussi déclarées contre la gabelle. Le conseil de Roussillon intervint avec douceur, apaisa les haines, fit comprendre l'inutilité de la lutte. Tout en fortifiant les garnisons, on prit des arrangements avec les communes, et les miquelets obtinrent grâce entière. Moins grave sans doute que celle des Landes, la révolte, qui coïncidait avec quelques troubles dans le Vivarais, fut des plus sérieuses. Ici encore le gouvernement, bien inspiré, finit par se montrer indulgent. Quant aux populations, vaincues, désarmées, elles subirent désormais le joug commun.

Plusieurs années se passèrent pendant lesquelles le calme dont jouissait Paris semble s'être étendu aux provinces, ou, si quelques mouvements s'y produisirent,

---

[1] Arch. du canal du Midi, S. CC, n° 5; *Lettres de Colbert*, III, *passim*.

ils eurent peu d'importance. Il faut arriver à l'année 1675 pour rencontrer deux nouvelles insurrections, les plus formidables du règne. La guerre de Hollande, commencée avec tant d'éclat, mais que les incroyables exigences du secrétaire d'État de la guerre prolongèrent plus de six ans, avait fini par imposer de dures nécessités au contrôleur général. Il avait eu le tort de la désirer et d'y contribuer, dans l'espoir de ruiner l'industrieuse république et de voir la France s'approprier son commerce d'Europe et des Indes. Quels ne durent pas être ses regrets quand il la vit s'éterniser, et qu'il lui fallut écraser de nouveaux impôts des provinces appauvries où, faute d'hommes et d'argent, tout travail s'était pour ainsi dire arrêté! C'est le temps des créations d'offices inutiles, entravant le commerce et renchérissant les denrées, des emprunts onéreux, de l'établissement du papier timbré et du droit de marque sur la vaisselle d'étain, de l'augmentation des gabelles et des taxes sur le tabac et les corporations d'ouvriers. Pour l'entretien d'une armée de trois cent mille hommes, la plus considérable que la royauté eût encore mise sur pied, Colbert avait dû se résigner aux mesures qu'il désapprouvait le plus. Partout ces *affaires extraordinaires*, c'est ainsi qu'on les nommait, occasionnèrent des murmures, par malheur trop fondés; mais nulle part l'émotion ne fut aussi vive qu'en Guienne, et surtout en Bretagne.

Les premiers troubles éclatèrent à Bordeaux, où l'autorité, prise à l'improviste, se vit obligée de rendre des prisonniers et d'accorder une amnistie générale, à laquelle succédèrent bientôt de nouveaux désordres. Des correspondances nombreuses permettent de suivre les phases de cette révolte, qui rappelait celle de 1548, provoquée également par l'augmentation de l'impôt, celui du sel, et où le connétable de Montmorency, chargé de la répression, s'était montré terrible [1]. Vers la fin de mars 1675, à l'occasion de quelques nouveaux édits sur le tabac, le papier timbré et la marque de la vaisselle, la populace du quartier Saint-Michel pilla les boutiques de plusieurs potiers d'étain, auxquels elle ne pardonnait pas d'avoir laissé marquer leur marchandise. On sonna le beffroi, et des bandes furieuses parcoururent les rues, en criant : « Vive le roi sans gabelle! » et assommant ceux qui refusaient de crier. Le subdélégué de l'intendant, qu'elles rencontrèrent, leur ayant tenu tête, elles l'assassinèrent, mirent son corps dans un carrosse, et le brûlèrent. Un conseiller au parlement essaya de leur faire des remontrances ; il fut tué à la porte de sa maison, sous les yeux de sa femme, qui courut elle-même les plus grands dangers. Maîtres de Bordeaux sur tous les points, les rebelles n'écoutèrent plus rien. On leur avait fait quelques prisonniers, déposés au Château-Trompette : ils en exigèrent la restitution, menaçant, si leur demande était repoussée, de mettre le feu aux quatre coins de la ville; ils exigèrent également une amnistie générale, absolue. Il fallut enfin, car ils auraient pu massacrer la plupart des fonctionnaires, réfugiés avec leurs femmes à la citadelle, leur promettre l'abolition de tous les droits contre lesquels ils s'étaient soulevés.

Jamais, depuis la Fronde, le gouvernement n'avait

---

[1] Il entra dans la ville par une brèche, à la tête d'un corps de dix mille hommes, la désarma, et fit exécuter plus de cent personnes, au nombre desquelles figuraient les principaux magistrats et bourgeois de la cité. Heureusement Henri II intervint et arrêta le farouche connétable dans ses exécutions.

subi pareil échec. Le 24 avril 1675, l'intendant de Séve fit connaître à Colbert les motifs de son inaction et les ménagements qu'il était, bien malgré lui, tenu de garder. Il l'informait que les artisans de Bordeaux, assez calmes la semaine précédente, paraissaient s'agiter. Recherches faites, et après avoir conféré avec quelques chefs, il s'était assuré que les procureurs, les huissiers et les notaires travaillaient à entretenir le feu. On avait cependant insinué au peuple que, s'il voulait s'assurer l'exemption des droits qui se levaient sur le blé, sur le lard et sur les agneaux, ainsi que la suppression des droits sur le tabac et l'étain, il n'avait qu'à demander le rétablissement du papier timbré, du contrôle et des greffes des arbitrages, qui ne le touchaient en rien. Les syndics des corps de métiers, qui avaient pris la plus grande part aux désordres, étaient bien disposés, et ils comptaient sur les artisans ; mais en une nuit tout était changé, et les notaires, procureurs et huissiers avaient décidé la populace à ne souffrir aucun changement à l'arrêt du parlement qui avait apaisé la sédition. « Ce que je trouve de plus fâcheux, ajoutait l'intendant, est que la bourgeoisie n'est guère mieux intentionnée que le peuple. Les marchands qui trafiquent du tabac, et qui, en outre de la cessation de leur commerce, se voyoient chargés de beaucoup de marchandises de cette nature que les fermiers refusoient d'acheter, et qu'il ne leur étoit pas permis de vendre aux particuliers, sont bien aises que le bruit continue, pour continuer avec liberté le débit de leur tabac. Les autres négociants s'étoient laissé persuader que du tabac on vouloit passer aux autres marchandises. Les étrangers habitués ici fomentent de leur côté le désordre, et je ne crois pas vous devoir taire qu'il s'est tenu des discours très-insolens sur l'ancienne domination des Anglois; et si le roi d'Angleterre vouloit profiter de ces dispositions et faire une descente en Guienne, où le parti des religionnaires est très-fort, il donneroit dans la conjoncture présente beaucoup de peine. Jusqu'ici, le parlement a fait en corps, et chaque officier en particulier, tout ce qu'on pouvoit souhaiter du zèle de cette compagnie; mais vous connoissez l'inconstance des Bordelois. » D'après l'intendant, Périgueux, Bergerac et d'autres villes du Périgord demandaient les mêmes exemptions que Bordeaux; il terminait en disant que la nouvelle du mouvement qui venait d'éclater à Rennes avait produit dans Bordeaux « un très-méchant effet. »

Ainsi, malgré les conseils de la prudence, l'agitation, loin de se calmer, gagnait du terrain, et de proche en proche passait aux provinces limitrophes. Le 27 avril, l'intendant écrivait à Colbert : « A Pau, on tire des coups de fusil aux environs de la maison où le bureau de papier timbré est établi. » Quelque temps après, le 10 juin, le bureau du papier timbré de Monségur fut brûlé par le peuple, et une insurrection éclata pour le même objet à La Réole; mais elle fut vigoureusement réprimée, et l'on y fit onze prisonniers. Revenue de sa première stupeur, l'autorité s'était raffermie, et l'heure des représailles avait sonné. Elles furent terribles. Un crocheteur et un porteur de chaise avaient été saisis dans les rues de Bordeaux, où ils excitaient du désordre. Ils furent condamnés aux galères, au grand étonnement de la population qui n'avait pas pris leurs actes au sérieux, et le premier président écrivit à Colbert : « Il y avoit bien de quoi faire moins, non de quoi faire plus... » Pendant que l'affaire de La Réole suivait son cours, l'intendant reçut d'un Bordelais du quartier Saint-Michel une lettre anonyme où on l'invitait, s'il ne voulait s'en repentir, « à ne point fâcher le pauvre peuple de La Réole, et à ne pas le traiter comme les misérables catholiques de Bergerac, pour de l'argent et pour favoriser les huguenots. » — « Si vous êtes sage, ajoutait-on, ménagez bien les intérêts du roi par quelque autre voie plus honnête que celle des partisans, et pour l'amour de Dieu, de vous et de nous, vivons et mourons en paix. »

Le quartier Saint-Michel sut bientôt à quoi s'en tenir sur les dispositions de l'intendant. Malgré le désir de repos que semblait indiquer la lettre anonyme, de nouveaux troubles accueillirent le rétablissement du papier timbré; mais depuis le mois de mars la cour avait pris ses précautions. On tira sur les mutins, et quelques hommes furent tués. C'était désormais au quartier Saint-Michel à demander grâce, et c'est ce qu'il fit, le curé en tête. L'autorité répondit par des arrestations et des supplices. Le 21 août, le maréchal d'Albret mandait à Colbert : « Hier on commença d'en pendre deux dans la place Saint-Michel, et aujourd'hui on continuera, ainsi que le reste de la semaine, de donner au public tous ces exemples de sévérité. » Néanmoins l'intendant écrivait encore le lendemain que la crainte de la potence n'avait pas déraciné l'esprit de révolte, et que la plupart des bourgeois n'étaient guère mieux disposés. En effet, neuf jours plus tard (tant l'exaspération était grande), un nouveau soulèvement éclatait aux portes de Bordeaux, à la Bastide, où l'un des meneurs fut fait prisonnier, condamné à la roue et exécuté. Grâce à ces exemples multipliés, le calme revint peu à peu. A partir du mois de septembre 1675, la correspondance de Colbert ne mentionne plus de révolte en Guienne. Successivement rétablis, les droits dont le parlement de Bordeaux avait précédemment exempté la ville furent dès lors perçus sans opposition. Là encore une province nouvelle était conquise à l'unité de l'impôt; mais on vient de voir à quel prix[1].

Au moment même où l'intendant de Bordeaux déplorait le contre-coup des événements de Rennes, le gouverneur de la Bretagne (c'était alors le duc de Chaulnes) écrivait de Paris à Colbert que, malgré le soulèvement de la Guienne, tout était encore tranquille dans sa province, mais que les nouveaux édits et surtout la manière dont ils étaient exécutés indisposaient les populations. La plupart des villes, maintenues jusqu'alors à force de promesses, le pressaient, ajoutait-il, d'appuyer leurs doléances et de faire cause commune avec le premier président. Quant à lui, craignant qu'il ne fût bientôt plus possible de contenir le peuple, il était d'avis d'ordonner secrètement aux fermiers de suspendre les édits.

La province de Bretagne se trouvait, il faut l'avouer, vis-à-vis du pouvoir royal, surtout en matière d'impôt, dans des conditions particulières. Lors de sa réunion à la France, nulle contribution ne pouvait y être établie sans le consentement des États. François Ier avait reconnu ses priviléges, et depuis on les avait à peu près respectés. Or les États de Bretagne s'étaient imposé, dans la session de 1673, les plus lourds sacri-

---

[1] Bibl. imp., Mss., *anciens volumes verts*, lettres adressées à Colbert.

fices, précisément pour être délivrés des impôts sur le papier timbré et le tabac. « On a révoqué tous les édits qui nous étrangloient, écrivit à ce sujet madame de Sévigné ; mais savez-vous ce que nous donnons au roi pour témoigner notre reconnoissance ? 2,600,000 livres, et autant de don gratuit. C'est justement 5,200,000 livres. Que dites-vous de la petite somme ? Vous pouvez juger par là de la grâce qu'on nous a faite de nous ôter les édits. » En réalité, l'imposition était plus que doublée. Le duc de Chaulnes avait dit de son côté que la seule crainte de l'exécution des édits jetait la province dans la dernière confusion, et que l'effet produirait inévitablement de très-grands désordres. Annonçant un jour à Colbert que les États venaient, malgré l'augmentation de 3 millions, de faire chanter un *Te Deum*, il attribuait la satisfaction présente à la révocation des édits. « Vous n'en serez pas surpris, ajoutait-il, quand vous saurez avec combien de violences on les exécutoit. »

Lorsqu'à dix-huit mois de là ces impôts exécrés et si chèrement rachetés durent être rétablis, avec aggravation de la marque sur la vaisselle d'étain, ce fut dans la province une indignation générale, que la sédition, un moment victorieuse à Bordeaux, ne fit qu'accroître. On a vu que le duc de Chaulnes écrivait de Paris à Colbert (19 avril 1675) que rien ne remuait encore, mais que les têtes commençaient à s'échauffer. Il ignorait que, la veille même, à Rennes, un rassemblement considérable s'était porté chez le premier président, qui avait promis son intervention auprès du roi pour obtenir l'abolition des édits. Prenant cette promesse au sérieux la foule envahit les bureaux de tabac et du timbre, les dévasta de fond en comble, lacéra les registres, au cri de « vive le roi sans édits ! » Cinq séditieux furent tués ou mortellement blessés par les buralistes ; mais l'effervescence de la multitude n'en fut pas calmée, et d'autres bureaux furent encore saccagés. Vers le soir, ivre, hors d'elle-même, elle parla de mettre le feu à la ville pour piller, au milieu de la confusion qui s'ensuivrait, les maisons des riches et de quelques gens d'affaires.

Surprise un moment, l'autorité se mit bientôt en mesure de résister. En l'absence de son père, gouverneur de Rennes, le marquis de Coëtlogon fit appel à la noblesse et aux *cinquantaines de quartier*, sorte de milice bourgeoise. Sur son ordre, on ferma les portes, on chargea les rebelles, qui lâchèrent pied en laissant une trentaine des leurs sur le carreau. En rendant compte de ces événements à la cour, le marquis de Coëtlogon essaya de dégager la ville de Rennes : il attribua les troubles à des gens sans aveu, à des misérables pour la plupart étrangers au pays, et à la canaille des faubourgs. Une seconde alerte, moins vive, eut lieu huit jours après ; le bruit s'étant répandu que les commis du papier timbré professaient la religion réformée, la populace se donna rendez-vous à un temple des faubourgs et y mit le feu. Quand le gouverneur de la ville accourut avec la noblesse et les bourgeois, le temple était détruit. Ainsi, loin de s'améliorer, la situation générale s'aggravait de jour en jour, et l'on redoutait de grands malheurs. Rappelé à Rennes, le duc de Chaulnes y fit son entrée officielle le 2 mai. Le lendemain, il apprenait que des troubles sérieux avaient éclaté à la fois sur divers points. A Nantes surtout, le désordre avait eu une gravité particulière. Une femme du peuple ayant été emprisonnée, les révoltés s'emparèrent de l'évêque, intervenu pour les calmer, et menacèrent de le mettre à mort si on ne leur rendait la femme arrêtée. L'auraient-ils osé ? Pour éviter ce malheur, le gouverneur de la ville céda et fut vivement blâmé. Quelques jours après, M. de Lavardin, escorté de troupes envoyées à la hâte, venait le remplacer. De son côté, le duc de Chaulnes eut l'ordre de faire décréter en plein parlement la levée des nouveaux impôts ; mais, abandonné par la noblesse et par la bourgeoisie, il put voir que le parlement lui-même ne le suivrait qu'à contre-cœur. Malgré les milices urbaines et la présence des troupes dans les centres de population, la révolte s'étendit à Guingamp, où trois émeutiers furent pendus, et à Châteaulin, où le lieutenant général de la province fut repoussé par des milliers de paysans. De proche en proche, la sédition gagna les Montagnes-Noires, Carhaix, la Haute-Cornouaille, les pays de Poher et de Léon. Convaincus, d'après les bruits perfidement répandus, que, non content d'imposer le tabac et le papier timbré, le gouvernement élèverait le prix du sel et taxerait le blé, les paysans ne connurent plus de frein, chassèrent tous les agents de l'autorité et furent, trois mois durant, les maîtres absolus du pays.

A Rennes même, malgré la présence du gouverneur, le rétablissement des édits déterminait une fermentation sourde. Se faisant illusion sur l'état des esprits, voyant d'ailleurs la province partout soulevée ou agitée, le duc de Chaulnes aurait voulu la parcourir en tous sens pour y ramener l'ordre ; mais le premier président d'Argouges et le marquis de Coëtlogon le suppliaient de rester. Pour les tranquilliser, il fit venir de Nantes trois compagnies composées de cent cinquante hommes, qui entrèrent dans la ville, *la mèche allumée par les deux bouts*. Un des priviléges auxquels Rennes tenait le plus était l'exemption des garnisons royales. Quand, après la bravade de leur entrée, les trois compagnies voulurent prendre à l'hôtel de ville la place de la milice bourgeoise, celle-ci, bientôt renforcée par un grand nombre d'habitants, s'y opposa et elles durent aller coucher aux hôtels de Chaulnes et de Coëtlogon. Le lendemain, les faubourgs étant venus en aide aux bourgeois, l'hôtel de Chaulnes fut de bonne heure cerné par une ardente multitude. Brave, hardi, le duc méprisait le péril. Il parut sur le seuil de son hôtel, exposé, dit madame de Sévigné, « à une grêle de pierres et d'injures, » et, bien que couché en joue par deux cents fusils, pendant que des milliers de voix criaient : *Tue! tue!* il ne recula pas. Les capitaines de la milice dissipèrent enfin la foule, et les habitants des faubourgs rentrèrent chez eux. De son côté, le duc de Chaulnes promit de rassembler le parlement à Dinan avant cinq semaines et de renvoyer à Nantes les trois compagnies, dont la présence avait failli mettre le feu aux poudres. Malgré ces concessions, l'agitation était toujours grande, et des prises d'armes eurent encore lieu. Un prisonnier fut délivré, et on menaça de nouveau d'incendier la ville pour la piller. Les écrivains bretons reprochent au duc de Chaulnes d'avoir manqué à son devoir en dissimulant au roi la situation des esprits et les causes légitimes de l'insurrection. Une disgrâce eût peut-être puni sa franchise. Était-ce une raison pour taire la vérité[1]? Ancien am-

---

[1] M. de La Borderie, *la Révolte du papier timbré en 1675*. Cet écrivain, parfaitement renseigné, a pu consulter un grand nombre de documents imprimés et de journaux manuscrits.

bassadeur à la cour de Rome, esprit fin, délié, égoïste, le duc de Chaulnes se garda bien de tenir un langage qui l'eût peut-être compromis. Il atténua la révolte de Rennes, se contentant d'incriminer les faubourgs, qu'il était d'avis de *ruiner entièrement*. Il reconnaissait bien que le moyen était *un peu violent*, mais à son sens c'était l'unique, et il n'en trouvait même pas l'exécution difficile, pourvu qu'on lui donnât quelques troupes réglées. « Peu d'infanterie suffira, ajoutait-il, avec le régiment de la Couronne... » La guerre qui durait toujours ne permettant pas de lui procurer cette satisfaction, il fallut patienter. En attendant, il prépara le terrain. Les *cinquantaines* continuaient à garder les portes. Il leur prouva un jour que ce service était inutile, et qu'il suffisait d'un poste à l'hôtel de ville, comme avant les troubles. « Les bons bourgeois, dit un témoin oculaire, furent touchés de la sincérité de son éloquence, de ses protestations, et ils firent sans méfiance ce qu'il demandoit. »

Des faillites considérables vinrent ajouter au malaise de la Bretagne. Le duc de Chaulnes le voyait bien, mais il ne se souciait pas de demander à la cour des adoucissements que les nécessités de la guerre rendaient impossibles. Moins personnel et plus humain, le premier président d'Argouges supplia Colbert (21 juin) d'ajourner les nouveaux impôts à la réunion des états, seul remède à la situation. Originaires de la province, affectés comme tout le monde par les contributions extraordinaires, blessés du peu de cas que l'on faisait de leurs vieux priviléges, les membres du parlement étaient au fond très-hostiles au duc de Chaulnes, qui ne l'ignorait pas et ne se faisait pas faute de les dénoncer. Après les troubles de Nantes et de Guingamp, il leur avait enlevé le jugement des rebelles, qui furent livrés à des commissions militaires. Ils refusèrent, quand il les en pria, d'intervenir auprès des mutins, annonçant l'intention d'envoyer des députés à la cour pour représenter la misère du pays et réclamer la suppression des édits. Le premier président lui-même était de cet avis, mais le duc de Chaulnes l'obligea d'y renoncer, et le décida à faire rendre un arrêt qui défendait les attroupements sous peine de mort. Quand à lui, il déclara perturbateur du repos public quiconque répandrait le bruit que le roi voulait établir la gabelle ou imposer les blés, « rien n'étant, disait-il, si contraire à ses intentions, qui étoient de maintenir la province *dans ses priviléges*. » Croyait-il donc tromper quelqu'un en passant sous silence les impôts mis, sans le concours des états, sur le tabac, le papier timbré et la vaisselle d'étain? Le piége était trop grossier, et les Bretons ne s'y laissèrent pas prendre; de nouveaux soulèvements répondirent aux assurances du duc de Chaulnes. « Toute la rage, écrivit alors le duc à Colbert, est présentement contre les gentilshommes, dont ils ont reçu de mauvais traitemens. Il est certain que la noblesse a fort rudement traité les paysans; ils s'en vengent présentement... » De son côté, madame de Sévigné, en ce moment à Paris, écrivait : « On dit qu'il y a cinq ou six cents *bonnets bleus* en Basse-Bretagne (il y avait les *bonnets rouges* sur d'autres points) qui auroient bon besoin d'être pendus pour leur apprendre à parler... » La noble marquise parlera différemment quand elle verra les choses de près. Les historiens de la province nient cette exaspération des campagnes contre la noblesse. D'après eux, les agents du pouvoir ne pensaient qu'à donner le change sur la cause réelle des mécontentements. Un *Code paysan*, proclamé par quelques paroisses de la Basse-Bretagne, portait cependant qu'à l'avenir la chasse serait défendue à tous du mois de mars à la mi-septembre, que les colombiers seraient rasés, et qu'il n'y aurait plus de moulins obligatoires. Ces prescriptions n'annoncent-elles pas de profondes et légitimes rancunes contre la noblesse, et faut-il s'étonner si le peuple, une fois soulevé, s'était porté contre elle à de coupables excès? Le même code sommait les gentilshommes de retourner dans leurs maisons de campagne au plus tôt, faute de quoi les pillages continueraient. L'article 5 obligeoit leurs filles *à choisir leurs maris de condition commune*. Enfin l'article 6 était ainsi conçu : « Il est défendu, à peine d'être passé par la fourche, de donner retraite à la gabelle et à ses enfans, et de leur fournir ni à manger ni aucune commodité; mais au contraire, il est enjoint de tirer sur elle comme sur un chien enragé. » Quoi qu'il en soit, la révolte s'étendait comme une traînée de poudre. Les évêchés de Léon et de Quimper, Carhaix et Landernau, le diocèse de Tréguier, les environs de Fort-Louis, d'Hennebon, de Quimperlé, étaient en armes. Outre le *Code paysan*, un chant populaire, inspiré par d'amers ressentiments et gros de vengeance, exaltait toutes les têtes : c'était la *Ronde du papier timbré*.

« Quelle nouvelle en Bretagne?... Que de bruit! que de fumée! — Le cheval du roi, quoique boiteux, vient d'être ferré de neuf. — Il va porter en Basse-Bretagne le papier timbré et les scellés. — Le roi de France a six capitaines, bons gentilshommes, gens de grande noblesse; le roi de France a six capitaines pour monter sa haquenée. — Deux sont en selle, deux sur le cou, les deux autres sur le bout de la croupe. — Légère armée qu'a le roi de France! Dans notre balance, elle ne pesera pas cent livres!

« Le premier porte le pavillon et la fleur de lis du poltron[1]; — le second tient une épée rouillée qui ne fera grand mal à personne; — le troisième a des éperons de paille pour égratigner sa sale bête; — le quatrième porte deux plumes, l'une sur son chapeau de capitaine et l'autre derrière l'oreille. Avec le cinquième, viennent les herbes de malheur : le papier timbré, la bourse vide, — la bourse du roi, profonde comme la mer, comme l'enfer toujours béante. — Enfin, le dernier tient la queue, et conduit le cheval en poste.

« Quel équipage a le roi! quelle noblesse! quelle armée! — Or, à leur première arrivée, avec leur timbre, en ce pays, — ils étaient couverts de haillons et maigres comme des feuilles sèches : — nez longs, grands yeux, joues pâles et décharnées; — leurs jambes étaient des bâtons de barrières, et leurs genoux des nœuds de fagots. — Mais ils ne furent pas longtemps au pays qu'ils changèrent, nos six messieurs. — Habits de velours à passementeries, bas de soie et brodés encore! — Nos six croquants s'étaient même acheté chacun une épée à garde d'ivoire. — En bien peu de temps, dans nos cantons, ils avaient changé de manière d'être. — Face arrondie, trogne avinée, petits yeux vifs et égrillards, — ventres larges comme des tonneaux : voilà le portrait de nos six huissiers. — Pour les porter jusqu'à Rennes, on creva six chevaux de limon! — Lors de leur arrivée première avec le timbre en ce pays, Jean le Paysan vivait aux champs, tout doucement, bien tranquille, à l'aise. — Avant qu'ils s'en retournassent chez eux, il y avait eu du trouble dans nos quartiers; — il en avait coûté à nos bourses de faire habiller de neuf nos gaillards!

« Mes amis, si ce n'est pas faux ce que racontent les vieillards, du temps de la duchesse Anne, on ne nous traitait pas ainsi! »

---

[1] M. de La Borderie voit là une allusion à Louis XIV, et il rappelle à ce sujet les vers de Boileau :

Louis, les animant du feu de son courage,
Se plaint de sa grandeur qui l'attache au rivage.

Pendant que, de tous les côtés, la Basse-Bretagne était agitée et près de s'enflammer, la ville de Rennes semblait assoupie, mais les mécontents n'attendaient qu'une occasion. Le duc de Chaulnes croyait pourtant les esprits calmés, et il était parti le 4 juillet pour apaiser les troubles de la province. Quelques missionnaires dont il s'était fait accompagner avaient d'abord été mal reçus, et ils furent même obligés de déclarer, par-devant notaire, que nul ne devait prétendre aucun droit nouveau. Ils rendirent plus tard de véritables services au gouverneur. Cependant son départ de Rennes avait été le signal de nouvelles émeutes. Le 17 juillet, à la suite d'une querelle entre les employés du papier timbré et un clerc de procureur, les bureaux furent envahis, pillés, dévastés. La milice, étant intervenue, tua l'un des séditieux, en blessa quelques autres, et se mit aux ordres du gouverneur, qui, n'ayant plus de bureau de papier timbré à protéger, l'aurait, dit-on, remerciée. Abandonnés à eux-mêmes, les faubourgs étaient devenus l'effroi des nobles et des bourgeois. « Les bons habitans, dit un contemporain, sont tellement dans la crainte des tumultuaires qu'ils n'osent sortir de leurs maisons, menacés qu'ils sont par une populace vagabonde et libertine. » Un jour cette populace tua les chevaux d'un gentilhomme qui se promenait en voiture; une autre fois elle lança un chat pourri dans le carrosse de la duchesse de Chaulnes qu'elle détestait ; en même temps, un coup de fusil brisa l'épaule d'un de ses pages. De pareilles insultes n'étaient pas de celles qu'on oublie, mais faute de répression immédiate la révolte s'étendait. Vers le 20 juillet, les paysans saccageaient et incendiaient les environs de Fougères ; des employés du tabac étaient massacrés près de Lamballe, tandis que dans l'évêché de Tréguier des bandes de *bonnets rouges* couraient les campagnes et menaçaient encore une fois Guingamp. Le dimanche 21, deux mille paysans du duché de Rohan pillèrent la maison d'un employé de Pontivy et brûlèrent son papier timbré. Dans la Cornouaille, que le duc de Chaulnes avait d'abord visitée et croyait pacifiée, le mouvement fut plus vif encore. Le propriétaire du château de Kergoët avait approuvé les nouveaux impôts; il était de plus l'ami du gouverneur. Assailli à la fois par vingt communes, il vit son château, le plus fort de la contrée, pris d'assaut et mis à sac. Un redoublement de violences s'ensuivit. « Toute la Basse-Bretagne, dit un historien breton, était en feu. Ce n'étaient plus seulement les pays de Châteaulin, de Carhaix et les alentours de Landernau : c'était la Cornouaille entière et les deux tiers du Léon; dans l'évêché de Tréguier, les pays de Morlaix, de Lannion, de Guingamp; dans le diocèse de Vannes, ceux d'Auray, d'Hennebon, de Pontivy, presque tout le duché de Rohan. » Naturellement, gentilshommes et bourgeois s'empressèrent de quitter la campagne avec leurs meubles et effets les plus précieux pour rentrer dans les places où ils se croyaient plus en sûreté. « La plupart des villes sont encore dans leur devoir, écrivait en effet l'évêque de Saint-Malo à Colbert le 23 juillet 1675, mais il n'y en a quasi plus aucune que ces paysans ne fassent trembler. »

Tant d'audace ne pouvait rester impunie, et le simple bon sens aurait dû faire comprendre aux révoltés que la répression serait sans pitié. Les plus imprévoyants purent s'en douter en apprenant, vers les premiers jours d'août, que le bailli de Forbin, lieutenant-général, et le marquis de Vins, capitaine d'une compagnie de mousquetaires, se dirigeaient sur la Bretagne avec six mille hommes. Ils venaient de loin, et ils marchaient lentement, car l'ennemi (une province entière) ne pouvait leur échapper. Le 28 août, l'évêque de Saint-Malo prévint Colbert du bon effet que leur arrivée avait déjà produit. Le duc de Chaulnes, qui les attendait dans les murs de Fort-Louis, se mit à leur tête, gagna Quimper et de là le pays de Carhaix, centre et quartier-général de la révolte. On ne sait encore que vaguement les détails de la lutte qui s'engagea, mais les rebelles furent défaits à la première rencontre, et les *penderies*, comme dit madame de Sévigné dans sa langue énergique, commencèrent. Vainement ils s'attroupaient, tombaient à genoux par bandes devant les soldats, criant *mea culpa*, « le seul mot de françois qu'il savoient, » le duc de Chaulnes ne les ménageait pas. Carhaix et Quimper, les pays d'Hennebon et de Pontivy, les cantons du Léon et l'évêché de Tréguier virent les actes de sa justice expéditive. Après eux, Guingamp, Morlaix, Lannion, eurent leur tour. Ceux qui avaient la vie sauve étaient envoyés soit à Brest, soit à Toulon, pour le service des galères. « Les paysans ont été bien punis de leur rébellion, écrivait-on le 24 septembre de l'évêché de Tréguier ; ils sont maintenant souples comme un gant ; on en a pendu et roué une quantité. » Tout en semant l'effroi sur sa route, le duc de Chaulnes se dirigeait vers Rennes avec une lenteur calculée, bien faite pour donner de la crainte, et qui inspira en effet à ses habitants une véritable épouvante. Pour la calmer, il leur avait écrit vers le 15 août « d'être sans inquiétude, et que la marche des troupes n'avoit rien qui les regardât. » Plus d'un mois après, le 24 septembre, il leur écrivit de nouveau pour les inviter à accepter le papier timbré, espérant, s'ils se montraient dociles, attirer sur leur ville « les grâces que son obéissance et sa soumission aux volontés du roi lui pourroient mériter. » Il va sans dire que le papier timbré fut immédiatement rétabli. De son côté, le marquis de Coëtlogon, en remettant les dernières lettres du duc à messieurs de la ville et du parlement, leur fit espérer l'éloignement des troupes et la prompte réunion des états.

Quelle ne fut pas, après la confiance que ces paroles avaient dû inspirer, la terreur des habitants de Rennes en apprenant que le duc de Chaulnes arrivait à la tête de six mille hommes! Ces mots de madame de Sévigné, amie du duc et très-liée avec la duchesse, en donnent une idée : « L'émotion est grande dans la ville de Rennes, et la haine incroyable dans toute la province pour le gouverneur. » Quelques jours après, celui-ci faisait son entrée, précédé de deux compagnies de mousquetaires, de six compagnies de gardes françaises et de gardes suisses, de six cents dragons, de plusieurs régiments d'infanterie, d'un millier d'archers de la maréchaussée, tant à pied qu'à cheval. Ils s'avançaient quatre à quatre, mèche allumée des deux bouts, la balle à la bouche, le mousquet haut, l'épée hors du fourreau. Un maître des requêtes chargé de faire le procès aux rebelles, M. de Marillac, accompagnait le duc. Exempte jusqu'alors de garnison par ses priviléges, la ville de Rennes n'avait pas de caserne ; il fallut donc loger ces six mille hommes chez les habitants et lever coup sur coup des contributions forcées pour les nourrir. Protégé par cette force imposante, M. de Marillac informait contre les plus compromis. Sept d'entre eux furent roués ou pendus. On citait dans le nombre un joueur de violon convaincu d'avoir donné le signal de la troisième révolte contre le papier timbré, et dont on ne put rien tirer, sinon qu'il avait reçu vingt-cinq écus des fermiers pour commencer. Il est certain que beaucoup de buralistes, s'attendant à être pillés, exagéraient leurs déclarations, et il fut constaté qu'un receveur de Nantes, dont la caisse se trouva mieux gardée qu'il ne le désirait, n'y avait laissé que 64,000 livres, au lieu de 250,000 accusées par lui. On se souvient de la lettre du duc de Chaulnes à Colbert sur les faubourgs de Rennes qu'il avait proposé de *ruiner entièrement*. Un édit du 16 octobre 1675 décida que le plus considérable, la Rue-Haute, serait rasé. Il y avait environ quatre mille habitants; madame de Sévigné nous apprend ce qu'ils devinrent : « On a chassé et banni toute une grande rue et défendu de les recueillir sous peine de la vie, de sorte qu'on voit tous ces misérables, femmes accouchées, vieillards, enfans, errer en pleurs au sortir de la ville sans savoir où aller, sans avoir de nourriture ni de quoi se coucher. »

La Bretagne et la ville de Rennes en particulier n'étaient-elles pas suffisamment châtiées? Il paraît que non, car le duc de Chaulnes, qui dans les commencements accusait le parlement de pactiser avec la révolte, fut, malgré l'impopularité dont il était l'objet, accusé à son tour de mollesse et d'indulgence. Désireux de rester dans la province et voyant combien déjà il était exécré, il craignit de s'y rendre impossible, si la répression était prolongée, et il demanda que les six mille hommes du bailli de Forbin fussent rappelés¹. Ce ne fut pas l'opinion de la cour, qui, trouvant au contraire, sur l'avis de quelque dénonciateur zélé, que ces troupes avaient trop ménagé les habitants, les remplaça par dix mille hommes tirés pendant l'hiver de l'armée du Rhin, si connue par ses cruautés. Un maître des requêtes, M. de Pommereu, plus sévère sans doute que M. de Marillac, en prit la direction. On se représente les excès auxquels ils se portèrent. Le duc de Chaulnes au moins avait eu le soin de donner les ordres les plus rigoureux contre les soldats qui molesteraient les bourgeois, et l'un d'eux avait même été fusillé pour l'exemple. Au lieu de punir les violences, on les encouragea. Écoutons encore madame de Sévigné. « Tout est plein de gens de guerre... Il s'en écarte qui vont chez les paysans, les volent et les dépouillent. C'est une étrange douleur en Bretagne que d'éprouver cette sorte d'affliction, à quoi ils ne sont pas accoutumés... » Puis encore, le 5 janvier 1676 : « Pour nos soldats, ils s'amusent à voler ; ils mirent l'autre jour un petit enfant à la broche. » Et le fils de la marquise, un ancien soldat, d'ajouter : «Toutes ces troupes de Bretagne ne font que tuer et voler. » Plusieurs témoins oculaires confirment ces tristes faits. « Tous les soldats, dit l'un d'eux, ont tellement vexé les habitans qu'ils ont jeté leurs hôtes et hôtesses par les fenêtres après les avoir battus et excédés, ont violé des femmes, lié des enfans tout nus

---

¹ Le duc de Chaulnes avait de bonnes raisons pour vouloir rester en Bretagne, malgré les déboires qu'il avait eus de la province et de la cour. L'extrait suivant de Dangeau est édifiant. — 6 novembre 1692. « Les armateurs de Bretagne ont fait tant de prises depuis la déclaration de la guerre, qu'on croit que M. de Chaulnes a eu pour sa part 8 ou 900,000 francs. Il a le dixième, ayant les droits d'amirauté attachés au gouvernement de la province. »

sur des broches pour les faire rôtir, rompu et brûlé les meubles, exigé de grandes sommes, et commis tant de crimes qu'ils égalent Rennes à la destruction de Jérusalem. »

Heureusement la campagne allait se rouvrir sur le Rhin, et le roi n'avait pas trop de toutes ses troupes. L'armée de Bretagne fut rappelée. Le lendemain 1ᵉʳ mars 1676, le parlement, exilé à Vannes, enregistrait des lettres d'amnistie. Cent soixante-quatre exceptions étaient faites à l'égard d'individus particulièrement compromis, dont quelques-uns furent plus tard appréhendés, jugés, exécutés. La ville de Rennes seule comptait cinquante-six exclus, parmi lesquels figuraient des gens de métier, un gentilhomme, un notaire et quatorze procureurs ou clercs de procureur, preuve évidente de l'influence que l'impôt du papier timbré avait eue sur les événements. On croira sans peine que le souvenir de ces représailles laissa des traces profondes dans les esprits. Le pillage des châteaux et la crainte incessante pendant plusieurs mois de voir la populace des villes se porter à tous les excès, la province entière livrée à toutes les violences du soldat, tant de malheureux roués et pendus, le pays ruiné, frappé coup sur coup de contributions extraordinaires, des milliers d'hommes, de femmes et d'enfants chassés de leurs foyers, il n'en fallait pas tant pour éterniser la mémoire de cette révolte. Les plus punis furent encore les habitants de Rennes, à cause de l'exil prolongé du parlement. Vainement sollicitaient-ils son retour en protestant de leur fidélité; les supplications et les protestations ne suffirent pas. Il fallut que la coalition de 1687 éclatât, et que la ville ajoutât à toutes ses promesses le poids d'une contribution nouvelle de cinq cent mille livres, qui ne lui parut pas exorbitante, s'il faut en juger par la joie qu'elle éprouva en voyant enfin revenir dans ses murs (février 1690) ces robes rouges, symboles de son antique splendeur, exilées depuis quatorze ans.

Comment s'étonner de ces mouvements de l'opinion? L'attachement passionné des pays d'états à leurs vieilles institutions avait des causes diverses par lesquelles s'expliquent bien des abus, des exagérations, payés depuis d'un anéantissement complet qui commence à paraître regrettable. La preuve, manifeste à tous les yeux, que les impôts y étaient moins lourds et plus équitablement répartis, les routes plus nombreuses et mieux entretenues que dans les pays d'élection, pour qui ils étaient un objet d'envie, le déplaisir évident avec lequel les ministres subissaient les assemblées provinciales, le soin de les soustraire aux grands courants d'opposition en les faisant siéger dans les moindres localités et de les renvoyer le plus tôt possible[1], voilà bien des raisons pour que les Bretons vissent revenir à Rennes, au milieu de l'allégresse générale, le parlement qui les avait soutenus à ses dépens dans la révolte du papier timbré, et qui était pour eux, avec les états, la forme la plus expressive de leur nationalité.

D'autres désordres, presque toujours causés par les nouveaux impôts, eurent encore lieu sur divers points. A Lyon, en 1669, une femme de la Croix-Rousse avait été pendue pour s'être mise à la tête de cinq ou six cents personnes. Plus tard, à Angoulême, des mécon-

[1] Le ministre Pontchartrain écrivait naïvement à un intendant au sujet de la levée des états de sa province, « que c'était la fin de toutes agitations et de tout genre de chagrin pour un honnête homme. »

tents avaient intimidé et fait reculer l'intendant. Irrité de sa faiblesse, Colbert lui écrivit (15 novembre 1674) qu'un dépositaire de l'autorité devait savoir risquer sa vie « dans les occasions. » Il lui enjoignit en même temps de retourner à Angoulême, d'y étouffer toute velléité d'indépendance, et de publier bien haut que le roi avait toujours près de Paris une armée de vingt mille hommes pour rappeler les peuples à l'obéissance. Avec de pareilles instructions, l'intendant, on s'en doute bien, eut bientôt raison des séditieux d'Angoulême. Au Mans, où quelques actes de désordre avaient coïncidé avec ceux de Rennes et de Nantes, six cents cavaliers et seize compagnies d'infanterie envoyés à la hâte de Paris écrasèrent la ville. Aussi l'évêque disait-il qu'elle était près de sa ruine, sans avoir mérité de telles rigueurs. On se rappelle enfin la description saisissante faite par madame de Sévigné (31 juillet 1675) de la misère de ce pauvre passementier du faubourg Saint-Marceau qui, faute de pouvoir payer un impôt de dix écus sur les maîtrises, ayant, disait-elle, vu vendre son lit, son écuelle, de désespoir avait coupé la gorge à trois de ses enfants. Une lettre de La Reynie dément, il est vrai, la nouvelle[1] ; mais le bruit qui en avait couru prouve que les taxes extraordinaires demandées aux corporations pour la continuation de la guerre de Hollande pesèrent sur la capitale comme dans les provinces.

Les révoltes de Guienne et de Bretagne avaient eu dans le royaume un tel retentissement et laissé une impression si forte, que bien des années se passèrent sans que le gouvernement eût à infliger d'autres pu-

---

[1] Voir à l'Appendice.

nitions. Si quelques mécontentements se produisirent, ils furent de peu d'importance ou promptement étouffés. La situation des provinces était pourtant allée en empirant, et les expédients auxquels les contrôleurs généraux Pontchartrain et Chamillart avaient dû recourir pour payer les dépenses de la guerre, — la capitation, les nouveaux offices, l'augmentation du sel, les charges extraordinaires de toute sorte, — grevaient bien autrement les populations que les impôts, source première des grandes révoltes de 1675 ; mais la terreur l'emportait. Une fois encore cependant, en 1707, la certitude des plus rigoureux châtiments demeura sans effet. Cédant à une suggestion malheureuse, le gouvernement aux abois avait eu le tort de mettre des taxes sur les mariages, les baptêmes et les enterrements. Il faut voir dans l'impétueux Saint-Simon et dans l'impassible Dangeau quels résultats produisirent ces impositions immorales. Elles eurent pour premier effet de décider les pauvres gens des villes et des campagnes à se passer de mariage et à baptiser eux-mêmes leurs enfants. Ce n'était pas le compte des traitants, qui réclamèrent contre ces réfractaires d'un nouveau genre. « Du cri public et des murmures, dit Saint-Simon, on passa à la sédition dans quelques lieux. On alla si loin à Cahors, qu'à peine deux bataillons qui y étoient purent empêcher les paysans armés de s'emparer de la ville, et qu'il y fallut envoyer des troupes destinées pour l'Espagne. » Même émotion dans le Quercy, où l'on eut grand'peine à dissiper les paysans armés et attroupés. « En Périgord, ils se soulevèrent tous, pillèrent les bureaux, se rendirent maîtres d'une petite ville et de quelques châteaux, et forcèrent quelques gentilshommes de se mettre à leur tête... » Les rebelles consentaient d'ailleurs à payer les tailles et la capitation, la dîme aux curés, la redevance aux seigneurs. Quant aux impôts sur les mariages, baptêmes et enterrements, ils ne voulaient pas en entendre parler. Avaient-ils tort?

Il y a des limites que le pouvoir le plus despotique ne saurait dépasser. On en était arrivé là; aussi les malencontreux édits durent-ils être retirés. Un autre contrôleur général vint, Desmaretz, qui, au lieu de tendre encore la corde de l'impôt, demanda davantage au crédit. La misère était devenue telle, surtout à la fin de l'hiver et de l'affreuse disette de 1709, que les peuples n'avaient plus la force de se révolter. Ils souffraient sans bruit et mouraient misérablement avant l'heure. Heureusement la guerre cessa, grâce à Villars. Les paysans valides n'allèrent plus aux armées, et la production se rétablit, quoique lentement. Des émeutes occasionnées par la cherté du blé eurent encore lieu de 1713 à 1715, en Normandie et dans le midi. A Caen, le peuple s'attaqua aux fabricants d'amidon et de poudre à poudrer, dont il dévasta les ateliers. Là et sur quelques autres points, comme à Toulouse, l'autorité fit en sorte de n'avoir pas à sévir. Il n'est pas jusqu'aux troupes qui, dans ces circonstances, ne donnassent l'exemple de la rébellion. Le ministre de la guerre avait traité avec un munitionnaire pour la fourniture du pain; les soldats, qui le payaient plus cher qu'au marché, le refusèrent, et obtinrent gain de cause. A Lyon enfin, c'est encore Saint-Simon et Dangeau qui le constatent, un droit nouveau sur la viande provoqua en 1714 une révolte considérable. Il fallut mettre en mouvement sept régiments de dragons, deux régiments de cavalerie et quatre bataillons d'infanterie ; puis, par un compromis au moins étrange, en même temps que les commis des traitants étaient punis, on maintint le droit qu'ils avaient été autorisés à percevoir.

Ce fut la dernière explosion populaire causée par les impôts sous le règne de Louis XIV. Peu à peu les greniers s'étaient remplis, et l'industrie avait été exonérée des charges de la guerre. La consommation reprenait avec la confiance. Un nouveau règne se montrait d'ailleurs à l'horizon avec les illusions ordinaires, et les populations laborieuses, si longtemps foulées et opprimées, commençaient à respirer.

CHAPITRE XIII.

DERNIÈRES ANNÉES DE LA REYNIE.

Le chancelier de Pontchartrain trouve La Reynie trop âgé et cherche à l'éconduire. — La Reynie vend sa charge à d'Argenson. — Il reste au conseil d'État, mais sa santé l'empêchant d'y aller, Pontchartrain l'invite à se retirer définitivement. — Son testament. — Appréciations de Saint-Simon et du marquis de Sourches. — La Reynie fit le plus de bien et le moins de mal possible. — Son éloge, sous quelques réserves.

Cependant les difficultés augmentaient pour le lieutenant général de police avec la continuation de la guerre et la durée du règne; mais, semblable à tous les hommes en place, il ne paraissait pas disposé à prendre sa retraite, comme si l'expérience, sauf quelques exceptions éclatantes, pouvait remplacer la vigueur de l'esprit et du corps. Longtemps les ministres l'avaient habitué aux compliments les plus flatteurs, à l'approbation la plus complète[1]. Quand, en 1689, Pontchartrain devint contrôleur général, les choses changèrent d'aspect. Aimable, spirituel, plein de grâce et de feu dans le monde, mais tranchant et cassant dans les affaires, Pontchartrain ne ménagea pas La Reynie, et semble n'avoir rien négligé pour l'éconduire. A l'occasion des troubles

---

[1] Ainsi, on lui écrivait souvent : « Le roi me charge de vous dire que vous avez bien agi, » ou « Vous avez eu raison de... — « Vous avez bien fait de... » etc.

suscités en 1692 par la cherté du pain, il écrivait au premier président de Harlay : « Il ne faut pas que M. de La Reynie se plaigne que le service de la police ne se fait point, sous prétexte qu'on en a dispensé quelques officiers. Pareilles querelles d'Allemand ne me vont point ; on en a substitué un bien plus grand nombre que celui qu'on en a dispensé. C'est à lui à se faire servir par les voies d'amende et d'autorité qui lui sont confiées, et il ne doit pas compter que ses faux prétextes lui servent d'excuses là-dessus. » La Reynie, d'un autre côté, ne semblait pas très-rassuré sur les dispositions de M. de Harlay, à qui il écrivait assez humblement (20 juin 1692) au sujet de mesures contre les vagabonds de Paris : « Par malheur pour le public et pour nous-mêmes, vous ne sauriez nous rendre tels que vous voudriez que nous fussions, et tels que nous devrions être[1]. »

Conseiller d'État ordinaire depuis 1686[2], La Reynie était alors âgé de soixante-sept ans, et il y en avait vingt-cinq qu'il occupait l'emploi de lieutenant général de police. Au mois de décembre 1690, Jérôme Bignon[3] en avait eu la survivance, à la demande du titulaire, qui, d'après Dangeau, « avoit prié le roi de le soulager dans les fonctions de cette charge, qui étoit fort pénible, » d'où l'on peut conclure qu'il songeait parfois à s'en démettre, mais que le charme irrésistible

---

[1] Depping ; *Corresp. admin.*, II, 624, 630.

[2] Il était conseiller d'État *semestre* depuis le 14 décembre 1680. — (*Journal du marquis de Sourches*; mars 1686.)

[3] Jérôme Bignon, né le 11 août 1658 ; successivement avocat du roi au Châtelet, intendant de Rouen, de Picardie et d'Artois, conseiller d'État, en 1698, prévôt des marchands en 1708. Mort le 25 décembre 1726. Voir son éloge dans les *Mémoires de l'Académie des inscriptions et belles-lettres*; 1re série, tome VII.

du pouvoir le retenait. Quoi qu'il en soit de ces indécisions, le moment de la retraite arriva. Jérôme Bignon ayant préféré et obtenu une intendance, La Reynie vendit sa charge à d'Argenson, moyennant 50,000 écus (janvier 1697). Il restait d'ailleurs conseiller d'État en service ordinaire, et ces fonctions devaient lui faire une vieillesse suffisamment occupée. Dans l'année qui suivit, il fut chargé d'interroger à la Bastille la célèbre madame Guyon. Un an après, le chancelier Boucherat étant mort, La Reynie fut cité avec plusieurs autres personnages pour le remplacer; mais Pontchartrain, fatigué des finances, et aspirant aux honneurs de la chancellerie, fut préféré par le roi, qui avait besoin de sa place pour Chamillart. Il avait aussi vainement espéré être nommé doyen du conseil[1]. Douze années s'étaient écoulées depuis qu'il avait résigné ses fonctions actives, et, son énergie morale persévérant, il refusait de se plier aux conséquences de l'âge et des infirmités. Plus ses forces le trahissaient, plus il se rattachait aux affaires. Il fallut que Pontchartrain l'en arrachât par un coup d'autorité. « J'espérois vous voir au conseil à Paris jeudi dernier, lui écrivit-il le 2 décembre 1708, et je m'en faisois le plaisir que vous savez que j'ai toujours quand je vous vois. J'appris avec douleur que votre santé, qui malheureusement s'altère tous les jours, vous avoit empêché d'y venir, et cela me confirme avec grand regret dans l'exécution d'une pensée que je vous aurois simplement communiquée, si je vous avois vu. Cette pensée est de vous soulager malgré vous-même dans votre travail, et de le diminuer, quelque utile qu'il

---

[1] *Mémoires de Mathieu Marais*; introduction, par M. de Lescure, p. 41.

soit au public. Vous tenez trois bureaux, celui des vacations, un des parties, un des finances. Souffrez que je vous soulage du premier ; c'est celui qui vous fatigue le plus ; il exige même plus que tous les autres, pour le bien de la justice et pour l'honneur des cours dont on attaque les arrêts, que celui de messieurs les conseillers d'État qui a l'honneur de présider à ce bureau soit régulièrement et exactement présent au conseil et à toutes les cassations qui s'y rapportent. Vous savez cependant, et nous ne l'éprouvons qu'avec trop de douleur, que vous ne venez plus au conseil depuis très-longtemps [1]... »

Le congé était formel, et force fut à La Reynie de s'exécuter. Dépossédé, pour n'avoir pas su se retirer à temps, de fonctions qu'il avait prétendu conserver au-delà des limites naturelles, il dut, tout en se plaignant et récriminant, se replier sur lui-même et attendre l'heure finale. Il avait fait, le 1ᵉʳ septembre 1696, un testament dont quelques dispositions ont été remarquées. En premier lieu, son corps devait être enterré dans le cimetière de sa paroisse et non dans l'église, « ne voulant pas, disait-il, que son cadavre fût mis dans les lieux où les fidèles s'assembloient, et que la pourriture de son corps y augmentât la corruption de l'air et par conséquent le danger pour les ministres de l'église et pour le peuple. » On reconnaît, dans ces recommandations dernières, la sollicitude du magistrat qui avait tant fait pour la salubrité de Paris. Ne pouvant réformer un abus enraciné dans la vanité, La Reynie protestait du moins par son exemple. Après avoir expliqué les libéralités qu'il entendait faire aux

---

[1] Depping; Corresp. admin., II, 403.

pauvres et à divers établissements charitables, il défendait que l'église fût tendue en noir pour lui, se bornant à demander, le jour de son inhumation, *autant de messes qu'il pourroit en être dit*. Veuf en 1658 de sa première femme, il avait épousé, dix ans après, Gabrielle de Garibal, fille d'un maître des requêtes, dont il eut un fils et une fille[1]. Il laissa à son fils, outre sa part de succession, ses livres imprimés et reliés et ses livres d'estampes, évalués à 20,000 francs environ, « quoiqu'il n'eût pas, disait-il avec douleur dans son testament, déféré jusque-là à ses avis[2]. » On sait en effet par Saint-Simon que ce fils, « qui ne voulut jamais rien faire, pas même venir recueillir la succession de son père, étoit allé, longtemps avant la mort de celui-ci, s'enterrer dans les curiosités de Rome, où il avoit passé sa vie, non-seulement dans le mépris du bien, mais dans l'obscurité et sans s'être marié[3]. »

[1] *Mercure galant*, juin 1709. — D'après le *Journal des bienfaits du Roy* (Bibl. imp. Mss. S. F.), La Reynie aurait d'abord épousé Gabrielle de Garibal, et en secondes noces, la fille d'un conseiller de Toulouse. C'est une erreur qui résulte des termes mêmes de son testament.
La Reynie avait eu de sa première femme, Antoinette des Barats, morte le 1ᵉʳ juillet 1658, quatre enfants. Trois moururent jeunes; une fille s'était faite religieuse. (Bibl. imp. Mss. Cabinet des titres.)
[2] *Limoges au dix-septième siècle*, par M. P. Laforest. Appendice, p. 631; *Testament de Gabriel Nicolas de La Reynie*.
[3] *Journal de Dangeau*, VII, 145, notes. — On sait que ces notes ont été en quelque sorte la forme première et le point de départ des Mémoires de Saint-Simon. Voici ce qu'il dit plus tard dans ses Mémoires sur ce fils de La Reynie : « Son fils unique lui échappa jeune, s'en alla à Rome, d'où jamais il ne put le faire revenir, quoique exprès il l'y laissât manquer de tout. Après la mort de son père, il y voulut rester et y est mort longues années après, ne voyant presque personne que des curieux obscurs, et ne se pouvant lasser, sans débauche, de la vie paresseuse et des beautés de Rome, et du *far-niente* des Italiens, sans s'être jamais marié. Je le rapporte comme une chose très-singulière. » (*Mémoires*, XIII, 89.)
Sa sœur s'était mariée, mais elle mourut sans postérité. — La succession

Le véritable créateur de la police parisienne, celui qui avait pour ainsi dire organisé la sécurité dans la capitale, et dont une multitude de règlements encore en vigueur, notamment sur les jeux, les théâtres, la mendicité, etc., attestent la sagesse et l'activité, mourut à Paris le 14 juin 1709, âgé de quatre-vingt-quatre ans. On a pu voir, par ces règlements mêmes et par sa correspondance, qu'il était de la race des administrateurs dont le nom mérite de survivre. D'une honnêteté qu'aucun soupçon n'effleura, vigilant et conciliant tout à la fois, instrument habile et énergique, quoique d'une fidélité douteuse dans ses amitiés, car il passa dans le camp de Louvois après avoir épuisé les grâces de Colbert vieillissant, les trente années où il dirigea la police furent, on peut le dire, celles où les crimes et les violences diminuèrent dans la plus forte proportion, où l'ordre fit le plus de progrès, où le développement de la vie sociale fut le plus sensible. On l'a vu dans une circonstance solennelle, l'affaire des poisons, en butte aux reproches acerbes des ennemis de Louvois, et l'on n'a pas oublié ce que disait madame de Sévigné de *sa réputation abominable;* mais on a pu voir aussi (ce qu'ignoraient ses contemporains) que ses sévérités avaient pour mobile les recommandations réitérées de Louis XIV, et il a constaté, avec une bonne foi touchante, ses indécisions et ses doutes.

---

des enfants de La Reynie donna lieu, vers 1740, à un procès très-long, très-compliqué, dont on peut voir les incidents au cabinet des titres de la Bibliothèque impériale : famille *Nicolas.* — M. le marquis François de Calignon, propriétaire actuel du château de Tralage, près Limoges, ancien domaine de La Reynie, qui en avait hérité d'un de ses frères, possède aussi de nombreux papiers et titres de famille provenant du lieutenant général de police. J'avais espéré y découvrir quelques correspondances de sa jeunesse ; il n'y en a point.

Les mêmes exhortations furent cause que, dans cette immense et délicate affaire, La Reynie s'égara un instant en soupçonnant madame de Montespan d'avoir voulu empoisonner le roi, et l'on se demande ce qui serait arrivé si l'habile avocat consulté par Colbert n'avait prouvé à temps que, sur ce point, l'instruction faisait fausse voie. Quand, en 1697, d'Argenson fut nommé lieutenant général de police, le passionné mais véridique Saint-Simon fit, au sujet de son prédécesseur, ces réflexions qui ont ici leur place marquée : « La Reynie, conseiller d'État, si connu pour avoir tiré le premier la charge de lieutenant de police de son bas état naturel pour en faire une sorte de ministère, et fort important par la confiance du roi, ses relations continuelles avec la cour, et le nombre des choses dont il se mêle, où il peut servir ou nuire infiniment aux gens les plus considérables, obtint enfin, à quatre-vingts ans[1], la permission de quitter un si pénible emploi, qu'il avoit le premier ennobli par l'équité, la modestie et le désintéressement avec lequel il l'avoit rempli, sans se relâcher de la plus grande exactitude ni faire de mal que le moins et le plus rarement qu'il lui étoit possible. Aussi étoit-ce un homme d'une grande vertu et d'une grande capacité, qui, dans une place qu'il avoit pour ainsi dire créée, devoit s'attirer la haine publique, et s'acquit pourtant l'estime universelle. » Ailleurs cependant Saint-Simon reproche à La Reynie de s'être noyé dans les détails d'une inquisition qui, comme celle de saint Dominique, « dégénéra en plaie morti-

---

[1] Né en 1625, La Reynie n'avait alors que soixante-douze ans. Ces erreurs de détail ne sont pas rares dans Saint-Simon. M. Chéruel en a relevé un certain nombre dans son récent volume intitulé : *Saint-Simon considéré comme historien*.

fère et en fléau d'État. » Le marquis de Sourches, en louant « son manége, son esprit, sa gravité, » fait remarquer qu'il parlait peu. Il a par contre beaucoup travaillé, beaucoup écrit, et laissé assez de matériaux pour reconstituer en quelque sorte son administration.

Ce qui en ressort avec évidence, c'est que, tout en inclinant par tempérament aux voies de la douceur, il seconda, avec l'activité minutieuse qu'il portait partout, les vues de Le Tellier et de Louvois dans la révocation de l'édit de Nantes, cette grande faute du règne. On l'eût à la vérité brisé sans pitié, s'il avait osé contrarier l'esprit d'intolérance qui emportait la nation entière; mais il ne l'a pas essayé, se contentant de faire le bien qu'il pouvait, et, comme dit Saint-Simon, *le moins de mal possible*. Sous ces réserves, on ne saurait trop louer son intelligence des besoins de la société nouvelle, son dévouement à la chose publique, son zèle, que les glaces de l'âge ne purent refroidir. Le moyen enfin de refuser ses sympathies « à ce magistrat des anciens temps, comme dit encore Saint-Simon, si redoutable aux vrais criminels par ses lumières et sa capacité[1]? » Les magistrats des *anciens temps* avaient, n'en déplaise à Saint-Simon, moins de vertus et de lumières que ceux du dix-septième siècle; mais l'intention du grand chroniqueur n'en mérite pas moins d'être notée, et l'éloge, avec la signification qu'il lui donne, a une valeur que nous ne voulons pas lui ôter. Honnête et désintéressé, novateur pratique, ne croyant pas au bien absolu et infatigable à la recherche du mieux, La Reynie est en définitive, sauf,

---

[1] Notes du *Journal de Dangeau*.

bien entendu, les préjugés économiques et les passions religieuses de son temps, un administrateur digne d'être pris pour modèle, et qu'il y aura toujours gloire à imiter.

CHAPITRE XIV.

D'ARGENSON AUX AFFAIRES.

Ancienneté de la famille de d'Argenson. — Disgrâce de son père. — Il est élevé à Paris et achète une charge de magistrature à Angoulême. — Est remarqué dans les *Grands Jours de Poitiers*, par M. de Caumartin qui l'engage à venir à Paris. — Il suit ce conseil et épouse bientôt la sœur de Caumartin, parent de Pontchartrain. — Il devient maître des requêtes et remplace La Reynie en 1697.—Son portrait par Saint-Simon et son éloge par Fontenelle. — Documents, en partie inédits, sur son administration. — Les livres défendus. — Poursuites nombreuses contre ceux de Fénelon, Baluze, Sandras de Courtils, etc. — Le père La Chaise et la mauvaise presse. — Joueurs et joueuses. — Curieuse lettre de d'Argenson sur un conseiller et sa femme qui donnaient à jouer. — Irrévérences dans les églises.— Curiosité du chancelier au sujet des demoiselles de la Motte, de Villefranche et de Canillac.—On empêche encore les ouvriers d'aller s'établir à l'étranger. — Ordonnances absurdes et inexécutables contre le luxe.—Police des théâtres. — Lettre de Pontchartrain à d'Argenson sur ce sujet.

Le successeur immédiat de La Reynie, Marc-René de Voyer de Paulmy d'Argenson, descendait, s'il faut s'en rapporter à la tradition, d'un chevalier grec, d'origine française, qui, sous le règne de Charles-le-Chauve, avait sauvé la Touraine de l'invasion normande, ce qui a fait dire à Fontenelle, avec une pointe de malice, que « s'il y a du fabuleux dans l'origine des grandes noblesses, du moins c'est une sorte de fabuleux qui n'appartient qu'à elles, et qui devient lui-même un titre[1]. » Sous Louis XIII, un d'Argenson

[1] *Éloge de Marc-René de Voyer de Paulmy d'Argenson.* — (Mémoires de l'Académie des inscriptions et belles-lettres.)

fut successivement soldat, conseiller au parlement de Paris, intendant d'armée et administrateur de la Catalogne, un moment française. Devenu veuf, il avait embrassé l'état ecclésiastique, quand, en 1651, le cardinal Mazarin réclama de nouveau ses services et le nomma ambassadeur extraordinaire à Venise. D'Argenson accepta à deux conditions : il ne serait ambassadeur que pendant un an, et, à l'expiration de ce temps, son fils le remplacerait. La mort l'ayant frappé avant cette époque, il eut en effet pour successeur, comme on le lui avait promis, son fils, alors âgé de vingt-sept ans. Misanthrope par nature, déclamant sans cesse contre les vices des grands, doué des qualités qui conviennent le moins à un ambassadeur, celui-ci trouva le moyen d'indisposer contre lui Mazarin, Colbert, Louis XIV, et, après cinq ans de services, il fut remercié. Il se retira dans ses terres au fond du Poitou, essaya, par une sage économie, de rétablir sa fortune fort compromise, et composa un nombre prodigieux d'ouvrages de dévotion, tant en prose qu'en vers. Il lui était né, le 4 novembre 1652, pendant son ambassade à Venise, un fils qui eut pour parrain le prince de Soubise, et pour marraine la Sérénissime République. C'est ce fils, créé gracieusement chevalier de Saint-Marc, le jour même de son baptême, qui fut destiné à faire souche de ministres et à donner au nom de sa famille un relief particulier.

Il n'y avait pourtant guère d'apparence, après la disgrâce de son père, que le jeune Marc-René d'Argenson occuperait un jour les premiers postes de l'État. Élevé à Paris, mais forcé par des convenances de famille d'entrer dans la magistrature, au lieu de suivre la carrière des armes, comme il en aurait eu le désir, il était rentré dans sa province et y avait acheté, en 1679, la charge de lieutenant général au bailliage d'Angoulême. C'est tout ce que sa famille avait pu faire pour lui, grâce même aux ressources réunies de plusieurs parents; et comme la position était d'ailleurs honorable, l'ambition du nouveau magistrat s'était sans doute bornée là. On sait le rôle que jouaient, sous l'ancienne monarchie, les tribunaux chargés de tenir ce que l'on avait, par une métaphore significative, appelé les *Grands Jours*. Des conseillers d'État, des magistrats d'un ordre supérieur, parcouraient les provinces, et, dans des assises aussi impatiemment attendues des uns que redoutées des autres, présidaient, au-dessus des haines, des rancunes et surtout des faiblesses locales, au jugement des affaires qui leur étaient déférées ou qu'ils croyaient devoir évoquer. Les Grands Jours d'Auvergne en 1665 sont devenus célèbres. Il y en eut aussi en 1692 à Poitiers, et d'Argenson y figura. Un conseiller d'État très-estimé, M. de Caumartin, celui dont l'abbé Fléchier, à qui nous devons une si piquante relation des Grands Jours de Clermont, avait dirigé l'éducation, faisait partie du tribunal extraordinaire. Il fut frappé du talent de d'Argenson et le pressa d'aller tenter fortune à Paris. Celui-ci, qui se sentait bien à l'étroit au bailliage d'Angoulême, et qui avait eu déjà quelques difficultés avec sa compagnie, parce qu'il accordait volontiers les procès pour épargner les épices aux plaideurs, se défit de sa charge et prit la route de la capitale. Il y retrouva, dans les mêmes dispositions bienveillantes, M. de Caumartin, dont bientôt après il épousa la sœur, et qui était lui-même allié à Pontchartrain, alors contrôleur général des finances. C'étaient des appuis tout naturels, et il en profita. Les charges de maître des requêtes étaient, comme au début de La Reynie, le marchepied indispensable de tous les grands emplois. D'Argenson obtint d'abord la permission très-recherchée d'en acheter une. Puis, trois ans après, en 1697, quand La Reynie se retira, l'ancien lieutenant général au bailliage d'Angoulême fut, grâce à son mérite et sans doute aussi au crédit de ses protecteurs, jugé digne de lui succéder.

Le duc de Saint-Simon, qui l'a beaucoup connu, et qui, sous la régence, a été aux affaires avec lui, l'a peint en pied de sa main la plus habile et avec ses plus vives couleurs. On dirait un de ces portraits qui, vus dans le demi-jour des longues galeries, fascinent celui qui les regarde, le suivent des yeux et semblent en quelque sorte vouloir sortir de leur cadre. « Avec une figure effrayante, dit-il, qui retraçait celle des trois juges des enfers, il s'égayait de tout avec supériorité d'esprit, et avait mis un tel ordre dans cette innombrable multitude de Paris, qu'il n'y avait nul habitant dont, jour par jour, il ne sût la conduite et les habitudes, avec un discernement exquis pour appesantir ou alléger sa main à chaque affaire qui se présentait, penchant toujours aux partis les plus doux, avec l'art de faire trembler les plus innocents devant lui. Courageux, hardi, audacieux dans les émeutes, et par là maître du peuple... » Nous contrôlerons tout à l'heure ce portrait par la correspondance de d'Argenson ; mais il importait de noter en commençant le prestige qu'il exerça sur ses contemporains. Dans un éloge que fit de lui Fontenelle, son confrère à l'Académie des sciences, le tableau suivant des obligations du lieutenant général de la police parisienne fut justement remarqué : « Entretenir perpétuellement dans une ville telle que Paris une consommation immense, dont une infinité d'accidents peuvent toujours tarir quelques sources ; réprimer la tyrannie des marchands à l'égard du public et en même temps animer leur commerce ; reconnaître dans une foule infinie tous ceux qui peuvent si aisément y cacher une industrie pernicieuse ; en purger la société, ou ne les tolérer qu'autant qu'ils lui peuvent être utiles par des emplois dont d'autres qu'eux ne se chargeraient pas ou ne s'acquitteraient pas si bien ; tenir les abus nécessaires dans les bornes précises de la nécessité qu'ils sont toujours prêts à franchir ; les renfermer dans l'obscurité à laquelle ils doivent être condamnés, et ne les en tirer pas même par des châtiments trop éclatants ; ignorer ce qu'il vaut mieux ignorer que punir, et ne punir que rarement et utilement ; pénétrer par des conduits souterrains dans l'intérieur des familles et leur garder les secrets qu'elles n'ont pas confiés, tant qu'il n'est pas nécessaire d'en faire usage ; être présent partout sans être vu ; enfin, mouvoir ou arrêter à son gré une multitude immense et tumultueuse, et être l'ame toujours agissante et presque inconnue de ce grand corps ; voilà quelles sont en général les fonctions du magistrat de police... La voix publique répondra si M. d'Argenson a suffi à tout. »

Les sociétés modernes ne reconnaissent pas à la police tous les droits que lui attribuait Fontenelle, et nous n'avons pas besoin de souligner dans ce tableau les points où elle n'a plus à intervenir. Nous pouvons aujourd'hui, mieux renseignés que lui, voir en quelque sorte d'Argenson à l'œuvre au moyen de ses lettres mêmes et de celles que lui adressa le chancelier de Ponchartrain de qui il relevait[1]. Cette correspondance, dont une grande partie est encore inédite, embrasse près de dix-huit années et contient, sur la dernière partie du règne de Louis XIV, de véritables révélations. Toutes les affaires auxquelles donnèrent lieu, de 1697 à 1715, les contraventions aux lois sur les jeux, les théâtres, la presse, la mendicité, les mœurs, passent successivement sous les yeux du lecteur, qui se fait ainsi, par analogie, une idée approximative des difficultés et des misères de chaque temps. Dans les commencements, d'Argenson manque souvent de décision, de vigueur, surtout quand une affaire délicate se présente. « Consultez sur cela M. de La Reynie, lui écrit alors Pontchartrain, qui avait évincé La Reynie; vous ne pourriez mieux faire. » Parmi les recommandations du chancelier, un grand nombre concernent des ouvrages dont le gouvernement avait à cœur d'empêcher le débit. Pendant le ministère de Mazarin, l'abbé Fouquet, chargé de ce soin, s'en était tiré en âme damnée, abusant de la Bastille avec une déplorable facilité. Après lui, Colbert, Seignelay, le chancelier, le procureur général du parlement surveillèrent, conjointement avec le lieutenant général de police, les publications clandestines. Les ordres transmis par les ministres à ce dernier, quand il n'avait pas lui-même pris les devants, étaient formels, absolus, et n'admettaient pas de réplique. Sa fonction la plus importante était de découvrir le nom des auteurs, imprimeurs ou distributeurs

---

[1] Bibl. imp. Mss. S. F. 8,119 à 8,124; *Pièces diverses et Rapports de police*; 6 vol. in-folio. Nous en publions plusieurs à l'Appendice. — On trouve en outre dans la *Correspondance administrative sous le règne de Louis XIV*, t. II, *passim*, un grand nombre de lettres de d'Argenson.

des livres et des pamphlets qu'on lui désignait, et de les punir sévèrement. On se souvient que La Reynie, jugeant en dernier ressort, infligea plus d'une fois, dans des cas semblables, les galères et même la mort. D'Argenson se trouva-t-il obligé aux mêmes rigueurs? C'est ce que la correspondance ne dit pas; mais est-il bien sûr qu'elle dise tout, et ne sait-on pas qu'il y a, en matière de police surtout, une multitude d'affaires destinées à être ensevelies dans un silence éternel ?

Triste conséquence des passions et des entraînements politiques! Un des auteurs dont les ouvrages donnèrent le plus de tracas au gouvernement de Louis XIV fut, on a honte de le dire, l'illustre archevêque de Cambrai, le vertueux et courageux Fénelon. Au commencement de 1698, d'Argenson ayant été averti que l'on imprimait à Lyon un nouvel ouvrage de l'éloquent prélat (probablement les *Maximes des Saints*), en informa le chancelier, qui lui répondit : « Quand l'avis qui vous a été donné de l'impression d'un ouvrage de M. l'archevêque de Cambrai, à Lyon, seroit véritable, la recherche que vous proposez d'en faire par l'intendant feroit trop de bruit et d'éclat. » Le 9 juin suivant, Pontchartrain, qui avait sans doute reçu d'autres ordres, revient sur le même sujet et recommande de faire saisir l'ouvrage de Fénelon, même dans les maisons particulières : « En me les nommant, ajoutait-il, je vous expédierai les ordres dont vous avez besoin pour les y envoyer prendre. Vous n'avez pas fait encore une grande découverte d'en avoir saisi douze exemplaires pendant qu'on les distribue par milliers. » Puis, le 18 juin. « Vous avez bien fait d'empêcher le débit du premier livre de M. de Cambrai, quoique imprimé avec privilége. A l'égard des mille exemplaires que vous avez saisis, j'attendrai les nouveaux avis que vous espériez me donner à ce sujet. J'écris à l'intendant de Rouen de faire visiter la maison du libraire d'Évreux, et à M. d'Herbigny d'empêcher à Lyon l'impression des dernières lettres de M. de Cambrai. » Cependant, peu de jours après, le gouvernement se ravisa. Il avait sans doute compris que ses agents étaient allés trop loin, et que l'ouvrage saisi ne justifiait pas tant de rigueurs. Le chancelier, un peu confus, prévint d'Argenson qu'il avait rendu compte de cette saisie au roi qui voulait que, sans commettre son nom, on cessât toutes poursuites, n'estimant pas convenable d'empêcher l'archevêque de Cambrai d'écrire, pendant que cela était permis aux autres prélats. Mais deux ans après, les mauvaises dispositions contre Fénelon reprenaient le dessus, et l'ombrageux chancelier ordonnait à l'intendant de Rouen de faire une nouvelle descente chez un libraire de cette ville pour s'emparer des exemplaires d'un livre dont il devait avoir encore des exemplaires. De quoi s'agissait-il donc ? D'un chef-d'œuvre littéraire, et en même temps, il faut bien l'avouer, d'un chef-d'œuvre de hardiesse, du *Télémaque*. Plus tard, au mois d'avril 1704, le gouvernement faisait encore saisir une lettre pastorale de l'archevêque de Cambrai, par le seul motif qu'elle avait été vendue hors de son diocèse. Déplorables rancunes, quand on songe au noble caractère et à l'admirable talent de celui qui en était l'objet ! C'était aussi, par malheur, le temps où l'illustre Vauban tombait en disgrâce pour son *Projet de dîme royale*, également proscrit. Vers la même époque, d'Argenson recevait l'ordre de saisir un grand nombre d'ouvrages et de libelles, la plupart relatifs au jansénisme et aux affaires de religion. Parmi ces ouvrages, dont Pontchartrain et d'Argenson évitent, autant que possible, de reproduire les titres dans leur correspondance, on remarque un *Dialogue sur les plaisirs entre MM. Patru et d'Ablancourt*, les *Annales de la cour de France*, *l'Esprit des cours*, les *Cantiques de frère Jean*, la *Correction fraternelle*, le *Chapeau pointu de Mérinde*. Ce dernier livre avait pourtant été imprimé en 1705, avec la permission de d'Argenson, ce qui lui valut une réprimande sévère du chancelier. « Le roi, lui écrivit ce dernier, a été étonné que vous ayez permis l'impression d'un tel livre. Sa Majesté veut que vous le fassiez supprimer, à cause des dangereuses maximes qui y sont insérées; que vous examiniez comment vous avez donné cette permission, et qui a été l'approbateur, dont je vous prie de me mander le nom... » Enfin, en 1710, le savant Baluze, ancien bibliothécaire de Colbert, avait publié, avec privilége et autorisation, une *Histoire généalogique de la maison d'Auvergne*. Les prétentions nobiliaires de cette maison, qui se posait en rivale de la branche régnante, ayant paru excessives, le livre fut prohibé. Quant à l'auteur, on le destitua brutalement des places qu'il occupait, et on l'exila pour trois ans. C'était payer cher l'erreur bienveillante du censeur qui avait examiné son travail.

Un des plus célèbres et sans contredit le plus fécond de tous les pamphlétaires du temps était Gratien Sandras de Courtils, auteur d'une centaine de volumes : libelles, testaments politiques supposés, fictions soi-disant historiques parmi lesquelles se détachent les mémoires d'un homme que le roman moderne a illustré, le capitaine d'Artagnan. On peut dire de cette classe d'écrivains qu'ils devaient se trouver fort étonnés quand ils n'étaient pas, soit à la Bastille où la plupart d'entre eux semblaient avoir élu domicile, soit en Hollande. La lettre suivante du chancelier Pontchartrain à d'Argenson précise la situation de Sandras de Courtils, le 18 janvier 1699 : « Il y a depuis longtemps à la Bastille un prisonnier nommé Courtils, accusé de composition de manuscrits. M'ayant adressé en dernier lieu le mémoire joint à cette lettre, j'en écrivis à M. de La Reynie, par les mains de qui il avoit passé, pour savoir si l'on pourroit proposer au roi quelque chose de nouveau à l'égard de cet homme, et il m'a fait la réponse que je joins aussi à cette lettre[1]. Sur quoi le roi m'ordonne de vous écrire de voir ce prisonnier, de l'entendre sur le genre de vie qu'il meneroit si on le mettoit en liberté ; en quel lieu il proposeroit de faire son établissement ; de quoi il subsisteroit, et enfin, quelle sûreté il pourroit donner de sa conduite à l'avenir et de la fidélité qu'il doit à son prince. Prenez donc la peine de le questionner sur tous ces faits, et de me mander quel sera le résultat de cette conférence... » Ce résultat fut l'élargissement du prisonnier. Quant aux promesses qu'il dut faire pour obtenir sa liberté, elles furent bientôt oubliées. Il avait pris l'engagement de se retirer près de Montargis et de ne plus retourner à Paris. On l'y retrouva deux ans après distribuant des pamphlets avec sa femme. Jeté encore une fois à la Bastille, il n'en sortit qu'en 1711, après une nouvelle détention de dix ans. Mais, pour un libelliste qu'on arrêtait, il en surgissait vingt. En guerre avec l'Europe entière, harcelé par la presse du dedans

---

[1] Cette réponse de La Reynie n'a pas été conservée.

et du dehors, le gouvernement était forcé de faire appel à tous les dévouements. Le lieutenant général de police ne suffisant plus à sa tâche, on lui donna pour auxiliaire le confesseur du roi. « Le père de La Chaise, écrivait Pontchartrain à d'Argenson le 7 juillet 1703, doit aller vous voir et vous remettre des mémoires qui vous indiqueront ceux qui se mêlent de l'impression de tous ces mauvais écrits qui courent depuis quelque temps, et les lieux où elle se fait. Vous jugez bien de quelle importance il est de suivre, avec toute la vivacité possible, de telles indications. »

Comme sous l'administration de La Reynie, après la surveillance de la presse et des délits où les mœurs étaient engagées, celle des maisons de la haute société où l'on donnait à jouer occupait particulièrement la police. De nombreuses lettres du chancelier à d'Argenson attestent l'importance qu'il attachait à maintenir la passion du jeu dans de justes bornes. « Sa Majesté, écrivait-il, veut que vous poursuiviez tous ceux et celles qui donnent à jouer. » Au nombre des personnes qu'avait signalées d'Argenson, figuraient le duc de Châtillon, mademoiselle de Beaufremont, madame La Jonchère. D'Argenson n'avait pas dit que l'on jouait aussi fort gros jeu chez sa femme et chez ses belles-sœurs; mais le chancelier le sut et l'invita à faire exécuter les ordonnances, sans nul égard pour les rangs. Plus redoutables que le lansquenet lui-même, le hoca, la bassette et le pharaon passionnaient cette société blasée, corrompue, et les femmes n'y étaient pas les moins ardentes. « Il faut, écrivait encore Pontchartrain, observer si madame de Fimarcon tiendra la parole qu'elle a donnée de ne laisser jouer chez elle qu'au lansquenet. » Que d'autres exemples on pourrait citer!

La lettre suivante de d'Argenson au chancelier renferme de piquants détails sur une de ces maisons de bonne compagnie (celle d'un conseiller au parlement) où l'on détroussait sans vergogne les dupes qui s'y aventuraient. Datée du 24 août 1702, et de la main même du lieutenant général de police, elle peint très-spirituellement l'homme et le temps[1].

« Je me trouve obligé de vous informer par cette lettre particulière du jeu scandaleux qui se tient ouvertement chez M. Lemaye, conseiller au parlement. Il y a plus d'un an que ce désordre est public et qu'on se plaint, même parmi les joueurs, de l'infidélité de quatre ou cinq personnes qui tiennent les premières places dans ces assemblées. Un mauvais concert en est le prétexte, mais le lansquenet ou le pharaon en sont les véritables motifs. Quelques jeunes demoiselles, d'humeur fort docile, viennent au secours des attraits usés de la maîtresse de la maison, qui ne laisse pas de trouver encore quelques dupes pour son propre compte. Ainsi, la partie est des plus nombreuses et des plus complètes. J'en ai parlé plusieurs fois à M. Lemaye et à madame sa femme qui m'avoient promis de renoncer à ce commerce; mais je veux croire, pour l'honneur du mari, qu'il n'en est pas le maître. J'en ai informé M. le premier président qui n'est pas prévenu de beaucoup d'estime en faveur de ce conseiller. Il m'a dit qu'il lui en parleroit, mais qu'il craignoit bien que ce fût sans succès. Il ajouta qu'on ne pouvoit pas espérer une autre conduite de M. Lemaye, qui avait pour père le pauvre La Ville dont les mœurs n'étoient pas naturellement fort régulières, et qui ne commença d'être honnête homme que quand il cessa d'être riche.

« Je ne doute pas que M. le premier président n'ait parlé; mais je suis bien sûr que, malgré mes avertissemens et sa remontrance, le jeu et les plaintes continuent. Il n'y a pas plus de quatre ou cinq jours que le jeune comte de Brevi, originaire de Milan, qui venoit ici pour y passer quelques mois, perdit 430 louis en moins d'une heure dans cette honorable compagnie, et fut obligé de partir le lendemain.

[1] Bibl. imp. Mss. S. F. *Rapports de police*, n° 8, 123, fol. 267.

« Je reçois continuellement des lettres anonymes, tantôt de quelque mari dont la femme aura fait la veille quelque voyage en cet endroit, tantôt de quelque femme dont le mari aura rapporté de cette maison fort peu d'argent et beaucoup de mauvaise humeur. Les gens de bien du faubourg Saint-Germain gémissent de tous ces désordres, et il n'est pas jusqu'au peuple qui n'en murmure. Si je fais assigner à la police cet indigne conseiller, quelque j'eusse raison de le faire, me voilà proscrit par le parlement et l'ennemi déclaré de mes supérieurs. Je ne ferois plus rien de bon à leur gré. Les plus sages me blâmeront d'avoir fait mon devoir, et la justice que j'aurois rendue passera auprès d'eux pour une insolence. Je ne puis donc que recourir à l'autorité du roi, la ressource ordinaire de ma foiblesse. Mais le tempérament qui m'a paru le plus convenable, ce seroit que vous voulussiez bien m'écrire une lettre par laquelle, après m'avoir témoigné que le roi est informé de ce jeu et a été fort surpris de mon silence à cet égard, vous blâmeriez ma complaisance excessive et m'ordonneriez de faire entendre à M. et madame Lemaye que si Sa Majesté apprend qu'il y ait chez eux à l'avenir la moindre assemblée, elle y saura pourvoir d'une manière qui pourra servir d'exemple. Dès que j'aurai reçu cette lettre, je ne manquerai pas de leur en faire part, et s'ils s'obstinent à continuer le jeu, vous en serez aussitôt instruit. »

Cependant, quelle que fût la vigilance de d'Argenson, il ne savait pas tout, et bien des écarts qu'il était de son devoir de punir ne venaient pas à sa connaissance. Au mois de février 1706, le chancelier, qui avait aussi sa police, lui reprocha de négliger plusieurs points importants, tels que les irrévérences dans les églises, les désordres dans les spectacles, le luxe, les mendiants, les fausses nouvelles circulant soit à l'étranger, soit à l'intérieur du royaume, les libelles, les placards et les chansons. Le chancelier ajoutait que le roi s'occupait de tout cela et voulait en entendre parler souvent. Il demandait en conséquence à d'Argenson de rendre compte de tout ce qui pouvait mériter attention, « de même que des choses indifférentes qui pouvoient réjouir le roi. » Était-ce bien le roi qui était désireux de ces détails ? La curiosité de Pontchartrain n'était-elle pas personnelle ? Il est difficile d'éloigner cette pensée en le voyant revenir vingt fois sur quelques demoiselles alors fort à la mode, dont il reproche à d'Argenson de ne point assez lui parler. Une lettre du 17 février 1706 est surtout significative. « Vous me mandez que les brillans des demoiselles de la Motte et Villefranche sont bien baissés, et que leurs charmes sont bien moins dangereux qu'ils n'étoient dans leurs premières années. Votre lettre est conçue de manière à faire douter si c'est d'une seule ou des deux ensemble que vous entendez parler : je vous prie de me l'expliquer et de me mander quel âge ont ces deux filles qui paroissent jeunes. Il y a mademoiselle de Canillac, dont la beauté fait aussi du bruit. Pour peu que vous vouliez vous mettre sur les voies, vous pourrez nous en dire aussi quelques nouvelles. »

Des demoiselles de la Motte, de Villefranche et de Canillac au respect exigé du public dans les sanctuaires, la transition est un peu brusque ; mais les fonctions de lieutenant général de police touchaient à mille points différents. En ce qui touchait les églises, le chancelier recommandait à d'Argenson d'être également sévère envers tous, et il lui reprochait de n'avoir pas écrit que les ducs d'Elbeuf et de Montfort avaient entendu la messe du jour de Pâques avec une grande irrévérence. « Tenez donc la main, ajoutait-il sèchement, à ce que vos inspecteurs soient plus fidèles dans leurs avis, sans distinction de personnes, si vous voulez qu'on ajoute foi à leurs rapports. » On a vu les mesures arbitraires prises contre les ouvriers qui voulaient transporter leur industrie à l'étranger. Suivant sur ce point les errements de Colbert, Pontchartrain ordonna à d'Argenson de faire mettre à la Bastille un marchand de Paris qui se proposait d'aller établir une manufacture de chapeaux à Turin. L'esprit de réglementation, cette grande erreur des gouvernements despotiques, s'était de tout temps obstiné à la répression du luxe. Sans cesse renouvelées, toujours transgressées, inexécutables au fond, les ordonnances qui avaient pour objet de régler la dépense des vêtements, de la table, des meubles et des carrosses, d'après la condition des personnes, figuraient dans les attributions du lieutenant général de police, et ce n'était pas celles qui lui causaient le moins d'embarras. En 1703, deux financiers, les sieurs Crozat et Thévenin, commirent la faute grave, à ce qu'il paraît, de faire dorer leurs carrosses et les galeries de leurs hôtels. A qui cela pouvait-il nuire? Quoi qu'il en soit, Louis XIV l'ayant su, le chancelier eut l'ordre d'écrire à d'Argenson pour l'inviter formellement à réprimer par toute sorte de moyens les excès du luxe chez les particuliers. Se rendant mieux compte que le ministre de la difficulté de faire exécuter ces absurdes règlements, d'Argenson crut devoir représenter timidement qu'il serait peut-être dangereux de poursuivre les traitants qui auraient fait dorer quelques salons de leurs maisons de ville ou de campagne, parce que cela pourroit porter atteinte à leur crédit; mais le chancelier répondit que cette considération ne lui paraissait pas fondée; qu'on pourrait d'ailleurs poursuivre les ouvriers doreurs eux-mêmes, et qu'en définitive, un traitant qui serait condamné à trois cents livres d'amende et à faire effacer sa dorure, ne serait pas discrédité pour cela. « Au surplus, ajoutait-il, si vous ne voulez pas aller contre eux jusques aux procédures, vous pouvez m'envoyer leurs noms et la qualité de leurs contraventions. Un avertissement qui leur sera donné par M. de Chamillart [1] suffira pour les contenir et les faire rentrer dans leur devoir. »

Enfin, quant aux théâtres, la lettre suivante du chancelier au lieutenant général de police (31 mars 1701), résume les vues du gouvernement de Louis XIV relativement à la tenue des acteurs et à la moralité des pièces qu'ils donnaient au public.

« Il est revenu au roi que les comédiens se dérangent beaucoup, que les expressions et les postures indécentes commencent à reprendre vigueur dans leurs représentations, et, qu'en un mot, ils s'écartent de la pureté où le théâtre étoit parvenu.

« Sa Majesté m'ordonne de vous écrire de les faire venir et de leur expliquer, de sa part, que s'ils ne se corrigent, sur la moindre plainte qui lui parviendra, Sa Majesté prendra contre eux des résolutions qui ne leur seront pas agréables. Sa Majesté veut aussi que vous les avertissiez qu'elle ne veut pas qu'ils représentent aucune pièce nouvelle qu'ils ne vous l'ayent auparavant communiquée, son intention étant qu'ils n'en puissent représenter aucune qui ne soit de la dernière pureté [2]. »

Quel fut le résultat de ces recommandations si légitimes, si sensées? Fidèlement transmis par d'Argenson à ceux qui les avaient motivés, les avertissements de Pontchartrain arrêtèrent sans doute pour un temps les abus que le gouvernement, dans le triple intérêt de la morale, du bon sens et de l'art lui-même, toujours étroitement unis, s'était fait une juste loi de réprimer.

---

[1] Alors contrôleur général des finances.
[2] *Correspondance administrative*, etc., t. II, *passim*.

Ajoutons, d'après Dangeau [1], que, dans l'opinion de d'Argenson, on aurait fait une chose sage et agréable au public en augmentant le nombre des spectacles dans Paris. La liberté de l'industrie appliquée aux théâtres pouvait seule satisfaire à ce vœu ; mais, à une époque où les repas, l'étoffe des boutons, l'ornementation des maisons et des carrosses étaient réglés par arrêts du conseil, la seule pensée d'une liberté si naturelle eût été coupable, et d'Argenson eût pour le moins passé pour fou s'il avait proposé au roi d'autoriser les Parisiens à s'amuser où ils voudraient.

[1] *Journal*, 3 décembre 1711.

CHAPITRE XV.

NOUVELLE FAMINE ET OBJETS DIVERS.

Les disettes sous l'administration de d'Argenson. — Mauvaises apparences de récolte en 1699. — Fausse alerte. — Disette de 1709. — Résumé d'un journal contemporain. — Formation de comités de charité à Paris. — Détresse des provinces. — Punition des prétendus accapareurs. — Une chambre de justice est instituée pour juger les infractions aux lois sur le commerce des blés, devenu impossible. — Toutes les mesures prises sont sans résultat. — Émeutes fréquentes. — Fermeté héroïque de d'Argenson. — Il est question d'établir un maximum pour le prix du blé. — Heureusement la mesure est repoussée. — D'Argenson et les affaires de religion. — Il penchait naturellement vers la tolérance. — Il est entraîné par le courant des fanatiques. — Son expédition contre les religieuses de Port-Royal. — Son courage dans un incendie. — Il établit les postes de police permanents. — Conflits d'attributions. — D'Argenson réforme les arrêts du parlement au moyen des lettres de cachet. — Incurie des pères de famille. — Penchant excessif à intervenir dans les querelles privées. — Massillon. — Maximes. — Vauban et mademoiselle de Villefranche. — Diverses lettres de d'Argenson. — Une lettre inédite de madame de Maintenon.

Les disettes de 1684 et de 1693-1694 avaient eu lieu pendant l'administration de La Reynie, et l'on a vu les inquiétudes qu'elles lui causèrent. D'Argenson eut, lui aussi, à traverser des épreuves de ce genre, les plus tristes auxquelles un administrateur puisse être soumis, car, quelles que soient sa sollicitude et sa bienfaisance, il lui reste toujours le regret de ne pouvoir découvrir tous les besoins, soulager toutes les misères. Quatre ans s'étaient à peine écoulés depuis la dernière disette, quand, au mois de juillet 1698, à la suite de pluies persistantes et générales, on apprit que les blés étaient en partie gâtés. Le souvenir des malheurs de 1694 pesait encore sur tous les esprits. Les prix s'étant aussitôt élevés, le gouvernement prit coup sur coup une série de mesures, répétition malheureuse de celles dont nous avons parlé. On défendit les approvisionnements, et des commissaires furent envoyés dans les provinces avec mission expresse de faire porter aux marchés tous les blés qu'ils découvriraient dans les fermes. Le 2 janvier 1699, le lieutenant général de police prononça la confiscation de dix muids de vieux blé qui avaient été trouvés en la possession d'un particulier. Un grand nombre d'arrêts du même genre suivirent. Cependant la disette ne fut pas aussi grande qu'on l'avait supposé d'abord. L'approvisionnement de la capitale éprouva seul quelques difficultés, et, vers le mois d'août 1699, toutes craintes avaient cessé. Quoi qu'il en soit, une certaine inquiétude (l'extrait suivant du *Journal de Dangeau* en fournit la preuve) s'était répandue dans la population parisienne :

« 8 *avril* 1699. On a affiché dans Paris des placards très-insolens et injurieux surtout à M. d'Argenson. Il y a beaucoup de choses ridicules dedans. Ce ne peut être qu'un sot qui a fait cela. Ainsi, on n'y fait point d'attention. C'est M. d'Argenson lui-même qui les a apportés à M. de Pontchartrain. »

Dix ans plus tard, les alarmes recommencèrent, plus vives, et, par malheur, plus fondées que jamais. Un fait digne de remarque s'était produit dans l'intervalle. A la suite de plusieurs récoltes très-abondantes, les prix avaient baissé au point de ne plus offrir une rémunération suffisante aux propriétaires ou aux fermiers. Parmi ceux-ci, un assez grand nombre abandonnèrent la culture du froment. Quelques années après, c'est-à-dire au moment où les provisions commençaient à s'épuiser, les semailles furent retardées par les pluies de l'automne. Dans les premiers jours de janvier 1709, le vent du nord amena un froid excessif. De mémoire d'homme, on ne se souvenait pas d'en avoir éprouvé de semblable, et il fallait remonter bien haut pour trouver le pareil. « Le 5 janvier 1709, dit un contemporain, il tomba de l'eau ; le lendemain, jour des Rois, au matin, il y avoit un pied de neige, enfin, un froid si furieux et rude que l'on n'en a jamais senti un pareil, qui a continué jusqu'au vingt-cinquième jour de la conversion de Saint-Paul, en sorte que la mer, le Tibre, le Danube, le Rhin, et toutes les rivières et fleuves à flux et reflux ont été glacés plus de douze à quinze pieds de haut, et dans les endroits les moins creux tout le poisson étoit gelé. Les hommes geloient sur les chemins, en sorte que depuis Paris à Orléans, on dit que plus de trente hommes sont morts de froid. Des vaches, boucs, chèvres, moutons et agneaux d'un an ont été trouvés morts et gelés en leurs étables ; les volailles et pigeons morts, les pieds gelés ; les perdrix et oiseaux trouvés morts, les corbeaux tuant et mangeant, jusqu'à des lièvres ; les lapins morts dans les terriers par la quantité de neiges que le vent a emportées et amoncelées par endroit, en sorte que tous les blés en étoient couverts et ont été entièrement gelés. Les pêchers, abricotiers et pruniers, pour la plupart, sont morts de gelée, comme les cerisiers, romarins, rosiers, houx, genièvres, absinthes et généralement tous les aromates, oseilles, etc. Les vignes sont tellement gelées qu'on sera obligé de les couper au pied. Depuis le 25 janvier, la gelée a recommencé, à deux ou trois reprises, pendant le mois de février, et encore le 10 mars, qui a duré jusqu'au 15 dudit mois avec de la neige. L'hiver de 1606 et celui de 1684 n'étaient rien en comparaison de celui de 1709; aussi, depuis le 1er février jusqu'au 14 avril, le blé a doublé de prix, tellement qu'il vaut aujourd'hui 23 livres le setier, et le pain vingt-deux sous les neuf livres... Le blé augmente toujours, et aujourd'hui 15 juin, il passe trente-cinq livres le setier, et le pain trente-cinq sous[1], parce que les blés ont manqué universellement par toute la France, excepté en Normandie, au Perche, et sur les côtes de Bretagne, où l'on espère avoir de quoi faire la semence: encore ne sera-ce que par endroits; en sorte que du blé de 1709, il n'en sera point du tout mangé[2]. »

En résumé, la récolte était complétement nulle. A cette nouvelle, toute la France s'émut, et comme Paris était la ville la plus riche du royaume, les demandes de secours y abondèrent. Un comité de charité qui s'y forma bientôt fit appel à la bienfaisance publique en faveur des pauvres de la province. La misère augmentant, les appels se succédèrent. Le bourgeois de Chartres que nous venons de citer en transcrivit un des plus tristement curieux, et c'est grâce à son journal qu'il est parvenu jusqu'à nous. Il était intitulé : *Nouvel Avis important sur les misères du temps*. Si exagéré qu'il pût être, dans un but facile à comprendre et bien excusable, il montre la profondeur du mal et

---

[1] Les neuf livres; il valait en temps ordinaire sept à huit sous.
[2] Extrait du *Journal de Jean Boucart*, bourgeois de Chartres conservé par un de ses descendants. (*Magasin pittoresque;* numéro de juin 1854.)

l'impossibilité où l'on se trouva d'y remédier. L'appel au public passait tour à tour en revue les provinces de l'Orléanais, du Blésois, le pays Chartrain, le Vendômois, le Gâtinais, le Berri, la Touraine. Partout, c'était la famine avec son cortége immonde et repoussant. A Romorantin, le 18 avril 1709, plus de mille pauvres avaient déjà succombé ; près de deux mille étaient aux abois. A Étampes, à Angerville, à Beaugency, à Blois, la misère était indescriptible. La forêt d'Orléans était pleine de misérables, vaguant comme des bêtes. Un père jésuite écrivait qu'à Onzain[1], il avait prêché à quatre ou cinq cents squelettes qui, ne mangeant plus que des chardons crus, des limaces, des débris de charognes et d'autres ordures, ressemblaient plus à des morts qu'à des vivants. Dans le pays Chartrain et le Vendômois, mêmes horreurs auxquelles s'ajoutait le brigandage. « Dans tout ce pays-là, dit le *Nouvel Avis*, on faisait du pain de fougère toute seule, concassée, ou avec la septième partie de son, et du potage avec le gui des arbres et des orties. » Partout, ceux qui avaient du pain à manger étaient obligés de se défendre comme en pays ennemi. Dans le Maine et le Perche, des milliers d'affamés bordaient les routes, et, quand ils voyaient passer quelqu'un, s'agenouillaient en criant, les mains jointes ; « Miséricorde ! Faut-il que nous mourions de faim ? » Mais rien n'était comparable à la détresse de la Touraine. Le jardin de la France était devenu un charnier. A Amboise et dans les quarante-six paroisses environnantes, les malheureux se disputaient les restes des chevaux écorchés. Dans telle commune, sur cinq cents

[1] Loir-et-Cher, arrondissement de Blois, canton d'Herbault ; commune comptant aujourd'hui 2,193 habitants.

habitants, il y en avait quatre cents à la mendicité, « malades pour la plupart, disait l'appel aux Parisiens, jetant des cris si effroyables qu'on ne sauroit représenter par de plus vives images l'état qui précédera le jugement dernier. » A une distribution qui avait eu lieu à Marmoutiers, quarante-cinq pauvres étaient morts étouffés, tant la presse était grande. Enfin, dans une commune de quatre cents feux, il n'y avait plus que trois habitants.

Qu'ajouter à ce tableau? Rien ne complète mieux et plus déplorablement la collection des arrêts, déclarations du roi, lettres patentes, règlements rendus à l'occasion de la disette de 1709. Pour l'approvisionnement de Paris seulement, ces documents remplissent cinquante-trois pages in-folio et donnent une idée des embarras du gouvernement et des difficultés de la situation. Le conseil du roi, le parlement, le lieutenant général de police, toutes les juridictions mettaient la main à l'œuvre pour essayer de répondre aux plaintes les plus urgentes. Vains efforts! Comme dans les disettes précédentes, on empêcha le commerce des blés en voulant punir les accapareurs. Une sorte de chambre de justice fut instituée avec la mission unique de juger les contraventions aux lois et règlements sur les subsistances. La création d'une autre chambre, dite *d'Abondance*, fut aussi proposée. « Les magistrats, écrivit d'Argenson à ce sujet, veulent tout mettre en règle, et les marchands veulent tout laisser à la liberté[1]. » Nous savons aujourd'hui, mais après combien d'épreuves, qui, des magistrats ou des marchands,

---

[1] D'Argenson à Desmaretz, contrôleur général des finances; lettre du 1ᵉʳ juin 1709. Voir à l'Appendice.

avait raison. Les fermiers qui étaient tenus par leurs baux de payer leurs propriétaires en grains, furent dispensés de cette obligation dont l'exécution aurait empêché la vente immédiate des blés. On établit enfin, au moins dans les provinces, une taxe extraordinaire pour la subsistance des pauvres, et des agents y furent envoyés pour en faciliter l'application. « Malgré cela, dit le commissaire de La Mare, la pauvreté était si grande dans la campagne, que, lorsque les grains furent parvenus à maturité, les pauvres qui souffroient la faim, impatiens du délai de la moisson, couroient les champs et coupoient les épis de blé pour s'en nourrir, ce qui obligea les principaux habitans d'établir des messiers en plus grand nombre qu'à l'ordinaire, pour la conservation des grains, par des visites continuelles[1]. » A Troyes, de La Mare trouva les esprits très-agités. La veille de son arrivée, l'hôtel des monnaies, les bureaux de recette des droits du roi et les maisons des magistrats avaient été sérieusement menacés. En apprenant que le tumulte était sur le point de recommencer, il se rendit au milieu de la foule, accompagné seulement de ses officiers et de deux gardes. « Aussitôt que je parus, dit-il, ce pauvre peuple se jeta à genoux en me criant : Monseigneur, nous mourons de faim, c'est la misère qui nous fait assembler. »

Nonobstant les mesures prises par le gouvernement pour atténuer les effets de la disette et la cherté de toutes choses qui, comme à l'ordinaire, s'en était suivie, bien des séditions avaient eu lieu sur d'autres points, principalement dans la capitale. Là, cependant, sauf dans les quartiers pauvres, rien, en appa-

---

[1] *Traité de la police*, par de La Mare, p. 35, supplément.

rence, n'était changé, et il en était de même à Lyon. « Nous nous sentons à Paris de la famine aussi bien que chez vous, écrivait Boileau à son ami Brossette, le 15 mars 1709 ; il n'y a point de jour de marché où la cherté du pain n'y excite quelque sédition ; mais on peut dire qu'il n'y a pas moins de philosophie que chez vous, puisqu'il n'y a point de semaine où l'on ne joue trois fois l'opéra avec une fort grande abondance de monde, et que jamais il n'y eut tant de plaisirs, de promenades et de divertissemens. »

Le lieutenant général de police traversait, quoi qu'en dise Boileau, une crise difficile, et il suffit de lire sa correspondance pour en apprécier la gravité. Chaque soir, souvent plusieurs fois par jour, il écrivait au chancelier Pontchartrain, et surtout à Desmaretz, contrôleur général des finances, qui avait alors et très-justement la principale autorité dans le ministère, pour leur faire connaître le véritable état de Paris et la situation des marchés. La correspondance de d'Argenson avec Desmaretz nous initie à toutes les péripéties de la grande famine. Pendant que, tout en maintenant le peuple, il encourageait ceux qui étaient sur le point de perdre confiance, Pontchartrain, effrayé outre mesure, fatiguait le roi de ses craintes, comme si l'on eût été *à la veille de revoir les barricades.* Heureusement les faiblesses du chancelier avaient pour correctif l'énergie du contrôleur général, à qui d'Argenson écrivait, le 4 mars 1709 : « C'est par vous seul que nous devons recevoir les ordres du roi. La dernière lettre dont vous m'avez honoré suffit pour mon assurance et pour mon instruction. Ainsi, j'essuierai courageusement les reproches et les gronderies que chaque courrier m'apportera. »

Parmi les qualités de l'administrateur, il n'en est pas de plus essentielles que la modération et la bienveillance, surtout quand elles s'accompagnent du degré de fermeté qu'exigent ses fonctions. Despotique, absolu, abusant, même dans un but honnête, des moyens arbitraires mis à sa disposition, d'Argenson était en même temps bon et humain. C'est ainsi du moins qu'on aime à se le représenter d'après cette lettre du 5 avril 1709 au contrôleur général : «... Il a été affiché, la nuit dernière, quelques placards ; mais comme ils ne regardent que moi, je m'en embarrasse fort peu. Je suis persuadé que nos facteurs de la halle que je fais observer de près en sont les auteurs, et, peu sensible aux louanges outrées que le peuple m'a données quelquefois, je ne le suis pas davantage à ses imprécations. Je plains les pauvres, quelque injustes qu'ils puissent être, et je continuerai de les servir de tout mon cœur, malgré leurs murmures. » Une autre fois, rendant compte au chancelier, toujours alarmé, de quelques attroupements de femmes que le bruit public avait beaucoup grossis, d'Argenson ajoutait : « Mon usage est de descendre d'abord de mon carrosse, de me mêler avec elles, d'écouter leurs plaintes, de compatir à leurs malheurs, de leur promettre quelques secours, de leur en donner en effet, quand leur misère le mérite. Ma porte leur est ouverte tous les jours, et je tâche d'apaiser de mon mieux le feu qui s'allume et d'empêcher, s'il se peut, le progrès de l'incendie, quelque difficulté qu'il y ait. »

Nulle précaution, on le voit, n'était négligée pour maintenir l'ordre dans Paris, et d'Argenson y veillait avec des soins et une intelligence dont, grâce à ses lettres, nous pouvons juger mieux que ses contemporains. Il nous apprend lui-même que la garnison avait dû être doublée pour la sûreté des marchés; mais Saint-Simon dit que cela n'avait pas « empêché force désordres, en plusieurs desquels Argenson courut risque de la vie. » L'anecdote suivante ne serait-elle pas, pour un peintre habile, le sujet d'un tableau digne de figurer parmi les grandes journées de l'Hôtel de ville ? « Un jour, dit Fontenelle, M. d'Argenson était assiégé dans une maison où une troupe nombreuse voulait mettre le feu; il en fit ouvrir la porte, se présenta, parla et apaisa tout. » Plusieurs fois, à la même époque, le dauphin, allant à l'Opéra ou retournant à Versailles, avait été entouré par des groupes de femmes qui lui demandaient du pain, et auxquelles il avait dû faire jeter de l'argent, accompagné de force promesses que personne au monde ne pouvait réaliser. Louis XIV lui-même avait pu entendre, des fenêtres de Versailles, des murmures d'autant plus pénibles que toutes les largesses du gouvernement étaient impuissantes à soulager les misères que causait la disette. Malgré la pénurie du trésor, on ouvrit de nouveau des ateliers publics. Il y avait alors, entre les portes Saint-Denis et Saint-Martin, une grosse butte; on la fit raser, en distribuant aux ouvriers pour tout salaire, du pain de médiocre qualité. Le 20 août 1709, le pain même ayant manqué, une femme qui avait crié très-haut fut appréhendée par les archers. Ce fut le signal d'une émeute formidable qui s'étendit du quartier Saint-Martin au faubourg Saint-Antoine, où Dangeau rapporte que madame de Maintenon fut insultée. Le maréchal de Boufflers et le duc de Gramont étaient, par hasard, venus dans le quartier. Ils circulèrent dans les groupes, firent entendre raison aux plus exaltés en leur parlant avec douceur et fermeté tout à la fois, et leur promettant de porter, le jour même, les doléances du peuple au roi. Des cris de *Vive le maréchal de Boufflers!* s'élevèrent des groupes qui, à partir de ce moment, se dispersèrent peu à peu. « Cependant, ajoute Saint-Simon, Argenson y marchoit avec des détachemens des régimens des gardes françoises et suisses, et, sans le maréchal, il y auroit eu du sang de répandu, qui auroit peut-être porté les choses fort loin. On faisoit même déjà monter à cheval les mousquetaires. »

Heureusement, les choses ne furent pas poussées aux dernières extrémités, et la population de Paris, contenue par une autorité énergique, finit par se résigner. On en a la preuve par la lettre suivante de d'Argenson au contrôleur général (7 septembre 1709) :

« Les marchés d'aujourd'hui ont été plus tristes que tumultueux. Il n'a paru aucun mouvement qui tendit à la sédition, mais une tristesse véritable plus accompagnée de larmes que de cris.

« J'ai l'honneur de vous envoyer un mémoire exact du prix du pain qui est beaucoup augmenté; mais ce qu'il y a de plus terrible et de plus fâcheux, c'est que le blé est encore enchéri à la halle de 3 livres par setier, en sorte qu'il a été vendu jusqu'à 66 livres. Il ne nous reste qu'une seule ressource, c'est d'obliger tous les boulangers à mettre au moins une moitié d'orge dans tout le pain. Mais il faut attendre encore un mois, et je ne sais si le parlement approuvera ce remède, ou si, après l'avoir approuvé, il nous permettra d'en maintenir l'usage avec toute la fermeté nécessaire. J'ai fait arrêter huit ou dix paysans qui avoient acheté de l'orge dans les fermes, et il en murmure déjà[1]. »

Tout en passant ainsi de la colère au découragement,

---

[1] Convenons que le parlement n'avait pas tort *d'en murmurer*.

les Parisiens savaient les efforts constants du gouvernement pour diminuer la gravité et la durée de la crise. Celui-ci, à bout de moyens et voyant que le prix du blé continuait à se maintenir à un taux élevé, avait eu un instant la triste idée d'établir un prix maximum pour chaque province. Discutée en conseil, la question partagea les avis. On résolut alors de consulter les intendants, les lieutenants généraux, les commissaires en mission dans les provinces, les chambres de commerce des principales villes. Six mémoires seulement se prononcèrent pour la fixation des prix ; tous les autres émirent un vœu contraire. L'opinion ayant été, sur ce point, à peu près unanime, le gouvernement renonça sagement à la déplorable mesure que d'imprudents conseillers lui suggéraient. Que dire encore ? Comme en 1662 et en 1693, plus qu'à ces deux époques, la disette soumit la France entière et le gouvernement aux plus cruelles épreuves. Partout les mesures les plus arbitraires accrurent, suivant l'usage, la violence du mal, et les distributions de blés, de pain et d'argent n'y remédièrent que faiblement. On a vu à quel point il arriva dans les provinces. Enfin des jours meilleurs commencèrent à luire ; mais la paix mit seule un terme à tant de souffrances, et non-seulement bien des années s'écoulèrent avant que les terribles épisodes de la famine de 1709 fussent oubliés, mais les générations suivantes elles-mêmes en conservèrent longtemps, par tradition, l'effrayant souvenir.

Tolérant par nature, n'ayant de la dureté que le masque et ce qu'il croyait indispensable pour l'exercice de sa charge, d'Argenson fut souvent réduit, dans les affaires de religion, à de rudes alternatives.

Saint-Simon le représente comme « s'étant livré, sous Louis XIV, aux jésuites, mais en faisant le moins de mal qu'il put, sous un voile de persécution qu'il sentoit nécessaire pour persécuter moins en effet, et même pour épargner les persécutés. » C'est, l'on s'en souvient, le jugement qu'il a aussi porté sur La Reynie. A défaut de preuves plus explicites, l'extrait suivant d'un mémoire de d'Argenson, sur la situation des protestants à Paris, constate sa répugnance pour les moyens violents que le gouvernement, entraîné sur une pente fatale, mettait en œuvre pour obtenir dans le royaume ce qu'on appelait l'unité de foi. « L'inquisition qu'on établiroit dans Paris contre les protestans dont la conversion est douteuse, disait d'Argenson, auroit de très-grands inconvéniens. Elle les forceroit d'acheter des certificats ou à prix d'argent ou par des sacrilèges. Elle éloigneroit de cette ville ceux qui sont nés sujets de princes neutres, indisposeroit de plus en plus les protestans ennemis, brouilleroit les familles, exciteroit les parens à se rendre dénonciateurs les uns des autres, et causeroit un murmure peut-être général dans la capitale du royaume, qui doit être considérée comme une patrie commune [1]. »

Cependant une circonstance se présenta où d'Argenson fut sans doute obligé, pour ne pas briser sa carrière, de faire violence à ses secrets penchants et de fouler aux pieds d'une manière brutale la liberté de conscience, cette précieuse conquête du dix-huitième siècle, pour laquelle (on l'oublie trop aujourd'hui) tant de sang a été répandu. Un homme dont

---

[1] Œuvres de Rulhière ; *Éclaircissements historiques sur la Révocation de l'Édit de Nantes*, t. V, p. 454.

l'influence a été longtemps funeste, le père Tellier, avait remplacé le père de La Chaise dans ses fonctions de confesseur du roi. On s'aperçut bientôt de ce changement à la recrudescence de haine qui se déchaîna contre les restes de Port-Royal. Le prétexte de la persécution fut une bulle que les religieuses de Port-Royal-des-Champs refusèrent de signer, si on ne leur laissait la liberté d'ajouter quelques explications qui devaient mettre leur conscience en repos. Le père Tellier, qui voulait la ruine de ce couvent, avait fait naître cette occasion d'en venir à ses fins. Il parla d'insubordination obstinée, d'esprit de révolte, de rébellion envers le roi, et obtint un arrêt du conseil qui ordonnait la destruction de l'ordre. Dans la nuit du 28 au 29 octobre 1709, la modeste abbaye (c'est le duc de Saint-Simon qui raconte ce triste épisode des derniers temps du règne) fut entourée comme une forteresse redoutable, de détachements de gardes françaises et suisses. « Vers le milieu de la matinée, dit-il, d'Argenson arriva dans l'abbaye avec des escouades du guet et d'archers. Il se fit ouvrir les portes, fit assembler toute la communauté au chapitre, montra une lettre de cachet ; et, sans donner plus d'un quart d'heure, l'enleva tout entière. Il avoit amené force carrosses attelés, avec une femme d'âge dans chacun ; il y distribua les religieuses suivant les lieux de leur destination, qui étoient différens monastères à dix, vingt, trente, quarante, et jusqu'à cinquante lieues du leur, et les fit partir de la sorte, chaque carrosse escorté de quelques archers à cheval... Après leur départ, d'Argenson visita la maison des greniers jusqu'aux caves, se saisit de tout ce qu'il crut devoir appartenir à Port-Royal de Paris, hors le peu qu'il ne crut pas pouvoir refuser aux religieuses enlevées, et s'en retourna rendre compte au roi et au père Tellier de son heureuse expédition. »

On voudrait, pour l'honneur de Louis XIV, que des expéditions de ce genre n'eussent été ni autorisées ni exécutées. L'enlèvement militaire des religieuses de Port-Royal et la destruction de l'abbaye avaient produit une impression fâcheuse dont le contre-coup rejaillit sur d'Argenson. Un courage qui ne se démentait jamais quand il croyait la dignité de ses fonctions engagée, des améliorations importantes dans la police de Paris, notamment le règlement du 15 août 1714 concernant le service des lanternes et l'enlèvement des boues, lui ramenèrent peu à peu les esprits. On a vu quelle avait été sa fermeté dans cette émeute occasionnée par la cherté des grains, où sa présence d'esprit le sauva d'une mort imminente et imposa à la révolte. Chaque fois qu'un incendie éclatait, il arrivait des premiers sur le lieu du sinistre, donnait les ordres, dirigeait les secours, excitait le dévouement, et prêchait d'exemple. Pendant son administration, le feu prit aux chantiers de la porte Saint-Bernard ; un embrasement général était à craindre. Les gens du port, les soldats du régiment des gardes, hésitaient à traverser un espace envahi par les flammes. « M. d'Argenson, dit Fontenelle, le franchit le premier, se fit suivre des plus braves, et l'incendie fut arrêté. Il eut une partie de ses habits brûlés et fut plus de vingt heures sur pied. »

Quelques traits épars dans sa correspondance avec le chancelier de Pontchartrain compléteront, sous d'autres aspects, le portrait du courageux administrateur. En 1698, le chevalier du guet lui proposa d'établir près du Pont-Neuf une escouade de police, afin, disait-il, « que le public en étant instruit, y trouvât un secours certain, au lieu que la marche continuelle des brigades et des escouades qui veillent à la sûreté de la nuit empêche souvent qu'on n'en puisse rencontrer aucune dans les besoins les plus pressans. » La proposition fut adoptée. Nous avons donc là, bien près de nous, l'origine des postes de police fixes dont l'utilité est telle qu'ils sembleraient devoir remonter à des temps beaucoup plus anciens. Trois ans après (1ᵉʳ décembre 1701), d'Argenson écrivait : « La brigade qui ne se lève qu'à minuit et ne se retire qu'au jour, fait, elle seule, plus d'effet que toutes les autres, et il se passe peu de nuits sans qu'elle fasse quelque capture ou qu'elle surprenne quelque locataire qui déménage en fraude de son hôte. Ainsi, je ne puis assez me louer de ce nouvel ordre dont tout le peuple témoigne chaque jour sa satisfaction. » L'administration de Paris a de tout temps donné lieu à des conflits d'attributions, tantôt entre le prévôt des marchands et le lieutenant général de police, tantôt entre ce dernier et le Châtelet. Il y en avait eu sous La Reynie ; que de fois il s'en est présenté depuis ! Le 24 février 1700, d'Argenson se plaignit au chancelier que le prévôt des marchands excédât sans cesse sa juridiction. A l'entendre, ce magistrat était forcé de reconnaître que ni ses titres ni sa charge ne l'autorisaient à faire construire des échafauds sur les rues à l'occasion des fêtes publiques, ni à faire afficher les placards concernant la paix ; mais il se retranchait derrière les ordres du roi. Vainement le lieutenant de police invoquait les règlements, les usages ; le roi avait parlé, il fallait se soumettre. Une protestation contre la juridiction du Châtelet prend, sous sa plume, un cachet tout particulier. Il s'agissait d'un mauvais sujet qui mettait à contribution les maisons de débauche, se battait partout où il était le plus fort, et ne couchait jamais trois jours sous le même toit. Cependant d'Argenson ne pouvait rien contre lui. « Vous me direz, écrit-il au chancelier le 14 octobre 1702, qu'il peut être poursuivi comme vagabond ; mais, quand je l'aurai fait arrêter, il me rapportera aussitôt un certificat de quelque aubergiste officieux ou de quelqu'un de ces scélérats qui logent à un sol par nuit, et, selon la jurisprudence du Châtelet, c'en sera assez pour le tirer d'affaire. J'attendrai donc qu'il ait passé cinq ou six fois par la juridiction criminelle et payé le tribut du *plus amplement informé*, dont le greffe et le juge sont si jaloux. » Veut-on savoir où menait cette méfiance du Châtelet et des juges légaux ? Une lettre du 25 juillet 1701 va nous l'apprendre. Un individu avait été banni pour quelques années, par arrêt du parlement, pour des obscénités commises dans une église. La peine ayant paru trop douce à d'Argenson, il demanda l'autorisation de le faire renfermer au chancelier qui lui envoya généreusement une lettre de cachet[1]. La mesure exécutée, il en rendit compte lui-même en ces

---

[1] Près d'un siècle après, tant les plus mauvaises institutions sont difficiles à détruire ! un esprit éclairé et libéral, M. de Vergennes, alors ministre, répondait à Senac de Meilhan, au sujet d'un mémoire contre les lettres de cachet :

« ... Il est une foule de cas où le roi, par un effet de sa bonté paternelle, se prête à corriger pour empêcher la justice de punir. Je sais qu'il serait plus régulier de laisser à la loi ce qui est de son ressort, mais le malheureux préjugé qui fait refluer sur toute une famille l'infamie d'un de ses membres semble demander des exceptions, et c'est principalement pour parer à ces inconvénients qu'on est facile à accorder des lettres de cachet. » (*Les Autographes*, par M. de Lescure ; p. 337.)

termes : « C'est ainsi que la justice ordinaire autorise souvent les plus grands crimes par une jurisprudence relâchée ; et c'est ce qui m'oblige aussi, dans ces occasions, de recourir à l'autorité immédiate du roi, qui seule fait trembler nos scélérats et sur qui les détours ingénieux et le sçavoir faire de la chicane ne peuvent rien. » Réformer arbitrairement les arrêts d'une cour par le motif que les peines appliquées ont été insuffisantes ! Est-il possible de commettre, dans des intentions meilleures, une action plus détestable, et quelles ne devaient pas être, à d'autres égards, les aberrations d'un gouvernement qui croyait si bien faire en faisant si mal !

Prévenir pour n'avoir pas à réprimer, tel était le but, telle est l'excuse de d'Argenson. Scandalisé de l'incurie de quelques pères de famille, il écrit, le 27 octobre 1700, au chancelier : « J'ai remarqué, pendant le cours de cette année, que plusieurs bourgeois, et même plusieurs marchands des plus distingués, négligent tellement l'éducation de leurs enfans qu'ils les laissent parmi des filous et des coureurs de nuit, sans se donner aucun soin pour les rappeler dans leur maison ni pour les corriger. On trouva même, ces jours passés, un fils de famille âgé de dix-huit ans, qui, depuis quinze mois, logeoit en chambre avec des femmes d'une prostitution publique et parmi des scélérats, sans que son père eût fait un seul mouvement pour le retirer d'un tel désordre. Cette découverte m'a obligé de rendre une ordonnance générale pour obliger les pères de dénoncer au magistrat leurs enfans vagabonds et libertins, à peine d'être responsables civilement de toutes les fautes qu'ils pourront commettre et d'une amende proportionnée à leur négligence. » Puis, le 16 novembre 1703 : « Je sais que les femmes qui cachent leur prostitution et qui ont quelque confusion de leur désordre, ne sont pas le véritable objet de notre police. Mais quand elles font gloire de leur déréglement et que, non contentes de s'abandonner au premier venu, elles engagent des maris à quitter leurs femmes, à oublier leur famille et à renoncer aux obligations les plus essentielles, le magistrat ne sauroit être trop attentif à les corriger, ni négliger de le faire, sans manquer à l'un de ses devoirs les plus importans. »

On a là un d'Argenson un peu différent de celui de Saint-Simon, mais plus vrai, plus vivant, intervenant dans les affaires privées beaucoup plus que La Reynie, trop disposé à recourir aux lettres de cachet, s'exposant ainsi, sans une nécessité absolue, aux erreurs les plus fâcheuses; actif d'ailleurs, allant tous les mois à l'hôpital général voir les pauvres, les malades, constatant leur nombre dans des états qu'il transmettait régulièrement au chancelier, observateur malicieux et décochant volontiers le trait, tantôt contre « M. le lieutenant civil qui ne hait pas les querelles domestiques parce que le pillage est toujours pour lui, » tantôt contre « M. le lieutenant criminel, dont le zèle est bien amorti si un crime de cette qualité ne le réveille pas; » sentencieux enfin, et doué d'un esprit très-fin, très-piquant, comme on peut en juger par quelques citations nouvelles également empruntées à sa correspondance secrète avec le chancelier. Une dame de Montpouillant avait été renfermée au couvent de la Madeleine pour son inconduite. « Toutes les dames qui s'y retirent, écrit d'Argenson, sont touchées de son infortune; mais cet empressement ne suffit pas pour sa justification, et je crains qu'il n'y entre plus de cette pente naturelle qui porte les plus vertueuses à plaindre et à excuser la fragilité, que de réflexion et de justice. » Un sieur de Brandebourg, qui courait le monde sous le nom de père Fleurand et prétendait avoir été l'amant de très-grandes dames qu'il nommait, fut arrêté. En envoyant au chancelier les objets trouvés en sa possession, d'Argenson lui mandait : « Vous y trouverez une jarretière de femme, qui certainement n'est pas neuve, et qui seroit beaucoup mieux ailleurs... Il y avoit aussi quantité de vers d'une obscénité à exciter l'indignation des plus libertins, et d'autres où les règles de la bienséance et de la versification sont également négligées. » Au sujet d'un procès scandaleux entre un mari et sa femme : « Le public, écrit-il, est charmé de la scène qu'on lui donne, et personne n'a eu encore la charité de tirer le rideau pour cacher un spectacle si ridicule. » Que ne dit-on pas, et avec raison, au sujet des facilités qu'offre Paris aux vices et aux désordres de toutes sortes ? Il y aura bientôt deux cents ans, d'Argenson pensait déjà de même et il écrivait, à l'occasion d'une dame qu'il avait ordre de rechercher : « C'est pour se soustraire à l'autorité des lois et à l'indignation de sa famille qu'elle est venue à Paris, asile ordinaire de toutes les femmes de province qui haïssent leurs maris. » Le petit récit qui suit, où les Parisiens ne sont pas oubliés, paraîtra finement touché : « Vous avez oublié sans doute que la dame Aubry s'absenta de sa maison au commencement de l'année dernière et laissa sur la table de son cabinet une grande lettre qu'elle écrivoit à son mari en forme d'apologie, dont la principale raison étoit que, ne pouvant compatir avec l'humeur de son beau-père, elle avoit résolu d'aller chercher un climat plus doux et une compagnie moins gênante. Le mari fut charmé de cette lettre, plaignit les chagrins de sa femme, différa son retour avec une simplicité digne d'un bon Israélite ou d'un véritable Parisien. Enfin, cette aimable personne est revenue après avoir reconnu sans doute qu'il n'y avoit point de lieu dans le monde où celles de son sexe jouissent d'une plus parfaite liberté qu'à Paris, et le sieur Aubry, charmé de son retour, s'est abstenu, par prudence ou par bonté, de lui demander aucun compte de son voyage... » Et le curieux chancelier d'écrire en marge, pour ses agents particuliers : « Vérifier et savoir ce qu'on en dit. Qui est-elle ? Sa figure et son âge ? » De la part d'un si grave personnage, la curiosité semble un peu vive. D'autres passages des lettres de d'Argenson, le suivant par exemple, prouvent qu'elle se portait volontiers d'un objet à l'autre : « La fille aînée du sieur Malarty, dont vous m'avez ordonné de faire observer les mouvemens et les intrigues, est âgée d'environ vingt ans, d'une taille médiocre, et fort délicate. Ses cheveux et ses sourcils sont bruns, son teint assez beau et sa figure fort avenante. Elle s'habille fort proprement et paroît avoir bonne envie de plaire. La cadette est âgée de dix-neuf ans, blonde et blanche, un peu moins vive que l'aînée, mais encore plus coquette. Souvent le père est jaloux d'elles jusqu'à la fureur, et quand ses fantaisies sont passées, il leur laisse une liberté entière, qui va jusqu'à la licence... » De quoi s'agissait-il donc ? Quel était le mobile de ces jalousies ? Il est évident au surplus que, s'il les eût jugées criminelles, le lieutenant de police n'eût pas manqué, suivant ses habitudes en pareil cas, de demander au chancelier quelque bonne lettre de cachet. L'administrateur, nous allions dire le peintre, aura vraisemblablement forcé la touche sans le vouloir.

Mais si d'Argenson flatte et satisfait agréablement les goûts du chancelier pour la chronique légère, il sait, quand les convenances l'exigent, refuser les perquisitions qu'on lui demande sur des personnages respectables qu'un soupçon parti de haut pourrait compromettre auprès de leurs domestiques et dans le public. Un prêtre illustre, une des gloires de la tribune catholique, le père Massillon, avait été décrié pour quelques assiduités auprès de la marquise de l'Hospital. Écho de ces bruits, un des chroniqueurs du siècle les croit fondés[1]. Toujours friand de scandale, le chancelier écrivit au lieutenant général de police pour lui demander d'éclaircir le fait; mais d'Argenson, plus sage que son chef, s'excusa par d'excellentes raisons : « Je sais que l'on a censuré les assiduités du père Massillon pour madame la marquise de l'Hospital, qu'on a blâmé leur séjour à la campagne, et que la critique médisante a porté ses soupçons jusqu'aux conséquences les plus criminelles... Je crains que la recherche curieuse qu'on feroit de cette prétendue intrigue, où il n'y a tout au plus qu'un peu d'étourderie, ne fût une espèce de crime. J'ajouterai que cette information, quelques précautions que l'on prît pour la

---

[1] *Journal et mémoires de Mathieu Marais*, édités par M. de Lescure; t. I, p. 487 et note, année 1720. — L'inculpation étant des plus graves, M. de Lescure, n'ose se prononcer. Des nouvelles à la main (Bibl. Mazarine; Ms. *Lettres à la marquise de La Cour*) parlent d'une autre galanterie avec la duchesse de Berry. Enfin Chamfort cite, par tradition, madame de Simiane. Mais quelle foi ajouter à de pareils bruits? La lettre du lieutenant général de police me paraît démontrer au contraire que l'accusation portée contre Massillon n'est pas suffisamment établie.

rendre secrète, ne pourroit l'être assez pour ne pas exciter, parmi les domestiques de madame de l'Hospital, du murmure et du scandale, dont les libertins triompheroient au grand préjudice de la religion que ce digne prédicateur a non-seulement prêchée, mais édifiée de tant de manières[1]... »

Que fit dans cette circonstance le futile chancelier? Mit-il ses agents secrets en campagne pour fixer ses doutes? On peut le supposer sans lui faire tort. Nous rencontrons, vers la même époque, une curieuse lettre de d'Argenson. Le plus grand homme du siècle, celui qui a le plus aimé le peuple, et que Louis XIV, mieux inspiré, aurait fait son premier ministre, le maréchal de Vauban, avait été signalé à Pontchartrain comme rendant des soins à une des beautés à la mode dont nous avons déjà parlé, mademoiselle de Villefranche. Quelles questions le chancelier avait-il adressées à ce sujet au lieutenant de police? La réponse de ce dernier, du 10 novembre 1705, le laisse aisément deviner : « M. le maréchal de Vauban n'a point encore rendu de visite en forme à mademoiselle de Villefranche, qui en est assez fâchée; mais il la voit presque tous les jours chez madame la duchesse de Saint-Pierre, où l'on prend grand soin de lui plaire, d'applaudir à tous ses discours et de donner à la politesse de son esprit et à la douceur de sa conversation des louanges qu'il mérite infiniment par des qualités plus éminentes et par des vertus plus solides. On dit cependant chez lui que l'entreprise de madame la duchesse de Saint-Pierre ne réussira pas, et que leur maître en fait quelquefois des railleries; mais la de-

---

[1] Bibl. imp., Mss. 8, 124, fol. 342 ; — décembre 1705.

moiselle, accoutumée à gagner les cœurs les plus difficiles, se flatte toujours que celui-ci ne lui résistera pas et que l'habitude de la voir produira nécessairement une passion violente dont elle saura bien faire usage. » Le chancelier était curieux jusqu'à l'indiscrétion. « Mandez les suites, » écrivit-il en marge. Par malheur, la correspondance secrète de d'Argenson ne les donne pas. Tout ce que nous savons, c'est que Vauban avait soixante-douze ans au moment où mademoiselle de Villefranche entreprit le siége de son cœur, et qu'il mourut deux ans plus tard. On a vu toutefois[1] que, le 17 février 1706, quatre mois après la lettre qu'on vient de lire, le chancelier faisait remarquer, dans une lettre à d'Argenson, que les brillants de mademoiselle de Villefranche étaient bien baissés et ses charmes moins dangereux que dans les premières années. Ne peut-on en conclure que l'intrigue montée par la duchesse de Saint-Pierre, dans un but qu'il n'est pas facile de deviner, avait échoué ?

Quelques extraits pris au hasard dans la correspondance secrète de d'Argenson achèveront de le faire connaître :

— « J'ai parlé à Marconnay de ces opérations merveilleuses dont il présume si fort, mais il n'a pas voulu les entreprendre jusqu'à ce que la nature soit plus échauffée et le soleil plus lumineux et plus ardent. « Il faut, dit-il, que l'air et la terre soient allumés de cette ardeur vive qu'il appelle l'âme du monde, pour mettre le sage à portée d'inspirer aux matières qu'il travaille ce feu sublime et philosophique qui

[1] Chap. XIV, page 343. — On lit dans le Journal de Dangeau, à la date du 18 mars 1702 : « Le roi accorde une pension de 800 livres à mademoiselle de Villefranche, nouvelle convertie. » Est-ce la même ? On peut dire, en ce cas, qu'elle faisait flèche de tout bois.

doit les transformer dans le premier de tous les métaux. » J'attendrai donc qu'il veuille agir, et, persuadé que ses idées sont des matières vaines et ridicules, je ne m'empresserai pas beaucoup de faire dépenser au roi vingt ou trente pistoles qui certainement s'évanouiront en fumée. »

— « Le sieur de Molineuf, qui prend la qualité d'officier de marine, se croit le père de cet enfant, mais il pourra trouver des contradicteurs, s'il se donne la peine de vouloir chercher. »

— « Ce malheureux attachement (il s'agit d'un prince de Léon, qui voulait se marier malgré sa famille) paroît beaucoup ralenti depuis un mois, et l'on peut espérer que l'hiver achèvera d'en user les restes. »

— « Plus je me mêle des affaires publiques, moins je suis surpris des protections secrètes que trouvent les méchans et des ressorts extraordinaires qu'ils font agir. S'il y a dans Paris une créature prostituée... »

Enfin, la maxime suivante ne serait pas déplacée parmi celles de La Rochefoucauld :

— « Le chef-d'œuvre de la coquetterie consiste à voir rarement un amant qui ne plaît pas et à le ruiner[1]. »

Citons encore, pour sa nouveauté, une lettre inédite de madame de Maintenon à Pontchartrain. Elle avait fait accorder à une dame de Tillon une pension de 400 livres « pour se rendre, disait-elle, maîtresse de la conduite de cette femme qui ne lui feroit peut-être pas grand honneur. » Cela ne fut que trop vrai. Il fallut bientôt l'envoyer dans un couvent, et la pension que le mari consentait à payer se trouva insuffisante. C'est alors que madame de Maintenon écrivit au chancelier cette lettre empreinte de sa roideur habituelle :

Mardi matin [1710]. — « M. Tillon ne veut donner que 600 francs à madame sa femme, et c'est plus

---

[1] Bibl. imp.; Mss. S. F. Nos 8,110 à 8,126; *passim*.

qu'elle ne vaut. Il faudroit, Monsieur, que les religieuses s'en contentassent en attendant qu'on voie si on pourra le persuader d'en donner davantage, ou qu'on lui donne quelque couvent plus éloigné qui la prenne à meilleur marché, ce qui, je crois, ne seroit pas difficile par la misère où ils sont présentement. Je ne crois pas M. Tillon bien riche ; il mérite plus d'être ménagé que sa femme qu'il faut punir. Donnez de bons ordres, je vous en supplie, pour qu'elle soit bien gardée, et même avec rigueur, car sans cela elle en fera bien accroire aux bonnes religieuses. »

CHAPITRE XVI ET DERNIER.

LA FIN DU RÈGNE.

Influence de d'Argenson dans le conseil. — Il travaille avec le roi ; les ministres en sont jaloux. — Il rend un service signalé au duc d'Orléans. — La mort de Louis XIV ébranle sa faveur. — Il conserve son poste malgré les attaques du parlement. — La cassette de Pomereu. — D'Argenson est nommé président du conseil des finances et garde des sceaux en remplacement de Daguesseau. — Intervention de Saint-Simon. — Colère du parlement. — Erreurs financières de d'Argenson. — Le parlement s'ingère de gouverner et de rendre des arrêts. — Situation périlleuse du régent. — Lit de justice du 26 août 1718. — D'Argenson y joue un rôle considérable et sauve le régent. — Indignation comique de Saint-Simon. — Les frères Paris se liguent avec d'Argenson contre Law. — Celui-ci l'emporte. — D'Argenson perd la présidence du conseil des finances. — Compensations qu'il obtient. — Daguesseau est rappelé et ramené de Fresnes par Law. — La chute de d'Argenson est accueillie avec joie par les spéculateurs. — Il rend les sceaux au régent et persiste à se retirer des affaires. — Il est nommé ministre d'État, inspecteur général de la police du royaume. — Sa vie privée, son caractère, ses qualités, ses défauts. — Sa mort.

Les fonctions que remplissait d'Argenson, ses preuves nombreuses d'un dévouement qui ne se ménageait pas, son rare bon sens et sa fermeté dans les circonstances difficiles, lui avaient donné à la longue sur Louis XIV une influence dont les ministres, et particulièrement Pontchartrain, passaient pour être jaloux. Travaillant habituellement avec le roi, possédant sa confiance, et, dans les derniers temps, celle du contrôleur général Desmaretz, chargé souvent de missions délicates, le lieutenant général de police avait le crédit et l'importance du ministre le plus en faveur. En même temps, il profitait habilement des prérogatives de sa position pour faire plaisir à des personnages puissants, ou qui avaient chance de le devenir. « C'étoit, disait plus tard le cardinal Fleury à l'un des fils de d'Argenson, un bon homme et meilleur qu'on ne sauroit croire, aimant à rendre service, et qui a obligé bien des gens sans que cela ait été su, ni puisse se savoir jamais. »

Au nombre de ceux auxquels d'Argenson put ainsi être utile figura le duc d'Orléans lui-même. Il s'était compromis en Espagne dans une conspiration ayant pour objet de le faire déclarer roi à la place de Philippe V, au cas où celui-ci n'aurait pas su conserver la couronne. Un cordelier, qu'on soupçonnait d'avoir trempé dans cette intrigue, ayant été arrêté et enfermé à la Bastille, le lieutenant général de police s'y rendit plusieurs fois pour l'interroger. Louis XIV touchait alors à la fin de sa carrière, et tout faisait croire que le duc d'Orléans pourrait bien remplir avant peu un grand rôle dans l'État. Le duc de Saint-Simon, dont les sympathies pour le duc d'Orléans ne sont pas suspectes, et le marquis d'Argenson, fils du lieutenant de police, s'accordent à dire que, dans cette circonstance, celui-ci rendit au prince, avec la plus habile réserve et tous les dehors du désintéressement le plus grand, un service signalé. Comme le duc d'Orléans voulait, pour convaincre le roi de son innocence, se constituer prisonnier à la Bastille : « Monseigneur, lui aurait dit d'Argenson, voilà bien le discours d'un jeune prince; mais croyez-moi, pour quelque motif que ce soit, un prince du sang ne vaut rien à la Bastille¹. »

La faveur particulière dont d'Argenson avait joui pendant les dernières années de Louis XIV devint néanmoins à sa mort, comme il arrive d'ordinaire aux changements de règne, surtout pour les fonctions intimes et secrètes, une cause de disgrâce et même de persécution à peine voilée.

On sait à quel état de mutisme Louis XIV avait réduit les parlements. Investi de nouveau, en 1715, du droit de remontrances, pour la complaisance dont il avait fait preuve en cassant le testament du roi défunt, le parlement de Paris, se dédommageant de la contrainte et du silence qu'on lui avait imposés pendant près d'un demi-siècle, usa de ce droit avec une intempérance telle qu'après trois ans seulement, le régent, à bout de patience, n'aspirait qu'à briser les chaînes qu'il s'était données.

Homme du pouvoir par excellence, ayant en quelque sorte personnifié en lui le caractère du dernier règne « par la manière transcendante dont il faisoit, comme le remarque Saint-Simon, l'inquisition et la police, » d'Argenson devait naturellement se trouver en butte à toutes les rancunes du parlement. Le grand chroniqueur ajoute, sans entrer dans les détails, que celui-ci « en vouloit cruellement au lieutenant général de police, dont on avoit vu des traits bien forts. » Un édit de mars 1716 avait ordonné l'établissement d'une chambre de justice, chargée, suivant l'expression populaire, de faire rendre gorge aux financiers qui avaient réalisé de trop gros bénéfices en prêtant

---

¹ *Journal et mémoires du marquis d'Argenson*; édit. Rathery; t. I, p. 38.

de l'argent à l'État depuis 1698. Colbert avait fait de même après les dilapidations de Fouquet; mais les temps étaient bien différents, et, si l'intention était louable, rien d'avantageux, dans la détresse des finances, ne pouvait résulter de la mesure. Comme on devait s'y attendre, les actes de cette chambre furent entachés d'abus insignes. Les traitants les plus en faveur et les plus riches esquivèrent les poursuites à force d'intrigues et d'argent, et les *larronneaux* seuls, comme disait Sully en pareille circonstance, payèrent pour les plus coupables. Instituée au milieu d'un mouvement d'opinion favorable, la chambre de justice tomba bientôt dans un complet discrédit et fut dissoute à peu de temps de là, aux applaudissements de ceux mêmes qui l'avaient acclamée. Cependant les premières poursuites avaient été fort actives, et, comme les plus grandes positions n'avaient pas, dans les commencements, été ménagées, bien des gens puissants s'étaient émus. Fort de sa faveur, alors dans tout son éclat, le parlement n'avait pas hésité à mettre en cause un des plus anciens et des plus intimes serviteurs de Louis XIV, d'Argenson lui-même. Un contemporain, l'avocat Barbier, complète très-heureusement sur ce point les indications fournies par Saint-Simon. « Dans le temps de la chambre de justice, qui étoit composée de la meilleure partie de messieurs du parlement, puisque les deux présidens étoient MM. de Lamoignon et Portail, présidens à mortier, on avoit, dit-il, terriblement donné de l'inquiétude à M. d'Argenson, pour lors lieutenant général de police et conseiller d'État. On avoit été sur le point de décréter contre lui sous prétexte de malversation; il avoit été mandé plusieurs fois, et on avoit arrêté tous les gens qu'il avoit employés dans le secret, soit commissaires ou exempts, du temps du roi Louis XIV. Le parlement avoit cherché toutes les preuves qu'il auroit voulu trouver contre lui ; il étoit piqué du crédit qu'il avoit eu sous le règne précédent, et de celui qu'il s'étoit ménagé par ses intrigues ou son esprit auprès du régent. Ainsi Pomereu, un de ses exempts, ayant été arrêté par ordre de la chambre de justice, et une cassette de papiers secrets ayant été saisie, d'Argenson eut le crédit d'obtenir sur-le-champ du duc d'Orléans une lettre de cachet avec laquelle il fit sortir Pomereu de prison et le fit enfuir, tandis que la cassette étoit portée chez le régent. Les présidens de la chambre voulurent avoir raison de ce coup d'autorité, mais ils furent mal reçus du prince, et tous les papiers furent brûlés [1]. »

L'histoire de la cassette de Pomereu circula quelque temps après compliquée d'événements qu'il est prudent de ranger parmi ces fables accueillies d'ordinaire par les contemporains avec une crédulité d'autant plus grande qu'elles sont plus extraordinaires, mais qu'il faut bien rapporter aussi. On raconta donc qu'un jour d'Argenson, informé qu'il serait décrété le lendemain, par suite de l'arrestation de Pomereu, était parvenu à se faire introduire auprès du régent, alors très-indisposé contre lui, et qui avait, dans la journée, refusé à quatre reprises de le voir. Très-mal reçu d'abord, d'Argenson avait exposé au régent que leur perte serait commune. Il possédait, disait-il, une cassette qu'il tenait de Louis XIV et qui renfermait tous les papiers relatifs à la conspiration du

---

[1] *Journal historique et anecdotique sur le dix-huitième siècle*, par Barbier, t. I, p. 12 ; édition Charpentier.

duc d'Orléans contre Philippe V. En échange de cette cassette, d'Argenson aurait demandé celle que la chambre de justice avait fait saisir chez Pomereu. « Le régent, dit l'avocat Barbier, sentit la conséquence de cette affaire, envoya chercher M. de la Vrillière, secrétaire d'État, qui alla, à quatre heures du matin, à la Conciergerie, enlever d'autorité et faire sortir Pomereu, entreprise qui, pour lors, déplut fort au parlement. M. de la Vrillière alla ensuite chez Fourqueux, procureur général de la chambre des comptes et de la chambre de justice, retirer la cassette de Pomereu ; il la rapporta au Palais-Royal, où se fit l'échange des cassettes, et l'on dit que deux heures entières furent employées à brûler les papiers qu'elles contenoient... M. le duc d'Orléans, ajoute Barbier, ayant connu dans cette entreprise l'esprit de M. d'Argenson, le prit pour son conseil et s'en est bien trouvé, car le prince, desonnaturel, était très-bon et très-timide, et c'est M. d'Argenson qui lui a appris à gouverner avec hauteur, à être intrépide, et à mener le parlement comme il a fait[1]. »

Vraie ou fausse, l'aventure des deux cassettes circulait dans Paris lorsque, le 28 janvier 1718, on apprit que d'Argenson venait d'être nommé tout à la fois, ce qui ne s'était jamais vu jusqu'alors, président du conseil des finances à la place du duc de Noailles, et garde des sceaux, en remplacement du chancelier Daguesseau, exilé à Fresnes. On se figure l'ébahissement que ces nominations durent causer à Paris, surtout au parlement. Le duc de Saint-Simon y prit, dit-il, une part active, et il fait connaître, beaucoup plus sûrement que le bruit public, pour quels motifs d'Ar-

---

[1] *Journal historique*, etc., p. 194.

genson fut investi d'une autorité si grande, et, en apparence, si contradictoire. D'un côté, le régent, ébloui par la prestigieuse faconde de Law, voulait lui donner, sous le vain contrôle d'un homme complétement étranger à ces matières, la conduite effective des finances, en attendant de le nommer contrôleur général. Prévoyant, d'autre part, aux allures des membres du parlement, que leur hostilité serait bientôt poussée aux dernières limites, le duc d'Orléans était bien aise de faire entrer dans le ministère, avec une position considérable, un homme dont la fermeté, l'énergie et la vigueur étaient bien connues de tous, et qui, par suite des vexations que le parlement, qu'il fallait mater à tout prix, ne lui avait pas épargnées, n'userait lui-même, envers ceux qui avaient voulu le perdre, d'aucun ménagement.

Le choix du régent une fois arrêté, le duc de Saint-Simon fut chargé de négocier l'affaire avec d'Argenson. « Je trouvai, dit-il, dans son piquant et inimitable langage, un homme effarouché du poids des finances, mais bien flatté de la sauce des sceaux, et assez à lui-même dans cette extrême surprise, pour me faire bien des difficultés sur les finances, sans néanmoins risquer les sceaux. Je lui expliquai au long les volontés du régent par rapport à Law, et je ne m'expliquai pas moins nettement avec lui par rapport au parlement et à tout ce que le régent comptoit trouver en lui à cet égard. Law et les finances étoient les conditions *sine qua non* qu'il falloit bien passer. Pour le parlement, il pensoit comme moi et comme M. le duc d'Orléans, et, de ce côté-là, il étoit l'homme qu'il falloit : ses lumières, la cabale en mouvement, son personnel, tout l'y portoit. »

Une question importante restait à régler, et Saint-Simon avait ordre de ne pas la laisser indécise, afin de bien établir les positions. Il s'agissait de savoir si d'Argenson était disposé à seconder le gouvernement dans ces interminables querelles suscitées par la bulle *Unigenitus*, qui recommençaient déjà sourdement. Sous ce rapport, d'Argenson était on ne peut plus engagé et lié par vingt et un ans d'administration dans un sens tout contraire à celui vers lequel inclinait le régent. « Je me persuadai, dit le négociateur, que la palinodie, sa vieille et ancienne peau, ses engagemens de plusieurs années le retenoient, et qu'une conversation avec le cardinal de Noailles (alors archevêque de Paris, très en défaveur, comme on sait, à la fin du dernier règne, pour d'injustes soupçons de jansénisme) enlèveroit ce que je voyois que je n'emportois pas. » D'Argenson se prêta de bonne grâce à une entrevue avec le cardinal, chez Saint-Simon ; « mais, observe celui-ci, le soir, pour la dérober à la connoissance du monde. » C'était, dans la situation de d'Argenson, dire qu'il ne demandait pas mieux que d'être converti à des doctrines plus tolérantes ; le lendemain, il était nommé.

Peindre la surprise et les appréhensions du parlement à cette nouvelle, est chose impossible. Cependant l'avocat Barbier en donne une idée. « Le parlement, dit-il avec une animation comique, ne douta pas que d'Argenson ne se vengeât de lui ; aussi celui-ci n'y manqua pas, parce que, effectivement, la vengeance est la vertu la plus flatteuse et la plus digne d'un grand cœur. » Barbier ajoute que tout Paris alla complimenter d'Argenson, mais avec des sentiments différents. Il y alla avec son père, à qui d'Argenson dit devant tout le monde, avec intention : « Pour vous, je sais que vous m'aimez ; je prie monsieur votre fils de m'aimer aussi[1]. » Quoi qu'il en soit, d'Argenson prit possession de ses nouvelles fonctions. Doué d'une activité dévorante et d'une rare facilité, habitué aux grandes affaires, et, bien loin d'avoir jamais laissé amoindrir ses attributions, ayant, au contraire, de tout temps empiété sur les ministres, il lui fut difficile de se résigner à n'être, comme le régent et Law l'avaient espéré, qu'un semblant de président du conseil des finances, un prête-nom. Il prit donc son rôle très au sérieux. Il veillait des nuits entières, dictait, disait-on, à quatre secrétaires à la fois, et il lui arrivait souvent de lire des dépêches et même de travailler dans son carrosse, le soir, à la lumière, ce dont le public ne manqua pas de se moquer. Par malheur, d'Argenson ne s'était jamais occupé de questions de finances. Transplanté sur un terrain si nouveau, il n'eut sans doute ni assez de confiance en lui-même, ni l'autorité nécessaire pour démasquer les prestidigitations de Law. Il provoqua, en outre, ou pour le moins laissa rendre, vers la fin du mois de mai 1718, un arrêt de refonte des monnaies qui, tout en paraissant favorable au public, était, en réalité, des plus désastreux. Cet arrêt malencontreux, qui excita les plaintes les plus vives et donna lieu à de justes remontrances de la part des parlements, a été attribué tour à tour à Law et à d'Argenson. Quel qu'en soit l'auteur, il est constaté, par un des fils de d'Argenson, que celui-ci écrivit à ce propos des lettres circulaires aux intendants, et ne s'en rapporta, pour

---

[1] *Journal historique*, etc., t. I, p. 13.

le secret des préparatifs, qu'à ses deux fils, à l'exclusion absolue de ses commis[1].

D'Argenson finit cependant par s'apercevoir que le système financier de Law menait aux abîmes. A partir de ce moment, il n'eut plus d'autre pensée que d'atténuer les suites de la folle expérience que l'aventureux Écossais était venu tenter en France, et à laquelle le régent s'était prêté plus follement encore. Sur ces entrefaites, d'autres préoccupations vinrent absorber le gouvernement. Les dangers que le duc de Saint-Simon avait, dit-il, fait pressentir à d'Argenson à l'époque de son entrée au ministère, étaient sur le point d'éclater. Fondées en principe, les remontrances du parlement au sujet de la refonte des monnaies échauffaient les esprits. Il avait sollicité la chambre des comptes et la cour des aides de faire cause commune avec lui; elles refusèrent, mais tout en protestant isolément. Le 20 juin 1718, il prescrivit le renouvellement des remontrances, et suspendit, jusqu'à ce qu'il eût plu au roi d'y faire droit, l'exécution de l'édit de refonte. Usurpant, avec une audace que la situation semblait justifier, le rôle du gouvernement, il rendit, le 12 août suivant, un arrêt qui réduisait la banque à sa première institution, défendait aux directeurs et employés de garder aucuns deniers royaux, d'en faire aucun usage pour le compte de la banque, et de les convertir en billets. Le vertige était devenu général. « Après ce coup d'essai, dit Saint-Simon, il n'y avoit plus qu'un pas à faire pour que le parlement devînt en effet, comme de prétention folle, le tuteur du roi et le maître du royaume, et le régent plus en

---

[1] *Journal et mémoires du marquis d'Argenson*, t. I, p. 22.

sa tutelle que le roi, et peut-être aussi exposé que le roi Charles Ier d'Angleterre. Messieurs du parlement ne s'y prenoient pas plus foiblement que le parlement d'Angleterre fit au commencement; et, quoique simple cour de justice, bornée dans un ressort, comme les autres cours du royaume, à juger les procès entre particuliers, à force de vent et de jouer sur le mot de parlement, ils ne se croyoient pas moins que le parlement d'Angleterre, qui est l'assemblée législative et représentante de toute la nation. »

Il faut, pour juger la portée de ces actes, se reporter à l'époque où ils se passaient, et se rappeler les dangers qui menaçaient le régent. Un des fils de d'Argenson a caractérisé la situation avec des couleurs un peu sombres peut-être, pour rehausser les services de son père, mais en s'appuyant sur des faits incontestés. Suivant lui, une révolution était imminente. Le régent était trahi par ses propres ministres, et le cardinal Alberoni avait dit, dans une lettre interceptée, *qu'il n'y avait plus qu'à mettre le feu aux mines*. L'opiniâtreté des parlements, l'agitation des protestants du Poitou, les troubles de Bretagne, la conspiration de Cellamare dans laquelle étaient impliquées nombre de personnes de Paris, et dont les fils étaient ourdis à l'hôtel du Maine, les querelles entre les princes du sang et les légitimés, entre la noblesse et les ducs et pairs, entre les jansénistes et les molinistes, toutes ces causes de discorde fomentées par l'argent de l'Espagne rendaient la situation des plus périlleuses. « N'est-ce rien, ajoute le marquis d'Argenson, que d'avoir sauvé au royaume cet affreux tumulte et les guerres civiles qu'il eût fallu certainement essuyer avec un prince du courage de M. le duc d'Orléans, avant de le terrasser¹? »

Le fameux lit de justice qui fut tenu aux Tuileries dans la matinée du 26 août 1718, dissipa heureusement, sans crise ni violence, tous ces dangers. Plein de hardiesse et d'énergie dans les situations bien engagées et quand il n'était plus possible de reculer, le régent avait hésité longtemps à prendre ce parti extrême. Le duc de Bourbon, l'abbé Dubois, Law, d'Argenson et Saint-Simon le décidèrent. Il faut voir, dans les Mémoires de ce dernier, les détails de cette matinée célèbre et le rôle qu'y joua d'Argenson, sur qui pesait, en sa qualité de garde des sceaux, la principale responsabilité, et qui avait contre lui les princes légitimés, les maréchaux de Villars, de Villeroy, de Tallard, de Besons, d'Uxelles, d'Estrées, les ducs de Noailles, d'Antin, de Guiche, Effiat, Torcy et tant d'autres. « Le garde des sceaux, dit Saint-Simon dans la description des préliminaires de la séance, étoit grave, pensif, paroissant avoir trop de choses dans la tête; aussi en avoit-il beaucoup à faire pour un coup d'essai. Néanmoins il se déploya, avec son sac, en homme bien net, bien ferme, bien décidé. »

Le lit de justice avait un double but : retirer aux bâtards légitimés le rang de princes du sang que, par un excès de pouvoir inouï et une violation injustifiable de la plus respectable des lois sociales, Louis XIV leur avait assigné; faire casser, par le roi en personne, les remontrances et arrêts du parlement concernant la refonte des monnaies et les finances, et lui intimer l'ordre d'exécuter tous les édits du royaume huit jours

¹ *Journal et mémoires du marquis d'Argenson*, t. I, p. 39.

après que les remontrances auraient été faites, si le roi n'avait pas jugé à propos d'y obtempérer. Sur le premier point, tous les membres du conseil de régence furent successivement appelés à donner leur avis. « Le garde des sceaux, dit Saint-Simon, parla peu, dignement, en bons termes, mais comme un chien qui court sur de la braise, et conclut à l'enregistrement. » Il consacra à l'autre question deux discours. Le premier président de Mesmes voulut répondre par une nouvelle remontrance; « mais, ajoute le plus vaniteux de tous les ducs avec une extravagance comique, le scélérat trembloit en la prononçant. Sa voix entrecoupée, la contrainte de ses yeux, le saisissement et le trouble visibles de toute sa personne démentoient le reste de venin dont il ne put refuser la libation à lui-même et à sa compagnie. Ce fut là où je savourai, avec toutes les délices qu'on ne peut exprimer, le spectacle de ces fiers légistes (qui osent nous refuser le salut) prosternés à genoux et rendant à nos pieds un hommage au trône, nous, étant assis et couverts sur les hauts siéges et aux côtés mêmes du trône. Ces situations et ces postures, si grandement disproportionnées, plaident seules, avec tout le perçant de l'évidence, la cause de ceux qui, véritablement et d'effet, sont *laterales regis* contre ce *vas electum* du tiers état. Mes yeux, fichés, collés sur ces bourgeois superbes, parcouroient tout ce grand banc à genoux ou debout, et les amples replis de ces fourrures ondoyantes à chaque génuflexion longue et redoublée, qui ne finissoit que sur le commandement du roi, par la bouche du garde des sceaux, vil petit-gris qui voudroit contrefaire l'hermine en peinture, et ces têtes découvertes et humiliées à la hauteur de nos pieds. »

Les remontrances du premier président terminées, le garde des sceaux prit les ordres de Louis XV (alors âgé de sept ans), revint à sa place, et prononça ces paroles : *Le roi veut être obéi et obéi sur-le-champ*. Là-dessus, on enregistra les édits. « Pendant l'enregistrement, continue Saint-Simon, je promenois mes yeux doucement de toutes parts, et si je les contraignis avec constance, je ne pus résister à la tentation de m'en dédommager sur le premier président : je l'accablai donc à cent reprises, dans la séance, de mes regards assénés et prolongés avec persévérance. L'insulte, le mépris, le dédain, le triomphe, lui furent lancés de mes yeux jusqu'en ses moelles; souvent il baissoit la vue quand il attrapoit mes regards. Une fois ou deux, il fixa les siens sur moi, et je me plus à l'outrager par des sourires dérobés, mais noirs, qui achevèrent de le confondre. Je me baignois dans sa rage, et je me délectois à le lui faire sentir. »

Ainsi, la comédie se mêlait par un coin, comme cela arrive souvent dans les choses humaines, aux affaires les plus sérieuses, et celui qui a peint les hommes de son temps dans une galerie de portraits admirables où circule le sang, où la vie palpite, a tracé de lui-même, sans le savoir, à l'occasion du lit de justice du 26 août 1718 et du juste abaissement des légitimés, une image expressive, parlante, et il faut bien le dire aussi, d'un ridicule achevé.

Le succès de ce lit de justice, la manière facile et secrète, expéditive et victorieuse, dont l'affaire avait été conduite, l'absence complète de résistance, enfin, le calme qui suivit, donnèrent à d'Argenson une grande importance. Fatigué de n'être que le prête-nom de Law, il résolut de le renverser, soit pour avoir l'honneur d'administrer les finances en chef, soit dans le but louable d'épargner à la France les catastrophes qu'il entrevoyait dans l'avenir, si le système était poussé à ses dernières conséquences. Les frères Paris, déjà riches et célèbres, proposèrent à d'Argenson un plan qui était la contre-partie de celui de Law, et qui, relativement à l'imperfection des méthodes financières du temps, présentait de grands avantages sur celui de leur concurrent. Il s'agissait d'affermer à une compagnie constituée sur un capital de 100 millions payables en billets d'État, l'exploitation de la plus grande partie des revenus publics, de ceux qu'on a nommés depuis *revenus indirects*. Cette combinaison, qui présentait un double avantage, en raison de ce qu'elle diminuait de 100 millions la dette exigible de l'État et procurait une augmentation de revenus de 12 millions, fut approuvée, grâce au crédit de d'Argenson, et reçut même un commencement d'exécution. Mais Law, dont elle contrecarrait les projets, ne voulut pas souffrir autel contre autel. « Il tenoit, comme dit Saint-Simon, par son papier, un robinet de finances qu'il laissoit couler à propos sur qui le pouvoit soutenir. M. le duc, madame la duchesse, Lassay, madame de Verrue, y avoient puisé force millions, et en tiroient encore. L'abbé Dubois y en prenoit à discrétion. C'étoient de grands appuis, outre le goût de M. le duc d'Orléans qui ne s'en pouvoit déprendre. En outre, les audiences du garde des sceaux, plus de nuit que de jour, désespéroient ceux qui travailloient sous lui, et ceux qui y avoient affaire. » Avec son coup d'œil ordinaire, d'Argenson comprit bientôt qu'il n'était pas en position de se maintenir contre le courant qui l'entraînait. Pour sauver les sceaux, auxquels était attaché un traitement de 200,000 livres, il proposa de se démettre de ses fonctions de président du conseil des finances. On lui en sut d'autant plus de gré qu'il épargnait l'ennui de l'y contraindre un peu plus tard. Le régent donna huit jours à Law pour se convertir à la religion catholique, puis il le nomma contrôleur général.

Au point de vue de l'habileté et du profit matériel, la résignation de d'Argenson avait été un coup de maître. Les contemporains remarquèrent, en effet, qu'il ne quitta pas la présidence du conseil des finances sans compensation. Déjà, il avait fait un de ses frères archevêque de Bordeaux. De ses deux fils, l'aîné, âgé de vingt-quatre ans, fut nommé conseiller d'État, chancelier de l'ordre de Saint-Louis et intendant à Valenciennes, où, un peu plus tard, il arrêta Law vingt-quatre heures, alors qu'il fuyait Paris et la France sous le coup de l'indignation universelle. Le second fut fait lieutenant général de police de Paris, avec promesse de la première place vacante au conseil d'État. « On n'avoit jamais ouï parler, dit Saint-Simon, à l'occasion de ces nominations, d'un conseiller d'État et intendant de Hainaut de vingt-quatre ans et d'un lieutenant de police encore plus jeune. » Cependant le sacrifice qu'avait fait d'Argenson en se démettant de la présidence des finances ne fut pas longtemps jugé suffisant. A mesure que les résultats du système se montraient sous un jour plus douteux, le gouvernement éprouvait le besoin de se concilier l'opinion, d'autant plus susceptible qu'elle prévoyait une crise où la plupart des fortunes du royaume pouvaient se trouver engagées. Un homme entre tous jouissait alors d'une popularité que la postérité a consacrée ; c'était l'ancien chancelier d'Aguesseau, celui-là même que d'Argenson avait, en entrant dans le ministère, remplacé comme garde des sceaux. On l'avait disgracié parce qu'on ne comptait pas assez sur lui pour le lit de justice. Au mois de juin, il fut rappelé pour calmer, dans l'occasion, par l'autorité de son nom et de son caractère, les orages qui se formaient à l'horizon, et c'est Law qui se rendit à Fresnes pour le ramener à Paris.

Le gouvernement, il importe de le rappeler, avait rendu, le 21 mai précédent, un édit qui, tout en ramenant de 100 livres à 30 la valeur du marc d'argent, réduisait de près de moitié la valeur des actions de la compagnie et des billets de la banque. Cet arrêt avait jeté l'épouvante dans Paris et les provinces, et à tort ou à raison (ce point n'a jamais été éclairci), on l'attribua à d'Argenson. Il avait été décrété en outre qu'on ne rembourserait en espèces, pendant quelque temps, que des billets de 10 livres, et depuis ce moment, la foule encombrait les avenues de la banque où de graves désordres avaient lieu fréquemment. Il fallait une victime aux capitalistes, aux spéculateurs, c'est-à-dire à la France entière. Comme le régent conservait ses illusions et croyait encore à l'alchimie sociale de Law, d'Argenson fut sacrifié. Suivant l'avocat Barbier, « tout le monde se réjouit fort de cette nouvelle, à cause de l'arrêt de réduction qu'on attribuoit à M. d'Argenson, lequel étoit généralement haï, même du peuple. » Barbier ajoute que le régent avait fait redemander les sceaux à d'Argenson; mais un témoin mieux informé sans doute, le maréchal de Villars, raconte les faits autrement : « Le régent, dit-il, envoya dire par l'abbé Dubois au garde des sceaux qu'il rappeloit le chancelier, mais qu'il vouloit absolument que lui, d'Argenson, gardât les sceaux. D'Argenson, malgré cette instance, les rapporta le jour même, et ne put jamais être ébranlé de la ferme résolution qu'il avoit prise de se retirer[1]. » Enfin, pour témoigner que d'Argenson n'avait pas démérité, le régent le nomma ministre d'État, inspecteur général de la police du royaume.

Il s'était d'abord retiré chez les jésuites de la rue Saint-Antoine, puis chez les Bénédictines réformées de la Madeleine de Traisnel, au faubourg Saint-Antoine, où il occupait, depuis longtemps, un appartement contigu au couvent même. Saint-Simon prétend qu'il avait procuré beaucoup de bien à cette maison, à cause de la supérieure, madame de Veny, femme d'esprit, fort attrayante, qu'il disait sa parente. Écoutons, sur ce point délicat, le maréchal de Villars. « Il alla s'enfermer dans le couvent de la Madeleine. Il avoit une amitié des plus fortes pour madame de Vilmont (de Veny) qui en étoit prieure, et, quoiqu'il fût un peu contre la bienséance qu'un garde des sceaux allât s'enfermer deux jours de la semaine dans un couvent de filles, sa passion l'avoit emporté sur toutes les considérations. Peut-être qu'il n'y avoit aucun commerce de galanterie ; mais enfin la prieure avoit été très-belle ; elle l'étoit encore et avoit beaucoup d'esprit. Quoi qu'il en soit, ils s'étoient mis tous deux au-dessus des raisonnemens du public, assurés l'un et l'autre que, quelque chose qu'on pût en penser, ils n'en seroient pas plus mal avec le régent. » Le fils aîné de d'Argenson a lui-même confirmé ce scan-

---

[1] *Mémoires du maréchal de Villars*, collection Petitot, t. LXX, p. 42.

dale dans le passage suivant de ses Mémoires : « Je suis obligé de convenir que les mœurs secrètes de mon père n'étoient pas parfaitement pures, et je l'ai vu de trop près pour croire qu'il ait été dévot; mais il faisoit respecter la décence et la religion, et en donnoit l'exemple en même temps qu'il en prescrivoit la loi. »

Le remplacement précipité de d'Argenson priva la France de quelques lois excellentes, déjà préparées, et qui n'attendaient plus que la sanction du régent. L'une d'elles aurait fait défense aux ordres religieux des deux sexes de recevoir des vœux avant l'âge de vingt-cinq ans accomplis. L'autre avait pour but de priver l'Église de tous droits féodaux et de la réduire à l'état de simple propriétaire. L'édit aurait même enjoint aux vassaux de l'Église de rembourser, suivant une juste estimation, tous droits de vasselage, mouvances, censives, etc. — « Monseigneur, avait dit d'Argenson au régent en l'entretenant de ces projets d'édits, soyons justes, mais soyons fermes. Nous allons nous faire des ennemis; sachons les braver. » Habitué depuis vingt-cinq ans à un torrent d'affaires, qui, dans les dernières années, était allé sans cesse grossissant, « il s'ennuya cruellement, » nous apprend Saint-Simon, et mourut le 8 mai 1721, à l'âge de soixante-dix ans [1]. — « Samedi, 10 mai, dit l'avocat Barbier

---

[1] Marc-René d'Argenson laissa en mourant, outre une fille mariée à un maréchal de camp, fils d'un riche négociant de Rouen nommé Legendre, ces deux fils dont il vient d'être question, qu'il avait poussés d'emblée aux premiers emplois, et qui furent tous deux ministres sous Louis XV. « L'un, dit Saint-Simon, plein d'esprit et d'ambition, et, de plus, fort galant (il devint plus tard ministre de la guerre), et un aîné qui étoit et qui fut toujours un balourd. » C'est à ce balourd, qui fut un instant ministre des affaires étrangères, qu'on doit, entre autres ouvrages, des Mémoires très-originaux, très-singuliers, édités avec beaucoup de soin

dans son Journal, on a porté le corps de M. d'Argenson à Saint-Nicolas-du-Chardonnet où il a sa sépulture, avec un cortége convenable à sa dignité. Le peuple accompagnoit la pompe en maudissant le défunt. Les femmes se jetoient sur les chevaux en criant : « Ah! voilà le fripon, le chien qui nous a fait tant de mal! » Le peuple lui a attribué, sans sujet, la suite du système. Tout le mal s'est fait depuis qu'il n'étoit plus en place. On ne peut lui reprocher que le lit de justice. »

L'exaspération du peuple, imputant faussement les funestes résultats du système à d'Argenson, fut telle que ses deux fils se virent obligés, pour échapper à ce triste spectacle, de quitter le cortége et de le devancer à l'église. Aveugles rancunes, dans lesquelles on ne peut pas même trouver une leçon! Trente-huit ans auparavant, les mêmes insultes poursuivaient le corps de Colbert, et, plus récemment, la lie du peuple n'avait pas mieux respecté les dépouilles mortelles de Louis XIV, de ce roi qui, engagé, par sa faute il est vrai, dans des guerres fatales, avait néanmoins défendu avec une fermeté héroïque la nationalité française, un moment menacée. Un autre avocat au parlement, Mathieu Marais, confirme dans ces termes le récit que fait Barbier des funérailles de d'Argenson : « Quand on l'a voulu enterrer à Saint-Nicolas, sa paroisse, les harengères ont voulu avoir son corps, et ont dit mille injures contre lui. On a apaisé avec beaucoup de peine cette populace furieuse qui n'avoit

par un savant bibliophile, M. Rathery, et un *Traité de la démocratie dans un État monarchique*, imprimé pour la première fois en 1764, sous ce titre : *Considérations sur le gouvernement ancien et présent de la France*, et qui eut quatre éditions en peu de temps.

jamais osé le regarder en face pendant sa vie, et qui vouloit *arracher la barbe au lion mort....* »

On a pu, par le récit de la vie publique de d'Argenson et par quelques aperçus furtifs de sa vie privée, se faire une idée de son caractère, de ses qualités, de ses défauts, et du rôle considérable qu'il joua sous les deux règnes, si curieux à tant de titres et si divers, pendant lesquels il figura sur la scène politique. De tels personnages sont rarement bien jugés par leurs contemporains. « On ne peut lui reprocher que le lit de justice, » dit l'avocat Barbier; et il ajoute : « Ç'a été le plus grand génie et le plus grand politique du siècle, *comparable au cardinal de Richelieu...* Il a fait des coups étonnans pour la politique depuis la régence; *aussi est-il généralement haï de tout le monde.* » A coup sûr, d'Argenson n'est pas, en politique, de l'école de Richelieu. Pendant tout le temps qu'il a été lieutenant général de police, il a rendu au gouvernement des services éminents, mais de second ordre, si on le compare à l'illustre cardinal. Une seule fois, sous la régence, il eut le génie de la situation. Celui de ses fils qui a été ministre des affaires étrangères, et, avant tout le monde en France, ministre philosophe, a dit avec vérité que le cardinal de Richelieu n'eût point désavoué le lit de justice des Tuileries. Dans une autre circonstance, où il aurait pu prévenir une immense catastrophe, d'Argenson manqua de décision. Le maréchal de Villars et le duc de Saint-Simon racontent qu'un jour Law avait été, sur l'ordre du régent lui-même, arrêté et emprisonné. Si le fait est vrai, d'Argenson, alors garde des sceaux, pouvait immédiatement renverser le système par un coup d'éclat; la situation se renouvelait forcément, et il en devenait le maître. Au lieu de cela, il hésita, dit Saint-Simon, donna au régent le temps de retomber dans son engouement, laissa passer l'occasion qu'il avait eue d'être véritablement un grand ministre, et, du même coup, il se perdit.

Certes, tout n'est pas à louer dans la vie de d'Argenson. Il y a, nous les avons notées en passant, des capitulations de conscience qu'on voudrait pouvoir en retrancher, une disposition malheureuse à se mêler de trop de choses, un fâcheux mépris des arrêts de la justice, et des actes de persécution contre Fénelon, Vauban, Port-Royal, qu'on serait heureux de ne pas y trouver. Mais il y a là aussi toute une carrière d'administrateur habile, dévoué, intègre, de travailleur incessant, qui, dans un moment de crise, voit le danger, l'aborde sans bravade, l'écarte avec fermeté, et en quelque sorte sans effort. On se souvient de sa décision et de son courage, dans les disettes, les incendies. En un mot, on trouve en lui, pour continuer la métaphore de Mathieu Marais, la *griffe*, c'est-à-dire ce je ne sais quoi par où l'homme, quelle que soit la scène où il déploie l'intelligence et l'activité dont Dieu l'a doué, y occupe le premier rang. « C'étoit enfin, au jugement de son fils, un esprit nerveux, le cœur presque aussi courageux que l'esprit, une justesse infinie avec de l'étendue ; ne connoissant pas tout ce qu'il avoit de génie et d'élévation. » Lettré d'ailleurs, on a pu en juger par ses dépêches, et protecteur des lettres, comme l'ont été les plus grands ministres de la France : Suger, Sully, Richelieu, Colbert, Turgot. « Mon père, dit à ce sujet le marquis d'Argenson, eut de tout temps l'amour du travail ; j'en possède des preuves multipliées : remarques sur les lettres, dissertations sur la politique, extraits historiques, études du droit public et particulier; j'en ai des volumes. » On ne sait, et c'est grand dommage, ce que ces volumes sont devenus ; mais la correspondance officielle existe, dont on ferait un curieux recueil. Qu'on joigne à cela tout le charme, toute la grâce de l'homme du monde le plus accompli, malgré « sa figure de Rhadamante [1], » suivant la pittoresque expression de Saint-Simon. « Quand il n'étoit question que de plaisir, remarque Fontenelle, dans le charmant éloge qu'il en a fait, on eût dit qu'il n'avoit étudié toute sa vie que l'art si difficile, quoique frivole, des agrémens du badinage. »

Ainsi traversa la scène de l'histoire et du monde, ce d'Argenson qui fut successivement lieutenant général de police, contrôleur général des finances, garde des sceaux. Si, par un coup d'État digne de Richelieu, il tira le régent d'un mauvais pas dans le lit de justice du 26 août 1718, plus habile que le terrible ministre de Louis XIII, il le fit du moins sans verser une goutte de sang. On a vu ses qualités et ses défauts comme lieutenant de police. Esprit plus délié, plus ouvert que La Reynie, il n'avait pas ses scrupules honorables, aimait trop à régler, discipliner, prévenir, et, dans ce but, faisait bon marché de la liberté des citoyens. L'un et l'autre, au surplus, ont justement marqué à leur manière dans l'administration difficile dont ils avaient à poser les bases, et l'on peut dire que nul après eux, tant ils avaient tracé profondément leur sillon, n'y a laissé le souvenir d'une

---

[1] « Il étoit laid, avec une physionomie d'esprit, et fort bien fait, » dit encore le véridique marquis d'Argenson.

personnalité aussi considérable et de tant de services rendus.

Tels furent les deux hommes que Louis XIV associa à son œuvre et auxquels la grande agglomération parisienne dut une sécurité jusqu'alors inconnue. On a, pour la première fois, pu juger sur pièces les actes principaux de la police politique et privée de la France pendant plus d'un demi-siècle. Si, emporté par des préventions passionnées, on n'y veut voir que la pression royale dans le procès de Fouquet, les violences religieuses, les dénis de justice, la centralisation et le goût des règlements poussés à l'excès, les répressions à outrance, les fausses mesures aux jours de disette et les lettres de cachet usurpant le rôle des tribunaux, l'appréciation de cette époque sera sévère. Mais que l'on songe aussi à l'épuisement où Mazarin avait laissé le royaume, à l'effroyable gaspillage des finances, aux brutalités de la noblesse des provinces, à la faiblesse et à la connivence des juges, aux mœurs grossières du clergé constatées par les intendants, et l'on sera forcé de reconnaître que ce demi-siècle, trop loué jadis, trop décrié aujourd'hui, a été, sous bien des rapports, et malgré les misères que nous n'avons pas dissimulées, en progrès manifeste sur l'époque antérieure. Au mois de décembre 1750, Voltaire écrivait à la sœur du grand Frédéric : « Je travaille au Siècle de Louis XIV ; je fais un grand tableau de la révolution de l'esprit humain dans ce siècle *où l'on a commencé à penser*[1]. » C'est cet heureux mouvement des intelligences qui est le plus grand honneur du règne. Là, au moins, il n'y a pas d'ombres au ta-

---

[1] *Revue française* du 1ᵉʳ novembre 1865 ; lettres inédites de Voltaire.

bleau. L'anarchie féodale, définitivement vaincue, cédait enfin la place à la civilisation moderne. Grâce aux principes de justice introduits par Colbert dans l'administration, tout, jusqu'aux excès du despotisme, allait désormais précipiter la victoire des idées nouvelles. La voie des grandes réformes était ouverte; il n'y avait plus qu'à y marcher. L'égalité devant la loi et devant l'impôt, l'abolition des privilèges, des lettres de cachet, des jurandes et des corvées, étaient fatalement au bout du chemin et pouvaient déjà s'apercevoir aux profondeurs de l'horizon.

FIN

LETTRES

ET

RAPPORTS DE POLICE

LETTRES ET RAPPORTS DE POLICE

N° 1. — LA REYNIE AU CHANCELIER SÉGUIER [1].

Paris, 24 juin 1667.

J'ai été mandé ces jours passés au parlement et j'ai rendu compte à la Grand'Chambre de plusieurs choses dont on y avoit désiré prendre quelque connoissance, et comme elles se sont trouvées heureusement faites de la manière que MM. du parlement le pouvoient souhaiter pour le service de Sa Majesté et pour le bien du public, ils en ont témoigné beaucoup de satisfaction.

M. le premier président et M. le procureur général avoient cru en voyant l'état où est la ville pour le nettoiement qu'il pouvoit être nécessaire pour le maintenir de recommencer certaines assemblées de plusieurs personnes qui se faisoient autrefois chez M. le premier président; mais leur ayant dit des raisons qui pouvoient instamment leur faire craindre quelque interruption au bon ordre qui s'y trouve heureusement établi, comme ils ne cherchent autre chose que ce qui peut être bon et avantageux au public, ils ont changé de sentiment et ils sont convenus de réduire ces assemblées à quelques conférences dans la maison de M. le premier président, tous les quinze jours, entre lui, M. le procureur général et moi.

Nous faisons tous les jours, Monseigneur, quelque progrès dans les matières de police, et le bien qui peut en réussir est d'autant plus considérable qu'il se fait sans bruit et qu'il donne lieu à tous les habitans de cette ville d'espérer un fruit consi-

---

[1] Toutes les lettres de La Reynie que nous reproduisons sont autographes. Parmi celles de d'Argenson, quelques-unes sont également autographes; un certain nombre sont seulement signées de lui.

dérable de la bonté que le roi a eue de vouloir établir l'ordre et la règle dans Paris.

Je suis présentement attaché à l'exécution d'une ordonnance que j'ai fait publier touchant le port d'armes et que j'ai fondée sur la dernière déclaration du roi. J'ai cru, Monseigneur, qu'il étoit à propos d'essayer par cette voie de faire sortir de Paris ceux qui pouvoient servir Sa Majesté dans ses armées, de purger cette ville d'une infinité de vagabonds et faire quitter l'épée aux valets de chambre et autres personnes de cette étoffe, qui sont capables de faire du désordre; mais parce qu'avec la sûreté qu'on cherche à établir, il est nécessaire de veiller avec le même soin à maintenir la tranquillité publique, j'ai estimé qu'il falloit éviter ce qui s'étoit fait autrefois en pareille rencontre et chercher à faire plus de fruit et moins d'éclat que par le passé. Les méprises où l'on s'est trouvé souvent en prenant des épées dans les rues, le danger de faire du bruit par la résistance de ceux qui les portent et la friponnerie des archers qu'on employoit dans ces occasions m'ont obligé de prendre une conduite tout opposée, me servant du seul ministère des commissaires, et de les faire passer dans toutes les auberges et maisons garnies pour reconnoître ceux qui portent l'épée et pour leur faire entendre plus précisément les défenses qui sont faites à cet égard. J'ai sur toutes choses défendu, sous ce prétexte, d'arrêter personne dans les rues; j'ai chargé les commissaires d'en dresser des procès-verbaux ou de faire leur rapport contre ceux qui contreviendront, afin de pouvoir décréter en forme et de s'empêcher de méprendre. On a commencé dans chacun des quartiers par ceux qui sont notoirement vagabonds pour donner quelques exemples dans le public, et, s'ils ne suffisent pas, on continuera l'exécution du règlement par les valets de chambre, en gardant le même ordre et avec la persévérance qu'il faut en telle matière. J'espère, Monseigneur, que le roi aura sur ce fait toute la satisfaction qu'il peut désirer.

J'ai dressé un projet d'arrêt du conseil sur le fait de l'imprimerie et librairie que j'ai estimé très-nécessaire de vous proposer pour des raisons que j'ai pris la liberté de marquer à la marge. J'en enverrai autant au premier jour à M. Colbert, afin que, s'il a quelque pensée particulière sur cette matière, je puisse me donner l'honneur de vous en rendre compte. J'ai recouvré depuis que j'ai dressé ce projet un livre intitulé : *Responses chrétiennes*, du sieur de Vernant, fait contre les évêques et qui se vend présentement en cette ville chez les carmes des Billettes. Ce nouvel abus m'a confirmé dans l'opinion où j'étois sur l'article qui porte des défenses à toutes personnes autres qu'aux libraires de vendre ou de débiter des livres.

Je vous envoie, Monseigneur, une copie d'un nouveau placard imprimé à Bruxelles. J'ai vu encore un autre imprimé le plus séditieux du monde, qui contient sept ou huit pages et qu'on envoie à la cour, mais que je n'ai pu retenir assez longtemps pour en prendre une copie. Selon toutes les apparences, quelque mauvais François y a travaillé, et j'ai bien moins de peine à le soupçonner que de trouver la voie par laquelle cet imprimé a été porté à Paris. Les courriers qui devoient cette semaine venir de Flandre ont été arrêtés, et il faut de toute nécessité qu'il y ait en cela quelque chose de particulier et d'extraordinaire.

Quelques archers du lieutenant criminel de robe courte [1] ont eu aujourd'hui à démêler avec les gardes de la porte du Louvre ; il y a eu quelques coups donnés dans la place qui est au-devant de la porte des cuisines et un des gardes y a été tué. On a aussi arrêté à l'heure même celui qui a fait le coup. Ceux qui prendront connoissance du crime feront sans doute la procédure nécessaire ; quant à moi, je me suis seulement appliqué à prendre garde que cela n'attirât aucun désordre dans la maison du roi.

J'ai vérifié et j'ai des preuves certaines que l'imprimé dont j'ai eu l'honneur de vous rendre compte a été imprimé à Bruxelles, et qu'il a été envoyé de ce lieu en cette ville.

(Bibl. imp., Mss. S. G. F. 709, vol. XLIII, fol. 51.)

N° 2. — LA REYNIE A COLBERT.

Paris, 23 avril 1670.

J'ai levé le scellé qui avoit été mis sur les papiers des écrivains qui furent arrêtés la nuit de vendredi dernier, et il s'est

[1] Lieutenant du prévôt de Paris ; plutôt homme d'épée que magistrat. Il avait pourtant une juridiction qui se confondait trop souvent avec celle du lieutenant criminel.

trouvé particulièrement dans ceux des nommés Tubeuf et Pigeon un très-grand nombre de pièces manuscrites, et, en général, tout ce qui a été fait, sans exception, d'infâme et de méchant depuis quelques années. Il seroit difficile de juger présentement s'ils en sont les auteurs ou non, ou de quelque partie; mais, comme ils ont de l'esprit et quelque étude, et qu'entre leurs manuscrits il y en a qui ressemblent extrêmement à des minutes originales, et qu'avec cela ces malheureux demeurent d'accord d'en avoir vendu plusieurs copies, le soupçon qu'on peut aussi avoir à cet égard contre eux n'est pas sans fondement. Quoi qu'il en soit, ce sont des gens d'un grand commerce, car outre le temps qu'il y a qu'ils y sont engagés, quelques-uns d'entre eux se trouvent avoir à la fois quatre chambres en divers quartiers de la ville et être connus en chacun de ces lieux sous des noms différens. Parmi ces écrivains, il y a quelques gazetiers remarquables par le nombre de leurs correspondances et par l'insolence avec laquelle ils ont encore écrit les dernières gazettes qui sont entre nos mains[1]...

(Bibl. imp., Mss. Mélanges de Clairambault, vol. CCCCLXIV; Papiers de Colbert, 1663-1670, fol. 359.)

[1] De nombreuses lettres de La Reynie sont relatives aux pamphlets et libelles imprimés clandestinement en France ou apportés de l'étranger. Le 14 décembre 1670, il écrivit à Colbert que le procureur général (c'était alors Denis Talon) « croyoit qu'il seroit d'une très-fâcheuse conséquence de traduire les écrivains pernicieux, du premier tribunal au supérieur, et d'exposer à la vue de plusieurs et d'un grand nombre de juges de pareils libelles, qu'on ne sauroit tenir trop secrets ni trop tôt supprimer. » — Dans l'opinion du procureur général, un arrêt de 1666, donnant droit aux officiers ordinaires de juger en dernier ressort ceux qui écrivent des nouvelles et des gazettes, suffisait.

La Reynie ajoutait : « Avec cela, M. le premier président juge nécessaire qu'il vous plaise d'en vouloir faire dire un mot à M. Talon, et qu'il sache en termes généraux de quelle importance vous jugez qu'il est, pour le service du roi et pour le bien de l'État, de réprimer par les voies les plus rigoureuses la licence que l'on continue de se donner de semer dans le royaume et d'envoyer dans les pays étrangers des libelles manuscrits, et de lui faire marquer que la pensée et les motifs qu'il a eus pour faire rendre l'arrêt de 1666 vous paroissent bien plus raisonnables et assez propres pour étendre le pouvoir des officiers ordinaires et leur donner celui de juger sur cela en dernier ressort, comme on a fait à l'égard de ceux qui débitent et qui envoient des gazettes à la main. Comme c'est

N° 3. — LA REYNIE A COLBERT.

31 mars 1671.

Je reçus, il y a quelques jours, un billet de M. le grand prévôt[1], par lequel il me faisoit savoir que le roi lui avoit ordonné de conférer avec moi pour essayer de trouver quelque moyen d'empêcher les tromperies qui se font au jeu; et s'étant donné la peine de venir lui-même depuis me demander ce que je pensois et m'ayant aussi chargé de lui envoyer mon sentiment par écrit à Saint-Germain, j'ai fait le mémoire ci-joint sur lequel je vous supplie, très-humblement, de me faire l'honneur de me donner vos ordres, après que vous aurez eu agréable de le voir.

J'ai reçu avec M. Belein le projet des lettres patentes qu'il a adressées pour la création du métier et pour l'établissement du corps et communautés des maîtres travaillant à la manufacture des bas de soie, et il m'a semblé en tout parfaitement bien disposé. Il se pourra faire néanmoins que la manière différente dont les associés au privilége se conduiront, obligera peut-être, par leur consentement ou par leur refus, de changer ou d'ajouter quelque chose. Mais cela dépend précisément de ce qu'il vous plaira de régler à leur égard. Quant aux articles des statuts, il sera aisé de les dresser avec quelque ouvrier entendu au détail de cette manufacture.

(MÉMOIRE JOINT A LA LETTRE DU 31 MARS 1671.)

Cartes à jouer.

La piperie des cartes diversement coupées ou marquées est trop grossière pour la pouvoir craindre à présent. Le nombre des joueurs qui connoissent cet avantage est si grand qu'il y en

---

M. Talon qui doit porter la parole, M. le procureur général m'a dit qu'il attendroit de conférer avec lui jusqu'à ce que je lui ferois savoir ce qu'il vous auroit plu de faire à cet égard, pour ensuite convenir d'un jour et pour en parler une matinée, de bonne heure, à la Grand'Chambre, avant toute autre affaire. » (Depping, t. II, p. 188.)

[1] Le grand prévôt, ou prévôt de l'hôtel, avait juridiction sur toute la maison du roi.

a peu qui osent s'en servir. Il peut être nécessaire néanmoins de défendre la fabrication et l'usage de cette sorte de cartes, à peine de punition exemplaire.

Un des moyens les plus subtils, outre ceux des tours de main et du signal, est celui de faire ranger les cartes par séquences et de les disposer en les pliant chez le cartier dans une certaine suite, dont on convient avec ceux qui trompent, et sur laquelle ils prennent leurs mesures. Mais on pourroit obliger les cartiers de les mettre et de les disposer par couleurs et leur faire des défenses de les plier autrement sous telles peines, etc.

Cette précaution feroit au moins ce bon effet que les joueurs seroient obligés de mêler les cartes avant de jouer, et que celles qui se trouveroient dans une autre suite et dans une autre disposition seroient estimées fausses et pipées.

On peut encore défendre aux cartiers d'employer plusieurs sortes de papier dans un même jeu de cartes; car on peut avec un papier un peu plus blanc ou plus fin l'un que l'autre, marquer à ceux qui en savent le secret, la différence des grandes ou des petites cartes d'une couleur ou de l'autre.

Les obliger de mettre le papier d'un même sens; car encore que ce fût le même papier étant mis à divers sens, en long ou de travers, il pourroit servir à marquer la différence des cartes.

Il y a des cartiers qui travaillent dans des hôtels et dans quelques autres lieux privilégiés; c'est un abus considérable et il sera bien à propos de les obliger de se retirer dans leurs maisons et dans leurs boutiques, et de leur défendre de travailler ailleurs, etc.

Jeu des dés.

Le jeu des dés est pour le moins aussi dangereux et le remède beaucoup plus difficile. Les dés ne peuvent avoir la marque de celui qui les a faits, et la moindre chose dans la coupe y fait une grande différence et les rend haut ou bas.

On peut néanmoins défendre aux faiseurs de dés de faire aucuns dés chargés ou faux, et leur enjoindre de retenir ou de déférer ceux qui leur en demanderoient de cette qualité.

Jeu du hoca[1].

Le jeu du hoca est reconnu généralement de tout le monde pour le plus dangereux de tous. Les Italiens, capables de juger des raffinemens des jeux de hasard, ont reconnu en celui-ci tant de moyens différens de tromper, qu'ils ont été contraints de le bannir de leur pays. Deux papes de suite, après avoir connu les friponneries qui s'étoient faites à ce jeu dans Rome, l'ont défendu sous des peines rigoureuses, et ils ont même obligé quelques ambassadeurs de chasser de leurs maisons des teneurs de hoca qui s'y étoient retirés.

Ce jeu ne parut presque qu'un moment avec quelque approbation à Paris Il y a quelques années, y fit tant de désordres et causa des pertes si considérables en peu de temps que le parlement, les magistrats et les six corps des marchands s'élevèrent contre un établissement si pernicieux au public, et on fit dès lors tout ce qu'on put pour abolir ce jeu. On a vécu depuis dans le même esprit, et plusieurs personnes qui ont osé y faire jouer ont été emprisonnées et condamnées à payer de grosses amendes.

Mais si le hoca devient un jeu de la cour, il est certain qu'il s'introduira aussitôt après parmi les bourgeois, les marchands et les artisans de Paris, et qu'il fera plus de désordre que jamais. Le seul bruit qui a couru qu'il alloit être à la mode a fait faire déjà une infinité de ces jeux.

La preuve des tromperies qui se font en ce jeu est si difficile, et il y a si peu d'exemples contre ceux qui ont trompé, que la crainte de la peine n'a retenu personne jusques ici.

Ce n'est pas qu'il y ait des occasions fréquentes de faire des exemples et qu'en quelque chose les ordonnances n'y aient pourvu; mais il semble qu'un plus grand remède étoit réservé à ce règne et à la bonté du roi, et que ses sujets devoient encore ressentir cet effet de son incomparable sagesse[2].

(Bibl. imp., Mss. Mélanges Colbert, année 1671.)

---

[1] Jeu de hasard interdit en France par le cardinal Mazarin. Il se jouait avec une table à compartiments numérotés, sur lesquels les joueurs plaçaient leur argent. On tirait d'un sac un des trente numéros. Le banquier payait vingt-huit fois l'argent du compartiment gagnant, et gardait le reste. (Voir page 81, note.)

[2] Le vœu de La Reynie ne se réalisa pas. On peut voir, dans le Jour-

N° 4. — LA REYNIE A COLBERT.

Paris, 19 novembre 1671.

Le livre qui vient d'être imprimé en Hollande et qui ne fait que sortir de sous la presse est de bien plus méchant aloi et plus dangereux que le dernier que j'ai eu l'honneur de remettre entre vos mains. Vous pourrez voir par le mémoire ci-joint, quel en est le sujet et quelles ont pu être les vues de l'auteur, au moins selon que je suis capable d'en juger.

Vous m'avez permis d'avoir l'honneur de vous parler et de vous écrire de la pension du sieur Vitré, et vous m'avez encore ordonné depuis peu de vous en faire souvenir. C'est le seul de la profession qui s'est trouvé capable de donner de bons avis, et ce n'a été qu'avec lui seul aussi qu'on a pu raisonnablement travailler pour l'exécution de vos ordres et pour le rétablissement de l'imprimerie en France, auquel j'ose présentement vous assurer qu'on a fait quelque progrès. Sa longue expérience et la connoissance particulière qu'il a des causes qui ont maintenu et détruit l'imprimerie dans le royaume, selon la diversité des temps, ne nous a pas été d'un médiocre secours; mais avec cela, je lui dois ce témoignage qu'il nous l'a toujours donné dans la pensée de concourir, autant qu'il étoit en lui, au bien général que vous vous êtes proposé, et dans la vue de vous être agréable. Sa pension est médiocre; mais si vous jugez que le rétablissement en soit juste, vous lui ferez du bien de plus d'une façon.

Vous avez aussi jugé que le sieur Thiery, imprimeur, qui est présentement syndic de sa communauté, méritoit quelque gratification du roi, à cause de la belle impression des livres que j'ai eu l'honneur de vous présenter et qu'il a fait très-correctement avec quelque dépense et beaucoup de soin. J'ose aussi vous assurer que cette gratification fera un très-bon effet et qu'elle causera infailliblement de l'émulation parmi les gens de cette profession. Il y a encore un imprimeur, nommé Petit, qui a fait depuis peu de belles impressions, mais je penserois qu'il n'y auroit pas d'inconvénient quand il se trouveroit quel-

---

nal de Dangeau, que le hoca était joué à la cour avec une sorte de fureur.

que intervalle entre cette première gratification et une seconde, si vous jugiez aussi qu'elle fût raisonnable.

Il y a deux ans que Desgrez [1] n'a rien reçu, et je puis vous répondre qu'il n'a pas laissé de bien servir et avec toute l'application possible.

La garde de nuit de cette ville demande aussi quelque augmentation de dépense, et il est extrêmement à craindre que, dans ces longues nuits de la saison, on ne vienne à découvrir qu'il n'y a que bien peu de gens sur pied et qu'on peut entreprendre presque sans danger contre la sûreté publique. Personne ne peut savoir aussi bien que vous de quelle conséquence il est pour le service du roi et pour la satisfaction des habitans de Paris, de maintenir la tranquillité et la douceur dans laquelle ils vivent depuis quelque temps, et il est bien plus aisé de la conserver présentement qu'il ne seroit facile de la rétablir, si elle étoit une fois troublée.

(Bibl. imp., Mss. Mélanges de Clairambault, vol. 467; Papiers de Colbert, fol. 133.)

(MÉMOIRE JOINT A LA LETTRE DU 19 NOVEMBRE 1671.)

Mémoire sur le livre intitulé *le Tombeau des controverses, ou le Royal Accord de la paix avec la piété*. Amsterdam, 1642 [2].

L'auteur de ce petit traité prétend insinuer que le roi veut réunir les deux religions;

Qu'il est de son intérêt de n'en souffrir qu'une et qu'il a autorité et droit de le faire.

Et, pour prouver l'intérêt et le droit du roi, il se sert de plusieurs autorités et de plusieurs exemples considérables, d'où il tire des conséquences extraordinairement fortes qu'il seroit dangereux d'autoriser et qu'il n'est peut-être pas aussi à propos de condamner, à cause de quelques vérités qu'elles enferment, qui sont importantes au roi et au royaume.

Ces conséquences aboutissent à ce point d'établir que le roi

---

[1] Exempt de police. C'est lui qui arrêta à Liége la marquise de Brinvilliers.

[2] On sait que la date et le lieu d'impression de beaucoup de livres imprimés clandestinement étaient souvent inexacts, à dessein.

peut et doit juger et ordonner des matières qui touchent la religion; qu'il est mieux pour lui-même et pour son royaume qu'il le fasse que si un prince étranger le faisoit, c'est-à-dire, le pape; et que, par ce seul moyen, Sa Majesté peut aisément réunir tous ses sujets.

L'auteur dit du roi ce que tout le monde pense de sa sagesse, de sa justice, de ses lumières et de sa pénétration; et il prétend aussi que ce n'est que sous un tel prince que l'on peut concevoir et exécuter un tel dessein.

Cet écrivain paroît être François et habile; sans la dernière partie de son ouvrage, qui montre clairement qu'il est protestant et que c'est en faveur de ceux de sa religion qu'il a écrit, on l'auroit pu soupçonner de quelque autre chose et d'avoir voulu donner en même temps de l'ombrage aux catholiques et aux huguenots, en leur insinuant que c'est une pensée que l'on a présentement et que l'on veut faire réussir. Mais peut-être que cet ouvrage tel qu'il est et quoique imprimé en Hollande, paroissant être d'un auteur françois, ne laissera pas d'exciter quelque plainte de la cour de Rome, qui s'y trouvera maltraitée au dernier point.

(Bibl. imp., Mss. Baluze, Arm., vol. CCCXXXVI, fol. 82.)

N° 5. — LA REYNIE A COLBERT.

Paris, 3 mars 1672.

Le père Bouhours, jésuite, fit imprimer l'année dernière un livre intitulé: « les Entretiens d'Ariste et d'Eugène, » dans lequel il a traité indifféremment diverses matières. Un autre auteur néanmoins s'est avisé de donner au public, sous le titre: « des Sentimens de Cléanthe sur les Entretiens d'Ariste et d'Eugène, » un livre de critique contre celui du père Bouhours, et ce second en a produit un troisième pour la défense du père Bouhours, intitulé: « de la Délicatesse, » dans lequel on s'est servi de cette ancienne manière de soutenir les intérêts des partis que le roi a si heureusement conciliés. Ce troisième écrivain, sans faire un grand honneur à celui dont il avoit entrepris la défense, s'est donné la liberté de dire beaucoup de choses contre tout ce que l'on peut entendre, sous ce terme de *Port-Royal*. A quoi, l'auteur du premier livre de critique s'étant cru aussi engagé de répondre, il l'a fait par une seconde partie : « *des Sentiments de Cléanthe,* » mais avec la même imprudence et en s'expliquant d'une manière injurieuse au père Bouhours, à son caractère, à sa profession de religieux et à toute la société des jésuites.

Ces commencemens, si capables de troubler la paix que le roi a établie, l'empressement qu'une infinité de personnes ont témoigné pour ces livres, la joie que d'autres ont fait paroître, voyant ainsi renaître les semences d'une nouvelle guerre et la peine que les gens raisonnables en ont eue, m'ont obligé de faire arrêter ces trois livres de critique entre les mains des libraires qui en ont obtenu le privilége et de leur défendre d'en faire aucun débit jusqu'à nouvel ordre et jusqu'à ce que je me fusse donné l'honneur de vous en rendre compte.

Cette précaution étoit absolument nécessaire, car dans peu de jours toute l'impression de ce dernier livre eût été autrement débitée ; et j'ai cru qu'il est aussi à propos d'en user de même à l'égard des deux autres livres, afin qu'il parût que ce sont les choses qui sont mauvaises que l'on improuve par elles-mêmes, et non parce qu'elles s'appliquent à un parti plutôt qu'à un autre.

(Bibl. imp., Mss. *Mélanges Clairambault*; vol. DXLVI, fol. 85.)

N° 6. — LA REYNIE A COLBERT[1].

16 octobre 1674.

L'affaire de la Bastille, comme procès, grossit, ce semble, plus qu'il ne faut. On apprend et on apprendra tous les jours quelque chose de nouveau, et si l'on se met en peine de suivre tout ce qu'on pourra découvrir, il est à craindre qu'on ne s'égare dans cette longue poursuite. On voit clairement le gros de l'affaire. Ce qu'on entrevoit au delà, et même ce qu'on n'aperçoit pas encore, s'éclaircira sans doute quand on y procé-

[1] Il s'agit dans cette lettre, et dans les dix qui suivent, du procès du chevalier de Rohan. (Voir chapitre VI, pages 150 et suiv.)

dera d'une manière moins étendue. Avec cela, je ne sais s'il est bien à propos de faire le procès à tant de gens à la fois, de remplir ainsi les prisons, et si, au lieu de la justice que tout le monde attend de ceux qui se trouveront véritablement coupables et de la terreur qu'elle doit imprimer, on ne trouvera point quelque chose d'affreux dans cette multitude d'accusés et de criminels, et s'ils ne deviendront pas au public moins criminels par le nombre. Je n'en ai rien témoigné de deçà et l'intérêt du service du roi qui m'engage à vous donner cet avis, demande de ma part que je me serve de cette voie et que j'use de cette précaution.

(Bibl. imp., Mss. F. F., 7, 629.)

N° 7. — LA REYNIE A COLBERT.

28 octobre 1674.

La commission qu'il plaira au roi de faire expédier, pour établir un tribunal et des juges, pour la visite et jugement du procès criminel instruit à la Bastille par les commissaires nommés par Sa Majesté, à la requête du procureur général, qu'il lui a plu aussi de commettre, doit ce semble faire mention des trois autres commissions qui ont été déjà expédiées pour les commissaires, pour le procureur général et le greffier de la commission. Est-il nécessaire qu'il y soit aussi fait mention que le roi est informé que cette instruction est entièrement achevée, parce que Sa Majesté s'est réservé, par la première de ces commissions, de pourvoir en ce temps à ce qu'elle estimeroit juste pour le jugement du procès?

Celui qu'il plaira au roi de choisir pour y présider doit être désigné par la commission avec les autres juges. Les rapporteurs y doivent être aussi nommés ensemble, le procureur général et le greffier. Et il est encore nécessaire que le lieu de la séance y soit aussi marqué.

Quant au président, il paroît, par un grand nombre d'exemples, qu'aux affaires criminelles et d'État qui ont été considérables par elles-mêmes ou par la qualité des personnes qui s'y sont trouvées impliquées, les chanceliers ou gardes des sceaux de France ont presque toujours présidé aux jugemens. Mais sans les rechercher plus loin, ce qui a été pratiqué dans les derniers temps en fournit quatre exemples de suite :

En 1626, M. le garde des sceaux de Marillac a présidé au procès de Chalais;

En 1632, M. de Châteauneuf au procès du maréchal de Marillac;

En la même année, le même M. de Châteauneuf au procès de M. de Montmorency;

En 1642, M. le chancelier Séguier préside au procès de M. de Cinq-Mars.

Et ces exemples semblent être autant de préjugés à l'égard de cette forme pour l'affaire particulière dont il s'agit, soit qu'on la considère par le titre de l'accusation, par le grand éclat qu'elle a fait, ou par la qualité du principal accusé. A quoi on pourroit encore ajouter que la dignité et l'autorité de la charge d'un chancelier servent extrêmement en ces occasions à résoudre des difficultés ou régler des incidens qui ne se terminent pas d'ordinaire aisément entre plusieurs personnes d'un même rang et d'une égale autorité.

A l'égard du nombre des juges, on peut observer qu'un petit nombre de commissaires et de juges extraordinaires a été toujours suspect, qu'aux derniers procès dont les exemples sont ici rapportés, il n'y en a jamais eu moins de quinze; et qu'à celui de M. de Marillac, qui pouvoit être le plus difficile de tous, il y avoit vingt-deux juges. Ce n'est pas qu'il n'y ait des inconvéniens de ce côté; mais, outre qu'ils sont beaucoup moins dangereux que les autres et qu'il pourroit y en avoir à se réduire au nombre précis qu'il faut pour juger, à cause des récusations et des maladies qui peuvent survenir, il ne me semble pas inutile que le caractère de la justice et de l'extrême bonté du roi paroissent jusque dans le nombre et la qualité des juges qu'il lui plaira de choisir en cette occasion.

Sa Majesté ayant jugé qu'il n'y avoit aucun inconvénient, comme en effet il n'y en a point, à ce que MM. les commissaires qui ont fait l'instruction soient les rapporteurs du procès, il ne reste à cet égard, si ce n'est qu'il lui plaise, que de nommer celui des deux qu'elle aura agréable, qui soit chargé d'en faire le rapport, ou de les en laisser convenir entre eux.

Il semble très-nécessaire que le greffier qui sera commis

soit homme d'expérience; les vues différentes que les juges peuvent avoir dans le temps de la visite et jugement de ce procès, et même les suites, demandent quelques précautions pour ce choix. Mais s'il étoit possible qu'il fût fait avant même que la commission parût, on commenceroit dès à présent à lui donner les connoissances de l'affaire qui peuvent être de son partage, et il aideroit à disposer le procès et à le mettre en ordre.

Le roi ayant choisi l'Arsenal pour le lieu de la séance, on ne voit rien présentement qui mérite, après cela, d'être observé sur le fait de la commission.

(Bibl. imp., Mss. F. F. 7,629, fol. 79.)

N° 8. — LA REYNIE A COLBERT.

Ce mardi, à midi, 6 novembre 1674.

L'enregistrement des lettres patentes du dernier jour d'octobre vient d'être fait, ce matin, à l'Arsenal. M. le chancelier s'est rendu au lieu de la séance, avec MM. les commissaires, et la lecture de la commission ayant été faite, l'enregistrement en a été requis et ordonné en la manière ordinaire; mais M. de Thuizi ayant proposé la parenté de madame sa femme, qui s'est trouvée du quatrième au cinquième degré avec M. de Rohan, il n'y a pas opiné. On a jugé ensuite qu'aux termes de l'ordonnance, il ne pouvoit être juge; et l'arrêt, suivant l'usage, lui en a été prononcé sur-le-champ. J'ai été chargé d'en rendre compte, afin qu'il plaise au roi de faire savoir sa volonté sur ce sujet; et afin que, si Sa Majesté désire de commettre un autre juge, à la place de M. de Thuizi, la commission puisse être ici dès ce soir ou demain matin de bonne heure, avant que le rapport du procès soit commencé. Il reste seize juges; mais comme le nombre impair est plus favorable aux accusés, cette raison a fait souhaiter à tous que le roi fût informé, en diligence, de la récusation de M. de Thuizi.

J'ai été à la Bastille pour conférer avec M. de Besmaux sur les ordres du roi qui peuvent être nécessaires pour conduire les prisonniers à l'Arsenal, lorsque les juges le trouveront nécessaire, et sur toutes les précautions qu'il sera aussi à propos de prendre sur ce sujet; mais dans le même temps que j'étois à la Bastille, M. de Besmaux étoit passé à l'Arsenal, et je n'ai pu le rencontrer. Cependant c'est une chose à laquelle il semble qu'il est, dès cette heure, nécessaire de penser, mais dont la résolution précise ne presse pas encore de trois ou quatre jours.

(Bibl. imp., Mss. *Mélanges Colbert*, 169, fol. 335.)

N° 9. — LA REYNIE A COLBERT.

13 novembre 1674.

La garnison qui est établie dans la maison de la demoiselle de Villers lui est à charge sans doute, et la grâce que le roi lui feroit de l'ôter d'autant plus considérable que cette demoiselle est peu en état de supporter une dépense extraordinaire. Cependant j'estimerois, attendu la qualité de l'affaire où elle se trouve impliquée et l'état du procès, qu'il y auroit lieu de différer encore la levée de cette garnison. Ce n'est pas que je croie qu'il y ait rien dans la maison de la demoiselle de Villers d'où l'on puisse espérer de nouveaux éclaircissemens; mais étant certain comme il est que M. de Rohan a eu un commerce fort particulier avec elle, même avec une assez grande confiance, à son dernier voyage de Normandie, et, en partant de Versailles, est allé coucher à cette maison[1], peut-être ne seroit-il pas raisonnable de rien changer à cet égard, à la veille du jugement du procès, alors que les accusés sont prêts d'être entendus devant leurs juges et qu'il peut survenir quelque nouvelle charge contre cette demoiselle, qui d'ailleurs est prisonnière et par sa condition présente au nombre et au rang des complices. Enfin, c'est assez, ce semble, dans une affaire de la qualité de celle-ci, qu'il ne soit pas absolument impossible dans la suite de découvrir quelque chose de nouveau pour ne rien hasarder sur une matière de cette importance; mais comme apparemment le roi voudra encore en cela prendre le parti le plus favorable, je ne

---

[1] Nous avons publié, dans le récit même du procès (page 162, note), une très-belle lettre de mademoiselle Renée de Villers au chevalier de Rohan.

sais si réduire la garnison au lieu de l'ôter ne seroit point un expédient qui pût être proposé.

(Bibl. imp., Mss. F. F., 7,029, fol. 94.)

N° 10. — LA REYNIE A COLBERT.

23 novembre 1674.

Je viens de recevoir la lettre de ce jour 23: que vous m'avez fait l'honneur de m'écrire; et, puisque le roi me commande, suivant l'ordre que vous m'en donnez, d'expliquer mon sentiment sur la déclaration faite à l'Arsenal par Van den Enden, à l'égard de M. le duc, j'estime que pour mettre toutes choses dans quelque convenance raisonnable, je pourrois, demain à l'entrée, demander qu'avant de lever la séance, et après néanmoins que tout ce qu'il y auroit à faire touchant le procès criminel seroit achevé, j'aurois à informer la chambre de quelques ordres du roi que j'aurois aussi reçus. Et lorsque je serois après cela mandé, je pourrois dire que Sa Majesté ayant su ce qui s'étoit passé les 21° et 22° de ce mois et que Van den Enden et le chevalier de Préaux, sur des faits qui sont inutiles à la justification de tous les accusés et qui ne sont aussi aucune charge contre eux, avoient fait mention dans leurs réponses sur la sellette de quelques récits fabuleux touchant M. le duc et madame de Bavière, Sa Majesté avoit été satisfaite de ce que la chambre avoit fait sur les réponses du chevalier de Préaux, et qu'elle étoit aussi bien persuadée que la chambre auroit usé de la même circonspection à l'égard de ce que Van den Enden avoit dit, s'il n'y avoit quelque raison qui l'en eût empêchée; mais que l'intention du roi étoit et que Sa Majesté m'avoit commandé de le faire savoir à la chambre qu'aussitôt que le procès criminel seroit jugé, l'interrogatoire de Van den Enden sur la sellette fût transcrit et que le nom de M. le duc et ce qui a été dit de lui en fût ôté et la première minute supprimée, sans que néanmoins il fût fait aucun registre de l'ordre du roi ni aucune mention de la remontrance.

C'est, suivant le peu d'étendue de mon esprit, tout ce que je suis capable de voir présentement et de penser sur ce sujet. Les raisons que j'aurois pour cela sont : premièrement, qu'il est important, ce semble, que le roi ordonne dès à présent ce que je propose, encore que naturellement cela puisse être fait, dans la suite, sans être ordonné.

En second lieu, et à l'égard du temps, il paroîtroit, en prenant celui que je marque, que l'ordre auroit été donné plus tôt, mais que S. M. ne voulant pas interrompre celui de la justice dans une affaire criminelle et de la qualité de celle-ci, auroit ordonné d'attendre d'en parler.

Il semble aussi nécessaire qu'il paroisse que S. M. approuve ce qui a été fait à l'égard de madame de Bavière et de passer le reste doucement, sans l'approuver plus qu'il ne faut, sans blesser aussi les juges. Il est même bien (la chose n'étant pas faite) qu'il paroisse qu'elle ne le peut être avant le jugement du procès, et rien ne convient davantage à la justice, ce semble, que d'avoir différé à l'ordonner jusques à ce moment.

Il seroit inutile d'expliquer ma pensée à l'égard du registre, parce qu'il est aisé de voir que s'il en étoit fait un, il seroit pire que la chose même qui est à supprimer.

Je croirois aussi qu'il seroit nécessaire que je susse demain de bonne heure ce qu'il plaira au roi d'ordonner sur ce sujet, afin d'en informer M. le chancelier avant qu'il entre à la chambre.

J'ai appris plusieurs choses touchant quelques écrits qu'on prépare encore ; mais j'estime qu'il est important que je me donne l'honneur de vous en rendre compte, avant de rien engager[1]. Vous verrez par une très-petite préface d'icelui, qu'on est près de voir recommencer la guerre ; et par la dernière page, vous verrez aussi que ce qu'on y a mis n'est peut-être pas sans dessein dans la conjoncture présente.

(Bibl. imp., Mss. F. F., 7, 029, fol. 105.)

N° 11. — LA REYNIE A SEIGNELAY.

26 novembre 1674, à 3 heures et demie après midi.

La chambre de l'Arsenal vient de juger le procès criminel pour lequel le roi l'a établie, et par son arrêt, suivant ses con-

[1] Trois jours après, un agent du parquet, le sieur Blondot, signaloit à Colbert un nouveau libelle intitulé *l'Évesque de Tours*, ajoutant que ni lui ni La Reynie n'avaient pu encore en découvrir les distributeurs.

clusions, M. de Rohan, le chevalier de Préaux et la dame de Villars sont condamnés d'avoir la tête tranchée, Van den Enden à être pendu au même lieu, lui et le chevalier de Préaux, préalablement appliqués à la question ordinaire et extraordinaire pour la révélation des complices, tous leurs biens acquis et confisqués au roi. A l'égard de tous les autres accusés, ils sont réservés à juger après l'exécution de ceux qui sont condamnés; on a même réservé à prononcer sur l'élargissement des domestiques de M. de Rohan. Il y a eu plusieurs avis à donner la question à M. de Rohan, d'autres à l'y présenter seulement, et il a passé au contraire.

On avoit marqué pour l'exécution le lieu de la Grève, et néanmoins on a ordonné qu'elle seroit faite au devant de la Bastille, sur ce qu'un de MM. les rapporteurs a dit et sur ce qu'on a cru qu'il avoit des ordres secrets pour cela; et comme il reste peu de temps, qu'il est aussi important et nécessaire de faire plusieurs interrogatoires et apparemment de nouvelles confrontations aux accusés dont le jugement est sursis, que ceux qui sont jugés doivent être disposés, et qu'il y a beaucoup d'autres choses qui ne peuvent présentement être faites pour l'exécution de l'arrêt en tous ses chefs, la chambre a résolu d'en différer la prononciation jusques à demain matin pour être ensuite exécuté dans le jour même. Les derniers exemples des personnes de qualité exécutées à mort sont de MM. de Biron, de Marillac, de Montmorenci et de Cinq-Mars.

Le maréchal de Biron fut, par l'arrêt du parlement, condamné à avoir la tête tranchée en la place de Grève, et par lettres patentes d'Henri IV, expédiées à Saint-Germain-en-Laye, depuis la condamnation, le lieu de l'exécution fut changé, et elle fut faite dans l'enclos de la Bastille.

Le maréchal de Marillac fut depuis exécuté en Grève; M. de Montmorenci dans l'enclos de l'hôtel de ville de Toulouse, et M. de Cinq-Mars dans la place publique de Lyon.

L'arrêt qu'on vient de rendre m'oblige de vous marquer les exemples de ces différentes exécutions, dont il y en a eu deux qui ont été faites dans des lieux particuliers et deux autres en public. Presque tous les juges auroient cru que ce qui a été jugé aujourd'hui, en se dispensant en cela de ce qui se fait d'ordinaire, ne devoit pas venir d'eux, mais de la grâce du roi; cependant il n'a pas été possible de s'y remettre après que j'ai été appelé et après qu'on y a fait quelque réflexion, parce que deux des juges, qui étoient indisposés, ont été forcés de se retirer. Cela n'empêchera pas néanmoins que l'exécution à mort de quatre personnes en même temps et en même lieu, avec la différence dans le genre des supplices et ce qu'il faut d'appareil pour cela, ne fasse un spectacle qui sera non-seulement terrible, car il le doit être, mais encore assez nouveau par le nombre et par toutes ces circonstances.

Je vous envoie deux lettres d'Henri IV ci-jointes et que j'ay trouvées dans les registres du parlement : l'une pour la prononciation de l'arrêt au château de la Bastille, et l'autre depuis la condamnation et avant l'exécution de M. de Biron. Le premier ordre qui fut donné pour la prononciation de l'arrêt de M. de Biron, étoit absolument nécessaire, parce qu'étant jugé par le parlement, il auroit dû être laissé à la conciergerie du palais. Peut-être qu'on s'en peut passer pour l'arrêt d'aujourd'hui, étant rendu par des commissaires extraordinaires qui n'ont pas de prisons. Cependant, comme il y a peu d'exemples de semblables choses, j'avoue que je devois vous marquer celui-ci, et j'estime que, dans le doute, cette précaution pourroit être d'autant plus raisonnable qu'en tous les actes principaux de justice qui sont faits dans la Bastille, il est toujours dit qu'ils ont été faits avec la permission du roi, et il est non-seulement de nécessité en cette occasion qu'on y prononce l'arrêt, mais on ne peut éviter de donner la question dans le même lieu à ceux que l'arrêt a condamnés à cette peine. A l'égard des interrogatoires, ils seront faits à la question, avant et après, par les deux rapporteurs.

Quant au lieu de l'exécution de M. de Biron, vous verrez que ce changement fut fait par des lettres patentes du même jour. Les motifs sont employés dans les lettres mêmes, mais l'histoire particulière de ce procès marque que ce fut sur les instances du maréchal de la Force et des autres parens du maréchal de Biron, et je ne dois pas omettre qu'elles furent enregistrées au parlement avant l'exécution et sur les conclusions du procureur général.

M. de Saint-Sandoux est arrivé à une heure après minuit, et après avoir conféré avec lui suivant l'ordre du roi, nous sommes convenus qu'il se tiendroit toute la matinée en état de recevoir les avis qu'il seroit nécessaire qu'il eût, qu'il ne feroit rien en attendant qui pût avoir la moindre application à l'affaire de l'Arsenal, et qu'à la sortie de la chambre il auroit agréable de se rendre chez moi, où je viens de le trouver. Il va dans ce moment donner les ordres dont il a accoutumé de se servir pour avertir les compagnies de se mettre en état, et demain, dès les dix heures du matin, il occupera tous les postes qu'il jugera nécessaire de prendre aux environs de la Bastille.

Je vous supplie de me faire savoir s'il y a quelque choix particulier à faire d'un confesseur pour M. de Rohan; le père Bourdaloue n'en étoit pas encore satisfait à midi.

(Bibl. imp., Mss. F. F., 7, 629.)

N° 12. — LA REYNIE A.....

Ce mardi 27 novembre 1674, à 7 heures du matin.

Faites-moi savoir exactement par le sieur Desgrez tout ce qui se passera à la prononciation de l'arrêt, particulièrement à l'égard de M. de Rohan, et s'il y a quelque chose de particulier et d'important, écrivez-moi sur-le-champ sur un morceau de papier, et mettez-le entre les mains du sieur Desgrez qui est homme sûr et que je ferai tenir à la Bastille pour cela.

Il y a ici un courrier de Saint-Germain qui attend ce que je vous demande et que je ferai partir sur-le-champ. Ainsi, ne manquez pas, s'il vous plaît, avant de commencer autre chose, d'écrire un mot sur cela; mais ne vous expliquez à personne de ce que je vous écris.

Quant aux questions, prenez la peine, dès que vos procès-verbaux seront achevés, de passer ici à l'heure même, parce qu'il faudra dépêcher encore au même instant, s'il y a quelque chose de nouveau, et quand même il n'y aura rien.

Parlez au docteur destiné pour madame de Villars et dites-lui, s'il vous plaît, qu'il l'exhorte à déclarer ce qu'elle sait. La qualité du crime, l'intérêt du roi et celui de l'État demandent qu'il prenne ce soin et qu'il fasse tout ce qui dépend de lui pour l'obliger de donner tous les éclaircissemens possibles.

Je suis persuadé que vous avez fait avertir le maître des

œuvres pour disposer les choses nécessaires. Je suis tout à vous.

Du 27 novembre, à 11 heures.

J'ai reçu ordre de laisser emporter le corps de M. de Rohan après l'exécution, et j'ai écrit à M. de Besmaux afin qu'il donne ceux qui peuvent être nécessaires, afin qu'il pût être retiré dans la Bastille. Il faut, s'il vous plaît, prendre vos précautions pour cela avec l'exécuteur, lui dire de ne le point fouiller ni prendre ses habits, et qu'on lui en fera raison.

(Arch. de l'Empire; section judiciaire. *Procès du chevalier de Rohan.*)

N° 13. — LA REYNIE AU MARQUIS DE SEIGNELAY.

27 novembre 1674, à 10 heures du matin.

Il étoit bien trois heures après midi lorsque l'arrêt fut conclu et avant qu'il fût signé. Après ce moment, j'eus plusieurs choses à faire qui étoient du service et qu'il fut impossible de quitter. Je crus même qu'il seroit très-inutile de rendre compte de ce qui s'étoit passé, avant que les choses fussent dans un état ferme; et d'autant plus que j'étois bien assuré que je ne pouvois donner le premier avis, et que j'estimois aussi qu'il étoit important avec cela de vous informer un peu plus particulièrement de tout ce qui avoit été fait et de ce que je pouvois prévoir, dans cet instant, pour la suite.

M. de Forbin prit la peine, dès hier au soir, de passer chez moi, après avoir attendu toute la matinée à la Bastille.

Il fut ensuite trouver M. de Saint-Sandous qui l'avoit cherché; et ils me firent savoir depuis qu'ils avoient résolu de se trouver dès sept heures aux postes qu'ils ont cru à propos de mettre dans le quartier et environs de la Bastille.

J'ai fait tendre ce matin les chaînes des principales rues de la grande rue Saint-Antoine.

Je vous envoie une copie des dispositions de l'arrêt et des conclusions. J'ajouterai à ce que j'ai eu déjà l'honneur de vous en écrire, que les seize juges ont été d'un même avis pour la peine de mort des quatre contre lesquels elle a été prononcée.

M. de Besmaux me fit hier remettre entre les mains un mémoire de Van den Enden que je vous envoie, après en avoir tiré ce que j'ai cru nécessaire pour les interrogatoires. Il m'envoya aussi la lettre ci-jointe de mademoiselle de Villers pour M. de Rohan[1]. Mais je ne saurois dire de quel temps précisément sont ces écritures.

J'ai écrit au père Bourdaloue pour lui marquer combien il est nécessaire qu'il emploie son ministère à disposer M. de Rohan à déclarer les choses importantes au service du roi et au bien de son État, que la qualité de l'affaire l'oblige à ce soin, d'autant plus que telle déclaration qui puisse être faite ne sauroit augmenter la peine de celui qui est déjà condamné.

En écrivant cette lettre, j'apprends que Desgrez, que j'ai fait tenir à la Bastille, [vient d']apprendre dans ce moment, à dix heures précises du matin, que l'arrêt vient d'être prononcé à M. de Rohan dans la chapelle de la Bastille et qu'il l'a entendu avec une constance merveilleuse. Il a demandé premièrement s'il devoit se mettre à genoux, et il s'y est mis dès qu'on lui a dit qu'il le falloit. Il a dit que, puisque c'étoit la volonté de Dieu et celle du roi, il n'avoit rien à dire. Il a regardé ensuite l'exécuteur et lui a dit ces mots : Je crois que c'est vous. Et l'exécuteur lui ayant répondu, M. de Rohan a dit qu'il faisoit ce qu'il devoit faire. Après cela, l'exécuteur a proposé à M. de Rohan de détacher lui-même un ruban de son habit, pour être lié, et M. de Rohan n'en a rien voulu faire, disant que Jésus-Christ avoit été attaché avec des cordes, et qu'il n'y avoit pas d'inconvénient qu'il le fût. Et dans ce moment, il a mis lui-même ses mains en croix, et il s'est fait attacher, gardant en tout une grande modération. Le père Bourdaloue étoit présent. On a prononcé l'arrêt à madame de Villars en même temps. J'ajoute encore que dès hier au soir M. de Rohan parut être dans de grands sentimens du côté de Dieu ; et dans un certain moment qu'on lui ôta un couteau, il dit que cette précaution étoit inutile et que s'il avoit été capable de quelques folies par le passé, il ne vouloit pas se perdre pour l'éternité.

Mes commissaires font présentement préparer la question pour ceux qui la doivent avoir.

---

[1] Nous l'avons publiée, page 162, note.

On a prononcé l'arrêt à madame de Villars et à M. de Rohan en même temps.

J'oubliois de vous dire que M. de Rohan s'est confessé cette nuit et qu'il a communié avec de grands sentimens de piété.

(Bibl. imp., Mss F. F. 7,029, fol. 119.)

N° 14. — LA REYNIE AU MARQUIS DE SEIGNELAY.

27 novembre 1674, à 2 heures après-midi.

Après que le greffier a eu prononcé l'arrêt à M. de Rohan et à madame de Villars, il est allé trouver MM. les commissaires qui l'ont conduit dans un autre lieu de la Bastille; et à l'instant le chevalier de Préaux a été appliqué à la question et ensuite Van den Enden.

Le premier n'a rien dit que ce qu'il avoit dit dans ses interrogatoires; l'autre a seulement ajouté qu'il a entendu dire à M. de Rohan : « Si nous pouvions avoir le roi » et, quand on auroit Quillebeuf, on pousseroit jusques à Versailles pour enlever le roi s'il y étoit; que M. de Rohan lui avoit dit cela dans sa galerie à Saint-Mandé, et une autre fois dans son carrosse; que Latréaumont lui avoit montré sur la carte le Pont-de-l'Arche pour y avoir des correspondances, et lui disoit en avoir encore d'autres.

(Bibl. imp., Mss. F. F. 7,029, fol. 118.)

N° 15. — LA REYNIE AU PÈRE BOURDALOUE[1].

Ce mardi, 27° jour de novembre 1674, à deux heures après-midi.

Mon révérend père, j'apprends que ceux qui ont été jugés à mort par l'arrêt qui a condamné M. de Rohan à la même

---

[1] Note de la main de La Reynie : « Cette lettre m'a été rapportée par Besnard, que j'avois envoyé, et il m'a dit qu'il n'a pas jugé à propos de la rendre, ayant trouvé M. de Rohan déjà hors de la Bastille, près d'arriver au lieu de l'exécution. »

peine, déclarent des choses qui sont de la dernière conséquence et qui touchent la sûreté de la personne du roi; et comme vous savez trop bien à quoi votre ministère vous oblige en cette occasion, je croirois, après vous en avoir donné avis, me pouvoir dispenser de vous prier d'employer tous vos soins pour faire connoître à M. de Rohan les raisons que vous savez, et qui l'obligent nécessairement de donner sur ce point tous les éclaircissemens qui dépendent de lui. Mais comme mon devoir et mon ministère particulier ne me permettent pas de rien omettre à cet égard, je vous supplie d'employer tout ce que vos lumières et votre profession vous peuvent inspirer dans une conjoncture si importante, et d'autant plus que la peine à laquelle M. de Rohan est condamné ne sauroit être augmentée, quelque chose qu'il pût présentement déclarer.

Je rends compte au roi de ce que j'ai l'honneur de vous écrire, et je ne doute point qu'il n'attende de votre prudente conduite tout ce qui peut être à désirer en cette occasion pour le bien de son service, pour la sûreté de sa personne et pour l'intérêt de son État.

Je suis, mon révérend père, votre très-humble et obéissant serviteur.

— Si M. de Rohan veut déclarer quelque chose et le dire à MM. les commissaires, ils seront auprès de lui au moment que j'en serai averti.

(Bibl. imp. Mss. F. F. 7,029.)

N° 16. — LA REYNIE AU MARQUIS DE SEIGNELAY.

27 novembre 1674, à 7 heures du soir.

La dame de Villars n'a été exécutée que la troisième. Celui qui me l'avoit rapporté s'étoit brouillé dans son récit, et il m'a fait mécompter en cela de quatre heures.

M. de Rohan est mort, selon qu'il a paru, avec des sentimens dignes d'un chrétien véritablement touché, et sa fermeté n'a rien eu qui n'ait semblé modeste. Il n'a voulu rien dire néanmoins, encore que le greffier l'en ait fait souvenir plusieurs fois; il a eu de la peine à supporter la vue de Van den

Enden, bien qu'après l'avertissement que le père Bourdaloue lui en a fait dans la chapelle, il fût disposé à le souffrir; on n'a pas laissé de mettre ce misérable étranger dans un lieu séparé.

La dame de Villars a témoigné une constance extraordinaire, jusque dans le dernier moment de sa vie. Elle a chargé un peu plus le nommé Daigremont qu'il ne l'étoit dans ses interrogatoires qui sont au procès. Et après avoir donné tous les ordres nécessaires aux affaires de sa famille, avec une grande tranquillité d'esprit, elle a dit au greffier, en allant au lieu du supplice, qu'elle ne croyoit pas que ses juges eussent trouvé au procès assez de preuves contre elle, mais qu'elle le chargeoit de leur dire qu'ils avoient bien jugé, qu'elle étoit coupable, qu'elle étoit entrée dans l'affaire de la révolte de Normandie et qu'elle avoit agi pour ce dessein. Elle a voulu, après cela, nommer plusieurs personnes à qui elle avoit parlé en Normandie; mais aussitôt après elle a dit qu'elle ne le devoit pas faire, parce que ceux qu'elle avoit voulu engager ne s'étoient point engagés en effet et ne l'avoient pas même écoutée et qu'ainsi elle leur feroit tort, sans qu'il fût nécessaire; et elle en est demeurée là.

Le chevalier de Préaux a subi sa peine aussi sans murmurer et avec une assez grande fermeté. Il a dit à la question, parlant des personnes de qualité qu'il avoit ci-devant nommées dans ses interrogatoires, que Latréaumont lui avoit dit qu'ils pourroient entrer dans l'affaire; et c'est un autre sens que le premier, parce qu'il avoit dit à la dame de Villars qu'ils en étoient; et bien qu'en cette dernière façon le fait ne semble d'aucune considération, celui-là même qui l'a établi a dit au greffier avant de mourir qu'il craignoit que ce ne fût la force des tourmens qui le lui eût fait dire et qu'il en avoit un très-grand scrupule.

Van den Enden a paru un peu plus faible que les autres; mais son âge et la rigueur des mêmes tourmens peuvent bien aussi lui avoir causé cet abattement. Il n'a presque dit à la question que ce que j'ai marqué dans ma lettre d'aujourd'hui, écrite à 2 heures; et c'est encore à peu près dans le même sens qu'il s'étoit expliqué par ses interrogatoires. Il a dit aussi qu'il savoit de Latréaumont qu'il y avoit des gentilshommes en Guienne qui devoient monter à cheval, et que le même disoit que le roi avoit fait précisément ce que lui, Latréaumont, vouloit faire, en faisant monter à cheval la noblesse de Normandie, parce qu'il y en avoit beaucoup.

L'exécution entière de tous a été faite sans tumulte, quoiqu'il y eût grand concours de monde. Les soins des officiers des mousquetaires et des gardes du corps du roi ont produit en tout un si bon ordre qu'on a remarqué dans ce grand spectacle même silence qu'on auroit dû attendre dans un lieu particulier. Enfin, on peut dire, après ce qu'on a vu en ce jour, que puisque Dieu avoit permis que ceux qu'on y a vu périr fussent entrés dans des desseins aussi pernicieux que ceux qu'ils avoient faits, c'est sans doute que la justice du roi a fait un exemple terrible sur des personnes qui pouvoient être, chacune en sa manière, capables de penser et d'agir dans le mal avec force et avec résolution.

M. le chancelier et tous les commissaires arrêtèrent hier, avant de se séparer, qu'ils se trouveroient demain à l'Arsenal à l'heure ordinaire, afin de juger le reste des accusés et des prisonniers de la Bastille. Nous sommes tous persuadés que c'est l'intention du roi, et je crois être obligé de vous demander les ordres qu'il plaira à Sa Majesté de donner à l'égard de ce tribunal qui ne pourroit être occupé avec bienséance des restes d'une malheureuse affaire et qui consistent seulement en deux décrets, l'un contre le chevalier de Préaux, et l'autre contre le comte de Flers, contre lesquels même il n'est venu aucune charge nouvelle.

(Bibl. imp. Mss. F. F. 7,620, fol. 121.)

N° 17. — LA REYNIE A COLBERT.

Paris, 2 août 1675.

Le procès des prisonniers qui avoient été arrêtés à la Bastille par ordre du roi, à cause des derniers libelles qui ont paru, a été jugé ce matin au nouveau Châtelet, après avoir demeuré sur le bureau depuis lundi dernier. Vous verrez par le mémoire que je me donne l'honneur de vous envoyer, ce qui a été jugé et à quoi chacun des accusés a été condamné. J'aurois cru, si les deux misérables qui doivent faire amende honorable avoient été condamnés aux galères, que le roi, en leur faisant grâce et en leur accordant des lettres de commutation ou de rappel, s'il lui eût plu ainsi et sur les instances et à la supplication de M. l'archevêque, que cette grâce auroit pu faire en toutes manières un assez bon effet; mais le jugement, tel qu'il est, eu égard à la qualité du crime et à la nécessité de faire quelque exemple, ne peut être, ce semble, adouci en rien, du moins quant à présent.

M. le premier président de Rouen m'a écrit qu'il attendoit pour le jugement des prisonniers [1] qui sont à Rouen, de savoir ce qui seroit fait ici et que je lui en donne avis, si vous l'avez agréable...

M. Desmarets [2] m'a écrit par votre ordre, que vous êtes informé de ce qu'on a dit d'un misérable rubanier du faubourg Saint-Marcel qui a tué ou blessé quatre de ses enfans, et de quelques attroupemens de vendeurs d'eau-de-vie. Sur quoi je dois avoir l'honneur de vous dire que plusieurs personnes mal affectionnées ont essayé d'insinuer qu'une signification qu'on prétendoit avoir été faite d'une taxe, à ce pauvre artisan, l'auroit mis au désespoir et l'auroit porté à cette extrémité de vouloir tuer sa femme et d'égorger ses enfans, et qu'il y avoit un grand concours de personnes dans le lieu où cet accident est arrivé.

Cependant, suivant ce que vous avez estimé à propos, il n'a été signifié aucune taxe à aucun artisan de Paris. J'ai même pris soin, suivant vos ordres, de faire entendre, et il y a longtemps, à cette communauté de rubaniers, qui est très-nombreuse et très-pauvre, qu'elle n'avoit qu'à continuer de vivre comme elle avoit accoutumé; et ainsi il est bien certain qu'il n'y a rien eu de ce côté et que ce malheur est seulement la suite et le pur effet de la démence où paroît être manifestement ce pauvre homme depuis qu'il a été arrêté. Le concours de monde en sa maison n'est pas plus véritable, et il n'y a eu en cela que ce qui arrive en ces occasions où l'on voit quelque chose d'extraordinaire. Le commissaire du quartier a vu tous les jours ce qui s'y est passé, et m'en a informé; et vous jugez bien que s'il se fût passé à cet égard quelque chose de plus, je n'aurois pas manqué de vous en rendre compte.

---

[1] Impliqués dans l'affaire du chevalier de Rohan.

[2] C'était un neveu et commis de Colbert. Disgracié à sa mort, il devint en 1709 contrôleur général des finances.

Le peuple qui a accoutumé de relever cette sorte d'accidens extraordinaires en a fait une histoire en vers du Pont-Neuf, et en chanson; j'ai fait enlever tout ce qu'on en a trouvé, encore que ces imprimés ne parloient d'autre chose que de ce qu'il y a de tragique dans la cruauté d'un père qui tue ses enfans [1]...

Je dois encore avoir l'honneur de vous informer de l'emportement épouvantable où l'on vit il y a deux jours dans un jeu de paume de cette ville, un nommé Chevalier, qu'on dit être d'Orléans et engagé dans l'une des sous-fermes des fermes générales. Cet homme, après un coup qui le mit hors de lui, proféra publiquement et hautement des blasphèmes si exécrables et si nouveaux que tout le monde en fut épouvanté; et comme il sut que le commissaire du quartier, qui est sage et homme de probité, l'avoit entendu aussi bien que plusieurs autres personnes et que j'en étois averti, il envoya sur-le-champ plusieurs de ses amis pour l'excuser, à qui je dis que je vous en rendrois compte. En effet, je dois encore une fois avoir l'honneur de vous dire que l'emportement de ce misérable fut si terrible et les blasphèmes si exécrables qu'ils feroient horreur aux démons mêmes. Et comme je sais qu'entre tous les crimes il n'en est pas qui puisse être plus insupportable au roi et plus digne de la justice, je croirois que ce détestable blasphémateur devroit être puni et qu'il le pourroit être sans le remettre entre les mains des officiers de justice, soit à cause de la difficulté qu'il pourroit y avoir à trouver des témoins et reconnoître ceux qui devroient être entendus, soit parce qu'il n'est peut-être pas toujours expédient que les grands crimes, même en les punissant, viennent à la connoissance du public. Peut-être aussi, une longue prison, par ordre de Sa Majesté, pourra obliger ce coupable de reconnoître sa faute et lui donner lieu de s'en repentir.

(Bibl. imp. Mss. 500 Colbert. *Lettres adressées à Colbert;* à sa date.)

[1] Voir, sur cette même affaire, une lettre de madame de Sévigné du 31 juillet 1675, mentionnée à la page 317.

N° 18. — LA REYNIE A COLBERT.

Ce 10 janvier 1677.

Bien que le dégel ait été extrêmement doux, la rivière ayant grossi, elle a fait beaucoup de désordre, cette nuit, à Paris, par les glaces qu'elle a entraînées. Presque tous les bateaux qui se sont trouvés dans les ports ont été fracassés. Le Pont-Rouge a été emporté ce matin, à six heures, par la seule glace qui étoit entre ce pont-là et le Pont-Neuf. Et il y a encore présentement un très-grand sujet de craindre pour tous les autres ponts de Paris et surtout pour les ponts de la Tournelle et Petit-Pont, pour le Pont-Marie et pour le Pont-au-Change, parce qu'il s'y est arrêté des montagnes de glace que ces ponts auront peine à soutenir longtemps; et ils seront infailliblement emportés, s'il survient un surcroît d'eau capable de pousser avec quelque impétuosité les glaces qui sont entassées à la tête et au milieu de la rivière d'une manière tellement extraordinaire que le peuple y accourt de tous côtés pour voir ces amas de glace, dont l'épaisseur et la quantité a quelque chose de prodigieux. C'est sur les deux heures après minuit que le plus grand désordre est arrivé, et le bruit a été si grand que tous ceux qui logent sur les ponts et sur les bords de la rivière ont été sur pied et en crainte tout le reste de la nuit. On a appréhendé que la Tournelle, où sont les galériens, ne fût emportée. Et il est vrai que la glace qui s'y est élevée jusqu'au premier étage, par l'effort de celle qui est au-dessus, pouvoit donner quelque sorte d'appréhension.

La rivière des Gobelins a été aussi extrêmement débordée; mais comme la rivière de Seine ne l'a pas été à proportion, ce torrent qui a eu son cours et sa décharge, par ce moyen, n'a fait d'autre désordre dans le faubourg où il passe que celui d'abattre quelques murs à l'hôpital de la Miséricorde.

Les officiers font ce qu'ils peuvent pour le secours de tous ceux qui en ont besoin.

(Bibl. imp. Mss. *Mélanges Colbert*; 174, fol. 100.)

N° 19. — LA REYNIE A COLBERT.

Ce samedi au soir, 10 de janvier 1677.

La rivière étant crue de plusieurs pieds, environ sur les trois heures de cette après-dînée les glaces, qui étoient entassées dans le canal au-dessus de Paris, ont été jetées en partie dans la plaine, et le reste, avec ce qui en étoit retenu par les ponts, a été emporté et brisé d'une furie qui a épouvanté tous ceux qui l'ont vu. Quelques arches des ponts de la Tournelle, de celui de l'Hôtel-Dieu et du Petit-Pont ont été d'abord bouchées depuis le fond de l'eau jusqu'au haut du cintre, et elles sont encore au même état à huit heures du soir; mais le péril ne semble pas avec cela être tel à présent qu'il paroissoit être tout ce matin, parce que les ponts ont souffert les plus rudes chocs qu'ils puissent avoir, et parce que la rivière coule toujours cependant sous les arches qui sont libres, quoique ce soit avec plus de rapidité.

Les habitans des maisons qui sont sur le Pont-Marie avoient commencé, dès cette nuit, à se retirer, et ils ont quitté entièrement. Ceux du Petit-Pont les ont imités ce matin; et tout ce qui restoit sur les autres ponts habités a été si effrayé du bruit et du fracas de cette après-dînée, qu'il n'y est resté personne. J'en ai donné avis à M. le chevalier du Guet et à M. Blondot, afin qu'ils prennent des précautions pour cette nuit, dans ces quartiers-là, et afin qu'elles se puissent étendre, s'il y a moyen, jusqu'à la pointe du jour.

Quelques moulins et le reste des bateaux ont été emportés. On prétend qu'il y a eu jusqu'à vingt-cinq ou trente personnes qui se sont laissé surprendre et qui ont péri; mais le nombre n'en est pas bien assuré.

(Bibl. imp. Mss. *Mélanges Colbert*; 174, fol. 162.)

N° 20. — LA REYNIE A COLBERT.

Paris, ce 19 avril 1677.

A peine apprend-on la nouvelle de la prise de Cambrai que cette ville se trouve partout remplie d'une joie qu'il est [aussi] diffielle de vous faire connoître, au point où elle est, qu'il eût été malaisé, il y a quelques jours, de vous représenter l'étonnement et la surprise où la grandeur des desseins du roi tenoit ici tout le monde. Mais cette joie extraordinaire ne vient pas seulement de ce qu'on croit être à couvert des incursions des ennemis, aux environs de Paris et dans les provinces voisines; elle n'est pas non plus de ce que les frontières sont et plus éloignées et plus sûres qu'elles n'étoient : on se réjouit à Paris principalement de ce qu'on doit au roi tous ces grands avantages, et il n'y a personne qui ne se fasse un plaisir extrême de penser à ce que toute l'Europe va dire d'un prince capable de former, de conduire et d'exécuter lui-même de telles entreprises, et qui, en réunissant à la France les places importantes qu'il vient de forcer, fait plus pour la grandeur de son État dans le commencement d'une seule campagne, qu'on n'a pu faire pendant toutes les guerres des règnes précédens. C'est enfin la gloire du roi qui fait tout le sujet de la joie publique; et c'est l'amour, l'estime et le respect qu'on a pour Sa Majesté que chacun fait paroître en cette occasion qui m'oblige moi-même à vous en rendre compte et qui me persuade qu'on ne sauroit voir ailleurs des sujets et des peuples plus fidèles ni plus affectionnés.

(Bibl. imp. *Mélanges Colbert ;* 174, fol. 286.)

N° 21. — LA REYNIE A COLBERT.

Ce mardi 6° de septembre 1671, après 9 heures du soir.

Il vient d'arriver un très-grand désordre à la Tournelle · les galériens se sont déchaînés et après s'être saisis des armes du corps-de-garde, ils ont fait des efforts qu'on a eu peine à soutenir. Il y en a quelques-uns qui ont été blessés ; mais autant que cela se peut connoître dans l'empressement où l'on est encore pour achever de s'assurer de tous, on n'en voit que trois qui soient blessés. Aucun ne s'est sauvé de cette fois, et quoiqu'ils fussent cinquante en liberté d'agir et qu'ils agissent, en effet, en gens déterminés, ils n'ont pu achever leur entreprise. Il y a eu aussi quelque artisan qui a été blessé, parce que je me suis trouvé obligé, dans le commencement de l'action, d'employer ce que j'ai pu rencontrer, les archers de toutes les compagnies étant tellement séparés aujourd'hui qu'il s'est passé plus de deux heures sans qu'on en ait pu trouver aucun ; mais Auzillon étant heureusement arrivé, il a fait en cette occasion tout ce qu'un homme de cœur et de tête pouvoit faire, pour la finir heureusement. Il m'a d'abord proposé de lui laisser enfoncer la porte, sur la confiance qu'il avoit de forcer ces misérables, pour peu qu'il fût suivi ; et, comme le péril m'a semblé trop grand pour un officier qui mérite bien d'être conservé ; que je ne voyois personne pour le suivre de qui on pût être assuré ; et que, d'ailleurs, si le parti ne réussissoit pas, c'étoit faciliter l'évasion de ceux qui cherchoient à se sauver, et qu'enfin il pouvoit être tué du monde de part et d'autre, j'ai cru plus à propos, après avoir demandé à Auzillon s'il connoissoit quelques-uns de ces misérables galériens, et après qu'il m'a dit qu'il en connoissoit plusieurs, de lui donner ordre d'aller par-dessus un toit joignant le réduit, et essayer de faire entendre à ces misérables qu'on étoit en état de les forcer ; qu'on feroit main basse, s'ils ne quittoient les armes et s'ils ne se soumettoient. Mais étant allé en ce même lieu et ayant joint l'action à la parole, il a eu la résolution, en proposant la capitulation, de se jeter, l'épée à la main, avec un autre qui l'a suivi, au milieu de tous ces furieux, et il les a tellement étonnés qu'ils ont aussitôt mis armes bas, et qu'il les a fait coucher sur le ventre. On lui a donné peu à peu du secours ; et, enfin, on s'est rendu maître premièrement de tous les forçats qui étoient dans la cour, et après cela de quelques autres qui s'étoient barricadés dans une chambre. Mais j'ose dire que cet officier a tout fait, et que lorsque je suis entré dans le lieu où tout cela se passoit, croyant qu'il n'y pouvoit avoir aucun péril, j'ai reconnu que ces malheureux qui étoient tous ensemble dans une cour et dont il n'y en avoit aucun d'attaché, étoient bien plus forts depuis qu'on y étoit entré qu'auparavant, parce que ceux qui les gardoient étoient en bien moindre nombre et si peu précautionnés que les galériens pouvoient facilement se saisir de leurs armes, de manière qu'il n'y avoit que la seule fermeté d'Auzillon qui soutenoit tout en ce lieu. Heureusement le désordre vient de finir entre huit et neuf heures du soir, et à près d'une heure dans la nuit, M. le procureur général, à qui j'en avois fait donner avis, a envoyé M. Alart, son substitut, qui va donner des ordres pour ce qui reste à faire au dedans. Il y a un chirurgien et un médecin pour les blessés. Il y a des brigades et des escouades du guet qui sont au dehors et qui demeureront en ce même poste toute la nuit. Auzillon ne quittera pas le dedans que tout ne soit enchaîné et dans une entière sûreté. Les commissaires Picart et Dominois, qui sont aussi commissaires u quartier, ont fait leur devoir en cette occasion [1].

(Bibl. imp. Mss. *Mélanges Colbert*; 175, fol. 57.)

N° 22. — LAMOIGNON A LA REYNIE [2].

30 janvier 1680.

Je vous envoie tout ce que j'ai pu tirer de la fille de mon cocher; vous verrez par ses réponses qu'elle n'est pas tout à fait ignorante de ce qui se passoit dans la maison. Si vous croyez qu'il y ait d'autres faits sur lesquels je la doive interroger, je ne manquerai pas de le faire; comme ces réponses sont écrites de ma main, vous en ferez l'usage que vous jugerez à propos.

Je travaille sur le mémoire que M. Robert m'a donné de votre part. Tous les domestiques de mon père étoient d'anciens valets à la réserve du maître d'hôtel, du sommelier et du garçon qui semoit au jardin, et qui gardoit aux heures du repas le buffet. Le maître d'hôtel lui avoit été donné six mois auparavant par M. de Bernon; il est demeuré un an après sa mort sans condition, espérant toujours de rester auprès de moi; enfin il est à M. le chevalier de Lorraine, d'où il veut sortir à ce qu'il m'a dit ce matin.

Le sommelier étoit au village d'Auteuil lors de la maladie, le maître d'hôtel n'y étoit pas; il a demeuré un mois sans cou-

---

[1] *Note de la main de Colbert* : « Désordre. Galériens.

« Si l'on avoit fait ce que j'avois dit, l'on eût donné des ordres particuliers de visiter les lieux et voir ce qu'il y avoit à faire pour y donner une entière sûreté. Je crois qu'il faudroit ôter le gardien ordinaire. — 600 livres de gratification au sieur Auzillon. »

[2] Lettre écrite au sujet de l'affaire des poisons. Voir chapitre VII.

dition; depuis je n'ai point eu de ses nouvelles; j'en aurai bientôt, il avoit été chez M. de Ranne.

Le jardinier se nommoit Guillaume; c'étoit un Provençal, nommé l'abbé Rubaut, qui l'avoit donné à mon père, et qui nous disoit l'avoir pris chez Durant, au bout du cours. Vous remarquerez, s'il vous plaît, que cet abbé se mêle de beaucoup de choses, et que mon père l'avoit chassé de chez lui parce qu'il avoit pris de l'argent de quelques parties pour le solliciter. Le même homme avoit aussi des entrées chez M. de Louvois qu'il a perdues, je ne sais pas pourquoi. Pour le jardinier, c'est un garçon fort pâle et froid qui connoissoit fort bien les simples : nous le croyions un homme de bien; par cette raison, je le fis mon portier après la mort de mon père. Il n'y demeura pas quinze jours et me quitta fort vite, sans que depuis ce temps j'aie pu savoir, quelque diligence que j'ai faite, ce qu'il étoit devenu. L'on m'a même assuré qu'il y avoit un grand soupçon que c'étoit lui qui avoit dérobé toutes les fleurs curieuses qui étoient dans le jardin du palais. Comme elles appartenoient à ma mère et que ce soupçon pouvoit tomber sur ses gens, je n'ai pas fait une plus grande perquisition de ce vol. Ce jardinier avoit commerce avec tous les curieux de fleurs et entre autres avec Philbert qui avoit coutume d'envoyer des fleurs à mon père. Il les mettoit le plus souvent dans son cabinet, et comme il aimoit les senteurs il en approchoit très-souvent.

Il est impossible que ceux qui ont travaillé aux poisons n'aient fait entrer des simples dans leur composition et qu'ils n'aient eu pour cela commerce avec des jardiniers. Peut-être que vous ne jugerez pas tout à fait inutile d'interroger sur tout cela quelqu'un des jardiniers, et surtout Philbert lui-même.

J'oubliois à vous remarquer que cet abbé Rubaut avoit été de la dernière assemblée du clergé, et que cet emploi joint à la proximité du pays pouvoit lui avoir fait faire connoissance avec ceux qu'on pouvoit soupçonner; mais si les soupçons augmentoient, il seroit d'une grande conséquence pour l'affaire que celui de MM. les commissaires qui travaille avec vous n'en sût rien; vous en savez bien la raison. Je crois même qu'il ne seroit pas impossible d'obtenir un ordre du roi, afin que vous seul fissiez l'instruction. J'attendrai sur cela à faire ce que vous me prescrirez.

Je ne puis m'empêcher de vous dire encore qu'en relisant le procès de madame de Brinvilliers, j'ai trouvé dans le nombre des mémoires deux domestiques de M. du Blancmesnil qui avoient demeuré chez elle et qu'il est certain que madame du Blancmesnil étoit parente proche de madame de Brinvilliers par son mari, et qu'elles se voyoient assez souvent. Les deux domestiques s'appellent, l'une, Grangimont, gouvernante des enfans, l'autre, Amont, nourrice.

Voilà tout ce que j'ai pu trouver jusqu'à présent; je ne doute pas que si cet horrible crime a été commis, Dieu donnera des lumières pour ne le pas laisser impuni. S'il vient quelque chose à votre connoissance, j'attendrai que vous ayez la bonté de m'en faire avertir, parce qu'il me sera plus facile qu'à vous de débrouiller ce qui s'est passé dans le domestique. Si vous avez même quelque moment à perdre pour conférer sur tout ce qui est contenu dans cette grande lettre et dans le mémoire, je me rendrai chez vous et partout où vous me marquerez, à l'heure que vous voudrez.

(Bibl. imp. S. F. 7,608. — *Procès de la Voisin*, page 312.)

N° 23. — PELLISSON A LA REYNIE.

7 septembre, 1686.

Agréez la liberté que je prends de vous demander ce que vous avez déjà fait payer par les mains de M. le commissaire de La Mare et que vous devez faire payer encore à l'avenir à un apothicaire nouvellement converti nommé d'Esquilat; car étant chargé de mon côté de lui faire payer une pension qu'il a obtenue dès le lendemain de sa conversion sans aucun retardement, il ne me paroît pas juste qu'il tire de deux côtés, à moins que ce ne soit précisément l'intention du maître.

Il y a encore d'autres personnes que je crois être dans le même cas, bien que je n'en sois pas assuré. Vous savez que plusieurs nous trompent; vous en avez eu des exemples et j'ai eu l'honneur de vous en parler autrefois. Je voudrois qu'il vous plût de faire quelque réflexion aux inconvéniens et que ce fût avec un peu d'amitié pour moi, en vous souvenant que je suis, etc.

(Bibl. imp. Mss. *Révocation de l'édit de Nantes*, S. F. 7,915-4, fol. 490.)

N° 24. — PELLISSON A LA REYNIE.

Chambord, 18 septembre 1685.

J'ai reçu il y a quelques jours la lettre que vous m'avez fait l'honneur de m'écrire du 10 de ce mois, mais je n'ai que d'hier au soir un mémoire de M. de Croissy pour M. de Montesson. J'en ai pris l'ordre, et vous pouvez envoyer ce gentilhomme à M. Clément, à l'Abbaye, qui lui donnera quinze écus.

Je n'avois point su que le commissaire de La Mare eût fait avertir M. l'abbé des Prés de ce qui regarde le sieur d'Esquilat, apothicaire.

Il seroit bon que je susse si les 100 écus dépensés pour lui ont été consumés. Il m'a dit n'en avoir reçu que 25 du commissaire de La Mare, et que le reste lui devoit être fourni. Je puis vous affirmer que la pension de 300 livres lui fut accordée le lendemain de sa conversion, et qu'il le sut cinq ou six jours après. Il devoit être payé depuis le jour de l'abjuration, quand M. Clément apprit qu'il avoit touché autre chose, ce qui le retint. Si le commissaire de La Mare lui a voulu ménager son argent et qu'il ne l'ait pas encore mangé, je crois qu'il n'y a pas d'inconvénient, après la petite supercherie qu'il vous a voulu faire, que la pension ne commence pas à courir si tôt. J'attendrai vos avis là-dessus.

Il y a encore quelques autres personnes dont on m'a dit la même chose; entre autres un Bodo, de Valence, qui se dit parent de M. Dache, sa mère et sa sœur, dont l'une est ancienne convertie, le sieur Cotillon et le sieur Pitan, lapidaire, et quantité d'autres du bas peuple, qui prennent de tous côtés, de moi, du père de La Chaise, de votre commissaire, et quelquefois encore par un autre endroit que je ne vous nomme pas. Le roi est bon, pieux, magnanime; il a peine à refuser sur ces sortes de choses, mais c'est pour cela même qu'on doit plus soigneusement prendre garde qu'il n'y soit pas trompé.

Puisque vous en cherchez les moyens vous-même, comme j'en suis bien persuadé, je vous dirai avec la liberté d'un honnête homme fort de votre sentiment, qu'il y en a deux, l'un pour le passé, l'autre pour l'avenir.

Pour le passé, il seroit bon que le commissaire de La Mare me donnât par votre ordre le mémoire de ceux à qui il a fait quelque distribution depuis environ un an, car que peut-il savoir, dans cette foule de gens qui se présentent, si ce ne sont pas les mêmes qu'il a déjà secourus?

Pour l'avenir, il seroit bon que quand il trouve de pareilles personnes en son chemin, vous eussiez la bonté de m'en avertir, car comment saura-t-il autrement si ce ne sont pas les mêmes qui auront pris d'un autre côté leurs mesures avec moi, comme il est arrivé déjà plusieurs fois, et vous en aurez un exemple sur un de ces mémoires de l'année dernière qui passa par les mains de M. de Seignelay. Cela ne m'empêche pas de louer son zèle et sa bonne intention, qui seront encore plus louables quand il y ajoutera ces précautions.

D'ailleurs, à vous parler encore avec plus d'ouverture de cœur, il est aisé de juger que ces sortes de demandes, encore que ce ne soit pas votre dessein, ne se font point par des particuliers sans quelque charitable mention de moi auprès du maître ou de ses ministres, comme ne faisant pas mon devoir ou n'y pouvant suffire, ou n'exécutant pas bien ce qu'il a ordonné. Et il est très-vrai que nous pouvons tous faire des fautes, mais il ne s'ensuit pas que nos amis les doivent relever pour le public, au moins avant que de nous les faire connoître. Et, en mon particulier, je vous assure que s'il me venoit quelques avis contre votre police ou contre le commissaire de La Mare, même dans les fonctions de sa charge, vous seriez le seul qui en entendriez parler.

J'avois prié une personne que nous honorons beaucoup, vous et moi, de vous en parler en ce sens lui-même. Je crois qu'elle n'en aura pas eu le temps. Prenez, s'il vous plaît, toutes ces explications pour autant de marques que je désire de me conserver en l'honneur de vos bonnes grâces.

(Bibl. imp. Mss. *Révocation de l'édit de Nantes*, S. F. 7,915-4, fol. 488.)

N° 25. — LE MARQUIS DE SEIGNELAY A LA REYNIE.

22 octobre 1685.

Le roi ayant permis à la famille de feu madame de Rohan de faire transporter incessamment son corps qui est enterré au cimetière de Charenton, Sa Majesté m'ordonne de vous écrire que vous preniez avec M. de Soubise qui est à Paris, toutes les mesures nécessaires pour faire en sorte que ce transport se fasse sans éclat et sans désordre, auparavant qu'on fasse rien pour la démolition dudit cimetière.

Je vous prie instamment de me faire savoir ponctuellement tout ce qui se sera passé dans la démolition du temple de Charenton, Sa Majesté m'ayant demandé plus de quatre fois aujourd'hui, si je n'avois pas eu des nouvelles de ce qui s'étoit passé lors de l'enregistrement de l'édit, étant fort attentive à ce qui regarde la suite de cette affaire.

(Arch. de l'Empire; *Registre des secrétaires d'État.*)

N° 26. — ACTE D'ABJURATION.

7 novembre 1685.

Je, Daniel Lejeune de Mimbre, crois de bonne foi, et confesse tous et un chacun les articles contenus au symbole de la foi, duquel use la sainte Église romaine, savoir est :

Je crois en Dieu le Père tout-puissant, créateur du ciel et de la terre, et de toutes les choses visibles et invisibles, et en un souverain seigneur Jésus-Christ, fils unique de Dieu, engendré du Père avant tous les siècles, Dieu de Dieu, lumière de lumière, vrai Dieu de vrai Dieu, engendré, non pas créé, consubstantiel au Père, par lequel toutes choses ont été créées, lequel pour tous les hommes et pour notre salut est descendu des cieux et a été incarné du Saint-Esprit, né de la vierge Marie, fait homme, et crucifié pour nous sous Ponce Pilate, a enduré mort et passion, a été enseveli, est ressuscité le troisième jour selon les Écritures, est monté au ciel, est assis à la dextre du Père, et viendra de rechef avec gloire juger les vivans et les morts, du royaume duquel il n'y aura point de fin.

Je crois au Saint-Esprit, souverain seigneur vivifiant tout, qui procède du Père et du Fils, et qui, avec le Père et le Fils, est adoré et glorifié, qui a parlé par les prophètes.

Je crois à une sainte Église catholique et apostolique. Je confesse un seul baptême pour la rémission des péchés, et attends la résurrection des morts et la vie des siècles à venir. Ainsi soit-il.

Je crois et embrasse fortement les traditions des apôtres et de la sainte Église, avec toutes les constitutions et observations d'icelle.

J'admets et reçois la sainte Écriture, selon et au sens que cette mère sainte Église tient et a tenu, à laquelle appartient de juger de la vraie intelligence et interprétation de ladite Écriture ; et jamais ne la prendrai ni exposerai, que selon le commun accord et consentement unanime des Pères.

Je confesse qu'il y a sept sacremens de la loi nouvelle, vraiment et proprement ainsi appelée, institués par Notre-Seigneur Jésus-Christ, et nécessaires, mais non pas tous à un chacun, pour le salut du genre humain lesquels sont : le Baptême, la sainte Eucharistie, la Pénitence, l'Extrême-Onction, l'Ordre, la Confirmation et le Mariage, et que par iceux la grâce de Dieu nous est conférée, et que d'iceux, le Baptême, la Confirmation et l'Ordre ne se peuvent réitérer sans sacrilége.

Je crois et admets aussi les cérémonies approuvées par l'Église catholique et usitées en l'administration solennelle desdits sacremens.

Je crois aussi et embrasse tout ce qui a été défini et déterminé par le saint concile de Trente, touchant le péché originel et la justification.

Je reconnois qu'en la sainte messe on offre à Dieu un vrai, propre, et propitiatoire sacrifice pour les vivans et pour les morts, et que le corps et le sang, avec l'âme, la divinité de Notre-Seigneur Jésus-Christ est vraiment, réellement et substantiellement au très-saint sacrement de l'Eucharistie, et qu'en icelui est fait une conversion de toute la substance du pain au corps et de toute la substance du vin au sang, laquelle conversion l'Église catholique appelle transsubstantiation.

Je confesse aussi que sous une seule des deux espèces, on

prend et reçoit Jésus-Christ tout et entier en un vrai sacrement.

Je confesse qu'il y a un purgatoire où les âmes détenues peuvent être soulagées des suffrages et bienfaits des fidèles.

J'avoue qu'on doit honorer et invoquer les saints et saintes bienheureux et régnant avec Jésus-Christ, lesquels prient et offrent à Dieu leurs oraisons pour nous, et desquels on doit vénérer les saintes reliques;

Comme aussi que l'on doit avoir et retenir les images de Jésus-Christ et de sa bienheureuse Mère perpétuellement vierge, et des autres saints et saintes, en leur faisant l'honneur et révérence qui leur appartient.

Je confesse que notre rédempteur Jésus-Christ a laissé en son Église la puissance des indulgences, et que l'usage en est très-salutaire au peuple chrétien.

Je reconnois la sainte Église catholique et apostolique, apostolique-romaine, mère et supérieure de toutes les églises.

Je promets et jure une vraie obéissance au Pape et Saint-Père de Rome, successeur de saint Pierre, chef et prince des apôtres, et vicaire de Jésus-Christ.

J'approuve sans aucun doute et fais profession de tout ce qui a été décidé, déterminé, et déclaré par les saints canons et conciles généraux, et spécialement par le saint concile de Trente, et rejette, réprouve et anathématise tout ce qui leur est contraire, et toutes hérésies condamnées, rejetées et anathématisées par l'Église.

Je, Daniel Lejeune de Mimbre, promets, voue et jure sur les saints évangiles, de persister entièrement et inviolablement jusqu'au dernier soupir de ma vie, moyennant la grâce de Dieu, en cette foi catholique, hors de laquelle il n'y a point de salut et nul ne se peut sauver, et dont présentement je fais, sans aucune contrainte, profession; et tant qu'il me sera possible la ferai tenir, garder, observer et professer par tous ceux desquels j'aurai charge en ma maison et en mon état.

Ainsi Dieu soit en mon aide, et ses saints évangiles, sur lesquels je jure et fais serment; et ce entre les mains de messire Pierre-Daniel Huet, prêtre, abbé d'Aunay, et en présence des témoins soussignés :

Fait le 7ᵉ jour du mois de novembre mil six cent quatre-vingt-cinq.

(Signé :) P.-D. Huet d'Aunay[1], Lejeune de Mimbre, Bonnot, Blondeau.

(Bibl. imp. Mss. *Révocation de l'Édit de Nantes*, S. F. 7,915-6, fol. 277.)

N° 27. — DE BESMAUX, GOUVERNEUR DE LA BASTILLE, A LA REYNIE.

Paris, 4 mars 1686.

M. de Monginot me prie de lui permettre de voir M. l'abbé Pageot et de m'adresser à M. de Longueil, conseiller, son ami, pour le trouver. Il chancelle toujours et ne laisse de conférer avec M. de Lamon. Je crois que si vous l'approuvez il s'expliquera avec lui. Il me demande aussi s'il ne pourroit pas parler avec M. de Cagny, en ma présence. J'ai reçu un ordre pour laisser voir à M. Masclari, sa femme. M. de Lamon le presse fort; il est fort opiniâtre et je crains que cette visite ne le gâte, car je trouve que les négociations ne sont pas trop bonnes.

Madame Malet dit qu'elle vous a tout avoué, qu'elle vous prie d'excuser sa conduite, d'avoir soin de son mari, et elle prend grand plaisir à raisonner avec M. de Lamon, aussi bien que M. du Breuil[2] et madame de Villeharnou, et madame de Bourneau, pour qui j'ai un ordre de lui laisser voir M. Pavillon, M. du Lignon et l'abbé de Lavau. M. de Lamon presse aussi fort M. de Bessé et sa femme, et en espère beaucoup. Je m'y applique de mon mieux et vous avertirai de la suite.

Je n'ai pas dit encore rien de ces ordres.

(Bibl. imp. Mss. *Révocation de l'Édit de Nantes*, S. F. 7,915-4, fol. 451.)

---

[1] Plus tard évêque de Soissons, puis d'Avranches.
[2] Mathieu Ganynot, écuyer, sieur du Breuil. Son acte d'abjuration, du 9 mai 1686, se trouve dans le S. F. 7,915-6, fol. 442.

N° 28. — ROBERT, PROCUREUR DU ROI, A DESGRANGES.

Paris, 11 juillet 1695.

Aujourd'hui, sur le midi, le Suisse et les autres gens de livrée de M. le cardinal de Furstemberg ont fait une grande rébellion à des officiers chargés d'un décret en vertu duquel ils avoient arrêté un homme et ils ont empêché qu'il n'ait été mené prisonnier. Cet homme que l'on avoit arrêté s'appelle le sieur du Gast, ci-devant colonel d'un régiment d'infanterie, contre lequel il y a un décret de prise de corps, donné par M. de La Reynie, sur mes conclusions, pour avoir ledit sieur du Gast contribué à l'enlèvement et à l'enrôlement par force de deux enfans de famille appelés Miré, enlevés en plein jour par le chevalier de La Mouche et autres, vendus à Bussy et à Flaquerels, et par eux à des capitaines qui les avoient menés à Dunkerque, d'où ils ont été ramenés et mis en liberté, par ordre du roi.

Le chevalier de La Mouche, Flaquerels et Bussy chargent le sieur du Gast d'avoir fait faire cet enlèvement, et confessent qu'il leur a payé ou fait payer vingt louis d'or pour leur récompense. On a prétendu que c'étoit un parent de ces jeunes gens qui faisoit faire cette violence ; et c'est pour approfondir ce fait que M. de La Reynie souhaitoit fort que le sieur du Gast fût arrêté. Les sieurs Rolland et Peletier, officiers de la compagnie de M. le prévôt de l'Ile, qui s'étoient chargés du décret, l'ayant fait observer et ayant appris que le sieur du Gast étoit logé chez un nommé Dubois, maître en fait d'armes, dont la maison est voisine du palais abbatial de Saint-Germain-des-Prés, y sont allés, l'ont surpris, l'ont fait habiller, et comme ils étoient prêts de l'emmener, ils ont trouvé que la femme du maître en fait d'armes étoit allée chez M. le cardinal de Furstemberg, qu'elle avoit emmené le Suisse et grand nombre de gens de livrée, armés d'épées, hallebardes, qui s'étoient rendus maîtres de la porte de Dubois, maître d'armes, y avoient enfermé le sieur Rolland avec ses archers et son prisonnier, et les avoient empêchés d'en sortir. En un moment il s'est attroupé en cet endroit beaucoup de gens d'épée et de bretteurs dont ce quartier est fort rempli, et il étoit impossible d'emmener le prisonnier, sans rendre un petit combat et faire tuer beaucoup de monde. Le sieur Rolland m'a fait donner avis de ce désordre. Je suis parti aussitôt (pour) tâcher de l'aller apaiser; mais j'ai trouvé en chemin le commissaire du quartier, le sieur Peletier, et peu de temps après le sieur Rolland qui m'ont dit que le sieur Bregé, intendant de M. le cardinal de Furstemberg, étant venu dans cette maison, ils l'avoient prié de faire retirer toute la livrée de la maison, afin qu'ils pussent emmener leur prisonnier; et qu'ayant refusé de le faire, ils l'avoient chargé du prisonnier et s'étoient retirés. Une heure après, le sieur Bregé a pris la peine de me dire qu'encore que la maison de ce maître d'armes, aussi bien que celle d'un menuisier, d'un charron et de quelques autres fussent sous l'autorité et cense de l'abbaye, néanmoins elles étoient dans une place nouvellement enfermée d'une muraille, et qu'ainsi elles faisoient partie du palais abbatial, et qu'ils prétendoient que les officiers du roi n'y pouvoient entrer, sans un ordre exprès et une lettre de cachet de Sa Majesté, et qu'ainsi on avoit eu raison d'empêcher l'exécution de ce décret.

Je crois pouvoir avoir l'honneur de vous dire deux choses au contraire : la première, que des maisons louées à divers particuliers, qui sont hors la cour et l'avant-cour de l'abbaye, et qui ne sont enfermées que d'une muraille dont la porte est ouverte jour et nuit, ne peuvent être considérées comme faisant partie du palais abbatial ; surtout, cette nouvelle muraille étant faite depuis fort peu de temps ; la seconde, qu'il seroit fort contre le service du roi d'établir pour maxime que les officiers de Sa Majesté eussent besoin d'une lettre de cachet pour exécuter les ordres de justice qui sont expédiés au nom du roi, dans l'abbaye de Saint-Germain et autres maisons de cette qualité. M. le grand-prieur l'a voulu prétendre pour le Temple ; et, en plusieurs occasions, le roi a condamné sa prétention. Je sais bien que la prudence veut que, quand on va dans ces endroits faire des emprisonnemens ou des saisies, on prenne des précautions. Et si l'on m'avoit dit que ce maître en fait d'armes fût logé dans l'enceinte de ce nouveau mur, je n'aurois pas consenti que l'on allât l'y arrêter, sans avoir pris des mesures, ou avoir eu l'honneur de vous en rendre compte. Mais je ne crois pas que ces maisons puissent avoir aucun droit ni privilège; et ces violences qui sont faites aux officiers de justice sont toujours de très-mauvais exemples, et il est important,

tant pour le service du roi que pour son autorité, qu'elles soient réprimées. Le sieur du Gast a servi dans les troupes de M. le cardinal de Furstemberg; il a été cassé, mais le roi lui a conservé une pension dont on dit qu'il jouit encore, demeurant à Paris où il fait plusieurs sortes de métiers. Il est de bonne famille de Lyon, et son frère y est présentement prévôt des marchands. Celui-ci est sous la protection de M. le cardinal de Furstemberg, et ses officiers, qui l'ont fait évader, sauront bien le trouver et le remettre en prison, dès qu'il plaira au roi de l'ordonner, ce qui paroît le plus convenable pour réparer la violence qui a été faite.

(Bibl. imp. Mss. fr. 8,122, fol. 357.)

N° 29. — D'ARGENSON A PONTCHARTRAIN.

Paris, 20 août 1697.

Il vous a plu de me renvoyer un placet qui a été présenté au roi par M. le curé de Saint-Sulpice et par plusieurs personnes de piété de la même paroisse, au sujet de la vie irrégulière et scandaleuse de la nommée Loriot, qui a déjà été renfermée pour son désordre et mise en liberté une ou deux fois, de l'autorité de M. le lieutenant criminel. Cette dernière circonstance m'a obligé de procéder contre elle avec plus de circonspection et d'ajouter de nouvelles informations aux preuves qui résultent des anciennes, afin que la vérité du fait fût entièrement éclaircie.

Cette nommée Loriot est fille d'un ancien maître chirurgien, devenu paralytique depuis quelque temps. Elle a vécu dans la débauche depuis plus de dix ans; elle a eu deux ou trois enfans de ses premiers désordres avec un gentilhomme d'une naissance distinguée: on prétend qu'elle s'abandonna ensuite à un mousquetaire du roi, et enfin elle est actuellement entretenue par un sieur Chartier, commis de la douane, dont elle a déjà eu trois ou quatre enfans, et son père l'a même accouchée dans sa propre maison avant qu'il fût tombé en paralysie. Ce malheureux Chartier a presque abandonné sa femme, sa famille et ses devoirs pour se donner tout entier à cette malheureuse créature qui lui coûte déjà la meilleure partie de son bien, et fait beaucoup craindre pour les deniers de la ferme du roi dont il est chargé.

Au mois de mars 1696, un commissaire au Châtelet fit une première information qui prouva la plupart de ces faits; mais Loriot père, voulant sans doute éviter le tribunal de la police que M. de La Reynie tenoit encore, donna sa plainte en crime de rapt, et, à la faveur de ce crime supposé, il porta l'affaire devant M. le lieutenant criminel. Il est vrai que, par une première sentence, M. le lieutenant criminel ordonna que cette fille seroit conduite au Refuge; mais un second jugement, fondé sur l'opposition du père et de la mère, porte qu'elle sera transférée au monastère de Notre-Dame de Liesse, faubourg Saint-Germain. C'est dans cette maison qu'elle a continué de voir Chartier, qui n'a pas eu beaucoup de peine à l'en faire sortir pour la ramener chez son père, toujours complice de son scandale et protecteur de son désordre.

Il semble donc qu'il n'est pas moins digne de la charité du roi que de sa justice qu'il lui plaise de donner un ordre pour faire enfermer à l'Hôpital général cette malheureuse, qui se fait honneur de son crime et ne garde aucune mesure. Cet ordre est même le moyen le plus convenable pour satisfaire le public, et principalement les personnes de piété de la paroisse de Saint-Sulpice, justement scandalisées d'une prostitution aussi déclarée et d'une aussi longue impunité. Chartier met tout en usage pour assurer la continuation de sa débauche, et je ne puis douter qu'il ne m'ait fait donner un billet sous le nom de cette honnête demoiselle qui demande qu'on la mette dans un couvent et hors la portée de ses ennemis, ou qu'on la rende à son père et à sa mère qui sont prêts à la recevoir, comme si elle n'étoit pas entre leurs mains et qu'eux-mêmes ne favorisassent pas sa prostitution.

Je n'ai pas témoigné aux personnes qui m'ont donné ce billet que j'eusse ordre de vous rendre compte de cette affaire, et tous ces détours me persuadent de plus en plus que cette créature, qui se fait à présent appeler mademoiselle de Remilly, ne sauroit être trop tôt enfermée.

(Bibl. imp., Mss. fr. 8,122, fol. 395.)

N° 30. — ROBERT A *** [1].

Paris, 21 octobre 1697.

La nuit dernière il est arrivé deux détestables affaires au guet, dans la première desquelles le fils unique d'un conseiller du Châtelet, appelé le sieur Herbinot, a été tué sur la place d'un coup de mousqueton, et le fils de M. de Savonières, conseiller au parlement, emprisonné et mis au Châtelet. Et dans la seconde, un garde du corps de la compagnie de M. le maréchal de Villeroy, appelé Jacques Beauregard, a pareillement été emprisonné. L'on informe de ces deux faits; mais comme je n'ai point encore vu l'information, je ne puis avoir l'honneur de vous rendre un compte certain des circonstances de ces actions; j'ai seulement appris par le rapport du guet, qui a été fait ce matin au Châtelet, que, vers les sept heures du soir, un laquais du sieur comte de Garré s'étant venu plaindre à un sergent du guet, nommé Pierre Le Guay, qu'il venoit d'être maltraité par cinq ou six voleurs qui avoient l'épée à la main, clos Saint-Hilaire, il s'y seroit transporté; qu'ils avoient refusé de remettre leurs épées dans leurs fourreaux, quoiqu'ils eussent employé des paroles et des honnêtetés pour les y obliger, et que deux d'entre eux, les ayant laissé passer, étoient venus les attaquer par derrière, et qu'ayant fort pressé un archer, l'épée à la main, il avoit tiré un coup de mousqueton dont le fils du sieur Herbinot avoit été tué; qu'ils avoient cassé l'épée du fils de M. de Savonières et l'avoient mis prisonnier; que, sur les onze heures du soir, étant passés au bout du pont Saint-Michel, avec une autre escouade qui s'étoit jointe à eux, quatorze ou quinze personnes qui sortoient de la rue de la Huchette étoient venues les attaquer, et que, s'étant mis en défense, ils avoient cassé les épées de quelques-uns et avoient arrêté le garde-du-corps appelé Beauregard. Ils dirent, par leur rapport, qu'il y avoit, avec le fils de M. de Savonières et celui du sieur Herbinot, un mousquetaire de la seconde compagnie, appelé Dalibert; mais comme il n'a pas été arrêté prisonnier, ce fait n'est pas fort certain.

[1] Le sieur Robert était procureur du roi à Paris. Sa lettre est vraisemblablement adressée à d'Argenson.

M. le lieutenant criminel a fait mettre en liberté le fils de M. de Savonières et rendre à M. Herbinot le corps de son fils. Il y a de la débauche et du libertinage dans la personne de ces jeunes gens, et ils se sont attiré leur malheur.

Je sais que tous ceux qui résistent au guet méritent tous les mauvais traitemens qui leur arrivent; qu'ils sont bien blessés et bien tués, et que l'on ne peut maintenir la sûreté publique, sans soutenir avec fermeté cette maxime que le guet a toujours raison.

Mais je ne puis pas m'empêcher de dire qu'il y a de l'imprudence au guet de s'aller mêler de la querelle d'un laquais et d'aller attaquer des jeunes gens ivres, et qui, peut-être, ne songeoient qu'à se réjouir; d'autant plus même que, suivant leur rapport, ils avoient avec eux une fille de mauvaise vie. Ils ont besoin d'exactitude et de fermeté pour arrêter les voleurs et pour les découvrir; mais ils ont besoin de prudence et de modération pour ne se point commettre avec les ivrognes, et pour ne point répondre aux injures qui leur sont dites. Il est d'habitude du service du roi de les autoriser dans les fonctions de leurs charges; mais il est bon qu'ils sachent qu'ils seront abandonnés s'ils en abusent. C'est ce que je crois de mon devoir de leur recommander tous les jours, mais qui fera beaucoup plus d'impression quand il leur sera dit de votre part.

Le retour des troupes et la réforme de plusieurs soldats nous obligent d'avoir une grande vigilance pour prévenir les vols et les autres désordres. Cependant, jusqu'à présent, ce sont les jeunes fainéans et libertins de Paris qui les ont causés plutôt que les gens de guerre.

M. le lieutenant criminel de robe courte a déjà fait mettre en prison deux de ses archers, et M. le lieutenant criminel les interrogera aussitôt que sa santé le lui permettra.

(Bibl. imp., Mss. fr. 8,122, fol. 393.)

N° 31. — D'ARGENSON A PONTCHARTRAIN.

(Sans date.)

L'information faite contre Louise Couppé justifie qu'elle est fille d'un nommé Couppé, berger à Louhans, qu'elle se fait depuis quelque temps nommer Louise de La Malmaison, l'un des plus fameux négocians de la comté de Bourgogne, et de Marie-Jeanne Prévost de Nassau, sa femme. Sa vie est mêlée de plusieurs aventures qui la font connoître pour une personne fort hardie et fort déréglée. Ainsi il paroît juste d'en délivrer le public.

Elle reconnoît par son interrogatoire qu'elle a été baptisée et mariée en premières noces dans le village de Louhans, comme fille de ce berger nommé Couppé, dont elle a presque toujours porté le nom; mais elle prétend, sans aucune preuve, que quinze jours après sa naissance, le sieur de La Malmaison, son véritable père, la fit apporter de Franche-Comté au village de Louhans, où il la laissa entre les mains de ce berger, dont elle a toujours passé pour être la fille. Sur cette idée, qui n'est soutenue par aucun indice ni par aucune vraisemblance, elle a quitté le nom de Couppé pour prendre celui de La Malmaison, sous lequel elle s'est mariée en secondes noces avec le sieur Lancelot, ci-devant domestique de M. le marquis de Liancourt. On ajoute que ne trouvant pas encore le nom de La Malmaison assez illustre à son gré, elle s'est avisée de prendre celui de Nassau, et on l'accuse d'avoir fait sous ce nom une abjuration feinte dans l'église de Sèvres, en vue d'obtenir du roi une pension plus considérable sur le fonds des nouveaux convertis. Il y a preuve de ce fait, et que cette même femme a toujours néanmoins professé la religion catholique, qu'elle a été baptisée et mariée à l'église, et qu'elle n'a jamais fait profession du calvinisme pendant tous les différens états de sa vie.

Ainsi, on ne peut douter que cette fausse abjuration ne soit un abus et une profanation d'un acte solennel de religion, ce qui mérite une répréhension publique proportionnée au scandale.

Toute sa défense consiste à dire qu'elle a été au service de M. du Quesne pendant cinq ou six ans, et que n'ayant pas été fort exacte pendant cet intervalle à remplir les devoirs de la religion catholique, elle a cru devoir abjurer la protestante; qu'au reste, si elle a pris le nom de Nassau, c'est parce que sa mère, femme du sieur de La Malmaison, se nommait ainsi.

Il est certain que cette feinte est assez singulière et que les lois n'ont établi aucune peine contre de semblables suppositions.

Deux autres considérations peuvent encore empêcher d'instruire le procès à cette femme pour la feinte abjuration dont elle convient.

La première, que, depuis la révocation de l'édit de Nantes, on a toujours évité de réprimer par des punitions exemplaires les contraventions commises par les protestans. Ainsi, lorsqu'on a arrêté des ministres et des prédicans de la religion prétendue réformée, Sa Majesté a cru qu'il étoit plus convenable de les renfermer dans des châteaux que de les livrer aux procédures ordinaires, et les impénitens et les relaps n'ont presque jamais été livrés à la juste sévérité des ordonnances.

La seconde, que, pour mettre le lieutenant général de police en état d'instruire en règle tous les chefs d'accusation dont cette même femme peut être atteinte, il lui faudra assurément une commission qui lui en attribue la connoissance, parce que, outre la supposition de nom et la fausse abjuration dont elle est convaincue par son propre aveu, elle est accusée d'un grand nombre de faussetés considérables dont il ne sera peut-être pas difficile d'assurer la preuve. On parle principalement d'une certaine lettre d'échange falsifiée ou surprise, à l'occasion de laquelle M. le lieutenant criminel ayant décerné un décret de prise de corps, cette même femme a été prisonnière pendant trois ans et n'a été mise en liberté que par provision. Il semble donc qu'il seroit également juste et nécessaire que toutes ces accusations fussent renvoyées devant un seul juge, ou qu'il plût au roi d'en attribuer la connoissance au lieutenant général de police et à M. le lieutenant criminel conjointement, comme il s'est pratiqué plusieurs fois.

Mais ne seroit-il pas encore plus à propos que, pour purger une bonne fois le public d'une créature aussi légère et aussi corrompue, Sa Majesté voulût bien la faire enfermer à l'Hôpital général [1], où elle trouveroit une retraite assurée et une longue pénitence de tous ses désordres?

Il est vrai qu'elle est mariée et qu'elle est grosse; mais on pourroit surseoir pour quelque temps l'exécution de cet ordre, et son mari qu'elle a trompé sous de faux noms et sous des espérances frivoles se trouveroit heureux d'être chargé de l'enfant, pourvu qu'il se vît défait pour toute la vie d'une femme aussi odieuse.

[1] En marge, Pontchartrain a écrit au crayon : *Bon*.

Il sera donc question de se déterminer entre ces deux partis, et le lieutenant général de police a cru qu'il étoit bon de suspendre toute procédure jusqu'à ce que le roi l'ait honoré de ses ordres sur ce sujet.

(Bibl. imp., Mss. fr. 8,122, fol. 401.)

N° 32. — D'ARGENSON A PONTCHARTRAIN.

Paris, 21 janvier 1699.

Le nommé Marion, dit du Peyrat, laquais sans condition, nouvellement arrivé de Rome, a crocheté aujourd'hui le coffre d'une chapelle de l'église de Saint-Sauveur, d'où il a enlevé quelques ornemens en broderie aux armes de M. de Coislin, sans être aperçu de personne; mais le commissaire du quartier Saint-Honoré où ce fripon faisoit sa demeure ayant été informé qu'il n'alloit que la nuit, que même il avoit emprunté une cassette depuis un jour ou deux et qu'il y avoit serré diverses choses qu'il cachoit avec beaucoup de soin, toutes ces circonstances l'ont fait arrêter par précaution, et l'ouverture de la cassette a tout découvert. Ainsi, ces ornemens ont été trouvés avant que l'on sût que le vol en eût été commis, et le voleur n'a pu s'empêcher de convenir de tous ces faits.

Je viens d'apprendre qu'il vendit hier de l'or et de l'argent brûlé à la veuve d'un orfévre qui est en assez mauvaise réputation sur ce sujet; et si elle n'est pas impliquée dans l'affaire criminelle dont j'ai l'honneur de vous rendre compte, elle n'échappera pas à notre police pour avoir contrevenu aux ordres généraux, en n'observant pas les justes précautions qu'ils prescrivent dans les ventes de cette espèce.

Si le père et la mère de la demoiselle de Tessevin [1] qui sont ici ne contribuoient pas à la débauche de leur fille et n'en tiroient pas toute leur subsistance, je n'aurois pas manqué de vous proposer l'expédient de la renvoyer en son pays; mais à moins de les chasser tous trois [2] et sans espérance de retour,

---

[1] Le sieur de Tessevin tenait maison de jeu; d'Argenson l'avait déjà condamné à 440 livres d'amende.

[2] En marge : *Les renvoyer tous trois.*

cette maison où l'on tire l'épée presque toutes les nuits donnera lieu à des accidens qu'il seroit encore temps de prévenir. Je leur ai parlé cinq ou six fois pour leur inspirer, sinon un esprit de règle, du moins un extérieur plus circonspect, mais je n'ai pu rien obtenir, et le déréglement augmente tous les jours. Ils n'ont d'autre prétexte pour demeurer en cette ville qu'un malheureux règlement de juges introduit au conseil depuis trois ou quatre ans, peut-être par affectation ou sans fondement, et que personne ne produit. Ainsi j'ose vous supplier de vouloir bien obtenir de la bonté du roi que nous soyons au plus tôt débarrassés de cette famille d'iniquité qui devroit être ailleurs depuis longtemps...

(Bibl. imp., Mss. fr. 8,122, fol. 473.)

N° 33. — D'ARGENSON A PONTCHARTRAIN.

Paris, 20 juin 1699.

Le sieur Dumay, trésorier des gardes-suisses, vit dans un commerce scandaleux avec la nommée Grossot, dont la prostitution est connue et déclarée depuis longtemps. Il a porté son déréglement jusqu'à se séparer de sa propre femme pour aller loger auprès de cette indigne créature à qui il a donné tous ses meubles.

Elle n'en est pas à sa première débauche, car après avoir chanté à l'Opéra pendant quelques mois, elle en fut chassée pour ses mauvaises mœurs. Plusieurs curés et différens commissaires l'ont fait successivement sortir de leurs paroisses et de leurs quartiers; mais toutes ces poursuites ne l'ont pu ramener à une conduite plus régulière. La dame Dumay a été obligée de se retirer en la communauté de Saint-Chaumont d'où elle a fait auprès de son mari toutes les instances possibles pour l'obliger à la reprendre. Il y a été enfin condamné par une sentence contradictoire, mais il refuse de l'exécuter. L'on comprend aisément que le seul moyen pour le faire revenir de son obstination, c'est d'éloigner la cause de leur divorce. Au reste, le désordre de la nommée Grossot est si infâme et si public que sa propre tante, femme d'un facteur de blé de cette ville, a honte de la reconnoître pour sa nièce. On prétend aussi qu'elle a un mari nommé La Plante qu'elle n'a épousé que pour la forme et à qui on a procuré une commission du côté de Bordeaux. Ainsi, j'ai cru que, dans ces circonstances, je devois avoir recours à l'autorité du roi et vous supplier de m'envoyer une lettre de cachet pour la faire renfermer au plus tôt dans la maison du Refuge[1] ou de l'Hôpital général. Ce qui me porte à vous proposer la première, c'est qu'on trouvera certainement chez cette femme de quoi payer sa pension pendant plusieurs années sans d'autres secours, et que la maison de force ne convient proprement qu'aux personnes dont la pénitence est entièrement désespérée.

L'on a donné avis que la nommée Dubuisson, originaire de Dieppe, affectoit de se déclarer protestante et d'instruire ou de confirmer dans l'erreur les enfans des nouveaux catholiques mal réunis. On m'a même assuré qu'elle avoit fait quelques démarches pour pervertir d'anciens catholiques et qu'elle distribuoit des livres hérétiques aux uns et aux autres. J'ai commencé par m'assurer de sa personne, ensuite j'ai donné ordre qu'on recherchât chez elle et dans la maison de sa fille tous les mauvais livres qui y pouvoient être; il s'y en est trouvé quelques-uns, et je ne puis douter que cette femme, qui fait gloire de son opiniâtreté, ne soit un très-mauvais sujet. Mais comme tous les faits qui lui sont imputés ne sont guère susceptibles à une instruction judiciaire, il me paroîtroit plus juste et plus convenable de la renfermer pour quelque temps à l'Hôpital général[2], afin qu'elle y pût trouver et la punition de ses fautes et le désir de sa conversion.

L'on conduisit hier au Châtelet la femme d'un procureur de la juridiction des consuls, nommée Bertaud. Cette femme, après s'être mis dans l'esprit qu'elle étoit sainte, communioit tous les jours depuis plus de six mois, sans aucune préparation et même après avoir mangé. Ce procédé pourroit mériter le dernier supplice, suivant la disposition des lois, mais, comme il y a plus de folie que de mauvaise intention, et que d'ailleurs on ne sauroit rendre publique la punition de ces sortes de crimes sans faire injure à la religion et sans donner lieu aux mauvais discours des libertins et des protestans mal convertis, il me

---

[1] En marge, Pontchartrain a écrit au crayon : *Bon*.
[2] En marge : *Bon*.

semble que le parti le plus convenable seroit d'obliger le mari à payer la pension de sa femme dans un couvent tel qu'il plaira au roi de le nommer [1]; car je ne doute pas que les bons exemples d'une communauté régulière, joints à une attention charitable, ne rétablissent en peu de mois et son esprit et sa santé.

J'attendrai les ordres dont il vous plaira de m'honorer sur ce sujet pour m'y conformer exactement.

(Bibl. imp., Ms. Fr. 8.122, fol. 431.)

N° 34. — D'ARGENSON A PONTCHARTRAIN.

Paris, 23 juin 1699.

Je viens d'apprendre que la dame de Trémollière a passé en Suisse, ainsi qu'on l'avoit conjecturé, mais que ses quatre enfans, accompagnés d'une gouvernante, ont été heureusement arrêtés au fort de l'Écluse [2]. Je ne doute pas que le commandant n'en ait aussitôt informé M. de Barbezieux [3]; mais s'il avoit négligé de le faire, j'ose prendre la liberté de vous dire qu'il seroit important de lui faire connoître que cette nouvelle est allée jusqu'au roi, et que ces quatre enfans, qu'on avoit déguisés en pauvres pour faciliter leur passage, sont d'une famille qui vous est connue. Ce passage du fort de l'Écluse passe pour être un des plus faciles parmi les protestans qui sont tentés de quitter le royaume. On prétend même que les officiers sous ses ordres ne sont pas d'un accès impraticable; il suffit de se dire mendiant ou de le paroître pour avoir la liberté de passage, et il y a dans Genève deux ou trois personnes qui se mêlent de servir de guide aux François fugitifs et de les venir prendre jusque dans les villes d'où ils partent. Je ne doute pas que M. le résident de France n'ait sur cela une particulière attention, et il ne seroit pas inutile de lui recommander en particulier le nommé Sudre, qui certainement

---

[1] En marge : *A Mgr l'archevêque.*
[2] Sur la frontière suisse, département de l'Ain.
[3] Fils de Louvois, alors secrétaire d'État de la guerre.

a été le conducteur de la dame de Trémollière et la principale cause de son voyage.

J'exécuterai l'ordre touchant le sieur Foixin. Je ne puis néanmoins me dispenser de vous représenter que les protestans mal convertis seroient bien alarmés si cet emprisonnement paroissoit avoir pour motif son opiniâtreté en matière de religion; mais, si le roi l'agrée, il sera bon de l'attribuer à l'évasion de sa fille, dont on le peut présumer complice. Il pourroit même n'être pas inutile que les protestans, appréhendant de se voir impliqués et punis par la suite de leurs proches, se crussent obligés de les en détourner et devinssent ainsi les inspecteurs les uns des autres. Cependant, si ces ménagemens ne conviennent pas aux intentions du roi, je me conformerai scrupuleusement aux ordres que vous voudrez bien me prescrire.

(Bibl. imp., Mss. 8,123; fol. 39.)

N° 85. — D'ARGENSON A PONTCHARTRAIN.

24 février 1700.

Si mes lettres ont été un peu moins fréquentes depuis le dernier retour de Marly, j'ai cru que la conjoncture du carnaval m'imposoit cette loi.

Tous les points qui sont contestés entre M. le prévôt des marchands et moi ont été discutés, avec beaucoup d'étendue, en présence de M. le premier président et de M. l'avocat général d'Aguesseau; mais je dois avoir l'honneur de vous dire, pour répondre à la confiance dont vous m'honorez, que M. le premier président, quoique persuadé en apparence de la justice de ma cause, paroissoit disposé à terminer nos différends par une loi obscure qui nous mettroit l'un et l'autre dans une situation beaucoup plus fâcheuse que celle où nous sommes. Je prends la liberté de vous envoyer un état sommaire des articles qui furent examinés dans nos conférences. M. le premier président voulut que j'en établisse la preuve, quoique le droit commun et l'ancienneté de la magistrature dont je suis pourvu dussent suffire. M. le prévôt des marchands, qui se plaignoit d'abord de mes usurpations, sans en citer aucune, fut obligé de convenir, à la fin, qu'il avoit eu tort de se plaindre, et qu'il n'avoit rien à me demander. Pour moi, je me renfermai à dire que je ne prétendois pas me prévaloir de mon droit et que je le sacrifierois volontiers à la convenance publique. Il seroit à souhaiter, pour le bon ordre, que M. le prévôt des marchands fût dans les mêmes sentimens et que nos juridictions fussent tellement limitées et les objets de notre police si bien distingués que nous ne puissions jamais nous faire d'obstacle.

Les entreprises du bureau de la Ville dérivent de deux principes :

Le premier est l'ancienne concession du droit des messiers [1], qui leur a servi de prétexte pour assujettir les marchands de vin et toutes les liqueurs dont ils font commerce à des redevances annuelles ;

Le deuxième est la nomination de quelques charges de police et la connoissance des droits qui leur sont attribués. Mais l'abus qu'ils ont fait de ces deux principes demanderoit plus d'étendue que cette lettre ne m'en permet, et je vous supplierai de vouloir bien m'accorder une audience particulière pour y suppléer.

M. le prévôt des marchands ayant reconnu que ses titres ni sa charge ne pouvoient lui donner le droit de faire construire des échafauds dans les rues ni sur les quais, à l'occasion des réjouissances publiques, non plus que celui de faire afficher le placard de la paix, s'est retranché à soutenir qu'il le faisoit en vertu des ordres particuliers que le roi lui adressoit : à quoi je répondis que, lorsqu'il plairoit à Sa Majesté que je fisse sa charge et lui la mienne, nous n'aurions rien à dire. Mais je me proposai dès lors de vous supplier très-humblement d'en parler au roi, afin que si son intention étoit que M. le prévôt des marchands fît mes fonctions, dans ces jours-là, je m'en tinsse à cette décision ; ou, que si Sa Majesté n'avoit pas entendu d'y apporter aucun changement, je vous suppliasse de vouloir bien maintenir les honneurs de la magistrature dont le dépôt m'est confié...

(Bibl. imp., Mss. Fr. 8,122, fol. 490.)

[1] Agents chargés de veiller aux biens de la terre, avant la récolte.

N° 30. — D'ARGENSON A PONTCHARTRAIN.

Paris, 30 avril 1702.

La femme du nommé Auroy, libraire, m'a dit qu'elle avoit pris la liberté de vous faire ses plaintes contre un auteur insolent qui se fait nommer le chevalier de Mailly, et ses plaintes sont très-bien fondées. Elle l'avoit chargé de composer un petit ouvrage en forme de nouvelle historique, sous le titre : *la Fille capitaine*, et elle lui avoit confié les mémoires de cette personne si connue dans Paris par le cordon bleu qu'elle porte en écharpe et par l'habit extraordinaire dont elle est vêtue. Elle prétend même que madame la duchesse de Bourgogne l'avoit chargée de ce soin; mais le chevalier de Mailly, au lieu de se borner à une narration simple et modeste, y a mêlé plusieurs histoires que la pudeur la moins scrupuleuse ne pourroit souffrir : la mort du chevalier de la Bazinière, surpris avec une femme qu'il aimoit et tué d'une manière qui représente trop la peine du talion, aussi bien que l'enlèvement de la religieuse qui en déterra une autre, mit le feu à sa cellule et courut le monde pendant plusieurs années. Ces aventures sont même décrites dans des termes si indécens qu'on ne peut s'empêcher d'en concevoir une juste horreur, et la nommée Auroy, qui lui avoit donné cinquante écus pour cet ouvrage, n'a pu obtenir qu'il en retranchât ces ordures ni tirer de lui d'autre réponse que des blasphèmes et des injures.

Je me suis entremis pour lui faire entendre raison, mais j'ai compris à ses discours qu'il se pique de n'en pas avoir. J'ai su d'ailleurs que c'est un homme accoutumé à répandre des libelles dans le public et à envoyer en Hollande ceux de ses manuscrits que l'exactitude du sceau a rejetés. On lui attribue *la Vestale amoureuse*, *le Comte de Clare*, *les Entretiens des cafés*, et quantité de pièces fugitives qui s'y débitent. On assure qu'il est fils d'une servante de l'hôtel de Mailly, qui, étant devenue grosse, tint à honneur de déclarer que c'étoit d'un des enfans de la maison, quoique la chose fût fort douteuse. Madame la marquise de Mailly voulut bien se charger de l'enfant, après avoir chassé la mère; mais son mauvais cœur et cet esprit de fainéantise et de poltronnerie qui l'attachent à Paris depuis si longtemps ayant démenti sa naissance, il s'est abandonné au commerce des livres et des nouvelles. Cette route l'a conduit à une extrême indigence (comme il est assez ordinaire) et l'a engagé dans quelques affaires fâcheuses où il a fait voir son peu de courage. Il y a quelque temps qu'il donna un soufflet à la fille d'un libraire dans la grande salle du palais, à l'occasion d'un manuscrit de sa façon que cette personne ne vouloit pas payer à son gré ; et, dans une autre occasion, il donna un coup d'épée par derrière à un homme de province qui, le jour précédent, n'avoit pas approuvé de mauvais vers qu'il récitoit dans un café. Cinq ou six actions de cette force n'ont pas laissé de le rendre formidable dans le pays de la librairie, et je croirois qu'un citoyen de ce caractère mériteroit bien d'être relégué à quarante ou cinquante lieues de Paris [1] ou renfermé dans le for-l'Évêque jusqu'à ce qu'il ait restitué à la femme d'Auroy les cinquante écus qu'elle ne devoit pas lui avancer.

Les suisses et les gens de livrée de M. le bailli d'Hautefeuille, ambassadeur de Malte, chargèrent hier avec beaucoup d'insolence les archers des pauvres et leur enlevèrent un mendiant qui demande l'aumône dans la rue du Bac, sous leur protection. Ils sont sujets à ces procédés violens, et je me trouve obligé de vous en instruire, afin qu'il vous plaise de prendre les ordres du roi pour y mettre ordre.

On m'a demandé la permission d'imprimer de méchans vers allégoriques, qui ont été composés sur la mort du prince d'Orange ; mais, avant de les rendre publics, j'ai cru qu'il étoit de mon devoir de vous les envoyer et d'attendre votre décision [2]...

(Bibl. imp., Mss. F. F. 8,123, fol. 230.)

N° 37. — D'ARGENSON A PONTCHARTRAIN.

Paris, 14 octobre 1702.

Le chevalier Terrat n'est point parent du chancelier de Monseigneur le duc d'Orléans : il a pris ce nom depuis quelques mois, au même titre que les chevaliers de Toiras et d'Amboise

[1] En marge, au crayon, de l'écriture de Pontchartrain : *Bon.*
[2] En marge, au crayon, de l'écriture de Pontchartrain : *Ne le pas permettre.*

avoient usurpé le leur bien avant qu'on les eût chassés de Paris
par un ordre du roi, dont l'exemple avoit fait une si heureuse
impression sur tous leurs semblables.

Ce n'est qu'après un long examen que je prends la liberté de
vous proposer ce remède, et depuis que vous m'avez chargé de
veiller plus particulièrement à la sûreté publique, qui se trouve
à présent dans un état où on ne l'avoit jamais vue, à peine m'a-
vez-vous envoyé des ordres pour chasser de Paris huit ou dix
personnes. Il est vrai que son absence a peut-être ôté à M. le
lieutenant criminel plus de cinq cents procès; mais il n'est
pas possible d'accorder ses intérêts personnels avec la tranquillité publique, et l'on peut dire qu'en ce sens nos deux
charges ont des objets si différens qu'ils sont absolument incompatibles.

Bertrand a loué l'hôtel de Bourgogne de MM. les directeurs
de l'Hôpital général, et il a obtenu de moi une permission générale pour donner au public le spectacle des danseurs de
corde, sans en désigner le lieu. Aujourd'hui il m'a présenté le
projet de ses affiches dont je vous envoie une copie, et après lui
avoir fait connoître que, n'ayant pas de privilége, il ne devoit
pas l'intituler du nom du roi, j'ai pensé que Sa Majesté ayant
fait chasser de cet hôtel la troupe des comédiens italiens, il
étoit à propos qu'elle fût informée de l'ouverture d'une salle de
spectacle dans le même endroit [1]...

(Bibl. imp., Mss. 8,123, fol. 320.)

N° 38. — DES GRANGES A D'ARGENSON.

Paris, 10 avril 1708.

J'ai fait transférer, suivant vos intentions, du couvent de la
Madeleine, dans la maison du Refuge, la demoiselle de Leviston qui avoit voulu s'étrangler, et qui avoit alarmé tout le
quartier par les cris qu'elle faisoit dans la cellule où elle étoit
renfermée. C'est à cette occasion que j'ai visité la maison de

[1] Note en marge au crayon, de la main de Pontchartrain : L'empêcher.

orce de ce couvent dans lequel je ne serois pas entré, si vous ne m'eussiez pas fait l'honneur de me marquer par votre lettre du 14 du mois de mars, que vous souhaittiez que je me transportasse sur les lieux, et si je n'avois cru que la supérieure en avoit obtenu la permission de M. le cardinal de Noailles, puisqu'elle m'avoit écrit, quelques jours auparavant, pour me prier d'examiner l'état et la situation de sa maison, afin que je pusse vous en faire connoître les dispositions et prendre vos ordres, tant pour empêcher les communications que les filles qu'on y renferme ont au dehors, que pour prévenir les violences et les évasions dont vous avez reçu tant de plaintes. Ce couvent est divisé en trois communautés : la première est celle des professes dont je n'ai point demandé le nombre ; la seconde est composée des sœurs qu'on appelle de la congrégation ou du voile blanc, dont je n'ai pas cru aussi que vous désirassiez de savoir le détail, parce que ce sont des espèces de religieuses sur qui le supérieur ecclésiastique établi par M. l'archevêque a toute autorité.

Et la troisième s'appelle la Maison de Saint-Lazare, de force, ou des lettres de cachet ; mais cette dernière communauté est à présent réduite à quatre personnes qui sont détenues par ordre du roi, savoir : la dame de La Croix, femme du colonel de ce nom et brigadier des armées du roi ; la dame de Châteaufort, dont le mari est aussi colonel ; la demoiselle de Salonne, de qui les malheurs vous sont connus ; et la demoiselle Tillandier, dont la débauche a été si publique et accompagnée de tant de scandale. M. de Chamillart a signé les deux premiers ordres, et les deux derniers sont signés de vous. C'est à ces quatre personnes que j'ai borné ma visite ; et je ne crois pas qu'il y en ait aucune qui doive sortir, à moins que ce ne soit la demoiselle de Salonne, qui n'est pas proprement un objet des communautés de cette espèce, mais dont la famille, qui a des raisons pour désirer qu'elle soit renfermée dans quelque monastère, n'en a pu trouver aucun de qui les supérieures voulussent s'en charger.

Au reste, la maison de force que vous m'avez ordonné de voir consiste dans un petit corps de logis où il y a huit cellules grillées, et quatre de ces cellules ont sur elles beaucoup de vues de plusieurs voisins inconsidérés qui portent souvent leur insolence jusqu'à dire les injures les plus outrées aux religieuses qui sont chargées du soin des filles indociles que l'on y met en correction. Le gros mur est mitoyen avec celui d'une maison particulière, dont les fenêtres, qui donnent sur le toit commun, assurent l'entrée ou facilitent la sortie de toutes les lettres qu'on veut écrire. J'ai aussi remarqué que les murs du jardin, et particulièrement celui du côté de la rue de la Croix, sont beaucoup plus bas qu'il ne conviendroit. Et, si l'intention du roi étoit que cette maison devînt sûre, il faudroit nécessairement élever ses murs de clôture et prendre des précautions contre les vues des maisons qui l'environnent. La supérieure de ce couvent m'avoit promis de me représenter, suivant les ordres portés par votre lettre — dont je lui ai donné communication — les titres de son établissement, les patentes de sa fondation, le brevet constitutif de la pension qu'elle reçoit sur le domaine, et les autres actes qui font connoître les obligations de son institution, par rapport à la correction des femmes d'une conduite scandaleuse; mais elle n'y a pas satisfait encore.

Je ne dois pas omettre que si la demoiselle de Leviston avoit bien voulu se pendre dans la cellule où on l'avoit mise, il lui étoit facile d'exécuter ce projet criminel, puisqu'elle n'avoit auprès d'elle aucune sœur; mais elle eut la précaution de se préparer à ce cérémonial funeste par de grands cris qui lui attirèrent du secours et donnèrent le temps à la supérieure d'appeler des archers du voisinage qui calmèrent ses imprécations et ses violences. A peine a-t-elle été au Refuge, qu'on a été obligé de la faire transférer à l'hôpital, d'où elle voudroit bien qu'on la ramenât à la Madeleine, comme je l'avois bien prévu.

Je ne presserai point la supérieure de cette maison de me rapporter ses titres, suivant sa promesse, jusqu'à ce que vous m'en donniez un nouvel ordre.

(Bibl. imp., Mss. fr. 8,125, fol. 24.)

N° 39. — D'ARGENSON A PONTCHARTRAIN.

Paris, 9 mai 1708.

Je prends la liberté de vous envoyer une lettre de la demoiselle Leviston, qui a été transférée de la Madeleine au Refuge, et à l'Hôpital général, pour ses emportemens et ses violences. Elle demande, avec beaucoup d'empressement, qu'il vous plaise d'ordonner qu'on la ramène à la Madeleine, et elle promet bien d'y être plus sage et plus retenue. Les sœurs de l'hôpital, qui ont inspection sur sa conduite, en paroissent assez contentes ; mais sa santé est très-délicate, et je doute que la nourriture de l'hôpital puisse convenir à son tempérament. Ainsi je pense qu'on pourroit, sans beaucoup d'inconvénient, la renvoyer au couvent de la Madeleine, après y avoir fait consentir la supérieure par une lettre que vous auriez la charité de lui écrire.

(Bibl. imp., Mss. Fr. 8,125, fol. 31.)

N° 40. — D'ARGENSON A DESMARETZ, CONTROLEUR GÉNÉRAL DES FINANCES.

Paris, 4 mars 1709.

Quelque chose que le roi ait pu dire à M. de Pontchartrain, il n'y a point de jour qu'il ne parle à Sa Majesté du pain et des blés, ni qu'il ne m'en écrive deux ou trois lettres. Il semble, à les lire, que tout Paris soit en mouvement, que le peuple crie à la faim, et que nous soyons à la veille de revoir les barricades. Je sais même qu'il parle comme il écrit, et ces discours font de très-méchans effets. Cependant nous avons du pain à 2 sols pour les pauvres, et j'ai deux hommes dans chaque quartier qui n'ont d'autre soin que d'en faire donner sur ce pied-là à tous ceux qui en veulent.

Je prends la liberté de vous envoyer la copie d'un placet séditieux que quelques femmes se proposoient, dit-on, de présenter à Monseigneur[1] et dont M. de Pontchartrain m'a fait

---

[1] « A notre très-illustre, très-magnanime, bon et miséricordieux prince, Monseigneur Dauphin de France.

« Monseigneur, toutes les pauvres familles, au nombre de plus de cent mille femmes de soldats qui sont au service de Sa Majesté et femmes veuves chargées, les unes de huit, les autres de sept, six et cinq enfans

dire qu'il avoit remis ce matin l'original au roi. J'ai envoyé l'écrivain en prison et je pense qu'il sera bon qu'il y reste au moins jusqu'à Pâques. Le concours d'autorité gâteroit tout dans une matière aussi importante; et comme c'est de vous seul que nous pouvons espérer les secours dont nous avons besoin, c'est par vous seul aussi que nous devons recevoir les ordres du roi. La dernière lettre dont vous m'avez honoré suffit pour mon assurance et pour mon instruction. Ainsi j'essuyerai courageusement les reproches et les gronderies que chaque courrier m'apportera de jour en jour.

(Arch. de l'Emp., fonds de l'ancien contrôle général des finances, 1709.)

N°. 41. — D'ARGENSON A PONTCHARTRAIN.

Paris, 4 mars 1709.

La nommée Drouet, à qui on impute, avec raison, la vie errante et déréglée de la demoiselle de Cavaus, est certainement une aventurière fort dangereuse, qui a couru les provinces du royaume et ensuite les armées; s'offroit de servir d'espion aux généraux; leur donnoit ordinairement de faux avis, et trompoit, peut-être, de part et d'autre. Je sais que M. de Vendôme s'en est mal trouvé plus d'une fois, et qu'ayant été chassée par son ordre de l'armée de Flandre, elle revint à Paris où la demoiselle de Cavaus s'abandonna totalement à sa conduite. Elles ont été ensemble en Béarn et en Languedoc, où elles cherchoient des dupes, à frais communs, sans se mettre beaucoup en peine du choix des moyens. Revenues à Paris, elles ont tenu une mauvaise auberge ou gargotte, qui étoit le rendez-vous des laquais du quartier. Mais, ce qu'il y a de plus étrange, c'est que ces laquais y passoient souvent les nuits, dans des en-

chacune, viennent en fondant en larmes, avec cris et gémissemens, se prosterner à vos pieds, bon et miséricordieux prince, pour vous supplier très-humblement de remédier à leur misère extrême, mourant tous de faim... Bon prince, aimé de tout Paris et du royaume, ayez pitié de nous, etc., etc. »

tretiens infâmes, et que ces deux personnes augmentoient encore ces abominations par les témoignages publics d'une passion monstrueuse qui paroît subsister encore. Je pense donc que cette malheureuse femme doit être renfermée à l'Hôpital général, en même temps que la demoiselle de Cavaus sera conduite au Refuge, en exécution de l'ordre du roi qu'il vous a plu de m'adresser, et que la correction de l'une des deux ne produiroit pas un grand effet, si l'autre demeuroit libre.

(Bibl. imp., Mss. Fr. 8,125, fol. 50.)

N° 42. — D'ARGENSON A DESMARETZ.

Paris, 4 mai 1709.

Quoique le pain ne soit pas renchéri d'aujourd'hui, le prix en est si haut et le peuple est si animé que les marchés, quoique abondamment fournis, n'ont pu être tranquilles. Il y avoit pourtant du pain dans quelques-uns à six heures du soir; mais tous les autres ont été dégarnis avant onze heures. J'aurai l'honneur de vous en envoyer demain le détail, suivant ma coutume, et je vous dirai seulement que nous ne savons plus ce que c'est que la tranquillité. Nous serions tombés aujourd'hui dans d'étranges inconvéniens sans le secours du régiment des gardes, et s'il venoit à nous manquer, on ne verroit plus assurément que trouble et que confusion.

M. de Pontchartrain m'ordonne sans cesse de l'informer de ce qui se passe, et il m'a envoyé ce matin un exprès par qui je lui ai fait la réponse dont je prends la liberté de vous envoyer une copie : elle vous informera des deux principaux incidens qui sont arrivés dans les marchés de ce matin, ou plutôt dans ceux de Saint-Paul et du faubourg Saint-Germain, où les bateliers de la Grenouillère se proposoient de commettre les dernières violences, si les soldats du corps-de-garde voisin ne s'étoient avancés pour s'y opposer.

N° 43. — D'ARGENSON A PONTCHARTRAIN.

(*Lettre jointe à la précédente.*)

4 mai 1709.

Non-seulement il est vrai que des troupes de femmes sont venues attendre à la porte de la maison de la Providence où j'étois allé interroger cette pauvre folle qui veut absolument parler au roi, et à la porte du séminaire des Missions étrangères de la rue du Bac où j'étois lundi; mais il est certain que ma maison est perpétuellement assiégée, que, dans la plupart de celles où je vais, il en vient à centaine, et que la cherté du pain fait craindre encore de plus grands embarras. Cependant, je puis vous assurer que, s'il est échappé, dans mon absence, à quelques-unes de ces malheureuses, quelques menaces, quelques imprécations ou quelques discours insolens, elles ne m'ont rien dit de fâcheux quand j'ai paru. Mon usage est de descendre d'abord de mon carrosse, de me mêler avec elles, d'écouter leurs plaintes, de compatir à leurs malheurs, de leur promettre quelques secours, et de leur en donner en effet, quand leur misère le mérite. Ma porte leur est ouverte tous les jours, et je tâche d'apaiser de mon mieux le feu qui s'allume et d'empêcher, s'il se peut, le progrès de l'incendie, quelque difficulté qu'il y ait.

Sans les corps-de-garde établis aujourd'hui à la portée des marchés, il y seroit arrivé de très-grands malheurs (outre un pillage presque général), soit par le concours prodigieux des gens de livrée qui vouloient empêcher les femmes d'avoir du pain, soit par l'attroupement des femmes soutenues par les cris du peuple qui vouloient en avoir par préférence. Je viens d'apprendre aussi qu'une troupe de bateliers ou crocheteurs de la Grenouillère sont venus au marché du faubourg armés de haches, à dessein de piller les boulangers. La garde s'est heureusement avancée en armes et en a arrêté quatre des plus insolens qui sont en prison et dont je crains bien qu'il ne soit absolument nécessaire de faire un exemple, quelque répugnance que j'y aie.

Je ne sais ce que c'est que le prétendu voleur de pain dont on vous a parlé, à moins que ce ne soit un soldat qui fut arrêté ces jours passés auprès des halles, pour avoir emporté un pain qu'il vouloit payer à sa fantaisie.

Au reste, je crois pouvoir vous assurer maintenant que les deux incidens dont je viens d'avoir l'honneur de vous rendre compte sont les seuls qui soient arrivés dans les marchés d'aujourd'hui, puisque ceux qui sont préposés pour m'en instruire ne m'en ont pas appris d'autres, quoiqu'il soit près de onze heures; mais c'est beaucoup trop.

(Arch. de l'Empire; fonds de l'ancien contrôle général des finances, 1709.)

N° 44. — D'ARGENSON A DESMARETZ.

Paris, 1er juin 1709.

La proposition d'une Chambre d'abondance ne s'accrédite pas dans le public. Plusieurs marchands à qui l'on avoit proposé d'en être s'en sont excusés; ils paroissent fort se défier de ceux qui sont à la tête de ces projets, depuis qu'ils ont reconnu que les fonds que la chambre des comptes et M. le prévôt des marchands avoient fait espérer étoient de belles chimères. M. le premier président, qui paroissoit disposé à y concourir, déclara, dans la dernière assemblée, que ses affaires ne lui permettoient pas, et il est comme impossible de réunir les personnes qui sont encore plus divisées par leurs maximes que par l'antipathie naturelle des compagnies dont elles sont tirées. Les magistrats veulent tout mettre en règle, et les marchands veulent tout laisser à la liberté.

Les officiers des parlemens seroient bien fâchés que la Chambre d'abondance eût la moindre juridiction, parce qu'ils craignent que la leur n'en souffrît. Cependant les secrétaires du roi et les négocians qu'on a dessein d'y admettre désirent qu'elle soit indépendante de tout tribunal et que les membres qui la composent soient censés égaux.

L'expérience de quelques mois et l'attention des supérieurs concilieroient peut-être des sentimens si opposés; mais, si M. le premier président[1] veut perpétuellement parler tout seul, n'écouter ni remontrances ni contredits, et répondre du succès de

[1] Pelletier, successeur de Harlay, remplacé par de Mesmes.

toutes ses vues sans permettre qu'on les examine, comme il le fit dans la dernière assemblée, celles qu'il tiendra dans la suite se trouveront bientôt désertes.

(Arch. de l'Empire; fonds de l'ancien contrôle général des finances, 1709.)

N° 45. — D'ARGENSON A PONTCHARTRAIN.

Paris, 24 janvier 1710.

On a arrêté ce soir un mendiant des plus dangereux et dont il seroit très-important de faire un exemple. Il se nomme Nicolas Chauveau, est originaire de la ville de Tours et se disoit gentilhomme cadet de Normandie. Il demandoit l'aumône, l'épée au côté, et il n'a pu désavouer qu'il ne fût l'auteur de la lettre écrite à la dame Thevenin, par laquelle il lui donnoit avis que, pour ne pas se faire d'affaire, elle feroit bien de lui envoyer par le porteur trente pistoles, et que, si elle y manquoit, ils étoient sept ou huit officiers sans pain qui l'attendroient dans la rue et lui feroient un mauvais parti. Le modèle de cette lettre s'est trouvé dans sa poche, et lorsque le commissaire l'a interrogé, il est demeuré d'accord qu'il l'avoit écrite et qu'il s'étoit servi de ce moyen pour obtenir un peu d'argent dont il avoit le dernier besoin, pour faire subsister sa famille composée d'une femme et de quatre enfans. Il a déclaré aussi qu'il étoit, depuis cinq mois, à la charité de Saint-Roch, qu'il en recevoit huit livres de pain par semaine, et qu'auparavant il servoit chez madame la comtesse d'Hautefeuille, où il avoit demeuré sept ans en qualité de maître-d'hôtel.

Je ne doute pas que M. le lieutenant criminel ne se donne tous les soins nécessaires pour éclaircir toutes les circonstances qui peuvent avoir du rapport à ces lettres séditieuses qui se multiplient par l'impunité, et passeront bientôt en usage, si l'on ne profite pas de la découverte de cet accusé dont la conviction paroît entière.

(Bibl. imp., Mss. Fr. 8,125, fol. 74.)

N° 46. — D'ARGENSON A PONTCHARTRAIN.

Paris, 19 juillet 1713.

Je prends la liberté de vous envoyer l'interrogatoire du nommé Girard, prisonnier au château de la Bastille. Il résulte de cet interrogatoire que ce jeune homme est un véritable aventurier, fils d'un pauvre chirurgien du bourg de Moutiers, à deux ou trois lieues d'Angoulême, mort il y a quatre ans. Son malheureux fils, qui n'a aucuns biens, avoit voulu se donner de grands titres pour s'attirer des honneurs et des distinctions qu'il ne mérite pas. Il avoit poussé son insolence jusqu'à porter une croix de chevalier que vous recevrez avec cette lettre, et à en faire broder d'autres qu'il avoit fait appliquer sur son juste-au-corps et sur son manteau; mais il dit les avoir vendues pour vivre. Il prétend avoir le droit de porter cette croix, en qualité de chevalier de l'Éperon d'or et de comte de Saint-Jean de Latran. Il assure même que les patentes du prince del Forcia l'y autorisent suffisamment, et sa vanité lui persuade qu'on ne peut, sans injustice, refuser à ses dignités et à son mérite une vénération distinguée; mais je pense que pour le guérir de ses prétentions ou de sa folie, il est à propos de renfermer à l'Hôpital général pour cinq ou six mois ce mendiant orgueilleux, et qu'il sera juste de le reléguer ensuite dans son pays, par un ordre du roi.

(Bibl. imp., Mss. Fr. 8,125, fol. 313.)

N° 47. — D'ARGENSON A PONTCHARTRAIN.

Paris, 14 novembre 1713.

Je ne doute pas que vous n'ayez bien des fois entendu parler du prétendu esprit qui obsède la fille de M. Testart, fermier général à Paris, et devient une espèce de spectacle. J'apprends même qu'on doit supplier M. le cardinal de Noailles d'employer l'autorité de l'Église pour conjurer ce prétendu esprit par des exorcismes; et il sera de sa prudence de le défendre ou de le permettre, ce que je suis persuadé qu'il fera avec toute la circonspection juste et convenable.

Si ce malheur étoit arrivé à quelque personne d'entre le peuple, j'aurois pris des mesures pour en empêcher au moins l'éclat et le scandale, comme j'ai fait en quelques autres occasions fort semblables à celle-ci ; mais M. Testart n'ayant pu se résoudre à envoyer sa fille dans un couvent de province, où le prétendu esprit l'auroit apparemment oubliée, il n'est presque plus le maître dans sa maison dont il ne peut refuser l'entrée à quantité de personnes de la première considération que la curiosité y attire de tous les quartiers de Paris ; de sorte qu'il a désiré que je pourvusse à sa sûreté, et j'ai cru que vous approuveriez, en effet, qu'une brigade et une escouade du guet fussent chargées d'y avoir une continuelle attention.

(Bibl. imp., Mss. Fr. 8,125, fol. 311.)

FIN DES LETTRES ET RAPPORTS DE POLICE.

TABLE DES MATIÈRES.

Préface.. v

CHAPITRE Iᵉʳ.

PROCÈS DE FOUQUET.

Culpabilité de l'accusé; ménagements commandés par la mémoire de Mazarin. — Papiers secrets; correspondance scandaleuse. — Anciennes relations avec Colbert; mémoire de celui-ci à Mazarin; rivalité, réconciliation apparente. — Mémoire de Fouquet à la reine pour gagner son appui; imprudences de toutes sortes; arrestation; formation d'une chambre de justice. — Surprise et plaintes de Fouquet; principaux chefs de l'accusation; texte du plan de révolte et des engagements découverts à Saint-Mandé. — Ardeur et fautes de la poursuite; l'accusé en profite et lutte contre l'évidence des preuves. — Lenteurs de la procédure; impatience et menaces de la cour. — Les dévots cabalent, l'opinion publique tourne et la chambre se partage. — Conclusions du procureur général; interrogatoire et défense de Fouquet; rapports d'Olivier d'Ormesson et de Sainte-Hélène; votes motivés. — Sentence de bannissement aggravée par le roi; juges disgraciés; dissolution de la chambre de justice.......... 1

CHAPITRE II.

PREMIERS TEMPS DE LA REYNIE.

La police et les rues de Paris avant 1667. — Nicolas de La Reynie est nommé lieutenant général de police. — Son portrait. — Ses débuts dans l'administration. — Rôle qu'il joue pendant la Fronde. — Devient intendant du duc d'Épernon. — Achète une charge de maître des requêtes. — Ses premières mesures concernant la police de Paris. — Cherche à y établir l'ordre et la règle. — Absence de documents sur l'organisation ancienne. — Insolence et violence des laquais réprimées. — Pamphlets et libelles. — Détails à ce sujet. — Des libellistes, des libraires, des relieurs et des colporteurs sont condamnés par La Reynie aux galères ou à la peine de mort. — Sévérité générale de la législation à cette époque. — La Reynie protège l'imprimerie.................... 62

CHAPITRE III.

LE JEU, LES THÉATRES, LES ÉGLISES.

La Reynie s'attache à réprimer l'excès des jeux de hasard. — Observations à Colbert sur le jeu de la cour. — Sommes folles perdues par madame de Montespan. — Mauvais effet de l'exemple donné par Versailles. — Représentations théâtrales. — Le *Tartufe*. — Les Marionnettes. — Interdiction des sifflets. — Toilette indécente des femmes dans les églises. — Ce qu'en dit l'abbé Boileau. — Mandements des évêques et bref du pape à cet égard. — Tentatives pour régler la prostitution. — La population parisienne insulte l'ambassadeur de Siam et la princesse de Carignan. — Feux de joie blâmés par Louis XIV, à l'occasion de la mort du prince d'Orange. — Les boutons de soie et les boutons d'étoffe. — Absurdité des règlements à ce sujet.................... 80

CHAPITRE IV.

LA MARQUISE DE BRINVILLIERS.

La Reynie et la marquise de Brinvilliers. — Émotion causée dans Paris par la découverte de ses empoisonnements. — Fille de d'Aubray, lieutenant civil et prédécesseur de La Reynie. — Son portrait, par l'abbé Pirot. — Détails sur les premiers temps de son mariage. — Devient la maîtresse de Gaudin de Sainte-Croix. — Son amant est mis à la Bastille par ordre du lieutenant civil, qui meurt empoisonné. — Nouveaux empoisonnements dans sa famille. — Mort de Sainte-Croix, suivie de la découverte de ses empoisonnements et de la complicité de la marquise de Brinvilliers. — Un domestique de Sainte-Croix est condamné à mort. — La marquise de Brinvilliers en Angleterre. — Tentatives inutiles pour obtenir son extradition. — Elle se réfugie à Liége. — Ruse employée par l'exempt Desgrez pour l'attirer en France.

— Sa confession. — Son premier interrogatoire. — Dépositions accablantes. — Est condamnée à mort. — Lettre à son mari. — Ses derniers moments. — Reich de Penautier, receveur général du clergé, est accusé de complicité. — Soupçons et accusations graves. — Colbert et l'archevêque de Toulouse s'intéressent à lui. — Il est acquitté. — Son portrait par Saint-Simon............. 94

CHAPITRE V.

RÉFORMES ET AMÉLIORATIONS DIVERSES.

Création malheureuse d'un second lieutenant de police, bientôt annulée. — Assassinats fréquents dans les rues par des soldats. — Gui Patin et le grand siècle. — Les avortements. — Établissement d'une garde de nuit et des lanternes publiques. — La chasse aux mauvais pauvres. — La Cour des Miracles et les lieux d'asile. — Les prisons de Paris aux dix-septième et dix-huitième siècles. — Incroyable désordre des registres d'écrou. — Singulière lettre du chancelier Pontchartrain. — Il refuse d'augmenter le nombre des prisons, à cause de la dépense. — Ouvriers renfermés pour avoir voulu s'établir à l'étranger. — Extension et embellissements de Paris. — Louis XIV paraît s'en être peu occupé. — Le gouvernement s'alarme de l'excessif développement de la capitale. — Les propriétaires des rues agrandies supportent une part de la dépense. — Colbert fait adopter un plan d'ensemble de Paris. — La population à cette époque. — Efforts tentés pour supprimer la mendicité.. 130

CHAPITRE VI.

LE CHEVALIER DE ROHAN.

Les procès politiques sous Louis XIV. — La noblesse de Normandie et de plusieurs autres provinces conspire en 1659 pour avoir les États généraux. — La conspiration est découverte. — On fait raser beaucoup de châteaux féodaux. — Exécution du marquis de Bonnesson. — Conspiration du protestant Roux de Marcilly. — Ses menaces de tuer Louis XIV. — Il est exécuté le 21 juin 1669. — Un autre conspirateur protestant, prenant le titre de comte de Sardan, s'engage avec l'Espagne à faire soulever plusieurs provinces. — Conspiration du chevalier de Rohan. — Sa jeunesse folle et dissipée; ses prodigalités. — La Reynie est chargé de la direction du procès. — Détails à ce sujet. — Le chevalier de Rohan avoue,

dans l'espoir que Louis XIV lui pardonnera. — Il est condamné.
— Belle lettre que lui écrit une de ses maîtresses pour l'exhorter à bien mourir. — Circonstances de sa mort. — Un auditeur à la cour des comptes est condamné à mort pour n'avoir pas révélé un complot contre le roi. — D'autres complots sont encore formés, mais ils n'éclatent pas........................... 150

CHAPITRE VII.

LA CHAMBRE DES POISONS.

Utilité historique des annales judiciaires. — Effet produit par le procès de la Brinvilliers. — Un billet anonyme dénonce un projet d'empoisonnement du roi et du dauphin. — Arrestation de plusieurs personnes, notamment de la Voisin. — Personnages de la cour compromis et arrêtés. — Ordres sévères du roi de ne ménager qui que ce soit. — La Reynie, chargé de la direction du procès, s'y conforme conscienciousement. — La duchesse de Vivonne et madame de Montespan dénoncées par plusieurs accusés. — Premières impressions de Colbert. — La Fontaine et La Reynie. — Aveux de la Voisin. — Elle est brûlée vive. — Aveux de sa fille et d'autres accusés. — Messes sacrilèges. — Des aveux qui compromettaient madame de Montespan sont rétractés. — Lettres de Louvois. — Lettres du marquis de Feuquières. — Accusations de ce dernier contre La Reynie. — Embarras de Colbert. — Singulier rôle d'une demoiselle Désœillets, femme de chambre de madame de Montespan. — La duchesse de Fontanges a-t-elle été empoisonnée? — Lettre de Louis XIV au duc de Noailles sur sa mort. — La comtesse de Soissons. — Hésitation de La Reynie. — Colbert et l'avocat Duplessis. — Mémoire de ce dernier sur la conduite du procès. — Il justifie mesdames de Montespan et de Vivonne. — Ses doutes. — Il conseille, pour en finir, de juger les principaux accusés, de renfermer les autres arbitrairement, et de brûler toute la procédure. — On adopte ce parti. — Des accusés, non jugés, étaient encore dans les cachots douze ans après..... 167

CHAPITRE VIII.

INTRIGUES DE COUR.

La chambre de l'Arsenal est dissoute au mois de juillet 1682. — Ordonnance contre les empoisonneurs. — Les amours de Louis XIV à cette époque. — Mesdames de Fontanges, de Montespan et de

Maintenon. — La première meurt le 28 juin 1681. — Lutte entre
mesdames de Montespan et de Maintenon. — Lettre de madame
de Montespan au duc de Noailles. — Madame de Maintenon gagne
du terrain. — Rivalités de cour. — Rôle de Colbert et de Louvois. — Mot de Louis XIV. — Madame de Maintenon l'emporte.
— La comtesse de Soissons en Espagne. — Elle est soupçonnée
d'avoir empoisonné la reine. — Mort soudaine de Fouquet. —
Doutes qu'elle fit naître. — Urbain VIII et le cardinal de Richelieu. — Irritation contre La Reynie. — La duchesse de Bouillon,
le marquis de Feuquières et madame de Sévigné l'accusent de
passion. — Celle-ci reconnaît pourtant *l'intégrité des juges*. — Le
prince de Clermont-Lodève. — Heureuse influence de Colbert.
— Mesdames de Montespan et de Maintenon après la crise..... 209

CHAPITRE IX.

LES GALÈRES.

Anciennes galères. — Les Vénitiens. — Situation des galères à l'a-
vénement de Louis XIV. — Leur accroissement successif. — Condamnés aux travaux forcés, à partir de Charles VII. — Recommandations de Colbert pour en augmenter le nombre. — Il n'est
que trop bien secondé par les intendants et les magistrats. — On
les recrute au moyen de mendiants, de révoltés, de prisonniers,
de Russes et de Turcs achetés. — Les consuls du Levant disposent de leurs emplois à condition de fournir des galériens. — On
en fait venir du Sénégal. — Des prisonniers iroquois sont transportés en France et employés comme forçats. — Nécessité de les
renvoyer. — Système des *Bonnevoglies*. — Il est abandonné. —
La durée des peines augmentée arbitrairement par Henri IV.
— Louis XIV et Colbert suivent ces tristes errements. — Des
galériens à temps sont autorisés à se faire remplacer par des Turcs
à vie. — Une visite à bord de la *Réale*. — Les protestants aux galères. — Elles sont supprimées au dix-huitième siècle, grâce à
l'adoucissement des mœurs........................... 250

CHAPITRE X.

LES DISETTES.

Les famines sous l'ancienne monarchie. — Détails sur celle de 1661
et 1662. — Une nouvelle disette a lieu en 1692. — Fausses mesures
prises par La Reynie. — Des troubles éclatent au faubourg Saint-

Antoine et à la place Maubert. — Des soldats aux gardes figurent parmi les meneurs. — La Reynie en condamne trois à mort. — Les difficultés et les troubles continuent en 1693. — Nouveaux arrêts rendus contre les marchands. — La récolte est encore très-mauvaise. — Le blé monte toujours. — On fixe un prix maximum. — Impuissance de toutes les fausses mesures. — L'exaspération du peuple augmente. — On gracie des perturbateurs, faute de pouvoir les punir. — Distribution du pain du roi au Louvre. — On la remplace par une distribution d'argent dans les divers quartiers. — La détresse et les difficultés vont sans cesse en augmentant. — La Reynie est obligé de faire arrêter un marchand. — Au plus fort de ces rigueurs (juin 1691) le setier de blé s'élève à 57 livres. — On se décide enfin à s'adresser aux marchands. — Fin de la disette............................ 248

CHAPITRE XI.

LES PROTESTANTS.

Révocation de l'édit de Nantes. — Premières marques d'intolérance dans Paris. — Colbert, Seignelay, Du Quesne. — État antérieur à la révocation. — Intervention funeste de Louvois. — La Reynie est chargé de la suite des affaires de religion qu'on lui avait enlevées. — Détestables passions de la multitude. — Troubles fréquents. — Conversions par logements de militaires. — La Reynie s'y oppose d'abord et finit par les subir. — Pellisson et les conversions à prix d'argent. — Abjurations imprimées. — Protestants récalcitrants à la Bastille. — Lettres à ce sujet. — Ouvriers protestants émigrés. — Vains efforts de Louvois pour les faire rentrer en France. — Souscriptions protestantes en faveur de l'Angleterre. — Vauban conseille la tolérance à Louvois, qui n'ose plus dire la vérité au roi. — Conséquences économiques de la révocation. — Dépeuplement et misère de la France. — Tentatives infructueuses de Vauban et de Racine. — Pitoyable état du pays en 1686, d'après un mémoire adressé à Louvois. — Rôle de La Reynie dans les persécutions religieuses................... 265

CHAPITRE XII.

LES ÉMEUTES EN PROVINCE.

Paris après la Fronde. — Cessation des émeutes politiques. — De nombreux soulèvements ont lieu dans les provinces par suite de l'aggravation des impôts. — Révolte du Boulonnais en 1662. — Envoi de troupes dans la province. — Défaite et punition des révoltés. — Quatre cents d'entre eux sont envoyés aux galères. — Huit bourgeois de Boulogne sont exilés à Troyes, puis rappelés. — Révolte dans les Landes au sujet de la gabelle. — Audijos. — Plusieurs de ses complices sont pendus ou roués. — On essaye de l'enlever sur le territoire espagnol. — Sa tête est mise à prix. — Établissement définitif de la gabelle dans les Landes. — Troubles dans le Berri à l'occasion d'un impôt sur les vins. — Exécutions capitales. — Misère de la province. — Troubles dans les Pyrénées au sujet de la gabelle. — Fâcheux conseils de Riquet. — On fait grâce aux insurgés. — Exigences de la guerre de Hollande. — Création de nouveaux impôts. — Effet qu'ils produisent à Bordeaux. — Révolte du quartier Saint-Michel. — Ses phases diverses. — Représailles. — Troubles de Bretagne. — Priviléges de la province. — Don gratuit doublé pour éviter de nouveaux impôts. — Les mêmes impôts sont établis deux ans après. — Émeutes à Rennes, à Nantes, etc. — Le duc de Chaulnes. — Entrée des troupes à Rennes. — Nouvelle émeute plus terrible que la première. — Renvoi des troupes. — Le duc de Chaulnes atténue la gravité de la révolte, tout en proposant d'anéantir les faubourgs. — Nouveaux incidents. — Fureur des campagnes contre les nobles. — Le *Code paysan*; sa signification. — *La ronde du papier timbré*. — Recrudescence des troubles à Rennes et dans tout le pays. — On envoie 6,000 hommes dans la province. — Commencement des penderies. — Terreur des habitants de Rennes. — Fausses promesses. — Entrée des troupes dans Rennes. — Contributions forcées et penderies. — Envoi de nouvelles troupes au nombre de 10,000 hommes. — Violences et pilleries des soldats. — Un enfant à la broche. — On retire les troupes moyennant une contribution extraordinaire. — Amnistie. — Autres désordres causés sur divers points par les impôts. — Lyon, Angoulême, Le Mans, Paris. — Taxes sur les mariages, baptêmes, enterrements. — Troubles qu'elles causent dans le Quercy, le Périgord. — Elles sont retirées. — Troubles à Caen, à Toulouse, à Lyon. — Soulagement des peuples 282

CHAPITRE XIII.

DERNIÈRES ANNÉES DE LA REYNIE.

Le chancelier de Pontchartrain trouve La Reynie trop âgé et cherche à l'éconduire. — La Reynie vend sa charge à d'Argenson. — Il reste au conseil d'État, mais, sa santé l'empêchant d'y aller, Pontchartrain l'invite à se retirer définitivement. — Son testament. — Appréciations de Saint-Simon et du marquis de Sourches. — La Reynie fit le plus de bien et le moins de mal possible. — Son éloge, sous quelques réserves............................. 321

CHAPITRE XIV.

D'ARGENSON AUX AFFAIRES.

Ancienneté de la famille de d'Argenson. — Disgrâce de son père. — Il est élevé à Paris et achète une charge de magistrature à Angoulême. — Est remarqué dans les *Grands Jours de Poitiers*, par M. de Caumartin qui l'engage à venir à Paris. — Il suit ce conseil et épouse bientôt la sœur de Caumartin, parent de Pontchartrain. — Il devient maître des requêtes et remplace La Reynie en 1697. — Son portrait par Saint-Simon, et son éloge par Fontenelle. — Documents, en partie inédits, sur son administration. — Les livres défendus. — Poursuites nombreuses contre ceux de Fénelon, Baluze, Sandras de Courtils, etc.—Le père La Chaise et la mauvaise presse.—Joueurs et joueuses. — Curieuse lettre de d'Argenson sur un conseiller et sa femme qui donnaient à jouer. — Irrévérences dans les églises. — Curiosité du chancelier au sujet des demoiselles de la Motte, de Villefranche et de Canillac.—On empêche encore les ouvriers d'aller s'établir à l'étranger. — Ordonnances absurdes et inexécutables contre le luxe. — Police des théâtres. — Lettre de Pontchartrain à d'Argenson sur ce sujet............................. 330

CHAPITRE XV.

NOUVELLE FAMINE ET OBJETS DIVERS.

Les disettes sous l'administration de d'Argenson. — Mauvaises apparences de récolte en 1699. — Fausse alerte. — Disette de 1709. — Résumé d'un journal contemporain. — Formation de comités de charité à Paris. — Détresse des provinces. — Punition des prétendus accapareurs. — Une chambre de justice est instituée pour juger les infractions aux lois sur le commerce des blés, devenu impossible. — Toutes les mesures prises sont sans résultat. — Émeutes fréquentes. — Fermeté héroïque de d'Argenson. — Il est question d'établir un maximum pour le prix du blé. — Heureusement la mesure est repoussée.—D'Argenson et les affaires de religion. — Il penchait naturellement vers la tolérance. — Il est entraîné par le courant des fanatiques. — Son expédition contre les religieuses de Port-Royal.—Son courage dans un incendie. — Il établit les postes de police permanents. — Conflits d'attributions. — D'Argenson réforme les arrêts du parlement au moyen des lettres de cachet. — Incurie des pères de famille.—Ponchant excessif à intervenir dans les querelles privées. — Massillon. — Maximes. — Vauban et mademoiselle de Villefranche. — Diverses lettres de d'Argenson. — Une lettre inédite de madame de Maintenon.. 347

CHAPITRE XVI ET DERNIER.

LA FIN DU RÈGNE.

Influence de d'Argenson dans le conseil. — Il travaille avec le roi ; les ministres en sont jaloux. — Il rend un service signalé au duc d'Orléans. — La mort de Louis XIV ébranle sa faveur. — Il conserve son poste malgré les attaques du parlement. — La cassette de Pomereu. — D'Argenson est nommé président du conseil des finances et garde des sceaux en remplacement de Daguesseau. — Intervention de Saint-Simon. — Colère du parlement. — Erreurs financières de d'Argenson. — Le parlement s'ingère de gouverner et de rendre des arrêts. — Situation périlleuse du régent. — Lit de justice du 26 août 1718. — D'Argenson y joue un rôle considérable et sauve le régent. — Indignation comique de Saint-Simon. — Les frères Paris se liguent avec d'Argenson contre Law. — Celui-ci l'emporte. — D'Argenson perd la présidence du conseil des finances. — Compensations qu'il obtient. — Daguesseau est rappelé et ramené de Fresnes par Law. — La chute de d'Argenson est accueillie avec joie par les spéculateurs. — Il rend les sceaux au régent et persiste à se retirer des affaires. — Il est nommé ministre d'État, inspecteur général de la police du royaume. — Sa vie privée, son caractère, ses qualités, ses défauts. — Sa mort.. 373

LETTRES ET RAPPORTS DE POLICE.

N° 1. — La Reynie au chancelier Séguier, du 24 juin 1667 401
2. — La Reynie à Colbert, du 23 avril 1670.................. 403
3. — La Reynie à Colbert, du 31 mars 1671.................. 405
4. — La Reynie à Colbert, du 17 novembre 1671............. 408
5. — La Reynie à Colbert, du 3 mars 1672................... 410
6. — La Reynie à Colbert, du 16 octobre 1674............... 411
7. — La Reynie à Colbert, du 8 octobre 1674................ 414
8. — La Reynie à Colbert, du 6 novembre 1674.............. 414
9. — La Reynie à Colbert, du 13 novembre 1674............. 415

	Pages
Nos 10. — La Reynie à Colbert, du 23 novembre 1674............	416
11. — La Reynie à Seignelay, du 26 novembre 1674............	417
12. — La Reynie à...., du 27 novembre 1674............	420
13. — La Reynie au marquis de Seignelay, du même jour.....	421
14. — La Reynie au marquis de Seignelay, du même jour.....	423
15. — La Reynie au père Bourdaloue, du même jour..........	423
16. — La Reynie au marquis de Seignelay, du même jour.....	424
17. — La Reynie à Colbert, du 2 août 1675.................	426
18. — La Reynie à Colbert, du 16 janvier 1677............	429
19. — La Reynie à Colbert, du même jour..................	430
20. — La Reynie à Colbert, du 10 avril 1677..............	430
21. — La Reynie à Colbert, du 6 septembre 1677...........	431
22. — Lamoignon à La Reynie, du 30 janvier 1680..........	433
23. — Pellisson à La Reynie, du 7 septembre 1685.........	435
24. — Pellisson à La Reynie, du 12 septembre 1685........	436
25. — Le marquis de Seignelay à La Reynie, du 22 octobre 1685.	438
26. — Acte d'abjuration, du 7 novembre 1685..............	438
27. — De Besmaux, gouverneur de la Bastille, à La Reynie, du 4 mars 1686............	441
28. — Robert, procureur du roi, à Desgranges, du 11 juillet 1695.	442
29. — D'Argenson à Pontchartrain, du 29 août 1697........	444
30. — Robert à d'Argenson, du 21 octobre 1697............	446
31. — D'Argenson à Pontchartrain (sans date).............	447
32. — D'Argenson à Pontchartrain, du 21 janvier 1699.....	450
33. — D'Argenson à Pontchartrain, du 20 juin 1699........	451
34. — D'Argenson à Pontchartrain, du 23 juin 1699........	453
35. — D'Argenson à Pontchartrain, du 24 février 1700.....	454
36. — D'Argenson à Pontchartrain, du 30 avril 1702.......	456
37. — D'Argenson à Pontchartrain, du 11 octobre 1702.....	457
38. — Desgranges à Pontchartrain, du 10 avril 1708.......	458
39. — D'Argenson à Pontchartrain, du 9 mai 1708..........	460
40. — D'Argenson à Desmaretz, contrôleur général des finances, du 4 mars 1709............	461
41. — D'Argenson à Pontchartrain, du même jour...........	462
42. — D'Argenson à Desmaretz, du 4 mai 1709.............	463
43. — D'Argenson à Pontchartrain, du même jour...........	464
44. — D'Argenson à Desmaretz, du 1er juin 1709...........	465
45. — D'Argenson à Pontchartrain, du 24 janvier 1710.....	466
46. — D'Argenson à Pontchartrain, du 10 juillet 1713.....	467
47. — D'Argenson à Pontchartrain, du 14 novembre 1713....	467

FIN DE LA TABLE DES MATIÈRES.

PUBLICATION NOUVELLE DE LA LIBRAIRIE ACADÉMIQUE
DIDIER ET Cie, QUAI DES AUGUSTINS, 35

MÉMOIRES
DE
LOUIS XIV
POUR L'INSTRUCTION DU DAUPHIN

PREMIÈRE ÉDITION COMPLÈTE D'APRÈS LES TEXTES ORIGINAUX

AVEC UNE ÉTUDE SUR LEUR COMPOSITION

Des Notes et des Éclaircissements

PAR

CHARLES DREYSS

2 forts volumes in-8°. Prix : 14 francs.

Le mouvement de restauration littéraire, qui est favorable de nos jours aux personnages marquants du dix-septième siècle, a profité indirectement au nom de Louis XIV : à mesure que tous ceux qui ont vécu autour de lui s'élèvent dans l'opinion publique, il est lui aussi porté plus haut. Mais jusqu'ici il a plutôt participé à la gloire d'autrui qu'il n'a retrouvé des titres qui lui fussent particuliers et personnels. Dans notre publication, Louis XIV paraît seul et tout entier. Le Roi, l'homme et le chrétien ne peut être mieux connu et apprécié que par les Mémoires composés pour l'instruction du Dauphin. Louis XIV, comme il le dit lui-même, était dans toute la force de son âge, dans toute la vigueur de son esprit, dans tout l'éclat de sa gloire lorsqu'il inspirait, dictait, se faisait relire, pour les corriger, des pages d'histoire politique et morale, qui ont du prix venant d'un pareil auteur.

Ces Mémoires, la seule partie vraiment importante des Œuvres de Louis XIV (pour rappeler le titre fastueux de l'édition épuisée de 1806), soulèvent bien des questions. Il fallait expliquer leur origine probable, indiquer, autant qu'il est possible, le moment où la pensée générale de mémoires historiques, la première que Louis XIV ait conçue, a fait place à cette autre pensée non moins royale d'instructions pour le Dauphin ; marquer aussi le moment où la rédaction des idées royales n'a plus cette forme et cette intention particulière ; saisir, dans l'étrange collaboration d'un roi et d'écrivains qui lui prêtent leurs vues et leur style, la part de chacun d'eux, de celui surtout qui compose les morceaux les plus hardis et les plus curieux, qui partout ajoute et corrige, modifie l'idée et l'expression, si bien qu'il semble être l'âme de cette bizarre encyclopédie royale. L'*Étude sur la composition des Mémoires*, qui remplit la moitié du premier volume, était une Introduction nécessaire : on y verra de près, on touchera des personnages qui ont leur rôle dans l'histoire de ces Mémoires.

Les textes inédits abondent dans ces deux volumes. Ils sont tirés surtout des manuscrits de la Bibliothèque impériale, que les éditeurs de 1806 avaient bien mal consultés, et surtout qu'ils avaient fort mal lus. Le nouvel éditeur a la courtoisie de ne pas relever dans ses notes toutes les inadvertances, toutes les erreurs grossières, qui frapperont ceux qui voudront comparer les deux éditions : il se contente de les corriger. Le travail de 1806 s'est fait presque exclusivement d'après une copie des textes originaux qui est intercalée au milieu de ces textes : or cette copie est très-fautive. Pour la partie la plus importante des Mémoires, consacrée à l'année 1666, on a, en 1806, juxtaposé le commencement et la fin de deux rédactions différentes sans se douter de leur différence d'origine, sans remarquer, dans les manuscrits, une troisième rédaction bien supérieure, dont M. Ch. Dreyss a rajusté les morceaux qui sont épars dans trois volumes in-folio. Des Feuillets écrits de la main de Louis XIV sont la première origine d'un Journal étendu, qui à son tour produit les amplifications des Mémoires au moins pour les années 1666 et 1667. Le Journal voit pour la première fois le jour dans son entier : il est accompagné de notes historiques. Tous les fragments précieux des diverses rédactions des Mémoires sont conservés sous forme de variantes, ou dans un supplément qui recueille des réflexions politiques et morales négligées par le dernier rédacteur original et des brouillons ou premiers essais de rédaction où la pensée est saisie à sa naissance.

L'espoir de M. Ch. Dreyss est que les gens du monde, comme les érudits, trouveront que les lettres étaient intéressées autant que les sciences politiques et morales à la restitution complète et intelligente d'une œuvre vraiment royale.

www.ingramcontent.com/pod-product-compliance
Lightning Source LLC
Chambersburg PA
CBHW071619230426
43669CB00012B/1994